Ulrike Leonhardt

PRINZ VON BADEN

genannt
Kaspar Hauser

Eine Biographie

Wunderlich

1. Auflage März 1987

Umschlag- und Einbandgestaltung Wolfgang Kenkel
Pastell Kaspar Hauser
von Johann Friedrich Karl Kreul
Photo Gundermann
Foto der Autorin E + K Assmann
Satz aus der Baskerville (Linotron 202)
Gesamtherstellung Clausen & Bosse, Leck
Printed in Germany
ISBN 3 8052 0431 0

INHALT

1. Teil

Das Ende – occulta mors

14. Dezember bis 17. Dezember 1833

2. Teil

Das Licht der Welt

26. Mai 1828 bis 14. Dezember 1833

1. Teil

DAS ENDE – OCCULTA MORS

14. Dezember bis 17. Dezember 1833

Am Tatort

«Kaspar Hauser, mein vielgeliebter Kurant, ist nicht mehr. Er starb zu Ansbach gestern Nachts 10 Uhr an den Folgen der, am 14. dieses durch einen Meuchelmörder erlittenen Verwundung.

Ihm, dem Opfer greuelvoller älterlicher Unnatur, sind nun die Räthsel gelöst, an welche die Vorsehung sein trauriges Dasein geknüpft hatte. Im ewigen Frühling jenseits wird der gerechte Gott ihm die gemordeten Freuden der Kindheit, die untergrabene Kraft der Jugend, und die Vernichtung für ein Leben, das erst seit 5 Jahren ihn zum Bewußtsein des Menschen erhoben hatte, reich vergelten.

Friede seiner Asche!

Nürnberg am 18. Dezbr. 1833.

Binder I. Bürgermeister.»

Im Markgrafenmuseum zu Ansbach kann der Besucher den Nachruf lesen, der am 19. Dezember 1833 im Nürnberger Korrespondenten erschien und nicht nur diese Stadt in Schrecken versetzte. Kaspar Hauser, «das Kind von Europa», war ermordet worden.

Der Besucher liest und wundert sich über einzelne Formulierungen, aber nicht nur über die Formulierungen. Denn schon damals zitierte man gerne die Vorsehung, die so schön anonym Gutes wie Böses wirkt und den Menschen der unangenehmen Verpflichtung enthebt, die Guten und die Bösen beim Namen zu nennen. Bürgermeister Binder erwähnt zwar die greuelvolle Unnatur der Eltern, aber an wen er dabei denkt, läßt er im unklaren. Vielleicht dachte er an einen bestimmten Namen, einen Namen, den alle im Land Baden kannten und zu respektieren gewöhnt waren.

Während ich mich noch in Gedanken über den «ewigen Frühling jenseits» verliere, sehe ich geistesabwesend auf die sorgfältig unter Glas bewahrten Habseligkeiten des Ermordeten. Da stehen die feinen städtischen Stiefel und der übergroße schwarze, zylinderartige Hut; da liegen ausgebreitet die langen dunklen Hosen und das weiße Hemd aus Batist, etwas angegilbt, daneben das noch erstaunlich neu aussehende, grün-golden gewirkte Westchen, sehr schick und fast schon wieder modern. Der Mantel ist gerade in Reparatur, wie ein Schild dem Besucher entschuldigend erklärt; aber die schmale Einstichstelle des Dolches ist auch an den anderen Kleidungsstücken zu erkennen. Selbst der geheimnisvolle violette Beutel, der am Tatort gefunden wurde, ist noch im Kaspar-Hauser-Zimmer des Museums zu besichtigen. Er sieht, ohne Inhalt, gar nicht geheimnisvoll aus. Alles ist tot; nur die weißen Baumwollsocken, handgestrickt, genauso, wie ich es in der Schule lernte, wirken seltsam lebendig.

Ob es hilft, wenn ich am Tatort stehe? Ich verlasse das Museum und gehe durch den warmen Sommerabend zum Hofgarten. Vor der Orangerie blühen auf kunstvoll angelegten und gepflegten Rabatten die üblichen Sommerblumen, das Sonnenlicht bricht sich vorschriftsmäßig in den beiden hohen Fontänen. Aber der große Park ist menschenleer, als würde er von den Ansbachern absichtlich gemieden. Ich weiß, daß ein Denkmal, gleich nach Kaspar Hausers Tod errichtet, den Platz kennzeichnet, wo Mörder und Opfer zusammentrafen – aber es ist schwer zu finden. Erst als ich dem einzigen Hinweisschild – es dirigiert mich «Zur Liegewiese» – folge und in einen dunklen, zugewachsenen Seitenweg ein-

Kaspar Hauser, unser vielgeliebter Mitbürger, ist nicht mehr. Er starb zu Ansbach gestern Nachts 10 Uhr an den Folgen der, am 14. dieses durch einen meuchelmörderischen erlittenen Verwundung.
Ihm, dem Opfer [illegible] Umstände, sind nun die Räthsel gelöst, an welche die Vorsehung sein trauriges Daseyn geknüpft hatte. [illegible] Freuden der Kindheit, [illegible] Kraft der Jugend und die Hoffnung für ein Leben, das erst seit 5 Jahren ihn zum Bewußtsein des Menschen erhoben hatte, reich vergelten.
Friede seiner Asche!
Nürnberg den 18 Dezbr. 1833.
Binder I Bürgermeister

Nachruf des Nürnberger Ersten Bürgermeisters Binder auf Kaspar Hausers Tod. Eigenhändiger Entwurf vom 18. Dezember 1833

biege, werde ich schließlich fündig. Durch die düsteren Rhododendronbüsche glänzt es golden. Noch ein paar Schritte, und ich stehe vor einer übermannshohen Säule. Leider ist sie nicht mein Ziel. Ein lorbeergeschmücktes, recht pausbackiges Haupt lächelt auf mich herunter, das des Johann Peter Uz, eines zu seiner Zeit sehr bekannten Dichters, der in Ansbach geboren wurde. Hier hat Kaspar Hauser seinen Mörder getroffen. Ganz in der Nähe, hinter einem weiteren Riesenbusch versteckt, entdecke ich das zweite Denkmal.

Was ich sehe ist traurig: da ist kein Gold, kein Lorbeer, kein Gesicht, nur ein farbloses, häßliches Oktagon, oben herum Verzierungen, kleine, nutzlose Zinnen, pseudogotische Kirchenornamentik. Alles wie aus Zement gebastelt, fleckig, schimmelig und an den Kanten abgestoßen. Die schmucklosen schwarzen Buchstaben teilen dem Betrachter lakonisch mit:

HIC
OCCULTUS
OCCULTO
OCCISUS
EST
XIV. DEC. MDCCCXXXIII

Selbst wer sein Schullatein noch nicht vergessen hat, erfährt nur wenig: «Hier wurde ein Unbekannter auf unbekannte Weise getötet». Oft findet man auch die Übersetzung: «Hier wurde ein Unbekannter von einem Unbekannten getötet» – doch so heißt es nicht.

Wie kunstvoll die Gedenkschrift abgefaßt ist, sieht auch der Nicht-Lateiner: Sie besteht aus nur fünf Wörtern, und dreimal findet sich der gleiche Anfang, das düster klingende «OCC». Doch wieviel Überlegung, welch vorsichtiges Taktieren nötig war, um diese fünf Wörter zu setzen, kann sich nur ausmalen, wer bereits etwas von Kaspar Hauser weiß.

Schon zur Zeit seines Todes gab es zwei Gruppen, die sich unversöhnlich gegenüberstanden: die Hauser-Freunde, die mit dem gutmütigen, immer freundlichen jungen Mann während seines fünfeinhalbjährigen Lebens in der Welt von Nürnberg und Ansbach zusammen waren, und die Hauser-Feinde, die in dem namenlosen Findling einen Landstreicher und raffinierten Betrüger sahen, einen Arbeitsscheuen, der die Leute an der Nase herumführte. Die eifrigsten Angehörigen der Contra-Hauser-Gruppe haben das Objekt ihrer Abneigung übrigens nie gesehen.

Für die Anhänger der ersten Gruppe, unter ihnen Juristen und Ärzte, Fürsten und Könige, stand unbezweifelbar fest: Hier im Hofgarten wurde der, den man Kaspar Hauser nannte, von seinen Feinden ermordet. Für die Hauser-Gegner war die Sache weniger geheimnisvoll: Ein erfolgloser Betrüger setzte hier seinem Leben selbst ein Ende, da der erhoffte Gewinn an Geld und Ruhm ausgeblieben war. Einige von ihnen vertraten die These, der Betrüger habe nur einen Selbstmord vortäuschen wollen, um erneut Aufmerksamkeit und Mitgefühl zu erregen, nur habe er bei diesem letzten Betrug etwas zu heftig und an der zu richtigen Stelle mit seinem Dolch zugestoßen.

Allen Versionen wird die lateinische Inschrift gerecht: das Ende bleibt offen. Wer kein Latein kann, wer nie etwas von Kaspar Hauser gehört hat, verläßt die Gedenkstätte kopfschüttelnd und hat nicht einmal den Namen dessen erfahren, der hier den Tod fand, den Namen, unter dem er bekannt wurde: Kaspar Hauser.

Als ich mich gerade von dem Denkmal abwenden will, entdecke ich doch noch ein paar verständliche Worte auf dem unscheinbaren Stein. Da steht, schräg unter die Jahreszahl hingeschmiert, in der westlichen Welt-Sprache: «FUCK FUCK!», und links daneben, auf gut deutsch: «AMI RAUS!»

Hier wurde Kaspar Hauser am 14. Dezember 1833 tödlich verwundet:
Denkmal im Ansbacher Hofgarten

Während ich auf dem düsteren Seitenweg zum Ausgang zurückgehe, versuche ich mir vorzustellen, wie dunkel es dort am Uzschen Denkmal an jenem 14. Dezember 1833 gewesen sein mußte, nachmittags um halb vier, als der Regen von den Bäumen troff und alle Fußspuren verwischte. So hatte die Polizei wenigstens eine Entschuldigung bei ihrer ergebnislosen Begehung des Tatortes. Bis sie endlich eintraf, war es ohnehin schon acht Uhr abends geworden. Kaspar, der erst drei Tage später starb, sagte bei seiner Vernehmung: «Es war auch garstiges Wetter und schon dunkel.»

Die Tatsache, daß die Untersuchungskommission in Ansbach von der Annahme ausging, Kaspar Hauser habe sich selber umbringen wollen, ist für den Chronisten von Vorteil. Dem unerschütterlichen Mißtrauen der Polizei und ihrer fleißigen Protokollführung am Sterbebett verdanken wir genaue Informationen über alles, was dort geschah und gesprochen wurde. In wörtlicher Rede mit Frage und Antwort hielt die Polizeikommission fest, sorgfältig numeriert, was ihr berichtenswert schien. Jedes einzelne Protokoll wurde mit einer «Gebärdennote» beschlossen, die in Stichworten das Verhalten des Vernommenen charakterisierte, des Vernommenen, der in der damaligen Amtssprache «Damnifikat» hieß, der «Geschädigte», aus dem die Polizei so gern einen «Damnifikanten», einen «Schädiger» machen wollte.

Ich bin von der Einmaligkeit des Verbrechens, das an Kaspar Hauser begangen wurde, überzeugt. Es gab nie etwas Ähnliches, und es wird auch nie wieder etwas Ähnliches geben – nicht etwa, weil die Menschen menschlicher geworden wären, sondern weil sie zweckmäßiger und zielstrebiger in ihren Grausamkeiten geworden sind. Es wird weiterhin Morde geben, Isolationshaft und Folterungen; aber kein Staat, kein einzelner würde wohl heute ein derartiges Verbrechen an einem kleinen Kind begehen, das nicht «einfach» getötet, sondern in totaler Isolation, mühsam und unter ständiger Gefahr der Entdeckung, am Leben gehalten wurde. Dieses Verbrechen zog sich über sechzehn Jahre hin. Es konnte nicht wieder rückgängig, nicht wieder gutgemacht werden und mußte deswegen mit einem Mord enden.

Die Aussage des Pfarrers

Die letzten drei Tage im kurzen Leben des Kaspar Hauser genau zu rekonstruieren, fällt nicht schwer. Denn außer den Polizeiakten sind noch zwei längere von Privatpersonen für die Polizei angefertigte Berichte überliefert, die lebendig und anschaulich schildern, was kurz vor und kurz nach der Tat geschah: der Bericht des Oberlehrers Meyer, bei dem Kaspar die letzten zwei Jahre seines Lebens untergebracht war, und der Bericht des Pfarrers Fuhrmann, der den jungen Mann konfirmiert und ihm bis zum Schluß Religionsunterricht gegeben hat. Beide, Meyer und Fuhrmann, waren die Menschen, mit denen Kaspar Hauser in Ansbach am häufigsten zusammen war. Auf sehr unterschiedliche Weise fühlten sie sich für ihn verantwortlich, und er war, ebenfalls auf sehr unterschiedliche Weise, von ihnen abhängig. Aus beiden Berichten muß ausführlich zitiert werden.

Pfarrer Fuhrmann beschreibt den Morgen jenes 14. Dezember, an dem Kaspar, wie üblich, in sein Haus zur Religionsstunde kam. Nach dem Ende des Unterrichts versprach sein Schüler, gegen Mittag noch einmal zurückzukommen, um dem Pfarrer bei den Weihnachtsvorbereitungen zu helfen, bei Bastelarbeiten, wie wir heute sagen würden. Der Pfarrer freute sich auf die gemeinsame Arbeit, weil er seinen Konfirmanden gern mochte und ihm dankbar für die angebotene Hilfe war. Es ging um die Herstellung von kunstvoll beklebten Pappkästchen, in denen die Geschenke für die Pfarrersfamilie verpackt werden sollten. Kaspar freute sich ebenfalls auf das Basteln, denn er war gern mit dem Pfarrer zusammen und sehr geschickt in der Herstellung solcher Schachteln, die er schon oft verschenkt hatte. Sicher befriedigte es ihn auch, einmal etwas besser zu können als seine Lehrer, selbst wenn es nur um Pappkästchen ging.

«Nach den üblichen Begrüßungen», erzählt Fuhrmann, «zeigte ich ihm ein bereits fertiges Kästchen und sagte: ‹Da sehen Sie, lieber Kaspar, wie sehr ich mich plagen muß; ich pappe hier Schachteln. Es kommt mir aber hart an, da ich, wie Sie schon aus der Form dieses Kästchens hier sehen werden, in Arbeiten der Art gar nicht erfahren bin.› Hauser betrachtete das Kästchen, lächelte, schüttelte den Kopf und meinte: ‹Ja, ich sehe es! Doch›, setzte er hinzu, ‹für das erste Mal ist es doch nicht übel!›»

Nach dieser heiteren weihnachtlichen Arbeit verließen beide das Pfarrhaus, der Pfarrer, um in seiner Kleinkinderschule bei Weihnachtsvorbereitungen zu helfen, Kaspar, um dem Fräulein Lilla von Stichaner, in deren Elternhaus er ein gerngesehener Gast war, ebenfalls bei der Anfertigung von Pappkästchen zu helfen – so sagte er jedenfalls dem Pfarrer, aber er kam nie im Hause Stichaner an.

Zunächst gingen Pfarrer Fuhrmann und sein Konfirmand «Arm in Arm fröhlich plaudernd» bis zum Haus einer Witwe Loschge. «Dort trennte uns der Weg. Kaspar ging geradeaus, schüttelte mir zum Abschied die Hand mit wahrhaft kindlicher Freundlichkeit, und ich bog links in die Gasse ein, die zu meiner Kirche führt.» Nach den Weihnachtsvorbereitungen in der Kleinkinderschule eilte der Pfarrer wieder nach Hause, um dort noch nötige Arbeiten zu erledigen.

«Während ich damit beschäftigt bin, stürzen zur einen Türe meines Zimmers meine Magd, zur anderen meine älteste Tochter herein und rufen beide: ‹Wissen Sie es schon? Der Hauser ist im Hofgarten erstochen worden!› – ‹Im Hofgarten?› frage ich zweifelnd und erschrocken. ‹Ja, im Hofgarten›, erhalte ich zur Antwort, will es aber immer noch nicht glauben. Endlich (es war nahe fünf Uhr) lege ich meine Arbeit beiseite, laufe mehr, als ich gehe, in das Haus des Schullehrers Meyer, welchem bekanntlich Hauser übergeben war, und finde leider die mir gegebene traurige Nachricht bestätigt. Drei Ärzte waren daselbst, ferner eine Stadtgerichts- und eine Polizeikommission. Meine erste Frage war nach der Gefährlichkeit der Wunde, und die Antwort, die ich erhielt, war, die Wunde sei zwar nicht tief, indessen könne man über ihre Gefährlichkeit noch kein bestimmtes Urteil fällen. Es ist aber hier zu bemerken, daß bis zur Ankunft jener Herren Ärzte die sehr tiefe und absolut tödliche Wunde sich wahrscheinlich von innen geschlossen hatte, weswegen sie mit der Sonde nicht mehr genau untersucht werden konnte. Indessen ging ich in Kaspars Zimmer. Aber wie erschrak ich über ihn. Bleich, entstellt, ein Bild des Schreckens, lag er in seinem Bette, das Gesicht gegen die Wand gekehrt. Ich schleiche zu ihm, und als er sich wendet und mich starr ansieht, sage ich zu ihm: ‹Kaspar, lieber Kaspar! Was ist Ihnen geschehen? Ach! Wie finde ich Sie!› Kaspar, ohne den Blick zu wenden, ruft ängstlich mit äußerst gedämpfter Stimme: ‹Herr Meyer, Herr Meyer!› – ‹Kaspar, lieber Kaspar›, wiederhole ich, kennen Sie mich denn nicht! Ich bin ja nicht der Herr Meyer, ich bin Fuhrmann, Ihr Lehrer, Ihr Freund, bei dem Sie ja erst vor ein paar Stunden so froh und zufrieden gewesen sind!› – ‹Herr Meyer, Herr Meyer!› wiederholte, mit dem Stöhnen eines Sterbenden, Kaspar und setzte hinzu: ‹Die Mutter soll kommen! Die Mutter soll kommen! Die Mutter!› Diese Worte sprach er mit der größten Hast und, wie seine Gebärden zeigten, ohne ihren Sinn zu wissen. Auf meine Frage, wen er denn unter der Mutter meine, zeigte man mir die Frau Polizeikommissär K., Herrn Meyers würdige Schwiegermutter, welche im Zimmer war und an welche, weil sie seiner in Verbindung mit der Familie Meyer immer so liebreichend und teilnehmend gepflegt hatte, Kaspar eine wahrhaft kindliche Anhänglichkeit hatte. Frau K. trat nun an Hausers Bette, beugte sich mit aller Liebe einer Mutter über ihn und fragte ihn auf das Zärtlichste: ‹Was wollen Sie denn, lieber Hauser, was fehlt Ihnen denn?› – ‹Die Mutter soll kommen! die Mutter!› Und ein sehr ängstliches Stöhnen war die Antwort. Gleich darauf legte er sich wieder auf die Seite und schien zu schlummern, ich aber verließ sein Zimmer.»

Der Pfarrer war sicher, einen Sterbenden vor sich zu haben, der niemanden erkannte und kaum begriff, was um ihn herum vorging. Und es ging viel um ihn herum vor. In dem kleinen Zimmer, im dritten Stock des dreigeschossigen Mietshauses, drängten sich viele Menschen: Pfarrer Fuhrmann, Herrn Meyers «würdige Schwiegermutter», drei Ärzte und die von Fuhrmann erwähnte Stadtgerichts- und die Polizeikommission. Später, am Todestag Kaspar Hausers, wurden die Anwesenden für das Protokoll gezählt und namentlich, mit allen Titeln versteht sich, aufgeführt: da waren es elf Personen. An diesem Abend werden es kaum weniger gewesen sein. Still war es sicher nicht. Die Kommission formulierte, numerierte und diktierte ihre Fragen, die Feder des protokollierenden Gerichtsdieners kratzte über das Papier, und die drei Ärzte werden miteinander geflüstert haben. Außer Pfarrer Fuhrmann war auch Lehrer Meyer anwesend. So wortreich, wie er sich in den Protokollen, den Zeugenaussagen und seinen eigenen Notizen darstellt, wird er wohl auch im Sterbezimmer gewesen sein.

Die Aussage des Lehrers

Kaspar war mit der Stichwunde aus dem nahen Hofgarten nach Hause gerannt und hatte seinen Pflegevater mit abgerissenen Worten angefleht, mit ihm dorthin zurückzugehen, um einen Beutel zu suchen, den ihm ein Unbekannter gegeben habe. Da er aber in diesem Augenblick mit einem Messer gestochen worden sei, habe er den Beutel fallen lassen. Meyer ging mit Kaspar ein Stück zurück, bis ihm der Verletzte unter den Händen zusammenbrach, so daß er ihn kaum noch in die Pfarrgasse zurückschleppen konnte.

«Höchst unnatürlich und daher sehr auffallend erschien mir Hausers Benehmen, als er mit der Stichwunde nach Hause kam. Ich und meine Frau vermögen es nicht besser zu bezeichnen, als wenn wir es mit dem Auftreten der Stummen von Portici auf dem Theater vergleichen. Er deutete nicht eben auf seine Wunde, sondern stellte sich bald vor mich hin, streckte unter fürchterlicher Gebärdung die Hände mehr vor und über sich hinaus und ließ mich die Wunde erst suchen. Auffallend war es mir, daß er bei seiner sonstigen Kraft und Fassung nicht reden konnte, auffallend, daß er dann sogleich zu sprechen anfing, als ich dann mit ihm auf dem Weg zum Hofgarten umgekehrt hatte, daß er mich wiederholt bewegen wollte, mit ihm weiter zu gehen, und daß ihm so außerordentlich viel an dem Aufsuchen des Beutels lag. Auffallend fand ich seinen schnellen Blick gen Himmel und die Äußerung: ‹Gott – wissen›, als ich ihm sagte, daß er diesmal den dummsten Streich gemacht habe, nun gar leicht keinen so guten Ausgang wie das vorige Mal nehmen könne. Er durfte bei gutem Gewissen doch wohl nicht leicht etwas anderes annehmen, als daß ich seinen unerlaubten und leichtsinnigen Gang in den Hofgarten damit meinte. Auffallen mußte es mir, daß er auf meine bestimmte Frage: ‹War der Mann groß?› besonnen antwortete: ‹Mittel›, das ist mittelmäßig, daß er ihn aber gegen andere, bis ich von der Polizei zurückgekommen war, schon groß mit Schnurr- und Backenbart und in Hut und Mantel hatte erscheinen lassen. Bei dem allen und meiner näheren Bekanntschaft mit seinem Charakter konnte ich gleich anfangs keinen Augenblick über den Täter im Zweifel sein. Da er bei mir allen Glauben verloren hatte, so zweifelte ich auch daran, ob später an demselben Abend ein Delirium bei ihm auch wirklich eingetreten war, als er ein solches zeigte. Die anscheinend geringe Wunde, seine bewiesene Kraft nach der Verwundung machten mir ein solches unwahrscheinlich. Ich erinnerte mich in dem Augenblicke daran, daß in Nürnberg nach dem bekannten Mordversuche oft zwei Mann an ihm zu halten hatten, und befürchtete, als er in meinem Beisein (es war dies unmittelbar nach der mir von Herrn Pfarrer Fuhrmann gewordenen Mitteilung, daß Hauser ihn soeben nicht erkannt, statt seines Namens den meinigen genannt und im Delirium gesprochen habe) unter dem Rufe: ‹Nach Münken (München) – Münken – nach Münken!› aus dem Bette sprang, er wolle nun einen ähnlichen Zustand ankündigen. Darum nahm ich keinen Anstand, ihn jetzt im ernsten Tone zu fragen, was er eigentlich vorhabe, ob er sogleich in sein Bette, wohin er gehöre, zurückkehren wolle – und ihm nachdrücklich zu raten, daß er keine weiteren Umstände machen möge, daß ihm eigentlich eine Tracht Schläge gehörten. Ich wollte mir über diese Strenge später Vorwürfe machen. Allein wenn ich in Erwägung zog, daß er dieselbe nicht fühlte, wenn er den Schritt wirklich im Delirium tat, und daß er sie vollkommen verdiente, wenn er ein solches nur affektierte, so konnte ich dabei so ziemlich beruhigt bleiben. Von jenem Augenblick meiner ernstlichen Zurechtweisung zeigte sich übrigens bis zum letzten Abende seines Lebens bei ihm kein Delirium mehr.»

Wenn ich Kaspars Deutschlehrer richtig verstehe, hielt er

dies Ausbleiben weiterer Delirien für einen Erfolg seiner erzieherischen Maßnahmen: die Androhung einer Tracht Schläge bewirkt ruhiges Verhalten des Patienten bis zum Augenblick seines Todes. So einfach ist das. Auch die Kasuistik, mit der Meyer seine späteren Selbstvorwürfe wegen dieser Strenge als unsinnig wegwischt, ist in ihrer Kürze und Einfachheit überzeugend und mag ihn selbst befriedigt haben, genauso wie der Vergleich mit der Stummen von Portici in Aubers Oper. Es war ja alles nur ein gelungener Theaterauftritt des raffinierten Betrügers, der sich Kaspar Hauser nannte. Ärgerlich war lediglich, daß er zwei Tage später wirklich starb.

In der langen Liste der ihm aufgefallenen Merkwürdigkeiten im Verhalten seines Zöglings nennt Lehrer Meyer zuletzt das offenbar auch suspekte Fehlen von Schmerzensäußerungen bei dem doch sonst «so wehleidigen Kaspar Hauser». Er «klagte mit keiner Silbe über Schmerzen», berichtet Meyer, hält es aber doch für notwendig, hinzuzufügen, «wenn er nicht gefragt wurde. Selbst gegen meine Schwiegermutter sprach er diesmal unaufgefordert keinen Schmerz aus.»

Diese Schwiegermutter gab später bei der Polizei zu Protokoll, Kaspar habe auf ihre teilnehmenden Fragen geantwortet: «O Mutter, Mutter, ich muß sterben, ich bin ins Herz gestochen worden.» Schließlich kam auch Dr. Heidenreich, berichtete sie weiter, «auf dessen Anordnung Hauser entkleidet und zu Bett gebracht wurde. Herr Dr. Heidenreich untersuchte die Wunde und sagte, sie sei tödlich, er hätte mit dem Finger in die Wunde gegriffen.»

Diese Diagnose des sogleich nach Kaspars Zusammenbruch herbeigeeilten Arztes (die beiden Amtsärzte untersuchten ihn erst zweieinhalb Stunden später) hat Lehrer Meyer mit Sicherheit gehört, aber er wollte sie offenbar nicht wahrhaben. Heidenreich, praktischer Arzt in Ansbach, notierte zu Hause: «Er fragte, wo er sich befinde, äußerte, daß er nicht zu Hause sei und daß man ihn heimbringen solle, daß er sterben müsse.»

Polizeiarbeit

Nachdem die beiden Amtsärzte festgestellt hatten: «Die bis jetzt eingetretenen Erscheinungen und Zufälle lassen für den Augenblick keine Gefahr besorgen», konnte die Polizei endlich mit ihrem ersten offiziellen Verhör des Sterbenden beginnen. Das Ergebnis war mager. Er sei, sagte Kaspar, morgens von einem fremden Mann für nachmittags gegen vier Uhr in den Hofgarten bestellt worden. Auf Frage Nr. 5, mit welchen Worten denn die Bestellung erfolgt sei, antwortete er: «Warten Sie noch ein wenig, ich habe Schmerzen auf der Brust.» Im Protokoll heißt es dann gleich anschließend: «Man hat dieser Äußerung zufolge die Vernehmung abgebrochen, besonders da Hauser hierauf etwas irre sprach und wie es schien, Herrn Pfarrer Fuhrmann, der inzwischen kam, nicht kannte. Als man später um neun Uhr die Vernehmung mit Hauser fortsetzen wollte, fand es der k. Medizinalrat Dr. Horlacher, der sich inzwischen eingefunden hatte, nicht mehr ratsam, ihn heute noch zu stören, besonders da er schlummerte.»

Aber die Polizei hatte genug anderes zu tun. Sie konfiszierte den Inhalt von Hausers Taschen, zu ihrer Enttäuschung befand sich kein Messer darin. Sie ließ sich von Lehrer Meyer bestätigen, daß sein Schüler keine Genehmigung zu einem Gang in den Hofgarten hatte, und sie untersuchte den violetten Beutel, nach dem der Verletzte so dringend verlangt hatte. Wider Erwarten hatte Polizeisoldat Herrlein das Indiz wirklich am Tatort gefunden.

In dem kleinen Seidenbeutel steckte ein Zettel, sorgfältig

mehrmals in Dreiecksformat zusammengefaltet, mit einer merkwürdigen Schrift bekritzelt, welche die Polizei nur mühsam entzifferte: es war Spiegelschrift. Der Spiegel präsentierte den kopfschüttelnden Beamten folgenden Text:

«Hauser wird es euch ganz genau erzählen können, wie ich aussehe und wo her ich bin. Dem Hauser die Mühe zu ersparen, will ich es euch selber sagen, woher ich kom̄e – –. Ich kom̄e von von – – – der Baierischen Gränze – – Am Fluße – – – – Ich will euch auch sogar noch den Namen sagen: M. L. Ö.»

Das Mißtrauen der Polizei führte zu fieberhaften Recherchen. Man durchwühlte Kaspar Hausers sämtliche Schreibutensilien; Papier und Bleistifte wurden konfisziert, ebenso mehrere Schulhefte, in denen man einzelne Buchstaben in Spiegelschrift entdeckt zu haben glaubte – ein Irrtum, wie Graphologen später einstimmig erklärten. Man fragte im Haus und in der Nachbarschaft herum, ob der Hauser Linkshänder sei, er war es nicht, und ob er einen ähnlichen Beutel besessen habe, was sogar Lehrer Meyer verneinen mußte.

Niemand stellte jedoch fest, daß der ironisch-sarkastische Stil der sonderbaren Nachricht gar nicht zu Kaspar Hausers einfacher, oft noch kindlicher Ausdrucksweise paßte. Mit vielen Worten und fast ebenso vielen Lücken, markiert durch sorgfältig abgezählte Gedankenstriche, wird hier keine einzige Information gegeben. Die drei sinnlosen Initialen am Schluß wirken, als ob der Leser, der mühevoll mit Hilfe eines Spiegels die Schrift zu entziffern versucht, verspottet werden soll.

Was sollte also der ganze Aufwand? Man braucht nicht Sherlock Holmes zu sein, um die einzig vernünftige Schlußfolgerung zu ziehen. Der kräftige, gefütterte Beutel mit der gedrehten, doppelten Schnur als Verschluß, fest zugezogen, konnte nicht mal eben schnell geöffnet werden, erst recht nicht mit zitternden Händen. Und selbst wenn es Kaspar gelungen wäre, hätte er immer noch Sekunden gebraucht, das so raffiniert gefaltete kleine Dreieck auseinanderzunehmen – und dann hätte er, ohne Spiegel, nur unverständliche Hieroglyphen vor sich gesehen. So hätte der Mörder reichlich Zeit gehabt, unbemerkt das Messer zu ziehen und zuzustechen, während das abgelenkte Opfer nicht einmal andeutungsweise bemerken konnte, daß der Beutel nicht das Erwartete enthielt.

Aber was hatte Kaspar Hauser erwartet? Hier sind wir auf Vermutungen angewiesen, denn das Verhör, das am 16. Dezember fortgesetzt wird, gibt darüber keinen Aufschluß, im Gegenteil: Kaspars Angaben können nicht der Wahrheit entsprochen haben.

Am nächsten Tag hatte sich die Untersuchungskommission zwar auch in Meyers Haus begeben, um den Verdächtigen weiter zu verhören, aber dessen Zustand hatte sich inzwischen sichtbar verschlechtert. Die beiden Gerichtsärzte erklärten einstimmig, sie könnten eine Befragung nicht verantworten, indem sich «entzündliche Brustzufälle zu dem bereits vorhandenen beschwerlichen Atmen, wodurch das Sprechen sehr erschwert ist, gesellt haben».

So kann nur Lehrer Meyer vernommen werden, der auf die Frage nach Hausers Charaktereigenschaften noch einmal, wie früher schon oft, Gelegenheit findet, auf dessen «Hang zur Unwahrheit» hinzuweisen. Als man ihm die schwerwiegende Frage stellt: «Welche schneidenden Instrumente besaß Hauser?» zählt er die drei Federmesser in Kaspars Schreibtisch auf.

Man hatte nämlich die Tatwaffe noch immer nicht gefunden, obgleich am Vormittag ein «Augenschein» im Hofgarten anberaumt worden war. Im Protokoll ist das Ergebnis festgehalten worden, aber offenbar hatte dort der Kommission nicht viel in die Augen geschienen, genauer gesagt: gar nichts oder nur Unwichtiges. Immerhin, das Protokoll beweist, wie tätig die Polizei war:

«Um womöglich am Ort der begangenen Tat noch Spuren aufzufinden, welche auf den Täter selbst hinleiten könnten, dann, um vielleicht das Instrument aufzufinden, womit die Tat verübt worden ist, und um den Ort, an welchem sie nach Angabe des Damnifikaten verübt wurde, möglichst genau zu den Akten zu konstatieren, begab man sich sogleich nach Vernehmung des Polizeisoldaten Herrlein und von Herrn Polizeioffizianten Höppl freiwillig begleitet, in den Hofgarten und ging an der Orangerie vorüber gegen das Uzsche Denkmal zu und ließ sich von Herrn Herrlein den Platz zeigen, woselbst er den violettseidenen Beutel gefunden hat. Dieser Platz ist 35 Schritte von dem Uzschen Denkmal entfernt, etwa einen Schuh von zwei in der Nähe befindlichen Sitzsteinen, welche im Sommer zu einem Kanapee benutzt sind. Da es die ganze Nacht vorher geschneit und geregnet hatte, so konnte von Wahrnehmung bestimmter Fußspuren keine Rede mehr sein. Auch ist ja schon durch Zeugen erhoben, daß bald nach der Tat eine Menge Menschen in den Hofgarten und gegen den Platz hin strömten, wo sich das Uzsche Monument befindet. Man hat nunmehr in einem ziemlichen Umkreis nach dem Instrument gesucht, allein vergebens, man fand nichts vor. Sofort hat man diese Verhandlung geschlossen und sie von den bei dem Augenschein anwesenden Personen zur Bestätigung unterschreiben lassen.»

Soweit das Protokoll. Daß diese Art von Polizeiarbeit auch vor 150 Jahren nicht gerade vorbildlich war, beweisen die Rügen, welche die Untersuchungskommission bald von hoher Stelle einstecken mußte. Und daß einige Zeit später in unmittelbarer Nähe des Tatortes die Mordwaffe gefunden wurde, machte die Sache auch nicht besser. Nach Fingerabdrücken konnte man nicht suchen, da die Daktyloskopie noch nicht erfunden war. Aber daß Kaspar Hauser nie ein solches Messer besessen hatte, wußten alle. Es war ein sogenanntes Banditenmesser, eine Art Dolch, fast dreißig Zentimeter lang, auf dessen feststehender, beidseitig scharf geschliffener Klinge düstere Symbole des Todes eingraviert waren: ein Totenkopf mit gekreuzten Knochen, eine Art stilisiertes Stundenglas unter einem Kreuz und einige andere Verzierungen.

Die Untersuchungen waren also von Anfang an in Methode und Ergebnis dürftig. Daran konnte auch König Ludwig von Bayern nichts mehr ändern, als er eigenhändig in den ersten Bericht des Untersuchungsrichters eine Randbemerkung schrieb und rügte, man hätte doch wenigstens statt eines Polizeidieners «eine polizeiliche Kommission augenblicklich auf die erste Anzeige hin» an den Tatort schicken und eine «einstweilige Bewachung des Platzes oder Sperrung des Gartens noch rechtzeitig» anordnen müssen.

Der Untersuchungskommission, die an einen Mordversuch nicht glauben wollte, blieb nur die Hoffnung, aus dem Damnifikaten doch noch Aussagen herausfragen zu können, die ihn selber belasteten. Je schlechter es ihm ging, je weniger er seiner Sinne mächtig war, je verworrener seine Worte wurden, desto größer wurde ja die Wahrscheinlichkeit, daß dies auch gelingen konnte.

Am dritten Tag nach dem Attentat konnte nun endlich das Verhör Kaspar Hausers fortgesetzt werden. Nach einigen Präliminarien kam sehr bald die entscheidende Frage: «Was hat Sie denn veranlaßt, in den Hofgarten zu gehen?» Kaspar antwortete erstaunlich ruhig und klar, fast als hätte er diese Frage erwartet und die Antwort vorbereitet:

«Ich bin bewogen worden durch die Einladung, daß mir alles im Hofgarten gezeigt werden würde von dem Brunnen, der dort gegraben wird.»

Auf weiteres Nachfragen fügte er hinzu, er sei an jenem

Morgen, als er sich von Pfarrer Fuhrmann verabschiedet habe, auf der Straße von einem Mann, den er für einen Angestellten des Hofgärtners gehalten habe, höflich angesprochen und zu einem Besuch in den Hofgarten eingeladen worden:

«Eine schöne Empfehlung vom Herrn Hofgärtner und ich sollte so nach drei Uhr in den Hofgarten hineingehen, wo mir die Tonarten am artesischen Brunnen gezeigt würden.»

Wie zu erwarten, bezog sich die nächste Frage der Untersuchungskommission auf das Aussehen des unbekannten Gärtnergehilfen, und Kaspar gab eine recht genaue Beschreibung des Mannes. Die Fragen gingen weiter, immer ordentlich numeriert und protokolliert. Sie betrafen die Ereignisse am Nachmittag jenes trüben, regnerischen Dezembertages, an dessen Vormittag Kaspar so heiter und offenbar unbeschwert Pfarrer Fuhrmann bei den Weihnachtsvorbereitungen geholfen hatte. Er gab zu Protokoll, wie er dann auch wirklich zum artesischen Brunnen gegangen sei, dort aber niemanden angetroffen und den Weg zum Uzschen Denkmal eingeschlagen habe. Sein Ziel sei das «Kanapee» gewesen, «da, wo die zwei Sitzsteine sind». Erst als er schon ganz nahe am Denkmal war, habe er dort einen unbekannten Mann gesehen, der einen kleinen Beutel in der Hand hielt. Der Fremde habe nur einen Satz gesprochen: «Ich mache Ihnen den Beutel zum Präsent.» Hauser berichtete weiter: «Und wie ich ihn nehmen wollte, hat er mich gleich hineingestochen.» Auf die nächste Frage, wie dieser Mann gekleidet gewesen sei, folgte wieder eine recht genaue Beschreibung: «Daß er einen Mantel trug, das weiß ich, aber von welcher Farbe dieser war, weiß ich nicht. Doch hatte der Mantel nur einen Kragen, der, glaube ich, über die Ärmel hinunterreichte. Auch hatte er einen runden Hut auf. Was er unter dem Mantel anhatte, weiß ich nicht.» – «Was geschah nach dem Stich?» – «Ich lief gleich nach Hause und ließ den

Beutel fallen und lief so stark, daß mich niemand einholen konnte. Ich sah mich nicht mehr um und weiß daher auch nicht, was der Mann getan oder wohin er sich gewendet hat.»

Da der Verhörte über zunehmende Schwäche klagte, «hat man die Vernehmung vorläufig geschlossen, demselben noch einmal wortdeutlich vorgelesen und an ihn nur noch die Frage gestellt: ‹Ist alles richtig niedergeschrieben, und haben Sie daran nichts abzuändern oder beizusetzen?› Antwort: ‹Ja, ganz richtig, und ich habe nichts abzuändern. Die Leute meinen immer, es hätte mich niemand gestochen. Ich hab's schon gehört, vom Herrn Meyer, sie haben leise untereinander gesprochen.›»

Das Protokoll schließt nüchtern: «Zur Bestätigung unterschreibt derselbe eigenhändig. – Gebärdennote: Trug die Antworten auf die an ihn gestellten Fragen mit anscheinender Gemütsruhe und zusammenhängend vor. Die Antworten wurden wörtlich, wie er sie gab, niedergeschrieben.»

Am nächsten Morgen, es war der 17. Dezember, der Tag, an dem Kaspar Hauser sterben wird, begab sich die Kommission wieder in die Pfarrgasse und «traf denselben zwar im Bette liegend, jedoch bei vollkommen gutem Bewußtsein an, ermahnte ihn sofort zur Angabe der Wahrheit und vernahm ihn weiters, wie folgt: ...»

Was nun folgte, brachte wenig Neues. Die Kommission hakte noch einmal nach, warum Hauser vom artesischen Brunnen zum Uzschen Denkmal weitergegangen sei, aber gegen seine Antwort ließ sich wenig einwenden: «Das war mein gewöhnlicher Spaziergang. Ich ging öfters im Hofgarten spazieren.» Dann wurde noch einmal das Aussehen des violettseidenen Beutels abgehandelt, und selbst die Pappkästchen, die Kaspar beim Pfarrer gemacht hatte, kamen zur Sprache. Doch nur eine Frage erscheint mir berechtigt und sinnvoll:

«Bei einem schon früher vorausgegangenen, Ihnen in Nürnberg begegneten Unfall, wie mochten Sie es wagen, einer Einladung Folge zu leisten an einen einsamen Platz von einem Ihnen gänzlich unbekannten Menschen?» Antwort: «Ich habe nicht mehr geglaubt, daß mir noch nach dem Leben getrachtet werde, da ich einen Pflegevater habe und deshalb die Sache leichter genommen.»

Damit schließt das letzte Verhör, versehen, wie auch schon die beiden vorigen, mit Kaspar Hausers Unterschrift und der Gebärdennote. Diesmal lautet sie: «Deponiert ruhig, mit sichtlicher Gemütsruhe, anscheinend gänzlich unbefangen und ohne alle Verlegenheit.»

Am Abend desselben Tages bemerkt der Amtsarzt Dr. Horlacher plötzlich, offenbar zu seiner eigenen Überraschung, daß sein Patient im Sterben liegt. Auf die alarmierende Nachricht, daß Kaspar Hauser die Nacht schwerlich überleben werde, eilt die Untersuchungskommission ein letztes Mal in die Meyersche Wohnung, um auch über die letzten Stunden einen amtlichen Bericht anfertigen zu können. Dahinter mag die Überlegung gesteckt haben, daß ein Mensch, mit dem sicheren Tod vor Augen, keine Zuflucht mehr zu Lügen sucht und daß die Wahrheit nun doch endlich ans Licht kommen werde. In der Sprache des Gerichtsprotokolles liest sich die Begründung für diese Maßnahme so: Sie sei notwendig gewesen, «da man es der Wichtigkeit der Untersuchung angemessen erachtete, daß die Untersuchungskommission in den letzten Sterbestunden des Damnifikaten zugegen sei, um allenfallsige Äußerungen desselben, die für die Untersuchung von Relevanz sein konnten, aktenmäßig zu konstatieren».

Man fand Kaspar Hauser in einer tiefen Ohnmacht, aus der er nur schwer und langsam erwachte. Er fragte, wo er sei. Allmählich erkannte er einige der vielen Personen, die sein Bett umstanden, etwa Lehrer Meyer, der sich ihm «mit Ermahnungen zum Gottvertrauen» näherte, und Pfarrer Fuhrmann, «der ihm in religiöser Hinsicht zusprach und mit ihm betete». Und er wußte, daß er sterben mußte: «Ich bin recht müde, ich bin recht schwach, ich werde vielleicht in einigen Stunden von hier scheiden von diesem Lasterleben. Gott hat mir immer die besten Menschen gegeben, doch war das Ungeheuer größer.» Das sagte er nach einem weiteren Ohnmachtsanfall, und der Gerichtsschreiber hielt in seinem Protokoll fest, daß im Nachsatz ein paar Worte fehlen, die nicht verständlich waren. So muß unklar bleiben, was der Sterbende mit dem «Ungeheuer» gemeint hat, ebenso, was ihm wohl vorschwebte, als er das Wort «Lasterleben» aussprach. Es klingt fremd in seinem Mund, fast wie eine auswendig gelernte Vokabel, deren Sinn er nicht wirklich begriffen haben konnte. Vielleicht bedeutete «Laster» für Kaspar einfach das Böse schlechthin.

In der einen Stunde, die ihm noch blieb, sagte er manche Worte, die dunkel oder merkwürdig scheinen. Er sagte: «Das erinnere ich mich noch, daß ich alle, die um mich waren, um Verzeihung gebeten habe.» Das klingt, als ob er auf ein Leben zurückblickte, das schon hinter ihm lag. Er bedankte sich bei allen, selbst bei denen, die nicht anwesend waren, wie Meyers Schwiegermutter, und bei seinem Lehrer: «Meinen verbindlichsten Dank, den ich niemals abtragen kann.» Doch auf die Frage, ob er denn nichts an den Grafen Stanhope zu bestellen habe, «machte Hauser eine Äußerung, welche der Kommission im Vordersatz unverständlich blieb, daher auch der Nachsatz dieser Äußerung... nicht wörtlich verbürgt werden kann, sondern von dem Inquirenten so verstanden wurde». Der rätselhafte Satz lautete: «Daß er [der Graf] viel getan hat, ist eigentlich noch sein Schutz, sonst wäre er auch ganz verloren.»

Lord Stanhope habe ich bisher noch nicht erwähnt. Es wird später noch manches über diese wohl undurchsichtigste Gestalt in Kaspars Leben zu sagen sein. Doch muß dem unvoreingenommenen Leser auffallen, daß Stanhope der einzige Mensch war, dem Kaspar in seiner Todesstunde nicht dankte, ja, daß er ihn sogar für «verloren» hielte, wenn er nicht «viel getan» hätte, also vermutlich auch viel Gutes, das ihn beschützte. Lord Stanhope war, so glaubte man damals noch, Kaspar Hausers größter Freund und Wohltäter, und zwar nicht nur in finanzieller Hinsicht.

Also kein Dank, kein letzter Gruß an den Lord in dieser Stunde des Dankens und Verzeihens, der Stunde, in der Kaspar sogar bereit war, seinem Mörder zu vergeben: «Ich will ja gerne verzeihen, aber ich weiß nicht, wer mir's getan hat.» Auf Pfarrer Fuhrmanns Frage nach dem «Zustand seines Gemütes» kann er deshalb klar antworten: «Ich habe ja alle Leute, die ich kenne, um Verzeihung gebeten, warum sollte ich nicht ruhig sein?» Wenig später fügte er noch erklärend hinzu: «Warum sollte ich Zorn oder Haß oder Groll auf die Menschen haben, man hat mir ja nichts getan.»

Diese letzte Äußerung wurde nach Kaspar Hausers Tod immer wieder angeführt, um zu beweisen, er selber habe sein Leben beendet. Der Pfarrer erläuterte sie deshalb, nach seiner ausführlichen Schilderung der Sterbestunden:

«Das ist nun eine Äußerung Hausers, aus welcher der Zweifel an seiner Redlichkeit Gift über Gift saugt. Mir aber, der ich sie in Zusammenhang mit Hausers ganzem innerem Leben, wie ich es kennengelernt habe, bringe, mir, der ich die Stunde, in der er es sagte, genauer ins Auge fasse, fällt es nicht ein, in dieser Äußerung etwas Verdächtiges zu finden, und es sind nach meiner Meinung und Beobachtung nur drei Gesichtspunkte möglich, aus denen sie betrachtet werden kann. Den ersten gibt Hausers außerordentliche Gutmütigkeit an die Hand, die vielleicht von dem Mörder gar nicht sprechen und lieber die Aufmerksamkeit von ihm wegwenden wollte. Den anderen Grund finde ich darin, daß Hauser diese seine Worte im Zusammenhang mit dem kurz zuvor Gesprochenen brachte und sie auf seine Bekannten bezog. Der dritte Grund liegt in dem Augenblick des Sterbens. Hauser hatte da keine Erdensorge mehr, sein Gemüt war mit dem Himmlischen allzusehr beschäftigt, das Irdische war vergessen wie seine Wunde, von der er keinen Schmerz mehr empfand. Seine Seele hatte sich bereits über das Zeitliche erhoben. Dies ist mir das Allerwahrscheinlichste.»

Auch Daumer, Kaspars erster Lehrer, der Mensch, der ihn wohl am besten kannte, erklärte diesen der Polizei so verdächtigen Satz ähnlich und sehr überzeugend: «So ist es einleuchtend, daß Hauser bei jenen Worten nicht an die unbekannten Personen dachte, welche ihm sein tragisches Schicksal bereitet hatten, sondern an die Menschen dachte, unter welchen er lebte. Und da muß man wieder seine unendliche Güte bewundern, indem er alles verzieh, was ihm dieselben doch wirklich Böses zugefügt hatten und noch in seinen letzten Augenblicken zufügten.»

«Böses», das man ihm «noch in seinen letzten Augenblicken» zufügte, schrieb Daumer und dachte dabei sicher an all das, was am Bett des Sterbenden geschah: das Hinundhergehen vieler Menschen, die Anwesenheit der Polizeibeamten, von denen manche nur auf ein den Betrüger entlarvendes Wort lauerten. Der Protokollant notierte auch noch die leisesten Äußerungen, die der «Inquirent» offenbar auch noch wiederholte, damit der Schreiber sie als «verständlich» oder «unverständlich» benoten konnte.

So wurde zum Beispiel ins Protokoll diktiert: «Er fuhr fort: ‹Ich will jetzt gehen zu dem, der mich den rechten Weg geführt hat.›» Es wird die Antwort auf die Frage notiert, ob er nicht etwas Wasser oder Wein wünsche: «Der Höhere stärkt mich mit anderem Wein und Wasser.» Und: «Ach, diese Wege sind sehr dunkel.» Und: «Ach, diesen Kampf, der Mensch kann diesen Kampf nicht allein bestehen.» Und: «Das ermüdete Haupt erbittet sich Ruhe, indem es so schwer gegangen ist, bis es auf den rechten Weg gegangen ist.»

Das ist Kaspar Hausers letzte Äußerung, die das Protokoll verzeichnet. Danach heißt es dann nur ganz schlicht: «Um dreiviertel auf 10 Uhr schwand das Bewußtsein, er antwortete auf keine Frage mehr. Um 10 Uhr starb er, ohne harten Todeskampf oder Verzerrung der Gesichtszüge.» Das Protokoll schließt mit einer Anwesenheitsliste:

«In der Todesstunde waren teils beständig, teils abwechselnd zugegen: 1. Herr Pfarrer Fuhrmann, 2. Herr Schullehrer Meyer, 3. Herr Gendarmerieoberleutnant Hickel, 4. Herr Rechnungskommissär Appel, 5. Herr Landarzt Dr. Koppen, 6. der Sohn des Herrn Appellationsrats Schumann, 7. Hausers Krankenwärter, 8. die Schwiegermutter des Herrn Lehrers Meyer, 9. (jedoch nur anfangs) Herr med. Dr. Heidenreich, 10. Herr Medizinalrat Dr. Horlacher und 11. Herr medic. Dr. Albert. Sonst fand sich nichts Relevantes zu bemerken.»

«Sonst fand sich nichts Relevantes zu bemerken» – ein wahrhaft klassischer Schlußsatz. Etwas Wichtiges fehlt in dem Protokoll. Es fehlt eine Bemerkung über Kaspar Hausers Gemütsverfassung, als man ihm den Zettel mit der Spiegelschrift vorhielt – und irgend jemand wird das wohl irgendwann getan haben. Aber nirgendwo findet sich ein Hinweis darauf, nicht einmal bei denen, die Kaspar wohlgesonnen waren. Er, der tödlich verwundet unbedingt in den Hofgarten zurückgewollt hatte, um den geheimnisvollen Beutel mit seinem unbekannten Inhalt zu finden, er, der sein Leben lang ängstlich gewesen war – er nannte sich selber einmal feige und einen «Hasenfuß», er, der sich vor Mordanschlägen fürchtete, er muß doch um den Beutel und seinen Inhalt gebeten haben. Aber wir wissen nichts darüber, wie er auf den Inhalt reagierte, nicht einmal, ob man ihm den Beutel überhaupt zeigte. Seine Welt, seine Wünsche, seine Hoffnungen waren schon vorher zusammengebrochen in der Sekunde, als er begriff, daß er seinem Mörder gegenüberstand.

Das Motiv des Ermordeten

Wie ist es zu erklären, daß Kaspar, der «Hasenfuß», bei «garstigem Wetter» und einsetzender Dämmerung der Einladung eines Unbekannten in einen besonders dunklen und einsamen Teil des Hofgartens folgte? Seine Aussage, der Gärtner habe ihm die verschiedenen «Tonarten», also die Erdschichten am artesischen Brunnen zeigen wollen, und erst, als er an der Bohrstelle niemanden getroffen habe, sei er zum Uzschen Denkmal weitergegangen, kann nicht stimmen, genausowenig wie seine protokollierte Erklärung, er habe nicht mehr geglaubt, daß man ihm nach dem Leben trachtete, da er jetzt «einen Pflegevater habe». Kein Wunder, daß die Gerichtskommission in diesem Abschnitt des Verhörs besonders mißtrauisch war. Für Lehrer Meyer bedeutete die offensichtliche Unwahrheit nur eine weitere Lüge seines Zöglings. Für einen objektiveren und verständnisvolleren Betrachter bietet sich jedoch eine einleuchtende Erklärung, und nur eine einzige für die offenkundig falsche Aussage.

Kaspar muß einen zwingenden Grund gehabt haben, das Treffen mit einem Unbekannten zu wagen, einen Grund, der ihm so wichtig war, daß alle seine Ängste dagegen nicht zählten. Und es gab nur einen Wunsch, einen Gedanken, der sein fünfeinhalbjähriges Leben beherrschte: die Hoffnung, zu erfahren, wer er war, woher er kam, wer seine Eltern waren. Der Unbekannte muß ihm versprochen haben, ihm Beweise, schriftliche Beweise über seine Herkunft in die Hand zu geben. Als Treffpunkt bot sich da das abgelegene Denkmal mit dem Kanapee an und nicht der artesische Brunnen. Es war ein klar definierter Platz, Beobachter waren nicht zu befürchten, und die «Sitzsteine» wurden nur im Sommer benutzt.

Zum Zeitpunkt seines Verhörs wußte Kaspar, daß dieser sein Leben beherrschende Wunsch nie erfüllt werden würde, daß es keine Hoffnung mehr geben konnte, daß er auf die simple Lüge eines Betrügers und Mörders hereingefallen war. Diese schreckliche und zugleich auch beschämende Tatsache sollte er nun einer mißtrauischen Gerichtskommission erklären, einem Polizeischreiber in die Feder diktieren? Lieber verschwieg er den wahren Grund.

Zu den Menschen, deren Freundlichkeit er vertraute, hat er jedoch offen über diesen größten Wunsch gesprochen. So schrieb ein Ansbacher Hofrat in einem Brief, Hauser habe ihm «tiefbewegt und unter Thränen» von Lord Stanhope, den er bisher für seinen Beschützer und Freund gehalten hatte, berichtet: «Der Herr Graf hält mich für einen Betrüger; das tat mir recht wehe, ich mußte alle Nächte darüber weinen; seitdem ich aber aus dem Religionsunterricht weiß, daß es einen Gott gibt, der in das Innere sieht, bin ich ruhig und weine nicht mehr; denn ich weiß, daß ich kein Betrüger bin. Auch beruhigt mich der Gedanke, daß ich an Gott einen Vater im Himmel habe, wiewohl es mein erster Wunsch ist, zu erfahren, wer mein irdischer Vater ist, gleichviel ob arm oder niedrig, wenn ich ihn nur kenne; ich denke darüber nicht wie die Leute.»

Derselbe Wunsch klingt auch an in einem Brief, den Kaspar schon zwei Jahre früher an seinen damaligen Nürnberger Vormund zu dessen Geburtstag schrieb. Nur ist der Wunsch hier versteckt zwischen Floskeln der Höflichkeit und dem kindlichen Bemühen, zwei Seiten mit wohlgesetzten Glückwünschen zu füllen, ohne allzu viele Fehler zu machen. Der Brief beginnt formvollendet: «Verehrungswürdigster Herr Baron von Tucher», und gleich der erste Satz legt Ton und Thema fest:

«Es kommt ein, für mich so hocherfreuliches Fest, an dem ich meine kindliche Liebe darbringen, und nehme mir daher die Freiheit mit einem festen Entschluß, daß ich wie ein Sohn zu seinem lieben Vater am frühen Morgen kommt, und ihm seine herzlichen Wünsche mit einem aufrichtigen Herzen darleget, daß auch ich die Meinigen als Sohn darlegen darf.»

In diesem rührend mühseligen Stil und Satzbau geht der Brief noch eine Seite weiter bis zu dem Schlußsatz, auf den hin der ganze Brief angelegt zu sein scheint: «...Daher werde ich mir alle Mühe geben, auch meine Pflichten zu erfüllen suchen, daß ich Ihr ferneres Wohlwollen würdig sein werde; bis dessen Wille ist, welcher mich in so gefährlichen Ratschlägen erhalten hat, welche mit mir vorgenommen worden sind: daß auch ich noch einmal meinem Vater so herzlich Glück wünschen kann. Dieses sind die Wünsche Ihres Pflegesohnes, Caspar Hauser.»

Den namenlosen Findling mit der Hoffnung auf Erfüllung seines «ersten Wunsches» in die tödliche Falle zu locken, war leicht für den Mörder und das Mißtrauen der Polizei gegenüber Kaspars anderslautenden Angaben verständlich. So, wie er den Hergang der Tat schilderte, konnte er nicht gewesen sein. Für die meisten Ansbacher war mit Kaspar Hausers Tod bewiesen, daß er wirklich ermordet worden war. Für die Polizei allerdings war die Sache nicht erledigt.

Ein vorgetäuschter Mord oder ein Selbstmordversuch mit tödlichem Ausgang paßten viel besser in ihr Bild von Kaspar, dem Betrüger.

Weitere Zeugenaussagen

Die Bemühungen der Kommission konzentrierten sich in den folgenden Tagen darauf, Zeugen zu finden, die Kaspar Hauser Trübsinn und Melancholie attestieren sollten. Lehrer Meyer war da sehr bereitwillig und sprach von einem deutlich veränderten Verhalten seines Zöglings in den letzten Wochen vor dessen Tod. Hatte Hauser nicht Grund, an seiner jetzigen Situation zu verzweifeln? Er war nicht mehr das bestaunte und bewunderte «Kind von Europa», wie man ihn in der Nürnberger Zeit genannt hatte – man hatte ihn schon fast vergessen.

Aber die Aussagen von Pfarrer Fuhrmann, seine Beschreibung der vergnüglichen Bastelarbeiten in den letzten Stunden vor dem Anschlag im Hofgarten und Kaspars heiterer Stimmung sprachen gegen einen Selbstmord. Und es gab andere Zeugen. Die Ärzte, die nun aufgefordert wurden, sich zur medizinischen Indikation für einen Selbstmord zu äußern, waren auch aufgefordert, psychische Gründe für eine solche Tat zu suchen. In dem seitenlangen, sehr genauen gerichtsärztlichen Gutachten des Dr. Albert findet sich folgender Passus:

«Dem unterzeichneten Gerichtsarzt war Hauser schon länger bekannt. Derselbe hatte Gelegenheit, drei Tage vor erfolgter Verletzung den Hauser in seiner gewohnten kindlich-kindischen Unbefangenheit in einem höheren geselligen Zirkel beim Tanze mit einer Heiterkeit zu sehen, welche man bei keiner Person finden wird, welche sich drei Tage später das Leben zu nehmen willens ist. Noch einen Tag später versichern glaubwürdige Personen, aus seinem Munde gehört zu haben, daß er gern Offizier werden möchte, wenn es keinen Krieg gäbe; er habe erst seit fünf Jahren zu leben angefangen und wünsche noch länger zu leben.»

Man erfuhr auch noch Genaueres von den «glaubwürdigen Personen»: Kaspar habe jene Bemerkung in heiterer Stimmung auf einem Fest gemacht, als er die schönen Uniformen einiger anwesender junger Offiziere bewunderte.

Die medizinischen Gründe, die Dr. Albert gegen einen Selbstmord wie auch gegen einen vorgetäuschten Mord anführt, nehmen den Hauptteil des langen Gutachtens ein. Kurz und vereinfacht zusammengefaßt: Der Neigungswinkel des Wundkanals mache eine Selbstverletzung äußerst unwahrscheinlich. Kraft und Tiefe des Stoßes und die Genauigkeit, mit der er auf das Herz gerichtet wurde, wären für einen Selbstmörder ebenso unwahrscheinlich, bei einem nur vorgetäuschten Mord unmöglich.

Dr. Alberts Kollege, der Gerichtsmediziner Dr. Horlacher, war anderer Ansicht. Für ihn, der Kaspar Hauser nicht persönlich kannte, schien alles auf einen Selbstmord hinzudeuten.

Also konnte die Gerichtskommission mit ihren Theorien nicht zu einem Beweis kommen. Nur einer gab nicht auf und spielte selber Detektiv: Lehrer Meyer. In einem Brief beschreibt Henriette von Feuerbach, die Schwester des Dr. Heidenreich, was sie im Hause ihres Bruders miterlebte, und ihr Entsetzen über die Einfälle «dieses Menschen» ist noch heute spürbar:

«Einige Tage nach der Ermordung kam der Lehrer Meyer, welcher sich von dem Moment der Verwundung an zu den Gegnern des Kaspar Hauser zu halten schien, spätabends zu meinem Bruder, ein Stück Kalbfleisch unter dem Rocke tragend, in der Tasche ein Messer. Er wollte versuchen, meinen Bruder durch den Augenschein zu überzeugen, daß die Selbstverwundung Hausers, welcher jener, so wie sie vorlag, als eine Unmöglichkeit bestritt, doch wohl denkbar sein dürfte. Es geschah dies in meiner Gegenwart, und der tiefe Schauder, den ich empfand, hat mir die Szene unauslöschlich in das Gedächtnis eingeprägt, so wie ich mich überhaupt dieser Vorgänge mit ziemlicher Deutlichkeit entsinne. Ich wünsche nicht, durch diesen Brief sofort der Öffentlichkeit anheimzufallen, aber gleichwohl halte ich es für Pflicht, Ihnen auszusprechen, daß ich für die Wahrheit meiner Angaben jederzeit und auf jede Weise einstehen werde, so wie es der guten Sache förderlich sein möchte.»

Am 20. Dezember 1833 wurde Kaspar Hauser auf dem Ansbacher Johannis-Friedhof begraben. Eine große Menschenmenge begleitete ihn, nachdem Pfarrer Fuhrmann in der überfüllten Gumbertuskirche die Trauerrede gehalten hatte für den «meuchlings Ermordeten», wie er seinen Konfirmanden von der Kanzel herab nannte, vor Menschen, von denen doch einige glaubten, daß er ein Selbstmörder sei.

Die Grabinschrift hingegen läßt das Ende wieder offen. Kaspar Hauser ist ein Rätsel seiner Zeit, seine Herkunft unbekannt, sein Tod dunkel:

HIC JACET
CASPARUS HAUSER
AENIGMA SUI TEMPORIS
IGNOTA NATIVITAS
OCCULTA MORS
MDCCCXXXIII

Das Grab sei ganz unscheinbar, erklärte mir ein alter Mann, als ich suchend auf dem Friedhof umherirrte, und zeigte mir den Weg. Da lag es, verdeckt von einem großen, weißen Marmorgrabstein. Immerhin: auf seinem Grabstein bekam Kaspar Hauser eine Goldinschrift, und die roten Geranien und Begonien waren frisch gepflanzt. Damals im Dezember 1833 gab es große Nachrufe in den Ansbacher und auch den Nürnberger Zeitungen. Und trotz der in Todesanzeigen wohl schwer vermeidbaren Phrasen lassen die Worte des Bürgermeisters Binder aufrichtiges Mitgefühl für sein «durch einen Meuchelmörder» getötetes Mündel erkennen: «Kaspar Hauser, mein vielgeliebter Kurant, ist nicht mehr...»

2. Teil

DAS LICHT
DER WELT

26. Mai 1828 bis 14. Dezember 1833

Die Begegnung

Am letzten Abend in Ansbach lief ich, es fing gerade an zu regnen, noch durch einige Seitengäßchen, kam am Geburtshaus des Dichters August von Platen vorbei, las dort die goldbeschriftete Gedenktafel an dem schönen alten Giebel und fand mich plötzlich, hier in der Platengasse, Kaspar Hauser gegenüber.

Mein Schritt stockte, meinen Augen traute ich nicht. Aber er war es: etwas kleiner als ich, stand er unbeholfen, fast schwankend auf dem gepflasterten Bürgersteig. Eine Frau mit Einkaufstasche ging schnell vorbei, ohne ihn eines Blickes zu würdigen, und auch die amerikanische Military Police, die in ihrem Jeep gerade um die Ecke bog und wachsam nach allen Seiten spähte, nahm keine Notiz von ihm.

Ich blieb stehen, denn ich hatte ihn sofort erkannt, obgleich er auf keinem der zeitgenössischen Bilder so aussieht, wie ich ihn hier vor mir sah.

Seine Haare hängen ihm strubbelig tief über die Augen und verdecken sie völlig. Auch seine Schultern hängen, der Rücken ist gebeugt, und seine Knie sind es auch. Die Füße in den klobigen Stiefeln wirken auf dem Pflaster wie angewachsen. Man sieht, er kann vor äußerster Erschöpfung und Ratlosigkeit nicht mehr weiter in einer Welt, die er nicht kennt. Seinen breitkrempigen Hut hat er abgenommen und läßt ihn fast auf der Erde schleifen, während er mit der linken Hand ein Stück Papier ins Leere streckt, als ob er gar nicht wüßte, was er da tut.

Ich beuge mich vor und versuche die eingeritzten Zeichen zu entziffern, aber sie sind kaum zu erkennen: dunkle Vertiefungen auf dunklem Untergrund. Der Brief in Kaspars Hand ist, wie ich jetzt merke, surrealistischerweise noch ein zweites Mal vorhanden. Er liegt, einen Schritt weiter, ausgebreitet auf einem der rundköpfigen Prellsteine, wie man sie noch oft in Ansbach findet. Hier läßt sich die Schrift entziffern, aber als ich anfange zu lesen, merke ich verwirrt: Das sind gar nicht die Worte, die ich erwartet habe, es ist nicht der Text des Briefes, den Kaspar Hauser in der Hand hielt, als er in Nürnberg zum erstenmal unter die Menschen trat. Ich lese statt dessen einige Verse von Friedrich Schiller, aus dem Monolog des Marquis Posa, wie ich zu Hause feststelle. Nur die beiden ersten Wörter sind umgestellt worden.

Sie haben umsonst
Den harten Kampf mit der Natur gerungen,
Umsonst ein großes königliches Leben
Zerstörenden Entwürfen hingeopfert.
Der Mensch ist mehr, als Sie von ihm gehalten.
Des langen Schlummers Bande wird er brechen
Und wiederfordern sein geheiligt Recht.

Dann erst merke ich, daß es, genauso wie den doppelten Brief, auch einen doppelten Kaspar gibt. Der zweite steht nur wenige Schritte hinter dem ersten, ein erwachsener Mann, städtisch gekleidet, in dem Mantel, den ich nur aus Fotografien kenne, weil das Museum ihn ja zur Renovierung weggegeben hatte. Ich erkenne die langen Hosen wieder, die feinen Stadtstiefel und den hohen Zylinderhut, der merkwürdigerweise neben seinen Füßen auf dem Pflaster liegt. Ich stoße unwillkürlich mit dem Fuß dagegen, aber er rollt nicht weg.

Die Haare des zweiten Kaspar sind ordentlich gelockt und kurz geschnitten, so daß sein Gesicht deutlich zu sehen ist. Er schaut nachdenklich zur armseligen, gebeugten Gestalt des anderen hinüber, dem er so gar nicht mehr ähnelt. Und der Betrachter liest in dem grob geformten Bronzegesicht, das eine starke Ähnlichkeit mit den fein hingepinselten Hauser-Porträts seiner Zeit zeigt, die Frage: War ich das wirklich einmal? Was bin ich jetzt? Wer bin ich?

Der «leichte Anflug von Melancholie», den die Freunde des erwachsenen Kaspar oft in seinem Gesicht sahen, ist auch auf dem Bronzegesicht zu erkennen. Einer von ihnen hatte ihn einmal nach dem Grund für seine stille Traurigkeit beim Anblick einer heiteren Frühlingslandschaft gefragt, und Kaspar hatte geantwortet:

«Ich denke mir eben, wie es doch so viel Schönes auf der Welt gibt, und wie hart es für mich ist, so lange schon gelebt und nichts davon gesehen zu haben, und wie glücklich die Kinder sind, die alles dies von ihren ersten Jahren an sehen konnten und noch immer sehen können. Ich bin schon so alt und muß noch immer lernen, was lange schon die Kinder wissen. Ich wollte, ich wäre nie aus meinem Käfig gekommen; wer mich hineingetan, hätte mich auch darin lassen sollen. Dann hätte ich von allem dem nichts gewußt und hätte nichts vermißt und hätte keinen Jammer darüber gehabt, daß ich kein Kind gewesen und so spät auf die Welt gekommen bin.»

Diesem Kaspar, dem nachdenklich traurigen, fühle ich mich nahe, als ich vor dem ungewöhnlichen Denkmal im Regen stehe. Aber vielleicht denke ich zuviel hinein – und weiß doch nicht einmal, weshalb der Hut achtlos auf der Erde liegt. Ist der in Bronze festgehaltene Augenblick vielleicht die Sekunde vor dem Mord, als Kaspar noch hoffte, Aufschluß über seine Herkunft zu erhalten? Als ich nach dem Namen des Künstlers suche und ihn nicht finde, entdecke ich wenigstens den Namen des Stifters, der dies eindrucksvolle Kunstwerk wie etwas Lebendiges mitten in den modernen Straßenverkehr hineingestellt hat. Auf dem Prellbock steht:

CASPAR HAUSER 18.–1833
LIONS CLUB ANSBACH 1981

«1981» – da hatte ich nun die neuesten Prospekte über die Sehenswürdigkeiten der Stadt Ansbach und die neuesten Bücher über Kaspar Hauser gelesen und nirgendwo einen Hinweis auf diese beiden sehenswerten Gestalten gefunden. Offenbar will man in Ansbach nicht gerne an den unbekannten Fremdling, an das Verbrechen, das an ihm begangen wurde, erinnert werden.

Ein pudelnärrischer Anblick

Der Augenblick, der in der Gestalt des ersten, des zotteligen, armseligen Kaspar festgehalten wurde, bildet den Ausgangspunkt der meisten Hauser-Biographien und romanhaften Darstellungen. Es ist der Augenblick, als am 26. Mai 1828, am Pfingstmontag, nachmittags gegen vier Uhr, auf dem Unschlittplatz in Nürnberg eine merkwürdige Gestalt auftauchte. Zunächst waren es nur zwei Schuster, Jakob Beck, 38 Jahre alt, und Georg Leonhard Weickmann, 53 Jahre alt, die durch die Erscheinung in basses Erstaunen versetzt wurden. Ein paar Tage später war es ganz Nürnberg, und wieder ein paar Tage später horchten die Zeitungsleser im übrigen Deutschland auf.

Die Genauigkeit der Angaben über die näheren Umstände ist verblüffend. Auch hier schon hatte die Polizei die Hand im Spiel, viele Hände, die alles ganz genau aufzeichneten. So wissen wir, daß Schuster Weickmann evangelisch war und in diesem Augenblick vor der Tür seines Hauses, Ecke Unschlittplatz und Mittlere Kreuzgasse, stand. Er wollte gerade mit Schuster Beck, protestantisch, verheiratet, ebenfalls Hausbesitzer, zu einem Pfingstmontagsspaziergang aufbrechen.

Auch wie die merkwürdige Gestalt aussah, ist im Protokoll festgehalten. Die beiden Schuhmacher hatten einen jungen Burschen entdeckt, der mit einer «Jacke von grauem Tuch, desgleich langen Beinkleidern, kurzen Stiefeln und einem Herrenhut auf dem Kopf» bekleidet war. Nach dieser Beschreibung konnte der erste Maler, der das hochaktuelle Thema bildlich unter die Leute bringen wollte, eine in sanften Farben getuschte, scheinbar sehr genaue Federzeichnung anfertigen. Allerdings hatte er Kaspar Hauser nicht selber gesehen, und daher vermittelt er dem Betrachter des wohl bekanntesten Hauser-Bildes einen falschen Eindruck. Die Kleidung wirkt unangemessen neu und sauber, geradezu ordentlich, und auch die Haltung und der Gesichtsausdruck stimmen nicht, nicht einmal die Gesichtszüge sind ähnlich, wie schon die Nürnberger, die Kaspar in seinen ersten Tagen sehen konnten, beanstandeten.

Die beiden Schuhmachermeister waren deutlicher mit ihren Worten als der Maler mit seiner Feder und seinem Tuschpinsel. Sie nannten die fremdartige Gestalt «possierlich» und «pudelnärrisch», wie sie da den Bärleinhuter Berg «heruntergewackelt» kam. Der Fremde schwankte wie ein Betrunkener und konnte sich kaum auf den Füßen halten, wie ein kleines Kind, das dabei ist, laufen zu lernen.

Als die beiden Schuster den Fremden ansprachen und ihn ausfragen wollten, bemerkten sie sehr schnell, daß der sie nicht verstand. Er lallte unverständliche Laute und nur ab und zu ein Wort, das menschlich klang: «hoamweisen» oder «hinweisen», «woiß nit». Und dann sagte er plötzlich einen ganzen Satz, sogar mehrmals, sogar verständlich: «Ä sechtene Reiter möcht ih wähn, wie mei Vottä wähn is.» Die ersten Protokolle und Zeitungsberichte übersetzen: «Ein solcher Reiter will ich werden, wie mein Vater einer war.»

Als weitere Erklärung wies der «pudelnärrische» Fremdling einen eindrucksvoll versiegelten Brief vor, gerichtet

«An
Tit. Hr. Wohlgebohrener Rittmeister bey der
4ten Esgataron bey 6ten Schwolische
Regiment
in Nierberg».

Da der Unschlittplatz um diese Zeit nahezu menschenleer war – die meisten Nürnberger pflegten am Pfingstmontag vor den Toren ihrer Stadt zu lustwandeln –, kamen die beiden Männer überein, ihre Fundsache bei der Wache am Neuen Tor abzuliefern. Schuster Weickmann wollte sowieso in diese Richtung und nahm den schwankenden und torkelnden Fremden mit, während Schuster Beck, wie er später bedauernd aussagte, sich «auf einem anderen Wege entfernte. Hätte man vermuten können, daß dieser Kaspar Hauser ein so interessanter Mensch wäre, so hätte ich ihn gewiß auch in die Neutorstraße begleitet, allein – so ist er mir halt als ein ganz gleichgültiger Mensch vorgekommen.»

Schuster Weickmann sah auf der Wache noch, wie der Fremde seinen Brief vorzeigte, und dann verließ auch er ihn. So geschah es, daß in dieser scheinbar lückenlosen ersten Bestandsaufnahme des Geschehens die erste Lücke entstand: Der wachhabende Soldat war ebenfalls nicht sonderlich interessiert an dem betrunken wirkenden Burschen und wies ihm nur kurz den Weg zur Wohnung des Rittmeisters der 4. Schwadron der Chevaulégers, der Leichten Reiterei also, aber dort kam der Fremde erst, so viel steht fest, gegen sieben Uhr abends an. Was er in den fehlenden zwei Stunden auf dem kurzen Weg gemacht hat, konnte selbst die Polizei

Die bekannteste zeitgenössische Darstellung von Kaspar Hauser mit dem Begleitbrief. Getuschte Federzeichnung, 1828, von Johann Georg Laminit

nicht herausfinden. Und so heben über diese verlorengegangenen zwei Stunden erste Spekulationen an. Hatte der große Unbekannte, der seinen Gefangenen in der Nähe des Unschlittplatzes abgesetzt haben mußte, in dieser Zeit noch einen letzten Kontakt mit ihm aufgenommen? Oder war gar einer der beiden Schuster im Bunde mit dem unbekannten Wärter gewesen? Oder hatte der merkwürdige, nicht ganz unverdächtige junge Bursche in dieser doch recht langen Zeit irgend etwas Geheimnisvolles unternommen, das er später nicht zugeben wollte?

Es gibt eine viel einfachere Erklärung. Die nicht an Gehen, geschweige denn an eine lange Wanderung gewohnten Füße trugen den Erschöpften nicht mehr weiter. Was lag näher, als sich in irgendeine dunkle Ecke zu verkriechen und auszuruhen? Der Stallbursche des Rittmeisters, der ihm dann später, gegen sieben Uhr, die rittmeisterliche Haustür öffnete und ihn zunächst einmal in den Pferdestall führte, da sein Herr abwesend war, gab zu Protokoll: «Der junge Hauser war äußerst ermattet, dergestalt, daß er nur herumschweifte, und verriet durch Deuten auf die Füße Schmerzen in letzteren.»

Der junge Hauser, zu dieser Zeit noch namenlos, ließ sich sogleich ins Stroh sinken, lehnte Fleisch und Bier, das der freundliche Stallbursche herbeibrachte, mit Widerwillen ab, nahm aber Brot und Wasser «mit Hastigkeit» zu sich und schlief sofort ein.

So fand ihn der Rittmeister von Wessenig, der eine Stunde später von einem Kirmesbesuch zurückkehrte und die Nachricht von einem «wilden Menschen» in seinem Stall hörte. Seine Kirmesstimmung verflog daraufhin im Nu. Während seine beiden Kirmesbegleiter, der Polizeiaktuar von Scheurl und der Leutnant von Hugenpoët, neugierig neben ihm standen, erbrach er den versiegelten Brief, überflog ihn und wurde noch ärgerlicher – warum, weiß eigentlich niemand so recht. Einfühlsame Interpreten dieses Ärgers äußerten die Vermutung, der Herr von Wessenig habe vielleicht angenommen, man wolle ihm da einen schmutzigen, schwachsinnigen Burschen als unehelichen Sohn unterschieben.

Wie dem auch sei – der Rittmeister ließ den fest schlafenden «wilden Menschen» sofort wachrütteln und forderte den Polizeiaktuar, einen bei der Polizei angestellten Verwaltungsbeamten, auf, den Burschen auf die Polizeiwache zu schaffen. Der war jedoch «außerordentlich ermattet, konnte kaum gehen und taumelte auf dem Transport vor Müdigkeit hin und her. Auch auf der Polizeiwachstube konnte er sich nur mit Mühe stehend erhalten», gab der Aktuar zu Protokoll. Noch an demselben Abend fand das erste Verhör statt, das erste in einer endlosen Reihe, die erst am Tag von Kaspar Hausers Tod enden sollte.

Auftauchbrief und Mägdeleinzettel

Der geheimnisvolle Brief wurde zu den Akten gelegt, doch verschwand er später mit allen Aktenbündeln aus der ersten Zeit auf ungeklärte Weise. So kann der Besucher des Ansbacher Museums nur eine zeitgenössische Kopie des so wichtigen Dokuments lesen. «Das Original ist verschollen», steht lakonisch in Schönschrift neben der sorgfältig unter Glas verwahrten Lithographie.

Da liest der Besucher nun einen Brief, der weniger durch seine orthographischen und grammatischen Fehler als durch seine Ungereimtheiten und Widersprüche verwirrt. Offenbar war er darauf auch angelegt – da sind sich alle Hauser-Forscher einig, ob sie nun die Betrugstheorie verteidigen oder Kaspars eigener Geschichte glauben. Da der «Auftauchbrief», so nannte man seitdem das Dokument, jedoch das einzige direkte Zeugnis für die immer noch dunkle Zeit vor dem Auftauchen des Fremdlings ist, soll er hier wortgetreu wiedergegeben werden, ebenso wie der beigelegte kleine Zettel, der in Akten und Archiven als der «Mägdeleinzettel» geführt wird:

Von der Bäiernschen Gränz
Daß Orte ist unbenant
Hochwohlgebohrener Hr. Rittmeister!
Ich schücke ihner ein Knaben der möchte seinen König getreu dienen verlangte Er dieser Knabe ist mir gelegt worden. 1812 den 7 Ocktober, und ich selber ein armer Taglöhner, ich Habe auch selber 10 Kinder, ich habe selber genug zu thun daß ich mich fortbringe, und seine Mutter hat mir um Die erziehung das Kind gelegt, aber ich habe sein Mutter nicht erfragen Könen, jetz habe ich auch nichts gesagt, daß mir der Knabe gelegt ist worden, auf dem Landgericht. Ich habe mir gedenckt ich müßte ihm für mein Sohn haben, ich habe ihm Christlichen Erzogen, und habe ihm Zeit 1812 Keinen Schrit weit aus dem Haus gelaßen daß Kein Mensch nicht weiß da von wo Er auferzogen ist worden, und Er selber weiß nichts wie mein Hauß Heißt und daß ort weiß er auch nicht, sie derfen ihm schon fragen er kan es aber nicht sagen, daß lessen und schreiben Habe ich ihm schon gelehrte er kan auch mein Schrift schreiben wie ich schreibe, und wan wir ihm fragen was er werde so sagte er will auch ein Schwolische werden waß sein Vater gewesen ist, Will er auch werden, wer er Eltern häte wir er keine hate wer er ein gelehrter bursche worden. Sie derfen im nur was zeigen so kan er es schon. Ich habe im nur bis Neumark geweißt da hat er selber zu ihnen hingehen müßen ich habe zu ihm gesagt wen er einmal ein Soldat ist, kome ich gleich und suche ihm Heim sonst häte ich mich Von mein Hals gebracht

Bester Hr. Rittmeister sie derfen ihm gar nicht tragtiren er weiß mein Orte nicht wo ich bin, ich habe im mitten bei der nacht fort geführth er weiß nicht mehr zu Hauß,

Ich empfehle mich gehorsamt
Ich mache mein Name nicht
Kuntbar den ich Konte
gestraft werden,

Und er hat Kein Kreuzer geld nicht bey ihm weil ich selber nichts habe wen Sie im nicht Kalten so müßen Sie im abschlagen oder in Raufang auf henggen

Und hier der beigelegte Mägdeleinzettel:

Das
Kind ist schon getauft
sie Heist Kasper in Schreib
name misen sie im selber
geben das Kind möchten
Sie auf Zihen sein Vater
ist ein Schwolische gewesen
wen er 17 Jahre alt ist so
schicken sie im nach Nirnbe-
rg zu 6ten Schwolische
Regiment da ist auch sein
Vater gewesen ich bitte um
die erzikung bis 17 Jahre
gebohren ist er im 30 Aperil
1812 im Jaher ich bin ein
armes Mägdlein ich kan
das Kind nicht ernehren
sein Vater ist gestorben.

In einem weiteren Punkt sind sich die Pro-Hauser- und die Contra-Hauser-Gruppen heute einig: Beide Briefe sind etwa zur gleichen Zeit geschrieben worden, der Mägdelein-

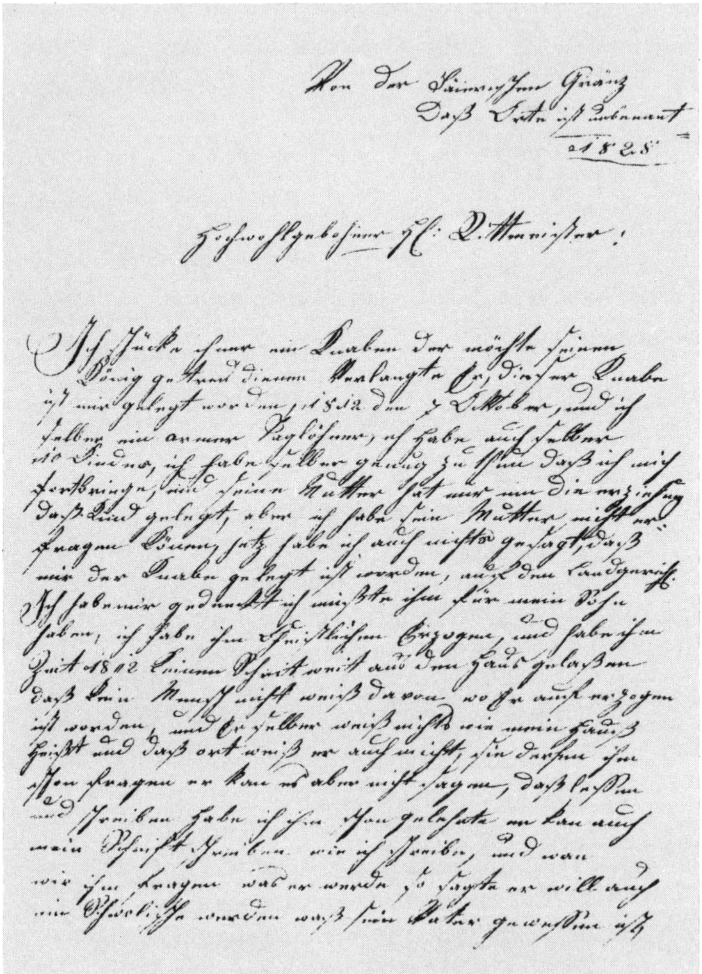

Von der Bäierischen Gränz
daß orte ist unbenannt
1828

Hochwohlgebohrner Hr. Rittmeister!

Ich schücke ihnen ein Knaben der möchte seinen König getreu dienen verlangte Er, dieser Knabe ist mir gelegt worden 1812 den 7 Ochtober, und ich selber ein armer Taglöhner, ich habe auch selber 10 Kinder, ich habe selber genug zu thun daß ich mich fortbringe, und seine Mutter hat mir um die erziehung daß Kind gelegt, aber ich habe sein Mutter nicht erfragen könen, jetz habe ich auch nichts gesagt, daß mir der Knabe gelegt ist worden, auf den landgericht. Ich habe mir gedenckt ich müßte ihn für mein Sohn haben, ich habe ihn Christlich Erzogen, und habe ihm Zeit 1812 Keinen Schritt weit aus dem Haus gelaßen daß Kein Mensch nicht weiß davon wo er auf erzogen ist worden, und Er selber weiß nicht wie mein Haus heißt und daß ort weiß er auch nicht, sie derfen ihm schon fragen er kan es aber nicht sagen, daß lesen und schreiben habe ich ihm schon gelehrt er kan auch mein Schrift schreiben wie ich schreibe, und wan wir ihn fragen was er werden will so sagt er will auch ein Schwolischer werden wie sein Vater gewesen ist

Der Begleitbrief an den Rittmeister von Wessenig, 1828.
Zeitgenössisches Faksimile des später verschwundenen Originals

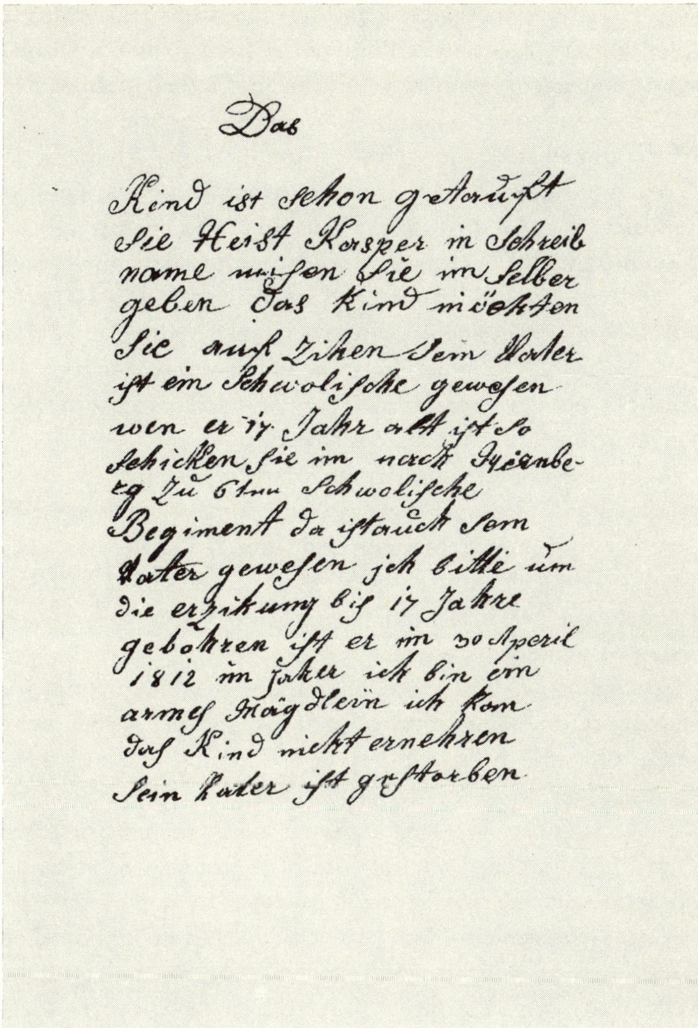

Das

Kind ist schon getauft
Sie Heist Kasper in Schreib
name müßen Sie im Selber
geben Das Kind möchten
Sie auf Zihen Sein Vater
ist ein Schwolische gewesen
wen er 17 Jahr alt ist so
schicken sie im nach Nürnbe-
rg zu 6ten Schwolische
Regiment da ist auch sein
Vater gewesen ich bitte um
die erzikung biß 17 Jahre
gebohren ist er im 30 Aperil
1812 im Jahre ich bin ein
armes Mägdlein ich kan
das Kind nicht ernehren
Sein Vater ist gestorben.

Der sogenannte Mägdeleinzettel, 1828.
Zeitgenössisches Faksimile des später verschwundenen Originals

zettel ist also keineswegs sechzehn Jahre älter als der «Auftauchbrief» – das zeigen Tinte und Papier. Und die Handschriftenexperten sind sich «mit an Sicherheit grenzender Wahrscheinlichkeit» einig, daß derselbe Schreiber beide Mitteilungen zu Papier gebracht hat.

Vor 150 Jahren brauchte man offenbar kein Fachmann zu sein, um zwei Briefe, Auftauchbrief und Mägdeleinzettel, als Fälschungen zu entlarven, und brauchte auch nur wenig Zeit dazu. Der Nürnberger Bürgermeister Binder hatte nämlich schon in seiner ersten Bekanntmachung über das Auftauchen des «Findlings» die beiden Briefe wörtlich veröffentlicht und der zur Mitarbeit bei der Aufklärung des Falles aufgeforderten Bevölkerung mitgeteilt:

«Durch Vergleichung der Handschrift des in dem Brief selbst eingeschlossenen auf einem Octavblättchen geschriebenen Zettels mit der Handschrift des Briefs ergiebt sich, wenngleich jener mit lateinischen, dieser mit deutschen Buchstaben geschrieben ist, eine große Ähnlichkeit zwischen beiden Schriftzügen.

Auch sind beide offenbar mit ein und derselben Dinte geschrieben, und es geht daraus hervor, daß der Zettel nicht schon vor 16 Jahren, sondern erst jetzt und also erdichtet wurde. Denn wäre der Zettel 16 Jahre älter als der Brief, so würde die Dinte eine ganz andere Fabe als die im Briefe angenommen haben. Dies scheint aber der übrigens schlaue, bösartige Betrüger vorher nicht erwogen zu haben.

Das Wasserzeichen im Papier heißt J. Reindel, welcher eine Papiermühle in Mühlhof, im königl. Landgericht Schwabach im Rezatkreis des Königreichs besitzt. Vielleicht giebt es aber auch wo anders einen Papierfabrikanten dieses Namens.»

Wie vorsichtig in den Formulierungen und doch wie klar und für jedermann verständlich ist diese Bekanntmachung geschrieben. Aber die beiden Schreiben geben viele Rätsel auf. Im Auftauchbrief fallen einige gleich in die Augen, andere zeigen sich erst beim zweiten Lesen.

Hier eine kurze Zusammenfassung der auffälligsten Widersprüche und Merkwürdigkeiten:

1. Für einen mit zehn Kindern geplagten Tagelöhner hätte es doch eigentlich nahegelegen, das Findelkind dem Pfarrer oder dem Bürgermeister weiterzureichen.
2. Wenn der arme Mann aber so selbstlos war, das Kind zwölf Jahre lang zu ernähren und auch noch christlich zu erziehen, warum hat dieser Wohltäter dann den Jungen all die Jahre keinen Schritt weit aus dem Haus gelassen?
3. Warum nannte er nicht seinen Namen und den Namen des Ortes und verschwieg so lange die Existenz des Pflegekindes? Christliche Nächstenliebe wurde auch damals nicht bestraft.
4. Und wenn der Schreiber, wie er am Ende andeutet, eine Strafe fürchtet, warum sagt er dann nicht, von wem und warum? Wenn seine Angst wirklich groß war, warum schreibt er so viel und so Unnötiges, das ihn ja doch vielleicht verraten könnte?
5. Einigermaßen widersprüchlich wirkt auch seine dringliche Bitte an den besten Herrn Rittmeister, den Knaben doch ja nicht zu «tragtiren», also nicht schlecht zu behandeln, wenn er als Postscriptum den nicht gerade mitleidigen Ratschlag folgen läßt: Wenn Sie ihn nicht behalten («Kalten») wollen, müssen Sie ihn wegschicken («abschlagen») oder im Rauchfang aufhängen.

Von all der Wirrnis des Auftauchbriefes heben sich jedoch zwei mehr oder minder deutliche Ortsangaben ab: «von der Bäiernschen Gränz» und «Neumark». Das südöstlich von Nürnberg gelegene Neumarkt in der Oberpfalz galt schon sehr früh, bei den ersten Ermittlungen über Kaspar Hausers Gefängnis, wegen seiner Nähe zu Nürnberg als der wahrscheinlichste Ort. Das fehlende Schluß-t ist nicht verwunderlich, wenn man weiß, daß man es damals mit der Rechtschreibung von geographischen Bezeichnungen nicht so genau nahm. Kaspar selber erwähnt in einem Brief einmal diesen Ort und schreibt ebenfalls «Neumark».

Als im Sommer 1830 bei der Polizei ein Hinweis einging, Hauser sei in eben jenem Neumarkt, und zwar im Keller des Pfarrhauses eingekerkert gewesen, wurde dort ein Lokaltermin abgehalten, um dem Gerücht nachzugehen, aber das Resultat war negativ. Kaspar erklärte mit großer Bestimmtheit, «daß ich in dem Keller, von dem die Rede ist, mich nie befunden». Er konnte auch genau angeben, welche Einzelheiten nicht in sein Erinnerungsbild paßten. Niemand scheint damals daran gedacht zu haben, daß ganz in der Nähe von Neumarkt Dorf und Schloß Pilsach liegen und daß alte Schlösser oft ein geheimes Verlies haben – oder wollte man daran nicht denken?

Im Frühjahr 1831 machte der Gendarmerieoffizier Hickel sogar eine weite Dienstreise, nur um in alten Gebäuden nach einem möglichen Verlies zu suchen. Auf seiner Erkundungsfahrt kam er auch durch die Oberpfalz. Sein Bericht zeigt, daß er am 26. Mai in Neumarkt Nachforschungen angestellt hat. Wieder wird Pilsach und sein Schloß nicht erwähnt. Es wird noch lange vergessen bleiben.

Im Vergleich zum Auftauchbrief wirkt der Zettel des armen Mägdeleins weniger widersprüchlich. Hier werden immerhin Vorname, Geburtstag und Geburtsjahr des Kindes genannt. Das Geburtsjahr 1812 ist auch nie angezweifelt worden, da es mit den Schätzungen der beiden Gerichtsärzte übereinstimmt, der «Findling» sei etwa sechzehn Jahre alt. Das Datum, «30. Aperil», sollte erst später Spekulationen auslösen.

Beim genaueren Hinsehen fällt jedoch auch im Mägdeleinzettel Fragwürdiges auf. Der erste Satz ist orthographisch völlig richtig geschrieben. Es sieht fast so aus, als sei das auch dem Schreiber aufgefallen, denn im nächsten Satz bringt er besonders viele Fehler unter. Die befremdliche Verquickung der Geschlechter – «sie Heist Kasper» – ist auch für einen ungeübten Schreiber ein seltsamer Fehler. Die Schreibweise «Schwolische» für «Chevaulégers» dagegen ist verständlich, arme Mägdelein können kein Französisch. Nur ist das Wort hier auf genau die gleiche Art falsch geschrieben wie im Auftauchbrief.

Später erst fanden Forscher heraus, daß das «Mägdlein» hellseherische Fähigkeiten gehabt haben muß: Im Jahre 1812 lag die Leichte Reiterei noch gar nicht in Nürnberg.

Hauser-Freunde wie Hauser-Feinde sind sich darin einig, daß beide Briefe eine Fiktion sind, eine merkwürdig mißglückte allerdings, weil sie so unglaubwürdig ist. Besonders eines ist unverständlich. Wenn in diesem Punkt allgemeine Einigkeit herrscht und immer geherrscht hat, warum zog man nicht die einzig mögliche Schlußfolgerung? Ein Betrüger, der sich irgendwelche Vorteile aus der geheimnisumwitterten Geschichte eines armen Findelkindes erhoffte, würde sich doch wohl größte Mühe gegeben haben, eine in sich geschlossene, glaubwürdige Story zu erfinden.

Damit sind diese beiden Dokumente der erste Beweis gegen die Theorie von einem gerissenen Betrüger. Der vorläufig letzte Beweis ist der Mord im Ansbacher Hofgarten.

Eine wichtige Frage ist noch nicht beantwortet: Wer hat dem Kind denn nun eigentlich seinen Nachnamen gegeben? Im Auftauchbrief taucht zwar vieles auf, nicht aber der «Schreibname», mit dessen Erfindung das Mägdelein doch ausdrücklich den Pflegevater beauftragt hatte. Der Name «Hauser» wird erst auf der Polizeiwache in Nürnberg aktenkundig, als ein einfallsreicher junger Polizist eine gute Idee hatte.

Als der fremde Bursche, den alle zunächst für einen «Vaganten», einen Landstreicher, hielten auf die Frage nach dem Woher und Wohin, nach Name und Alter immer nur ein «I woiß nit» oder «hoamweisen» stammelte, gab ihm ein junger Polizist ein Stück Papier und eine Schreibfeder in die Hand, und das Wunder, mit dem eigentlich niemand gerechnet hatte, geschah: Der schon als schwachsinnig abgestemptelte Vagabund schrieb einen Namen, seinen Namen offenbar, ohne zu zögern und recht flüssig: Kaspar Hauser.

Aber mehr war nicht aus ihm herauszuholen, trotz allem gutem Zureden mit Worten und Gesten. Nur aus seinen Taschen war etwas herauszuholen, und zwar eine ganze Menge, ein seltsames Sammelsurium der verschiedenartigsten Gegenstände.

Da lag auf dem Tisch im Polizeirevier ein kleiner Rosenkranz neben einem «deutschen Schlüssel» (was mag wohl das Deutsche daran gewesen sein?). Da lagen einige «blau und weiß geblumte Lumpen» neben einem Stück Papier, in das eine winzige Menge Goldsand eingeschlagen war – Anlaß übrigens für die «Süddeutsche Zeitung», am 11. Februar 1984 einen langen Artikel abzudrucken: «Wider die Fabel vom Adel des Kaspar Hauser», mit dem Untertitel: «Forscher sammelt Indizien für die Fallsucht und die schlichte Herkunft des Findelkindes». Dieser Artikel stützte sich auf einen Bericht im «Deutschen Ärzteblatt» (vom 10. Februar 1984): Goldsand sei damals als ein Allheilmittel gegen Blutblasen und verschiedene Hautbeschwerden gebraucht worden, und ein Schlüssel oder ein anderes Stück Eisen könne einem epileptischen Anfall vorbeugen. Weder die Polizei noch die Gerichtsärzte damals in Nürnberg zogen jedoch aus diesen Utensilien Rückschlüsse auf den Gesundheitszustand des Fremden.

Neben Rosenkranz, geblümten Lumpen, Schlüssel und Goldsand häufte sich auf dem Tisch ein ganzer Stapel katholischer Gebetstexte und religiöser Traktätchen (mitgegeben als Beweis für die christliche Erziehung?). Ihre Titel wurden alle sorgfältig in die Akten aufgenommen, zwölf an der Zahl, alle Papiere damals schon ältlich und abgegriffen.

Aus zwei Gründen ist diese religiöse Mini-Bibliothek bemerkenswert. Während sich alle anderen Titel im Rahmen des üblichen halten («Gebeth zur unbefleckten Empfängniß Mariä etc. etc. im Jahre 1770», oder «Sechs andächtige und kräftige Gebeter»), fiel ein Traktat schon damals wegen des makaberen Hintersinns seines Titels auf: «Kunst die verlorene Zeit und übel zugebrachten Jahre zu ersetzen etc., ohne Jahrzahl. Gedruckt und zu finden in Burghausen». Als die ersten Einzelheiten über die Vergangenheit des Findlings bekannt wurden, waren viele Menschen geneigt, in diesen Worten keinen Zufall, sondern eine böswillige Verhöhnung des Unglücklichen zu sehen.

Was man damals in Nürnberg noch nicht wissen konnte: jener vornehme Lord Stanhope, der sich später so finanzkräftig für Kaspar Hauser engagierte, vertrieb zeitweise religiöse Traktätchen, wenn er in Geldschwierigkeiten steckte, und das war offenbar öfter der Fall, trotz seinem prächtigen Familienschloß in England. Ein Zufall?

Bemerkenswert ist, daß Kaspar Hauser, während man den Inhalt seiner Taschen auf dem Tisch in der Polizeiwache ausbreitete, keinerlei Notiz von all diesen Gegenständen nahm; sie waren ihm offenbar völlig gleichgültig.

Es war fast Mitternacht, als sein erstes Verhör beendet wurde. Es war ein langer Tag gewesen. Was Kaspar während all der Stunden dachte, weiß niemand, und es kann auch niemand, hätte er noch so viel Phantasie, in Worte fassen, denn der Fremdling hatte, im wahren Sinne des Wortes, keine Worte; und ohne Worte kann man nicht denken. Selbst

Vokabeln wie «ganz allein», «nach Hause», «Schmerzen», «müde», «warum?» wären als Übertragung dessen, was in ihm vorging, falsch. Er sah nur Bilder: sein Strohlager in dem dämmerigen Kerker, den Wasserkrug, sein einfaches Spielzeug, Pferdchen und Hund, und er hörte, vielleicht, die absolute Stille dort, wo er eine unbegreiflich lange Zeit zu Hause gewesen war.

Allein das Erlebnis, Menschen zu begegnen, muß eine Ungeheuerlichkeit für ihn gewesen sein. «Ich hatte ja keinen Begriff, daß außer mir noch Jemand seyn könnte. Ich habe nie einen Menschen gesehen, noch niemals einen gehört», schrieb er, als er begriffen hatte, was Worte sind, als er sprechen und schreiben gelernt hatte. Und er lernte außerordentlich schnell, so schnell, daß einige Hauser-Kritiker hierin schon einen Beweis für ihre Betrüger-Theorie zu haben glaubten. Der einzige ernst zu nehmende Satz im Auftauchbrief klingt zwar stilistisch etwas befremdlich, ist aber klar zu verstehen: «Wenn er Eltern hätte, wie er keine hatte, wäre er ein gelehrter Bursche geworden. Sie dürfen ihm nur was zeigen, so kann er es schon.»

Dank dieser Lernfähigkeit ist es möglich, hier schon Kaspar Hauser selber zu Wort kommen zu lassen, so daß wir mitfühlen oder andeutungsweise ahnen können, was in jenen Tagen und Stunden in ihm vorging. Die erste Version seiner Selbstbiographie schrieb er ein halbes Jahr nach seinem Erscheinen auf dem Unschlittplatz, im November 1828. Eine neue Fassung – «Über Kaspar Hausers Leben, von ihm selbst geschrieben» – entstand nur wenige Monate später, im Februar 1829. Hier findet sich die Beschreibung seines ersten Tages in Nürnberg:

«Ich stand eine Zeitlang an der nämlichen Stelle, an welcher mich der Mann verlassen hat, bis derjenige Mann meinen Brief abnahm und mich in das Haus des Rittmeisters brachte. Als ich in dem Hause ankam, empfand ich von einer starken Stimme, die ich dort hörte, heftige Schmerzen in dem Kopf. Der Bediente setzte mich auf einen Stuhl und suchte mich auszufragen, doch ich konnte nicht mit andern Worten antworten als mit denjenigen, die ich gelernt hatte und die ich ohne Unterschied gebrauchte, um Müdigkeit und Schmerzen auszudrücken. Er brachte mir hierauf einen zinnernen Teller mit Fleisch und einem Glase Bier. Der Glanz des Tellers und die Farbe des Biers gefiel mir, aber schon der Geruch verursachte mir Schmerzen. Ich schob es weg, er wollte es mir aufdringen und ich schob es immer wieder zurück. Dann brachte er mir Wasser und ein Stückchen Brot, das erkannte ich gleich und nahm es in die Hand, aß und trank. Das Wasser war so gut frisch, daß ich drei bis vier Gläser austrank und mich ganz gestärkt fühlte. Dann legte er mich in den Pferdestall und ich schlief sogleich ein.

Als der Herr Rittmeister nach Hause kam, weckte man mich auf, ich sah seine Uniform und den Säbel, ich erstaunte und freute mich daran und wollte, man solle mir ein solches glänzendes, schönes Ding geben. Sie fingen zu sprechen an und so stark, daß es mir im ganzen Leib weh getan hat, ich fing an zu weinen und sagte dieselben Worte, dann führten sie mich auf die Polizei und das war mein schmerzlichster Weg. Als ich hin kam, waren sehr viele Menschen da und ich erstaunte und wußte nicht, was denn dieses sei, das sich so bewegt, welche immer sprachen und sehr stark, dann gaben sie mir einen Schnupftabak, welchen ich in die Nase hintun mußte; dieser tat mir sehr wehe und ich fing an zu weinen, weil ich schreckliche Schmerzen in den Kopf bekam. Sie plagten mich noch mit allerhand Sachen, welche mir schreckliche Schmerzen verursachten und ich weinte immerfort. Als ich eine Zeitlang auf der Polizei gewesen war, führten sie mich auf den Turm... ich weinte noch eine Zeitlang bis ich einschlief, weil mir alles sehr wehe getan, und endlich schlief ich doch ein.

Als ich erwachte, hörte ich etwas, worüber ich so in Erstaunen geraten war und mit einer solchen Aufmerksamkeit horchte, weil ich in meinem vorigen Zustand nie etwas solches gehört hatte. Diese Aufmerksamkeit, die kann ich gar nicht beschreiben. Ich horchte sehr lange, aber nach und nach hörte ich nichts mehr und verlor sich die Aufmerksamkeit, ich fühlte die Schmerzen an meinen Füßen. Ich bemerkte, daß ich in den Augen keine Schmerzen fühlte und warum empfand ich keine? weil es nicht Tag gewesen ist, welches für meine Augen die größte Wohltat war. Aber sonst fühlte ich in meinem ganzen Körper Schmerzen, besonders an den Füßen.

Ich setzte mich auf, ich wollte nach meinem Wasser langen um meinen Durst zu stillen, den ich fühlte; ich sah kein Wasser und Brot mehr, statt dem sah ich den Boden, der ganz anders ausgesehen hat als in meinem früheren Aufenthaltsort. Ich wollte mich nach meinen Pferden umsehen und mit spielen, es war aber auch keines da, worauf ich sagte: ‹I möcht ah a söchana Reiter wern, wie Vater is›, womit ich sagen wollte, wo sind die Pferde hin und das Wasser und das Brot. Hierauf bemerkte ich den Strohsack, auf dem ich saß, welchen ich so mit Erstaunen betrachtete und wußte nicht, was denn dieses sei. Als ich ihn sehr lange betrachtet hatte, klopfte ich mit dem Finger darauf, worauf ich das nämliche Geräusch vernommen hatte, als wie von dem Stroh, welches ich in (meinem) früheren Aufenthaltsort hatte, worauf ich immer zu sitzen und zugleich zu schlafen pflegte. Ich sah auch sehr viele andere Sachen, worüber ich so in Erstaunen geraten bin, welches sich nicht beschreiben läßt. Ich sagte: ‹I möcht ah a söchana Reiter wern, wie Vater is›, womit ich sagen wollte: was ist denn dieses und wo sind denn die Pferde hin? Ich hörte wieder die Uhr schlagen; ich horchte sehr lange; als ich nichts mehr hörte, sah ich den Ofen, welcher von grüner Farbe war und einen Glanz von sich gab.

Zu diesem sagte ich auch die gemerkten Worte, welche mir der Mann gelernt hatte, womit ich sagen wollte: er möchte mir auch ein so schönes glänzendes Ding geben; ich sagte es etliche Mal, aber ich bekam nichts. Ich sah ihn sehr lange an; ich sagte nochmal die nämlichen Worte, womit ich zu dem Ofen sagen wollte, warum denn meine Pferde so lange nicht kommen...

Ich lag sehr lange; der Mann hob mich nicht mehr auf; ich setzte mich auf; ich bemerkte, daß ich auf dem nämlichen Ort bin; da dachte ich gleich an dieses, daß ich keine Schmerzen fühlte in den Augen und ich hörte auch dasselbe. Endlich stand ich auf; ich setzte mich gleich wieder nieder, weil mir die Füße schrecklich weh getan haben. Ich fing wieder an zu weinen und sagte die gelernten Worte; damit wollte ich sagen: warum denn die Pferde so lang nicht kommen und lassen mir immer so wehe tun? Ich weinte sehr lange und der Mann kam nicht mehr. Ich sagte die Worte, ich wollte sagen, warum ich denn jetzt nicht mehr gehen lernen muß. Ich hörte die Uhr schlagen, dies nahm mir immer die Hälfte der Schmerzen weg, worüber mich der Gedanke tröstete, daß jetzt bald die Pferde kommen werden.

Und während dieser Zeit, als ich horchte, kam ein Mann zu mir her und fragte mich um allerhand Sachen, ich gab ihm vielleicht keine Antwort, weil meine Aufmerksamkeit auf das gerichtet war, was ich hörte. Er faßte mich am Kinn an, hob mir den Kopf in die Höhe, wodurch ich einen schrecklichen Schmerz in den Augen fühlte von der Tageshelle. Von dem Mann, von dem ich jetzt spreche, dieser war bei mir eingesperrt gewesen, wovon ich auch nichts wußte, daß ich eingesperrt bin. Er fing an zu sprechen, ich horchte sehr lange und hörte immer fort andere Worte, jetzt sagte ich meine gelernten Worte: ‹dahi weis wo Brief highört› – ‹I möcht a söchana Reiter wern wie Vater is›, womit ich sagen wollte, was denn dies gewesen sei, welches mir in den Augen so weh getan hat, wie du mir den Kopf in die Höhe gehoben hast. Aber er hat mich nicht verstanden, was ich gesagt habe, er hat wohl verstanden, was die Worte heißen, aber nicht was ich gewollt hätte.

Er ließ meinen Kopf los, setzte sich neben mich her und fragte mich immer aus; unterdessen fing die Uhr zu schlagen an; ich hatte meine Aufmerksamkeit auf dieses bekommen, was ich in dem Augenblick hörte und dem Mann mußte ich zu lange gehorcht haben; er nahm mich am Kinn, wandte mein Gesicht gegen ihn und er würde mich gefragt haben, was ich so horche ich verstand ihn aber nicht, was er gesagt hatte. Er sprach noch immer fort; ich fing an zu weinen und sagte: ‹Roß ham›, womit ich sagen wollte, er solle mich nicht immer mit dem Sprechen so plagen, es tue mir alles sehr wehe. Er stand auf und ging an seine Lagerstätte hin und ließ mich allein sitzen. Ich weinte sehr lange; ich fühlte große Schmerzen in den Augen, so daß ich nicht mehr weinen konnte. Ich saß sehr lange Zeit allein.

Jetzt hörte ich ganz etwas anderes, worüber ich mit einer solchen Aufmerksamkeit horchte, die ich gar nicht sagen kann. Dasjenige, was ich hörte, war die Trompete in der Kaiserstallung, aber ich hörte es nicht lange und als ich nichts mehr hörte, sagte ich: ‹Roß ham›, er solle mir auch etwas so Schönes geben. Jetzt kam der Mann zu mir her und sagte etlichemal sehr langsam diese Worte vor, ich sagte es ihm nach; er sagte: ‹Weißt du nicht, was dieses sei?› Ich sagte diese Worte zu ihm etlichemal, damit wollte ich sagen, er solle mir bald die Rosse geben und möchte mich nicht immer so plagen. Der Mann langte nun den Wasserkrug hin, der unter meiner Pritsche stand und wollte trinken, aber ich langte danach und sagte: ‹Roß ham›. Der Mann gab mir gleich den Krug, ließ mich trinken; als ich das Wasser getrunken hatte, wurde mir so leicht, welches sich nicht beschreiben läßt...

Jetzt fing die Uhr an zu schlagen, welches mich unendlich erfreute, so daß ich immer meine Schmerzen vergaß und meine Sehnsucht war nach diesem Aufenthaltsort. Jetzt kommt der Gefängniswärter Hiltel, brachte das Brot und Wasser, welches ich gleich erkannte und sagte zu ihm: ‹I möcht ah a söchane Reiter wern, wie Vater is›, damit sagte ich zu dem Brot, jetzt du nicht mehr fortgehen und mich nicht mehr so plagen lassen...

Ich aß mein Brot, als ich es in den Mund brachte, war es nicht so hart, als dieses, welches ich in meinem vorigen Aufenthaltsort hatte. Ich betrachtete es und sah, daß es doch ein Brot sei, aber es hatte diesen Geschmack und das harte nicht gehabt. Ich aß doch, weil ich Hunger hatte, ich werde es einige Minuten im Magen gehabt haben, bekam ich starke Schmerzen im Leib, ich fing an zu weinen und sagte: ‹ham weisen›, damit wollte ich sagen, er solle mir nicht so wehe tun und möchte mich dahin tun, wo meine Roß sind. Jetzt hörte ich wieder die Trompete in der Kaiserstallung; ich horchte und freute mich sehr, weil meine Hoffnung war, wenn die Roß kommen, ich erzählen, was ich gehört habe. Ich horchte sehr lange, ich hörte nichts mehr.

Jetzt kam der Gefängniswärter wieder, brachte mir ein Stückchen Papier und einen Bleistift mit. Dieses erkannte ich gleich, worüber ich mich so freute, welches ich nicht beschreiben kann, weil ich dachte, jetzt bekomme ich bald meine Roß. Er gab mir das Papier und den Bleistift in die Hand und (ich) schrieb das, was mir der Mann gelehrt hatte, und dieses war meinen Namen gewesen, welches ich nicht gewußt habe, was ich geschrieben hatte. Als ich mit dem Schreiben fertig war, sagte ich: ‹I möcht ah a söchane Reiter wern, wie Vater is›, damit sagte ich: jetzt sollte er mir die Pferde geben. Er sagte wohl etwas mit einer starken Stimme, welches ich nicht verstanden habe und nahm das Papier und ging fort.»

Der Wärter und das Kind

Erste Hinweise auf das, was weiter mit ihm geschah, hat Kaspar Hauser selber in seinem Bericht gegeben. Er wurde auf den Turm gebracht, den Luginsland auf der Nürnberger Burg, wo der Gefängniswärter Hiltel herrschte und wo der gerade eben erst in die Freiheit Entlassene die nächsten Tage und Wochen nicht in der Freiheit, sondern unter Polizeiaufsicht verbrachte. Aber Kaspar hatte sogenanntes Glück im nicht nur sogenannten Unglück. Hiltel war ein freundlicher und verständnisvoller Mann, der zwar, wie es ihm befohlen worden war, seinen merkwürdigen neuen Gefangenen bei einem zweiten Häftling unterbrachte, der ihn etwas aushorchen sollte auf verdächtige Äußerungen – Kaspar erwähnt auch ihn in seiner Beschreibung. Im übrigen behandelte Hiltel seinen Schützling aber so, daß er, der ja nichts anderes kannte, es gar nicht bemerkte, daß er eingesperrt war und bewacht wurde.

Der Gefängniswärter war ein wirklicher Wärter, ein Hüter und ein Lehrmeister noch dazu. Er war vielleicht sogar der beste Lehrer, den Kaspar je hatte. Hiltel behandelte ihn nämlich als das, was er trotz seiner sechzehn Jahre war: als ein Kind. Das fiel ihm um so leichter, als er selber Kinder hatte, und da er den Verdacht der Polizei, einen gerissenen Betrüger gefaßt zu haben, sehr bald fallenließ.

Die Aushorcherei durch den Polizeispitzel ergab nämlich

nichts, und Hiltels eigene Tests – etwa das Beobachten des schlafenden Gefangenen auf im Traum hervorgestammelte verräterische Worte – ergaben auch keinerlei Verdachtsmomente. Im Gegenteil: Hiltel, der sich mit Recht als langgedienter Gefängnisaufseher eine gute Menschenkenntnis zutraute, war seiner Sache bald ganz sicher. Kaspar Hauser war «ein pures Kind, ja noch weniger als ein Kind». Er war auch fest überzeugt, «eine solche Erscheinung aber betrüglich darzustellen und durchzuführen, gehe über menschliche Kräfte. Seine Unschuld sei ihm so gewiß, daß er sie würde bezeugen müssen, wenn Gott selber das Gegenteil behauptete.» Diese Worte hielt Kaspars späterer Lehrer Daumer fest und fügte hinzu: «Als der Mann so sprach, wurde er ganz rot im Gesichte. ‹Wer freilich›, setzte er hinzu, ‹diesen Menschen erst später kennengelernt, da er schon kultiviert war, der könne sich denken, daß ein Betrug obgewaltet; wer ihn aber in seiner ersten Periode gesehen und beobachtet, sei notwendig vom Gegenteil überzeugt und werde sich diese Überzeugung von niemand entreißen lassen.›»

Schon nach kurzer Zeit nahm Hiltel das große Kind wie selbstverständlich in seine Familie auf, wies ihm ein eigenes Zimmer zu und nahm es mit an seinen Familientisch, wo es zwar nicht mitaß – Kaspar verweigerte noch lange andere Nahrung als Brot und Wasser –, aber lernte, auf einem Stuhl zu sitzen, seine Hände zu gebrauchen, neue Wörter zu verstehen und nachzusprechen. Unglaublich schnell lernte er noch wesentlich mehr, dank Hiltels bestem Einfall, nämlich das fremde Kind mit seinen eigenen Kindern spielen zu lassen.

Von ihnen lernte Kaspar im Spiel neue «Vokabeln» und kleine Sätze, nachdem sich seine anfängliche Angst vor allem Neuen, besonders vor Menschen, etwas gelegt hatte. Menschen, noch dazu so viele, hatte es für ihn bisher nicht gegeben, und erst recht keine Kinder. «So kleine Menschen!» hatte er fassungslos gestammelt, als er zum erstenmal ein Kind gesehen hatte, «so kleine Menschen!» Als man ihm zu erklären versuchte, auch er sei einmal ein kleines Kind gewesen, schüttelte er energisch den Kopf: das sei nicht möglich, das müßte er doch wissen, nein, Kaspar sei nie so klein gewesen. Er sprach von sich noch einige Wochen lang, als er sich schon recht gut sprachlich verständigen konnte, in der dritten Person Singular, wie kleine Kinder es tun.

«Seine Furchtsamkeit in den ersten Tagen, die er im Turm zubrachte, war so groß, daß er selbst meinen zweijährigen Sohn fürchtete und mich fragte, ob er ihn nicht haue», erzählt Hiltel. «Nachdem er Spielzeug bekommen hatte und auch andere Personen zu ihm gelassen wurden, habe ich bisweilen meinen elfjährigen Sohn Julius zu ihm gelassen, der ihn dann gleichsam das Sprechen lehrte, Buchstaben vormachte und ihm Begriffe, soweit er selbst sie hatte, mitzuteilen suchte. Zugleich ließ ich manchmal mein dreijähriges Mädchen Margareta auf seine Stube kommen, mit der er anfangs sehr gern spielte und die ihn Glasperlen an eine Schnur zu reihen lehrte. An dieser Unterhaltung fand er sobald keine Befriedigung mehr, als er sein totes Spielzeug satt hatte.»

Hiltel berichtet weiter über seinen Schützling: «Wie ich Hauser gleich zur Aufsicht erhielt, war er schmutzig und hatte keinen Sinn für Reinlichkeit; doch erlernte er solche wie auch Ordnung durch meine Anleitungen in kurzer Zeit, und er hat mir dadurch und besonders auch durch seine Gutmütigkeit und Gelehrigkeit so sehr gefallen, daß ich ihn gar nicht aus meinem Hause gelassen hätte, wenn ich nicht selbst mit acht Kindern versehen gewesen wäre.»

Als Kaspar eingeliefert worden war, hatte ihn eine Kruste von Staub und Schmutz bedeckt. Doch Hiltel, ein ungewöhnlich taktvoller Gefängnisaufseher, hatte dem verstörten und ängstlichen fremden Jungen zunächst eine großangelegte Reinigungsprozedur erspart. Erst nach einigen Tagen, als schon Besucher herbeiströmten und die feinen Damen die Nase rümpften über Anblick und Geruch, steckten Hiltel und seine Frau ihn kurzentschlossen in den Badezuber und weichten ihn mit Wasser und Seife ein. Kaspar ließ erstaunt, aber gutwillig alles mit sich geschehen. Erst als das Rubbeln und Reiben gar zu energisch wurden, rief er entsetzt: «Die Haut! Mutter, die Haut!» Er fürchtete wohl ernstlich, es könnte von ihr nichts übrigbleiben.

Bei der Beschreibung dieser häuslichen Szene weist Hiltel auch auf die Arglosigkeit und «Unschuld» seines Gefangenen hin: «Einen sicheren Beleg seiner Unschuld und Unwissenheit gab es auch bei Gelegenheit, als ich und meine Frau ihn das erste Mal entkleideten und seinen Körper reinigten; sein Benehmen war das eines Kindes, ganz natürlich und ungeniert.»

Diese anfängliche Unbefangenheit verlor Kaspar jedoch sehr bald und sehr plötzlich. Jede Entblößung war ihm auf einmal entsetzlich. «Er wurde so verschämt wie das zartfühlendste, keuscheste Mädchen», berichtet ein anderer Beobachter, doch niemand versuchte zu klären, wie es zu dieser plötzlichen Wandlung gekommen sein könnte. Überhaupt werden wir noch öfter solchen fehlenden Versuchen einer Deutung gerade da begegnen, wo es um für damalige Begriffe heikle Themen geht.

Rosse und andere Lebewesen

An jedem Tag, den Kaspar in der fremden neuen Welt erlebte, lernte er; und was er entdeckte verwunderte und verwirrte ihn bis hin zu heftigem Erschrecken. Seine Beobachter hatten sehr schnell gemerkt, daß er weniger wußte als ein kleines Kind. So sah er anfangs keinen wesentlichen Unterschied zwischen Mensch und Tier. Menschen trugen Kleider und Tiere nicht, das konnte man sich einprägen – aber gab es noch andere Unterschiede? Noch lange erwartete er, daß sich Tiere benahmen wie Menschen, und wenn sie das nicht taten, versuchte er sie zu erziehen. Warum sollten sie schließlich nicht auch all das lernen, was er selber lernen mußte?

Eine gerade, aufrechte Haltung, gute Tischmanieren, Ordnung und Sauberkeit, darauf kam es an, und er hatte das schnell begriffen. Also gab er sich große Mühe, tagelang einer mit ihm befreundeten Katze aufrechtes Gehen auf zwei Beinen beizubringen und einen Löffel zu halten. Und wenn sie das nun schon nicht bewerkstelligen konnte, hätte sie doch wenigstens ihre Pfoten zum Essen benutzen können, beschwerte er sich bei Hiltel.

Die Ochsen und Pferde, denen er auf der Straße begegnete, benahmen sich noch viel schlimmer. Kaspar wurde regelrecht zornig, wenn er mit ansehen mußte, wie gleichgültig sie Ochsenfladen und Pferdeäpfel auf die Straße fallen ließen.

Als er etwas später seine ersten Reitstunden erhielt, freute er sich. Lebendige Pferde waren wohl noch etwas Besseres als seine alten Freunde, die hölzernen Rosse. Aber es gefiel ihm nicht, daß diese Tiere, wenn er auf ihnen ritt, unfeine Töne von sich gaben. Dafür hatte er kein Verständnis.

Solche interessanten Einzelheiten erfährt man aus den Polizeiakten. Kaspars Reitlehrer, Wilhelm von Rumpler, Stallmeister, evangelisch, 50 Jahre alt, in Nürnberg geboren und wohnhaft, gab zu Protokoll: «Das kindliche Gemüt des Hauser verriet sich allenthalben; er erzählte mir, daß er die weißen Gänse in meinem Hof anfänglich auch für Rosse gehalten habe; meinem Schimmel verargte er es sehr, daß er in unserer Gegenwart gestrahlt, ja, er bestieg meinen Schimmel sogar nicht mehr, weil er, salva venia, geblasen.»

Die weiteren Aussagen des sich so formvollendet lateinisch

entschuldigenden Reitlehrers zerstören übrigens eine schöne Legende, die Legende von Kaspar dem tollen Reiter. Man erzählte sich nämlich in Nürnberg und bald auch anderswo, das fremde Findelkind habe von der ersten Reitstunde an wie ein gelernter Dragoner zu Pferde gesessen. Wenn das nicht ein Beweis für seine edle Abstammung war! Andere freilich tuschelten, das könne nicht mit rechten Dingen zugehen, kein Anfänger könne so vorbildlich ein Pferd bändigen. Ergo: der junge Mann muß schon früher ausgiebig Reitunterricht gehabt haben; ergo: seine Geschichte von dem jahrelangen Hocken in einem dunklen Loch kann nicht stimmen; ergo: der Fremde ist ein Betrüger.

Erwähnenswert ist diese Legende nur, weil sie ein ungewöhnlich zähes Leben hatte. Noch Jahrzehnte spukte sie in der Kaspar-Hauser-Literatur herum. Dabei hatte der Reitlehrer, auf Grund dieser Gerüchte zur Polizei gebeten, dort die Erfahrungen mit seinem Schüler genau zu Protokoll gegeben:

«Wie er das erstemal geritten ist, so mußte man ihn auf das Pferd heben, denn von dem Steigbügel hatte er keinen Begriff. Wie er zu Pferde saß, haben wir uns wohl gewundert, daß er gerade sitzen geblieben ist, aber von einem Reiten war durchaus keine Rede. Wie er zu Pferde saß, hat er gelacht, und er betrug sich gerade wie Kinder, wenn sie zu Pferde sitzen, nämlich hat er keine Gefahr und keine Angst gekannt. Im Reiten hat er sich aber durchaus nie ausgezeichnet, und daher ist es für mich selbst klar, daß er kein Pferd bändigen konnte. Aus seinem ganzen Reiten erschien mir übrigens bis zur Evidenz, daß Kaspar Hauser noch nie geritten ist, sondern daß er hier zum erstenmal ein Pferd bestiegen hatte.»

Wenn Kaspar auch die Reitpferde manchesmal tadeln mußte, im allgemeinen freute er sich über jede Begegnung mit Tieren, und oft zeigte sich sein Mitleid mit ihnen. «Da er

Ochsen auf dem Straßenpflaster gelagert sah, verwunderte er sich, daß sie nicht nach Hause gingen und sich da niederlegten.»

Noch mehr bewegte ihn, wie sein Lehrer Daumer berichtet, der Anblick einiger Affen, die von einem Leierkastenmann einer neugierigen Menschenmenge vorgeführt wurden. «Als er im Herbst 1828 Affen sah, die allerlei Kunststücke machten, hatte er eine kindliche Freude darüber. Da er aber bemerkte, wie sie immer wieder damit von vorne anfangen mußten, um neu hinzugekommene Zuschauer zu befriedigen, verlangte er mit dem Ausdrucke des Mitleids fortgeführt zu werden. Er hätte vor Jammer nicht mehr zusehen können, sagte er nachher, denn er habe selbst die Erfahrung gemacht, wie widerlich es sei, das, was er schon tausendmal den Neugierigen gesagt und vorgezeigt habe, von neuem sagen und vorzeigen zu müssen.»

Mit dieser kleinen Geschichte, die sich im Herbst 1828 abspielte, habe ich allerdings etwas vorgegriffen. Kaspars sprachliche Ausdrucksfähigkeit hatte sich schon nach wenigen Monaten deutlich verfeinert, im gleichen Maße wie seine Gefühle und Überlegungen. Anfangs, in den ersten Wochen, war es ihm, wie gesagt, noch schwergefallen, zwischen menschlichem Verhalten und dem von Tieren Unterschiede zu erkennen und zu akzeptieren. Sein Vokabular war noch genauso einfach wie seine Vorstellungen. «Zur Bezeichnung lebender Geschöpfe, die ihm in die Sinne fielen, hatte er bloß zwei Worte, deren er sich dann und wann bediente», berichtet sein Lehrer. «Was menschliche Gestalt hatte, ohne Unterschied des Geschlechts und Alters, hieß ihm ‹Bua›; jedes ihm aufstoßende Tier, vierfüßig oder zweibeinig, Hund, Katze, Gans oder Huhn, nannte er ‹Ross›. Waren solche Rosse weiß, so bezeigte er Wohlgefallen; schwarze Tiere erregten ihm Widerwillen oder Furcht. Eine schwarze Henne, welche auf ihn zukam, versetzte ihn in große Angst; er schrie und machte die äußerste Anstrengung, um auf seinen, ihm hiezu den Dienst versagenden Füßen von ihr hinwegzulaufen.» Spinnen, Mücken und Flöhe waren ihm jedoch sympathisch. «Diese Tiere möchten auch gern leben», sagte er vorwurfsvoll, wenn jemand sie umbringen wollte, und er bestand darauf, daß man sie sanft aus dem Fenster in die Freiheit entließ.

Selbst die Unterscheidung zwischen Lebendigem und Totem fiel ihm lange schwer. Es kostete viel Mühe, Kaspar den Unterschied zwischen Organischem und Unorganischem begreiflich zu machen. Ein Mensch aus Stein und ein Mensch aus Fleisch und Blut konnten auf ihn gleich bedrohlich wirken. Eine Statue, die mit Moos bewachsen war, tadelte er, weil sie so schmutzig sei und sich doch nicht wasche. Ein aus Holz geschnitztes Tier war für ihn genauso lebendig wie jene Katze, die nicht mit dem Löffel essen wollte.

Kleine Kinder verhalten sich so. Meine Tochter, etwa drei Jahre alt, brauchte lange Zeit, um einen steinernen Drachen im Park für ungefährlich zu halten – und das nicht etwa, weil sie schließlich begriff, daß er nicht lebendig, sondern weil sie den Versicherungen ihrer Eltern allmählich glaubte, daß er ein «gutes Tier» sei.

Als Kaspar eines Tages auf einem seiner Spaziergänge hoch über sich an einer Mauer – was Kirchen waren, wußte er damals noch nicht – einen Menschen erblickte, dem man etwas Furchtbares angetan hatte, kannten sein Entsetzen und sein Jammer keine Grenzen. Er sah den Dornenkranz, die vier Nägel, den stöhnend aufgerissenen Mund und «bat flehentlich, man möge den gequälten Menschen da droben herunternehmen, und wollte sich lange nicht zufrieden geben, obgleich man ihm zu erklären versucht hatte, daß dies kein wirklicher Mensch, sondern nur ein Bild sei und nichts empfinde». Das überlebensgroße Kruzifix hängt noch heute hoch an der Außenseite der Sebalduskirche.

Hier in Nürnberg, wo ich auf Kaspar Hausers Spuren zu gehen versuchte, fand ich nirgendwo einen Hinweis auf das Findelkind von Nürnberg. Sicher, da war der Gefängnisturm zu besichtigen, von außen schön restauriert wie so vieles in Nürnberg, aber innen ist alles neu und ohne Spuren des Vergangenen. Ich stand auf dem Unschlittplatz und versuchte mir vorzustellen, wo Kaspar den Berg herunterkam, aber auch hier kein noch so kleines Hinweisschild auf das «Kind von Europa», dessen Auftauchen damals die Welt über die Grenzen Europas hinaus erregte. Nicht in einem der vielen Museen gibt es, wie in Ansbach, ein «Kaspar-Hauser-Zimmer», nicht einmal die Ecke eines Zimmers wurde ihm eingeräumt.

Noch aber wohnt Kaspar im Gefängnisturm, noch fällt es ihm schwer, zwischen weißen Gänsen und weißen Rossen zu unterscheiden. Daß Rosse aber eine ganz besondere Bedeutung für ihn hatten, war von Anfang an aufgefallen. Sein aufmerksamster Beobachter, Anselm von Feuerbach, Gerichtsprädident in Ansbach, berichtet:

«Kaspar, welcher – nicht eben zum Vorteil seiner geistigen Entwickelung, noch zum Behuf reiner Beobachtungen, wozu doch wohl die Seltenheit der Erscheinung aufforderte – täglich auf die Polizeiwachtstube geführt wurde, wo er im Getös und Getümmel gewöhnlich einen nicht kleinen Teil des Tages zubrachte, wurde hier wie einheimisch und gewann sich bald unter den Bewohnern dieses Amtszimmers Zuneigung und Liebe. Das auch hier so oft wiederholte: Roß! Roß! gab eines Tages einem der Polizeisoldaten, der sich mit dem seltenen Jünglingskinde am meisten zu tun machte, den Einfall, ihm ein weißes hölzernes Spielpferd auf die Wachtstube zu bringen.

Kaspar, der sich bisher fast immer nur unempfindlich, gleichgültig, unteilnehmend oder niedergeschlagen gezeigt hatte, wurde beim Anblick dieses hölzernen Rosses plötzlich wie umgewandelt und benahm sich nicht anders, als hätte er in diesem Pferdchen einen alten, langersehnten Freund wiedergefunden. Ohne lärmende Freude, aber mit lächelndem Gesicht weinend, setzte er sich sogleich auf den Boden zu dem Pferde hin, streichelte, tätschelte es, hielt unverwandt seine Augen darauf geheftet und suchte es mit all den bunten, glänzenden, klingenden Kleinigkeiten zu behängen, womit das Wohlwollen ihn beschenkt hatte. Erst nunmehr, da er das Rößchen damit ausschmücken konnte, schienen alle diese Dinge den rechten Wert für ihn gewonnen zu haben.

Aber auch auf dem Turm in seinem Schlaf- und Wohnstübchen versah man ihn bald nicht bloß mit einem, sondern mit verschiedenen Rossen. Diese Rosse waren von nun an, solange er sich zu Haus befand, unausgesetzt seine Gesellschafter und Gespielen, die er nicht von seiner Seite noch aus seinen Augen ließ und mit denen er – wie man durch eine verborgene Öffnung in der Tür beobachten konnte – sich beständig zu schaffen machte. Ein Tag war darin dem andern, eine Stunde der andern gleich, daß Kaspar neben seinen Rossen, mit gerade vor sich ausgestreckten Füßen, auf dem Boden saß, seine Rosse beständig bald auf diese, bald auf jene Weise mit Bändern, Schnüren oder bunten Papierfetzen schmückte, mit Münzen, Glöckchen, Goldflittern behing und darüber zuweilen in tiefes Nachdenken versunken schien, wie er diesen Putz durch abwechselndes Dahin- oder Dorthinlegen verändern möge. Auch führte er sie zum öfteren, ohne sich dabei von der Stelle zu bewegen oder seine Lage zu verändern, neben sich hin und her, doch sehr vorsichtig und ganz leise, damit, wie er späterhin äußerte, das Rollen der Räder kein Geräusch verursache, trank nie sein Wasser, ohne zuvor ihre Schnauze hineingetaucht zu haben, die er dann jedesmal sorgfältig wieder abzuwischen pflegte.

Das eine seiner Rosse hatte einen Zaum in dem weit geöffneten Maul; er verfertigte nun auch seinem anderen Pferde einen Zaum aus zusammenhängenden Goldflittern und bemühte sich, dieses auf allerlei Weise zu bewegen, seinen Mund zu öffnen, damit er ihm den Zaum hineinlege – ein Versuch, womit er sich zwei Tage lang unermüdlich plagte. Einst schlief er auf einem Schaukelpferde ein, fiel herab und quetschte sich am Finger; da beklagte er sich, daß ihn das Pferd gebissen habe.

Als er eines Tages mit einem andern seiner Pferde über den Boden fuhr und dieses mit den Hinterfüßen in eine Lücke des Bodens geriet und vorne aufstieg, bezeigte er darüber die größte Freude und wiederholte dann beständig dies ihm so merkwürdige Schauspiel, das er allen seinen Besuchern zum Besten gab. Da ihm der Gefangenenwärter seinen Unwillen darüber bezeigte, daß er allen Leuten immer wieder dasselbe vormache, unterließ er dieses zwar, weinte aber, daß er sein steigendes Pferd nicht mehr zeigen solle. Einmal fiel dieses beim Aufsteigen um; da kam er ihm mit eiliger Zärtlichkeit zu Hilfe und äußerte sein Leid darüber, daß es sich wehe getan. Er war vollends untröstlich, als er einmal den Gefangenenwärter einem dieser Pferde einen Nagel einschlagen sah.

Hieraus und aus vielen anderen Umständen ließ sich vermuten, was nicht lange nachher zu voller Gewißheit wurde, daß die Vorstellung von Lebendigem und Totem, Beseeltem und Unbeseeltem, von Organischem und Unorganischem, von Naturgegenständen und Kunsterzeugnissen sich in seiner Kinderseele noch seltsam durcheinander mische.»

Feuerbachs Bericht gibt auch ein anschauliches Bild davon, wie sich der kindliche Gefangene in seinem Kerker Tag für Tag, Monat für Monat beschäftigt haben muß, dem Kerker, nach dem er sich in der ersten Nürnberger Zeit oft weinend zurücksehnte. Kaspar hat es in seinem Schulheft beschrieben, als er schon schreiben gelernt hatte: «Ich war in der Meinung, die Pferde sind fortgegangen. Ich bekam auch den Gedanken, wenn die Pferde kommen, so sage ich, sie sollen nicht mehr fortgehen... Meine Hoffnung war, wenn die Roß kommen, ich erzählen, was ich gehört habe.»

Feuerbach und das «Jünglingskind»

Die Kunde von dem seltsamen Fremdling, der wie vom Himmel gefallen plötzlich in ihrer Stadt aufgetaucht war, hatte schon gleich in den ersten Tagen die Nürnberger magisch angezogen. Sie strömten in Scharen zum Gefängnisturm, das sogenannte einfache Volk ebenso wie die Honoratioren der Stadt. Man stand Schlange vor dem praktischen Guckloch in der Tür zu Kaspars Zimmer, um möglichst viel Merkwürdiges zu Hause und bei den Nachbarn berichten zu können. Die besonders privilegierten, aber auch die besonders rücksichtslosen unter den Besuchern drängten sich in das kleine Zimmer, um das Kuriosum aus nächster Nähe anzustarren, es mit Fragen zu bedrängen, über die mühsam hervorgestammelten Laute zu lachen und es im wahren Sinne des Wortes zu beriechen. Man wird sich erinnern, daß einigen der vornehmen Damen der Geruch des «wilden Menschen» unangenehm in die Nase stach, so daß Hiltel ihn in den Waschzuber stecken mußte.

Keiner wunderte sich, daß der «Wilde» alles dies gutmütig über sich ergehen ließ, keiner gebot Einhalt, keiner versuchte sich in ihn hineinzuversetzen. Man brachte ihm Spielzeug und andere Geschenke, schüttelte den Kopf über den Unverständigen, der die gespendeten Geldmünzen unbeachtet auf dem Tisch liegen ließ, und damit war der Menschlichkeit Genüge getan.

Die Kunde drang auch nach Ansbach, bis zum Präsidenten des Obersten Gerichtshofes im Rezatkreis, der das ganze Gebiet um den Fluß Rezat einschloß und zu dem auch Nürnberg gehörte. Anselm Ritter von Feuerbach war dieser Präsident, zwar noch nicht offiziell mit dem sonderbaren Fall befaßt – der Amtsweg von Nürnberg nach Ansbach war offenbar genauso lang wie Amtswege es heute sind –, aber voller Interesse, selber zu sehen, was hinter den Geschichten aus Nürnberg steckte.

Anselm von Feuerbach war ein außergewöhnlicher Mann. Seinen Neigungen nach eher Philosoph und Gelehrter, hatte er Jura studiert und sich dann langsam die Stufenleiter des Beamten emporgearbeitet. Er wurde geadelt und blieb doch der, der er war: ein nach außen rauher und düsterer Mann, der von sich selber sagte: «Ich gerate leicht in Hitze und Zorn, wenn mir in Dingen, die ich genau durchdacht habe, widersprochen wird, besonders aber, wenn ich Verachtung im Betragen anderer wahrnehme.» Schon immer hatte er sich für merkwürdige Kriminalfälle interessiert; auch war er es als Jurist gewöhnt, Menschen aller Art zu beurteilen – und er konnte sein Urteil in Worte fassen, die noch heute anrühren, so zeitgebunden seine Sprache in vielem auch sein mag.

In seiner Schilderung des sechzehnjährigen Jungen hat er das Wort «Jünglingskind» wie etwas Selbstverständliches gebraucht; es bleibt in der Erinnerung haften. Auch der Augenblick, als ein Polizist dem stumpfsinnig vor sich hin starrenden «Vagabunden» ein hölzernes Pferd zum Spielen gibt, wird durch Feuerbachs Worte lebendig: «Ohne lärmende Freude, aber mit lächelndem Gesicht weinend, setzte er sich sogleich auf den Boden zu dem Pferde hin.»

Wenn der Gerichtspräsident dann von Kaspar als «diesem wundersamen Polizeigegenstande» spricht, spürt man sein Mitgefühl für den kindlichen Strafgefangenen ebenso stark wie sein Sprachgefühl. Aber auch auf seinem eigenen Fachgebiet war Feuerbach ein ungewöhnlicher Mann. Schon in der Doktorarbeit (1799) hatte er ausführlich seine

Anselm Ritter von Feuerbach,
Präsident des Appellationsgerichts für den Rezatkreis (1775–1833)

Gründe für eine weitreichende Milderung des Strafvollzugs dargestellt. Mit seinen späteren juristischen Werken beeinflußte er seine und damit auch unsere Zeit entscheidend. Ihm ist es zu verdanken, daß im letzten deutschen Staat die Folter abgeschafft wurde, jene Art der polizeilichen Befragung, die man beschönigend mit dem Wort «peinlich» umschrieb. Dieser letzte Staat war übrigens Bayern, der sich auch heute noch bei der Abschaffung einer anderen peinlichen Strafe störrisch zeigt: der Prügelstrafe für Kinder.

Als Feuerbach, 42 Jahre alt, von dem geheimnisvollen Fremden in Nürnberg hörte, setzte er sich gleich in die Kutsche. «Bloß als Privatmann, aus menschlichem und wissenschaftlichem Interesse, begab ich mich am 11. Juli nach Nürnberg, um diese in ihrer Art einzige Erscheinung zu beobachten.»

Wie seine Worte erkennen lassen, sah er dem Ziel seiner Reise mit Gelassenheit entgegen. Daß er vier Jahre später, nach langem Recherchieren, eine zornige und leidenschaftliche Anklageschrift in Sachen Kaspar Hauser verfassen sollte, lag noch in weiter Ferne. Und daß sein Leben durch das fremde Kind in neue Bahnen gelenkt, daß sein eigener Tod mit dessen Schicksal verknüpft sein würde, konnte er nicht ahnen.

Als er in Nürnberg angekommen war, befragte er die Menschen, die bisher mit Kaspar Hauser zu tun gehabt hatten, und er machte seine eigenen Beobachtungen. In ihrer Genauigkeit und in den aus ihnen gezogenen Schlußfolgerungen lassen sie alle Aufzeichnungen anderer Beobachter weit hinter sich. Was er beobachtet, schreibt er mit knappen und um so einprägsameren Worten auf, die immer von der Einzelbeobachtung zu allgemeinen Überlegungen hinführen.

Einige weitere Beispiele sollen das zeigen. In dem Körper des jungen Mannes verbargen sich die Seele und die Kenntnisse eines Kindes, eines etwa Drei- bis Vierjährigen, wie die Ärzte meinten, die ihn als erste untersuchten. Feuerbach schreibt:

«Als reifer Jüngling, der seine Kindheit und Jugend verschlafen, zu alt, um noch als Kind, zu kindischunwissend, um als Jüngling zu gelten; ohne Altersgenossen, ohne Vaterland, ohne Eltern und Verwandte; gleichsam das einzige Geschöpf seiner Gattung: erinnert ihn jeder Augenblick an seine Einsamkeit mitten im Gewühl der ihn umdrängenden Welt, an seine Ohnmacht, Schwäche und Unbehülflichkeit gegen die Macht der über sein Schicksal gebietenden Umstände, vor allem an die Abhängigkeit seiner Person von der Gunst oder Ungunst der Menschen.»

Dem Gefängniswärter Hiltel schon war es aufgefallen, daß die Fußsohlen seines Schützlings in ihrer Zartheit und Empfindlichkeit denen eines Säuglings ähnelten, und jeder Nürnberger konnte sich selber davon überzeugen, wie schwankend und unsicher Kaspars Gang noch lange blieb. Die Nürnberger Amtsärzte hielten auch die anderen körperlichen Besonderheiten in ihren Gutachten fest, wie etwa die regelwidrige Bildung der Kniescheibe und der angrenzenden Streckmuskeln, hervorgerufen durch jahrelanges Sitzen mit gestreckten Beinen; die kleinen, schon alten Narben an den Knien und die Impfnarben. Feuerbach ist es, der als einziger das Fehlen von umfangreicheren medizinischen Untersuchungen rügt:

«Es ist ein bedauerlicher Umstand, daß es in der ganzen Stadt Nürnberg keinen einzigen Menschen gab, welcher so viel wissenschaftliches Interesse in sich gefunden hätte, um diesen Menschen zum Gegenstand physiologischer Untersuchungen zu machen. Schon allein die chemische Untersuchung des Urins, des Speichels und anderer Auswurfstoffe dieses mit Brot und Wasser aufgefütterten jungen Menschen hätte manches wissenschaftlich nicht unwichtige Ergebnis gehabt, so wie diese wissenschaftlichen Ergebnisse den juristisch bedeutenden Umstand: daß Kaspar bisher wirklich nur mit Wasser und Brot genährt worden, gleichsam zu anschaulicher Gewißheit würden bewahrheitet haben.»

Kaspars Lehrer Daumer war in den ersten Wochen aufgefallen, daß sich dessen Gesichtszüge fast sichtbar von einem Tag zum andern verfeinerten und daß sie sich auch weiterhin noch ständig veränderten, vor allem, nachdem seine geistige Schulung und seine praktische Erziehung weitere Forschritte machten. Es war Feuerbach, der wiederholt beklagte, daß man nicht einen wirklich guten Maler gleich zu Anfang auf dem Gefängnisturm ein Porträt von Kaspar anfertigen ließ. Feuerbach war es, der das Besondere der Veränderungen, vielleicht besser, als es ein Maler gekonnt hätte, mit Worten beschrieb und gleichzeitig verdeutlichte, was das Ungewöhnliche seiner Erscheinung blieb, selbst noch in den folgenden Jahren:

«Träte Kaspar unerkannt in eine gemischte Gesellschaft, so würde er bald jedermann als eine befremdende Erscheinung auffallen. Sein Gesicht, in welchem die weichen Züge eines Kindes mit den eckigen Formen des Mannes und einigen leicht gezogenen Furchen vorzeitigen Alters, herzgewinnende Freundlichkeit mit bedächtigem Ernst und einem leichten Anflug von Melancholie sich vermischen; seine Naivetät, zutrauliche Offenheit und mehr als kindliche Unerfahrenheit, verbunden mit einer gewissen Art von Altklugheit und vornehmer, doch ungezwungener Gravität im Reden und Benehmen lassen ihn jedem beobachtungsfähigen Auge als ein Gemisch von Kind, Jüngling und Mann erscheinen, ohne daß man so bald mit sich einig werden könnte, welcher Altersstufe dieser einnehmende Mischling wirklich angehöre.»

In einer Fußnote zu der Bemerkung über Kaspars «Anflug von Melancholie» bedauert Feuerbach, daß die Maler immer nur das Gesicht des heiteren Kaspar festgehalten hätten. Er schließt diese Anmerkung, fast prophetisch, mit dem Satz: «Er ist ein im Finstern gezogenes Gewächs, das, zu spät ins Sonnenlicht gebracht, nur auf kurze Zeit die Knospen einer Blüte zeigt und bald verwelkt.»

Es blieb ihm, und es blieb Feuerbach erspart, die Zeit des traurigen, endgültigen Verwelkens zu erleben. Feuerbach starb ein Jahr nachdem er seine Schrift über Kaspar Hauser veröffentlicht hatte, Kaspar wurde ein halbes Jahr nach Feuerbachs Tod ermordet.

Der schmalen und doch so inhaltsreichen Schrift, die Feuerbach 1832 in Ansbach veröffentlichte, gab er den Titel «Kaspar Hauser – Beispiel eines Verbrechens am Seelenleben des Menschen». Was für ein treffender Titel, Resümee und Bekenntnis zugleich. Nichtssagend wirken daneben fast alle Titel und Untertitel der nach ihm kommenden Berichterstatter: «Mittheilungen über Kaspar Hauser» (Daumer, 1832); «Enthüllungen über Kaspar Hauser» (Daumer, 1859); «Kaspar Hauser Oder die Trägheit des Herzens» (J. Wassermann, 1908); «Das Schicksal einer Seele» (Klara Hofer, 1924); «Kaspar Hauser – Das Kind von Europa» (Mayer/Tradowsky, 1984); «Fünfeinhalb Jahre unter Menschen Armer Kaspar Hauser» (Conradt, 1983). Allein der Titel von Werner Herzogs Kaspar-Hauser-Film aus dem Jahre 1974 «Jeder für sich und Gott gegen alle» ist eine Ausnahme.

Anselm von Feuerbach berichtet in seiner Schrift über die physische und physiologische Seite Kaspars, dann, wichtiger, über dessen geistigen Zustand und die «tiefere Region seines Wesens» und erläutert als letztes «die an der Person Kaspars begangenen Verbrechen soweit dieselben angezeigt vorliegen, nach bayerischem Strafrecht beurteilt». Dabei nennt er erstens «das Verbrechen widerrechtlicher Gefangenhaltung» und zweitens das Verbrechen, das damit, wie er darlegt, objektiv zusammentrifft, nämlich «das Verbrechen der Aussetzung, welches... nicht bloß an Kindern, sondern auch an erwachsenen Personen begangen werden kann, wenn sie ‹wegen Krankheit oder Gebrechlichkeit sich selbst zu helfen unvermögend sind›, unter welche Personen der damals noch tierisch-dumme, sehendblinde, kaum aufrechtgehende Kaspar gewiß gehörte». Daß diese Aussetzung lebensgefährlich war, kam, wie Feuerbach ausführt, noch erschwerend hinzu, denn «dieser Mensch war, bei seinem damaligen geistigen und körperlichen Zustande, in Gefahr, entweder in die dem Ort der Aussetzung nahe Pegnitz zu stürzen oder überritten und überfahren zu werden».

Hier hören wir den Juristen Feuerbach referieren. Das nicht im Strafgesetzbuch aufgeführte «Verbrechen am Seelenleben» beschreibt der Psychologe und Menschenfreund Feuerbach im Kernstück seiner Schrift. Es gehört für uns in einen anderen, späteren Zusammenhang. Im gleichen Jahr 1832, als diese Schrift erschien, verfaßte Feuerbach ein geheimes «Mémoire – Wer möchte wohl Kaspar Hauser sein?», eine Denkschrift, die er, der bayerische Staatsbeamte, an die Königin Caroline von Bayern schickte. Sie wurde erst viele Jahre nach Feuerbachs Tod von seinem Sohn Ludwig Feuerbach in Leipzig veröffentlicht (1852). Es ist das wichtigste Dokument in Sachen Kaspar Hauser: das für den Verfasser lebensgefährliche Ergebnis seiner ausgedehnten Recherchen über die Herkunft des unbekannten Findelkindes. Wer könnte dieser Kaspar wohl sein? – das bedeutet der vorsichtig formulierte Titel der Schrift, in der Feuerbach schlüssig darlegt, wer Kaspar Hauser wirklich ist.

Das Wundertier

Als Feuerbach Kaspar Hauser zum erstenmal gegenüberstand, wußte er noch nicht, wie groß das «Verbrechen am Seelenleben» wirklich war. Er wußte nur, was in jenen Wochen als Gerücht in Nürnberg umging und immer größere Kreise zog: Der fremde Junge hatte offenbar sein ganzes bewußtes Leben in einem dunklen Loch verbracht, ohne je einen Menschen zu Gesicht zu bekommen, ohne jede Nahrung außer Wasser und Brot. Aber daß das Verbrechen am Seelenleben mit Kaspars Auftauchen auf dem Unschlittplatz noch nicht aufgehört hatte, davon mußte er sich sehr rasch überzeugen. Er sah mit eigenen Augen, «wie jedermann zu ihm gelassen wurde, der ihn zu besehen Lust hatte. Wirklich genoß Kaspar vom Morgen bis zum Abend kaum eines geringeren Zuspruchs als das Känguruh und die zahme Hyäne in der berühmten Menagerie des Herrn von Aken.»

Wärter Hiltel, in dessen kleiner Wohnung sich die Besucher drängten, hatte schon nach kurzer Zeit die Überzeugung gewonnen, daß sein Pflegling «nichts weniger als simpelhaft und von der Natur verwahrlost, sondern vielmehr auf unbegreifliche Weise von aller Ausbildung und geistigen Entwicklung zurückgehalten sein müsse». Es ist deshalb kein Wunder, daß der seelisch und geistig verdurstete Junge unter den freundlichen Händen Hiltels und seiner Familie alles in sich aufsog, was ihm an Neuem, an Belehrung zuteil wurde.

Hiltel besaß sogar ein Klavier, auf dem seine Kinder die neuesten Schlager klimperten, die man damals noch Gassenhauer nannte. Gelegentlich war auch Besseres als Schlager darunter. So versuchte sich Kaspar nach wenigen Tagen des Zuhörens an Webers «Freischütz» und spielte das Liedchen vom schönen grünen Jungfernkranz mit viel Vergnügen und offenbar auch so flüssig, daß er es den zahlreichen Damen und Herren, die den merkwürdigen Wilden besuchten, gern und stolz vortrug.

Auch konnten die Besucher bald eine Art Gemäldegalerie besichtigen, die Kaspar in seinem Zimmer an die Wand geklebt hatte. Er, der zunächst nur versunken mit Holzpferden und Glasperlen gespielt hatte, war, wie Hiltel berichtete, des Spielzeugs bald überdrüssig geworden und hatte «in der letzten Zeit seines Aufenthaltes bei mir seine größte Freude und Unterhaltung an Zeichnungen und Kupferstichen, die er an die Wand klebte». Als zusätzliches Kuriosum erfuhren die Besucher, daß der Speichel des seltsamen Menschen so zäh war, daß er ihm als Alleskleber dienen konnte. Das hatte auch den Vorteil, daß Kaspar am Abend seine Poster ohne größere Schwierigkeiten wieder von der Wand herunternehmen, sorgfältig neben seinem Bett stapeln und am nächsten Morgen wieder in neuer Anordnung an die Wände pappen konnte. Diese Fähigkeit, selbst Klebstoff zu erzeugen, gab sich mit der Zeit und, wie man vermutete, mit der veränderten Ernährung – sehr zum Bedauern des Publikums. Aber es blieb noch genug zu bestaunen – gerade die Fähigkeiten, die Kaspar nicht erst hatte lernen müssen wie das Klavierspiel oder später das Reiten. Da war zum Beispiel sein ungewöhnliches Gedächtnis, das die Besucher zu immer neuen Tests anregte, um diese Fähigkeit zu überprüfen.

Als in dem Strom der Besucher am 11. Juli 1828 Anselm von Feuerbach mit einigen Begleitern auftauchte, konnte er sich von den bisher nur gehörten Wunderdingen überzeugen: «Von seinem erstaunenswürdigen, ebenso schnellen als zähen Gedächtnis bekamen wir bald die auffallendsten Proben. Bei jedem der vielen kleinen und großen Dinge, bei jedem Bild und Bildchen in seinem Haushalt nannte er uns den Namen und Titel der Person, von der er es zum Geschenk erhalten hatte, und kamen hierbei verschiedene Personen mit demselben Hauptnamen vor, so unterschied er sie entweder durch ihren Vornamen oder durch andere Prädikate. Ungefähr eine Stunde, nachdem wir ihn verlassen hatten, trafen wir mit ihm auf der Straße zusammen, als er eben zum Herrn Bürgermeister geführt wurde. Wir redeten ihn an, und als wir ihn aufgefordert hatten, uns unsere Namen zu sagen, nannte er jeden von uns, ohne sich zu besinnen oder zu stocken, mit unserm vollem Namen, samt Titulaturen, die gleichwohl für ihn nur barer Unsinn sein konnten... Dieses Gedächtnis hat jedoch späterhin, und, wie es scheint, in demselben Verhältnis abgenommen, in welchem es reicher geworden war und sein Verstand mehr Arbeit bekommen hatte...

Allein diese Unterwerfung unter fremde Autorität bezog sich bei ihm bloß auf Tun oder Nichttun und hatte mit seinem Wissen, Glauben und Meinen nichts zu schaffen. Um etwas als gewiß und wahr anzunehmen, dazu bedurfte es für ihn der eigenen Überzeugung, und zwar entweder durch sinnliche Anschauung oder durch irgendeinen seinen Fassungskräften und seinem fast noch ganz leeren Kopf anpassenden, für ihn schlagenden Grund. Wo man seinem Verstand weder auf diese noch jene Weise beikommen konnte, widersprach er zwar nicht, ließ aber einstweilen die Sache dahingestellt, bis er, wie er zu sagen pflegte, mehr gelernt habe. Ich sprach zu ihm unter anderm von dem bevorstehenden Winter und sagte: dann werde er oft die Dächer der Häuser und alle Straßen der Stadt ganz weiß sehen, so weiß wie die Wände seines Zimmerchens. Er meinte: dies müsse recht schön sein; gab jedoch deutlich zu verstehen, daß er daran nicht eher glaube, als bis er es werde gesehen haben. Als im folgenden Winter der erste Schnee gefallen war, bezeigte er große Freude, daß jetzt die Straßen, die Dächer, die Bäume so gut ‹angestrichen› seien und ging schnell in den Hof, um sich von der ‹weißen Farbe› zu holen, kam aber alsbald weinend und plärrend mit weit auseinandergespreizten Fingern zu seinem Lehrer wieder hinauf, indem er schrie: die weiße Farbe habe ihn in die Hände ‹gebissen›.»

Daß Feuerbach Kaspars fast absoluten Gehorsam gegenüber Autoritätspersonen genauso ausführlich beschreibt wie dessen «zähes» Gedächtnis zu deuten versucht, zeigt, daß er nicht in erster Linie an den Kunststücken des Wunderkindes interessiert war. Er war nicht interessiert, und das heißt hier wörtlich: er war nicht dabei, wenn die Besucher ihren Spaß daran hatten, daß der unkultivierte Fremdling nicht nur keinen Alkohol vertrug, sondern schon von dem Geruch eines Tropfens Wein in einem Glas Wasser so berauscht war, daß ihm übel wurde. Feuerbach war auch nicht unter den amüsierten Zuschauern, die mit ansehen durften, wie ein Arzt demonstrieren wollte, daß Kaspar sehr wohl andere Nahrungsmittel als Wasser und Brot zu sich nehmen könne, kurz: daß er simuliere. Wie man einen ausgewachsenen jungen Mann zwingen kann, etwas zu sich zu nehmen, das er nicht zu sich nehmen will, kann sich der an Schlagzeilen über Zwangsernährung gewöhnte Zeitungsleser leicht vorstellen. Aber «man» fand das damals sehr witzig. Daß dem Barbaren, der Braten und Gemüse mit Händen und Füßen von sich fernzuhalten versuchte, nun wirklich speiübel wurde, war sicherlich einer der Höhepunkte der Vorstellung.

Feuerbach, der Kaspar Hauser sehr oft besuchte, bemühte sich zu verstehen, was in dem jungen Mann vorging, und da dessen Wortschatz von Tag zu Tag zunahm und er sehr anschaulich mit den Händen deutlich machen konnte, was er mit Worten zu sagen nicht fähig war, gelang es Feuerbach auch meistens, ihn zu verstehen. Daß der Fremde nicht glücklich war in der schönen neuen Welt, war wohl zu merken. Feuerbach erfuhr mehr über Kaspars Gefühle:

«Mit seinem Leben auf der Welt zeigte er sich nichts weniger als zufrieden; er sehnte sich nach dem Manne zurück, bei dem er immer gewesen. Zu Haus (in seinem Loch), äußerte er, habe er niemals so viele Schmerzen im Kopf gehabt, und man habe ihn nicht so gequält wie jetzt auf der Welt. Er deutete damit auf die Unbehaglichkeiten und Schmerzen, welche die vielen ihm ganz ungewohnten neuen Eindrücke, die verschiedenen ihm widrigen Gerüche usw. verursachten, wie auf die vielen Besuche der Neugierigen, ihr ewiges Fragen und manche ihrer unbesonnenen, nicht eben humanen Experimente. Dem Manne, bei dem er immer gewesen, hat er daher auch weiter nichts vorzuwerfen, als daß er noch nicht gekommen, um ihn wieder nach Haus zu bringen, und daß er von so vielen schönen Sachen auf der Welt ihm gar nichts gezeigt noch gesagt habe. Er will so lange in Nürnberg bleiben, bis er gelernt, was der Herr Bürgermeister und der Herr Professor (Daumer) wissen; dann soll ihn der Herr Bürgermeister nach Haus bringen, und dann will er dem Mann zeigen, was er unterdessen gelernt hat. Als ich ihm darauf äußerte: wie er doch zu dem bösen, abscheulichen Mann wieder zurück möge, fuhr er mich sanft zürnend mit den Worten an: ‹Mann nit bös, Mann mir nit bös tan.›»

Wie oft Kaspar seine Zuschauer «sanft zürnend» anfuhr, hat niemand gezählt. Vieles, Ekel, Abscheu und Entsetzen, mußte er herunterschlucken, und das führte sehr bald zu physischen Reaktionen: Gesichtszuckungen, Zittern, Schweißausbrüchen, epilepsieähnlichen Anfällen und schließlich zu Fieber. Feuerbach war außer sich, als er die Folgen der Zirkusvorstellungen nach einigen Tagen selber miterlebte:

«Ich brachte von meinem Besuch die Überzeugung mit mir zurück, welche ich auch am gehörigen Ort geltend zu machen suchte, daß Kaspar Hauser entweder an einem Nervenfieber sterben oder in Wahnsinn oder Blödsinn untergehen müsse, wenn nicht bald seine Lage geändert würde.

Nach wenigen Tagen gingen meine Besorgnisse zum großen Teil in Erfüllung. Kaspar wurde krank, wenigstens so kränklich, daß eine gefährliche Krankheit zu befürchten stand. Sein Arzt, Dr. Osterhausen, äußerte sich in seinem deshalb dem Stadtmagistrat erstatteten gerichtlichen Gutachten über Hausers damaligen Gesundheitszustand wie folgt...»

Da Feuerbach es für sinnvoll hielt, das Gutachten des Gerichtsarztes in seinem Buch über Kaspar Hauser wörtlich wiederzugeben, soll es hier ebenfalls erwähnt werden – nicht zuletzt auch deshalb, weil schon damals eine Lektüre der medizinischen Berichte den Anhängern der Betrügertheorie allen Wind aus den Segeln hätte nehmen können. Aber wer liest schon gern ärztliche Befunde, damals wie heute? Feuerbach las Dr. Osterhausens Bericht, der seine Befürchtungen bestätigte, und er zog die notwendige Konsequenz. Er erreichte, daß der Kranke aus dem Turmgefängnis herausgeholt wurde.

Dr. Osterhausen war einer der beiden Amtsärzte, die Kaspar gleich nach dessen Auftauchen untersucht hatten. Er kannte ihn also gut und hatte sein Urteil, am Ende seines langen medizinischen Berichtes, in drei Punkten zusammengefaßt: «1. Hauser ist in Hinsicht seiner geistigen Entwicklung als ein verwahrlostes, sich seiner noch nicht bewußtes Kind nach Nürnberg gekommen. 2. Er konnte daher von seinem vorherigen Leben und seiner Hierherreise keine Rechenschaft geben. 3. Die schnelle Entwicklung seines geistigen Vermögens war ein krankhafter Zustand. Kaspar Hauser ist demnach kein Betrüger.» In seinem von Feuerbach zitierten Gutachten schreibt er:

«Die mannigfaltigen Eindrücke, welche den bisher in einem Kerker lebendig begrabenen, von aller Welt abgeschiedenen, sich selbst überlassenen Kaspar Hauser ringsum bestürmten, als er mit einemmal in die Welt und unter die Menschen hineingeworfen wurde und welche nicht einzeln, sondern in Masse auf ihn einwirkten, die verschiedenartigsten Eindrücke der freien Luft, des Lichts, der ihn umgebenden Gegenstände, die ihm alle neu waren, dann das Erwachen seines geistigen Ichs, seine aufgeregte Lern- und Wißbegierde, seine veränderte Lebensweise usw., alle diese Eindrücke mußten ihn notwendig gewaltig erschüttern und endlich, zumal bei seinem so sehr empfindlichen Nervensystem, seiner Gesundheit nachteilig werden. Ich fand ihn, als ich ihn wiedersah, ganz verändert. Er war traurig, sehr niedergeschlagen und ermattet. Die Reizbarkeit seiner Nerven war krankhaft erhöht. Seine Gesichtsmuskeln zuckten beständig. Seine Hände zitterten so sehr, daß er kaum etwas halten konnte. Seine Augen waren entzündet, konnten das Licht nicht vertragen und schmerzten ihn bedeutend, wenn er lesen oder einen Gegenstand aufmerksam betrachten wollte. Sein Gehör war so empfindlich, daß schon jedes laute Sprechen ihm heftige Schmerzen verursachte und er daher die Musik, die er so leidenschaftlich liebte, nicht mehr hören konnte. Er hatte Mangel an Eßlust, mangelhaften, erschwerten Stuhlgang, klagte über Beschwerden im Unterleibe und fühlte sich durchaus unbehaglich.

Ich war nicht wenig wegen seines Zustandes besorgt, da es nicht möglich war, ihm mit Arzneien beizukommen; teils weil er einen unbezwingbaren Abscheu vor allem, Wasser und Brot ausgenommen, hatte, teils weil, wenn er auch welche hätte nehmen können, zu befürchten war, es möchte selbst das indifferenteste Mittel zu heftig auf seine so sehr gereizten Nerven einwirken.»

Feuerbach bemerkt dazu abschließend: «Kaspar Hauser wurde am 18. Juli (1828) aus seiner Wohnung auf dem Turm erlöst und dem an Geist und Herz gleich vorzüglichen Gymnasialprofessor, Herrn Daumer, der sich bisher schon der Unterweisung und Bildung dieses Menschen väterlich angenommen hatte, zur Erziehung und häuslichen Pflege übergeben. Er fand in der Familie dieses Mannes – einer würdigen Mutter und der Schwester seines Erziehers – gewissermaßen den Ersatz für diejenigen Wesen, die ihm die Natur gegeben und Menschenbosheit genommen hatten.»

Der zertretene Name

Alle drei Mitglieder der Familie Daumer, die verwitwete Mutter, der wegen eines Augenleidens vom Schuldienst suspendierte achtundzwanzigjährige Sohn und dessen jüngere Schwester, waren kluge, verständnisvolle und wohlmeinende Menschen. Sie liebten und schätzten einander und waren bereit, Kaspar als einen der Ihren in ihre Gemeinschaft aufzunehmen. Auf der Insel Schütt in der Pegnitz, wo die Daumers den ersten Stock eines großen und ansehnlichen Hauses bewohnten, hörte Kaspar kein unfreundliches Wort.

Aber konnten diese drei wirklich guten Menschen dem Findelkind ein Ersatz sein für die Eltern, «die ihm die Natur gegeben und Menschenbosheit genommen hatte», wie Feuerbach es hoffte? Der vorsichtige Jurist und Menschenkenner hatte seinem Satz ein einschränkendes «gewissermaßen» vorausgeschickt. Psychologen und Pädagogen sind heute davon überzeugt, daß «Bezugspersonen» in der Tat Ersatz sein können für Vater oder Mutter oder beides. Daß solche Personen jedoch wirklich eine eigene Familie ersetzen können, bleibt fraglich. Ich denke dabei an den Wunsch zu wissen, woher man stammt, Verwandtes zu entdecken, selbst noch in den Fehlern des Vaters, der Mutter. Auch Feuerbach wird Zweifel dieser oder jener Art gehabt haben, doch er war sicher, einen guten Erzieher und Lehrmeister für den so lernbegierigen, willigen Schüler gefunden zu haben.

Und es ließ sich zunächst auch alles gut an. Als erstes

wurde der Besucherstrom gestoppt, und zwar behördlicherseits, durch den Magistrat der Stadt Nürnberg. Der Erzieher «wurde angewiesen, keine Besuche bei Hauser mehr zuzulassen» – so konnte man es in der Zeitung lesen; ja, es wurde sogar «im Falle der Zudringlichkeit» mit polizeilicher Intervention gedroht.

Das half etwas, und ein geregelter Unterricht konnte beginnen. Der Schüler lernte lesen, schreiben und rechnen wie alle Schüler. Doch dieser seltsame Sonder-Schüler mußte dabei gleichzeitig erst die menschliche Sprache erlernen. Ohne daß er es merkte, vermehrte sich jeden Tag sein Schatz an neuen Vokabeln und Redewendungen und seine «Ausdrucksfehler» wurden verbessert. Viel ging dabei an Ursprünglichkeit und Originalität verloren. Das sah sogar sein Lehrer nicht ohne ein gewisses Bedauern, so scheint es. Jedenfalls hielt er es für richtig, einige der originalen Kaspar-Wendungen festzuhalten:

«Auch da Hauser ‹ich› sagen gelernt hatte, sprach er doch noch mehrere Monate lang von sich selbst gern in der dritten Person und mit Nennung des Namens Kaspar. In Beziehung auf eine Zeichnung, die von ihm gemacht worden war, sagte er z. B.: ‹Wenn die Nase nicht wäre, so wäre gar nichts vom Kaspar in dem Bild›. – ‹Mich selbst darauf hindenken›, sagte er im Sommer 1828 statt: durch eigenes Studium herausbringen. – ‹Es fühlt mich› nach der Analogie: Es friert mich und so weiter. – ‹Fühlung› statt Gefühl, Empfindung. – ‹Auf die Drüben-Seite› statt: auf die andere Seite. – ‹Es ist eine Unmenschlichkeit› statt: Es ist etwas Übermenschliches, etwas durch menschliche Kraft Unerreichbares (1828). – Der Ton der Violine sei ‹ausführlicher› als der der Guitarre, sagte er schön bezeichnend im Frühling 1829. Das Wort schwermütig brauchte er vom Körper und schrieb es ‹schwermüdig›, als Kompositum von schwer und müd (1829). – ‹Ich bin jetzt in einem ganz anderen Gedächtnis› statt: Ich denke jetzt ganz anders als sonst, habe ganz andere Gedanken und Gesinnungen (1830).»

Da der Schüler ungewöhnlich schnell lernte, konnte er auch bald kleine Aufsätze anfertigen. Viele Gerichtsakten aus jener Zeit sind verschwunden, die Aufsätze jedoch blieben erhalten – sie schienen harmlos. So überlebte ein Aufsätzchen über die Zufriedenheit. Das Thema war von Lehrer Daumer gestellt und im mündlichen Unterricht vorher abgehandelt worden.

Kaspar fand sein Werk so gelungen, daß er es später in Schönschrift in das übertrug, was wir heute noch «Poesiealbum» nennen. Er schrieb: «Zufriedenheit ist die größte Wunderthäterin. Sie verwandelt Wasser in Wein, Sandkörner in Perlen, Regentropfen in Balsam, die Armuth in Reichthum, das Kleinste ins Größte, das Gemeinste ins Edelste, die Erde in ein Paradies. Schön ist das Herz, das in all seinen Regungen mit sich selbst im reinsten Einklang bleibt, schön ist das Leben, dessen Thaten untereinander vollkommen übereinstimmen.»

Daumer, einem offenbar fortschrittlichen Lehrer, gefiel dieser Stil gar nicht. Er charakterisierte die Entwicklung seines Schülers, ohne sie wirklich zu kritisieren, als eine typische Übergangsphase: «Nun aber geriet er in seinen Aufsätzen in sentimentale Schwülstigkeit und Geziertheit – ein Durchgangspunkt der Bildung, an welche andere geraten, wenn sie die Zeit der Kindheit schon weit hinter sich liegen haben, zu dem Hauser aber aus der Periode der Kindheit und des Knabenalters schon im zweiten Entwicklungsjahr seines neu begonnenen Lebens übertrat.»

Andere kleine Schreibarbeiten stammen aus der allerersten Zeit des Unterrichts.

«Gestern hat mir der Baron von Schaeuerl einen Köstlichen Ring gebracht daß ich noch keine so große Freude gehabt habe, als wie gestern und dieser Ring soll ein Andenken sein so lange ich lebe so vergesse ich den Herrn Baron von Schaeuerl nicht weil er mir ein so schönes Andenken gegeben hat.»

«Gestern bin ich auf der Peterheide gewesen da habe ich recht viele Menschen gesehen und viele andere Sachen auch Affen die haben viele Künsten gemacht aber diese sind abscheuliche Tiere und ich habe auch Hunde gesehen die haben Tanzen können und haben schöne Kleider angehabt, die sind recht schön gewesen.»

«Vor etliche wochen habe ich von Gartenkreß mein Namen gesähet und dieser ist recht schön gekommen der hat mir ein solche Freude gemacht das ich es nicht sagen kann und da ist einer in Garten hinein gekommen hat viele Birn fortgetragen der hat mir meinen Namen Zertreten da habe ich geweint dann hat Herr Professor gesagt ich soll ihn wieder machen, ich habe ihn gemacht den andern Morgen haben mir wieder die Katzen Zertreten.»

Das war Kaspars Wirklichkeit, Freude über Kleinigkeiten wie ein unerwartetes Geschenk, Trauer über seinen zertretenen Namen. Zufriedenheit dagegen, welche die Erde in ein Paradies verwandelt, kannte er nicht: wirklich zufrieden, glücklich ohne Wünsche, war er nur in seinem Kerker gewesen; Zufriedenheit, die Wasser in Wein verwandelt, mußte ihm ein Greuel sein: er liebte Wasser, aber schon von einem Tropfen Wein wurde ihm übel.

Der ausgesäte Kressesamen, der sich so rasch, fast über Nacht, in den grünen Namenszug «Kaspar» verwandelt hatte, war ein kleines Wunder, das Lehrer Daumer in seinen Naturkundeunterricht eingeplant hatte, ohne zu ahnen, daß sich dies Wunder für seinen Schützling in Tränen auflösen würde. Überhaupt mochte Kaspar Gartenarbeit eigentlich gar nicht. Das Begradigen der Pflanzenreihen, das Ausreißen von Unkraut, das Vertilgen der Insekten – jede Form der Zerstörung war ihm schrecklich. «Als man eine Blume abriß und ihm zeigte, sagte er, man müsse nichts abreißen und zerbrechen, befestigte die Blume, so gut es gehen wollte, wieder an ihre Stelle und glaubte, sie nun in ihren vorigen Zustand zurückversetzt zu haben.»

Es war ihm nämlich ganz selbstverständlich, daß alles von Menschenhand gemacht sei. Bäume, Blumen und Blätter waren von Menschen in die Erde gesteckt worden. Und immer wieder fragte er begierig, wer dies oder das gemacht habe. Rot war für ihn die schönste Farbe – wie übrigens für fast alle Kinder –, und er bedauerte, daß der Macher der Apfelbäume die Blätter nicht auch gleich mit Rot angemalt habe wie die Äpfel. Biologieunterricht kann bei solch einem Schüler nicht ganz einfach gewesen sein.

«Für die Schönheiten der Natur hatte er fast gar keinen Sinn», stellte Feuerbach bedauernd fest. Auch das gilt für die meisten Kinder, nur scheint es fraglich, ob Kaspar es je lernte, Natur «schön» zu finden. Hinderlich war ihm dabei sicherlich auch, daß sein Geruchssinn andere, ungewöhnliche Maßstäbe hatte. «Unter allen Sinnen war es der Geruch, der sich ihm am zudringlichsten und peinlichsten erwies und ihm vor allem andern das Leben auf dieser Welt zur Qual machte. Was für uns geruchlos ist, war es nicht für ihn; die feinsten, lieblichsten Gerüche der Blumen, z. B. der Rose, waren ihm Gestank oder affizierten schmerzlich seine Nerven.» Das bezeugt Feuerbach, und er beschreibt dann auch genau, was kein noch so raffinierter Betrüger hätte simulieren können: daß Blumengärten, Nußbäume, Tabakfelder ihm «Kopfweh, Angstschweiß und Fieberanfälle» verursachten.

Aber auch solche Erfahrungen bedeuteten für den Neuling in dieser Welt eine Art Lernen, ein «negatives» Lernen, das vor allem Lehrer Daumer überraschte, dann aber ganz besonders beschäftigte, ja, geradezu berauschte: Kaspars ungewöhnliche Feinfühligkeit aller Sinne. Bevor wir zu diesem merkwürdigen Kapitel in Kaspars erstem Lebensjahr in

Nürnberg kommen, sei noch eine andere Erfahrung, ein anderes negatives Lernen erwähnt, auf das Daumer wohl auch nicht vorbereitet war.

Kaspar lernte erst in seiner neuen Familie, was eine Mutter ist, eine Schwester, ein Bruder. «Er wollte erklärt haben: was denn eigentlich Mutter sei, was Bruder, was Schwester? Man suchte ihn so gut als möglich durch eine schickliche Antwort zu befriedigen. Bald darauf fand man ihn auf seinem Stuhle sitzend, mit Tränen in den Augen, und, wie es schien, in tiefe Betrachtung versunken. Als er gefragt wurde, was er denn wieder habe, antwortete er weinend, er habe darüber nachgedacht, warum er denn nicht auch eine Mutter, einen Bruder und eine Schwester habe, denn dies sei doch gar zu schön.»

«Gar schön», «gar schlecht» – in diese beiden Kategorien ordnete das Kind Kaspar seine ersten Erfahrungen in der neuen Welt ein. Daumer erzählte Feuerbach von einer der neuen Erfahrungen im Daumerschen Hause, vielleicht belustigt, vielleicht auch etwas enttäuscht, daß sein Zögling so manches «gar schlecht» fand. Hiltels Gefangener hatte im Turm wie die anderen Sträflinge auf einem Strohlager geschlafen, und nun bekam er ein «ordentliches Bett, was ihm ganz außerordentlich behagte. Öfters äußerte er: das Bett sei das einzige Angenehme, das ihm noch auf dieser Welt vorgekommen, alles übrige sei gar schlecht.»

So «gar schlecht» scheint aber doch nicht alles gewesen zu sein. Am Ende seines ersten Jahres unter den Menschen zog Kaspar jedenfalls eine positive Bilanz. Als das Pfingstfest wieder nahte, der Tag seines Auftauchens auf dem Unschlittplatz, verfaßte er ein Gedicht, sozusagen zu seinem Geburtstag. Daumer bewahrte es auf und schrieb erklärend dazu: «Das folgende Gedicht verfaßte Kaspar Hauser im Frühling 1829 an einem Tag, an welchem er sich vorzüglich wohl befand und einer heiteren Zukunft entgegensah.»

Mein erstes Jahr

Mein erstes Jahr begrüß ich heut
In dank und Liebe hocherfreut,
Von vieler Noth und Last gedrückt,
Von heute an genieß ich was mein Herz entzückt,
Und fühl auch jetzt mich neu beglückt.
In meinem ersten Jahre steh ich nun,
Da gibts erstaunlich viel zu thun,
Zum Schreiben und zum Mahlen,
Zum Rechnen oft mit Zahlen.
Gott wollte, daß ich sehe, wies in der Welt hergeht
Und zu lesen, was in den Büchern steht,
Und anzubauen mein Gartenbeet.
Gott wird die Kraft mir geben in Jugendtagen,
Um die Klugen auszufragen.
Jetzt muß ich mich vorbereiten,
Täglich fortzuschreiten;
Ein Schritt ist nicht gar viel,
Doch führt er mich noch zu mein' erwünschten Ziel.

Mystisches, allzu Mystisches

Kaspars kleines Gedicht über sein erstes Jahr hatte er an einem Tag geschrieben, an welchem er sich «vorzüglich wohl befand», wie Daumer erklärte. Eine solche Erklärung war notwendig, denn Kaspar befand sich keineswegs immer wohl. Das lag nicht nur an seiner durch die völlig veränderten Lebensbedingungen gereizten körperlichen Verfassung: an seiner Lichtempfindlichkeit, an der schon erwähnten Geruchsempfindlichkeit und an der ihm gegen seinen Willen aufgezwungenen «normalen» Nahrung. Es lag auch, wenn nicht sogar mehr, an all den Tests, die Daumer vornahm, um die so bemerkenswerte Überempfindlichkeit seines Zöglings besser beobachten und erforschen zu können.

Natürlich sind seine Aufzeichnungen darüber wertvoll, auch heute noch. Natürlich ist es erstaunlich, wenn man erfährt, aus welcher Entfernung Kaspar welche Farben bei welchem Grad von Dunkelheit ohne Schwierigkeiten erkennen konnte. Nur: je verblüffender solche Fähigkeiten waren, desto mehr verlockten sie den Beobachter dazu, sie auch anderen Menschen vorzuführen. Das Publikum war zwar sorgfältig ausgesucht, meist die Honoratioren der Stadt Nürnberg oder weitgereiste angesehene Fremde. Aber es waren eben doch wieder Vorführungen, die Kaspar an die dressierten Affen auf der Straße erinnern mußten. Und er bekam mehr zu tun als die tanzenden Affen. Er mußte zum Beispiel seine Empfindlichkeit für bestimmte Metalle, etwa Kupfer oder Silber, unter Beweis stellen. Die vornehmen Herren durften dann eigenhändig das Metall im Zimmer verstecken, während Kaspar draußen vor der Tür warten mußte, bis er hereingeholt wurde, um, wie es gelernte Zauberkünstler auch heutzutage noch tun, die versteckten Stücke auf Anhieb zu finden.

Wenn er dabei ermüdete, wenn er Schweißausbrüche oder Nervenzucken bekam, hatte Daumer seine speziellen Medikamente zur Hand; rein pflanzliche – Bärlapp, Arnica, Aconitum, Nux vomica –, da er ein Anhänger der neuen Wissenschaft von der Homöopathie war. Aber diese Heilmittel heilten eben doch nicht immer, jedenfalls nicht den Patienten Kaspar, der häufig mit neuen Beschwerden reagierte. Auch versuchte Daumer ihn zu hypnotisieren und die Versuche des von ihm bewunderten Mesmer auszuprobieren. All das geschah ganz sicher mit dem guten Willen zu helfen, aber der gute Wille ist eben nicht immer genug. Zweifellos veranstaltete Daumer seine Vorführungen vor angesehenen und einflußreichen Persönlichkeiten auch deshalb, weil er so zu beweisen hoffte, daß Kaspar Hauser kein Betrüger war, daß er, bedingt durch seine einzigartige Lebensweise vor seinem Erscheinen in Nürnberg, anders reagieren mußte als gewöhnliche Menschen.

So half eines der Experimente ganz konkret einen der vielen merkwürdigen Punkte in Kaspars Bericht über seine lange Kerkerzeit zu klären. Er legte großen Wert auf saubere Wäsche, weil er, wie er erklärte, immer ein weißes Hemd gehabt habe. Auch waren seine Haare und Nägel anscheinend in regelmäßigen Abständen gereinigt und geschnitten worden – doch hatte Kaspar von diesen Prozeduren nie etwas bemerkt.

Dem Gerichtsarzt Dr. Preu war gleich bei der ersten Untersuchung der, abgesehen vom Schmutz, verhältnismäßig gepflegte körperliche Zustand des Gefangenen aufgefallen. Die Körperpflegeaktionen mußten, so hatte er überlegt, stattgefunden haben, während Kaspar schlief, unnatürlich fest schlief, also vermutlich mit Hilfe eines starken Schlafmittels. Um diese Theorie zu untermauern, fügte er dessen Trinkwasser heimlich einen Tropfen Opiumtinktur bei und stellte das Glas weit weg von ihm auf den Tisch. Kaspar rümpfte sofort angewidert die Nase und sagte, so habe sein Trinkwasser im «Loch» manchmal gerochen. Als er einen Schluck davon genommen hatte, wurde er müde und fiel in einen tiefen, fünf Stunden andauernden Schlaf. So war Kaspars Geschichte in diesem Punkt jedenfalls vorstellbar und glaubwürdig geworden, und das war Daumers Wunsch gewesen bei seinen vielen, heute merkwürdig wirkenden Versuchen.

Im Hintergrund stand für ihn jedoch noch ein anderes Motiv, ein persönliches, das sich nur zwischen den Zeilen seines Berichts ahnen läßt. Er wollte auch seine Theorie vom Menschen beweisen, die er bei Rousseau gefunden hatte: Der Mensch ist von Natur gut, erst die Zivilisation macht ihn schlecht und verdirbt seine angeborenen großen Anlagen und Fähigkeiten.

Aber wie war Kaspar wirklich? «Sein reiner offener schuldloser Blick, die breite hohe Stirn, die höchste Unschuld der Natur, die keinen Geschlechtsunterschied kennt, nicht einmal ahnt, und erst jetzt die Menschen nur nach den Kleidern zu unterscheiden gelernt hat, seine unbeschreibliche Sanftmut, seine alle seine Umgebungen anziehende Herzlichkeit und Gutmütigkeit, in der er anfangs immer nur mit Tränen und jetzt, nach eingetretenem Gefühle der Freiheit, mit Innigkeit selbst seines Unterdrückers gedenkt ... sein Vertrauen aber auch gegen alle anderen Menschen, seine Schonung des kleinsten Insekts, seine Abneigung gegen alles, was einem Menschen oder Tier nur den leisesten Schmerz verursachen könnte, seine unbedingte Folgsamkeit und Willfährigkeit zu allem Guten ebenso sehr als seine Freiheit von jeder Unart und Untugend, verbunden gleichwohl mit der Ahnung dessen, was böse ist... diese wichtigen Erscheinungen ergeben... die volle Überzeugung, daß die Natur ihn mit den herrlichsten Anlagen des Geistes, Gemüts und Herzens reich ausgestattet hat.»

Sind dies nun Daumers Worte im Originalton oder die Worte eines anderen idealistischen Schwärmers? Es ist ein Teil der offiziellen «Bekanntmachung», die zuerst in den Nürnberger Zeitungen erschien, dann aber von vielen großen deutschen Zeitungen wörtlich nachgedruckt wurde. Veröffentlicht hatte sie der «Magistrat der königlich bairischen Stadt Nürnberg». Unterzeichnet und auch selber verfaßt hatte sie jener Erste Bürgermeister Binder, der auch die Todesanzeige für Kaspar Hauser geschrieben hatte. Sinn der Bekanntmachung war, ein möglichst breites Publikum mit dem Schicksal des Unbekannten vertraut zu machen, zu beschreiben, wie er aussah, als er in Nürnberg auftauchte – also eine Art Steckbrief. Mit der Veröffentlichung hoffte man irgendwo im Land Zeugen zu finden, die den jungen Mann vorher schon einmal gesehen hätten oder die Angaben über seine Vorgeschichte machen könnten.

Von diesem Tage an, dem 28. Juli 1828, wurde Kaspar Hauser berühmt. In den folgenden Wochen tauchte auch zum erstenmal der stolze Beiname auf: «Das Kind von Europa». Aber es fand sich merkwürdigerweise nie ein einziger Zeuge, der den Ermittlungen hätte weiterhelfen können. Das Geheimnis seiner Herkunft blieb damals ein Geheimnis. Die Bekanntmachung hatte ihr Ziel verfehlt. Doch uns ist auf diese Weise in einem amtlichen Dokument eine erste Charakteristik Kaspar Hausers erhalten geblieben, die mir wichtiger erscheint als die Aufzeichnungen Daumers über die außergewöhnlichen, fast mystischen Fähigkeiten Kaspars in dieser ersten Nürnberger Zeit. Wichtiger, weil sie seine Wirkung auf andere Menschen, hier den höchsten Beamten der Stadt, zeigt, eine ähnliche Wirkung, wie sie auch der Gefängniswärter Hiltel, ganz unten in der Hierarchie der Stadt, gespürt hatte, und dann, etwas später, der ranghöchste Jurist des Rezatkreises, Anselm von Feuerbach. Selbst in den Gutachten der Amtsärzte, die Kaspar untersuchten, klingen ähnliche Töne an, die sich, zwischen all den medizinischen Fachausdrücken, ähnlich erstaunlich, aber gerade deshalb vielleicht sogar noch überzeugender anhören. Etwas Außergewöhnliches muß also an dem körperlich so ungeschickten und schwerfälligen, fast sprachlosen Fremden gewesen sein, daß er so schnell unter all denen, die ihm begegneten, Zuneigung, Vertrauen und sogar Bewunderung erregte.

«Warum will Gott nicht immer barmherzig sein?»

Da war ein Mensch aus dem Nichts aufgetaucht, dessen Seele, ein, wie es zunächst schien, noch völlig unbeschriebenes Blatt war und aus dessen Verhalten und Reaktionen man Rückschlüsse zog auf «den Menschen an sich». Daß für jeden der Beobachter dabei etwas anderes im Mittelpunkt des Interesses stand, ist verständlich. Für Daumer waren es die Ideen Rousseaus, die Gedanken Mesmers, das Geheimnis der Homöopathie; für Feuerbach war es die Beobachtung, daß der Fremde keinerlei Gottesbegriff kannte, nicht einmal Urängste vor Geistern oder Dämonen, wie sie fast allen Naturvölkern eigen sind.

Er merkte, wie schwer es war, Kaspar von seiner festen Überzeugung abzubringen, der Mensch sei der «Macher» aller Dinge; merkte, wie lange es dauerte, bis Kaspar einsah, daß schwerlich Menschen mit ihren Scheren all die feinen Zähne in die Blätter hätten schneiden können – von höheren Erkenntnissen ganz zu schweigen.

«Daß die Idee von Gott dem Menschen nicht angeboren ist, sondern nur von außen entweder durch die Betrachtung der Natur oder durch Unterricht zu uns kommt, zeigt sich an unserem Kaspar ganz deutlich. Wie es in diesem Augenblick in dieser Hinsicht mit ihm steht, weiß ich zwar nicht; aber vor nicht langer Zeit ließ sich noch nichts wahrnehmen, woraus sich hätte schließen lassen, daß er von Gott, von einem Urheber der Natur, irgendeine Vorstellung in sich habe. Die Dogmatik und die Geistlichkeit hat man glücklicherweise bis jetzt noch von ihm entfernt zu halten gewußt.»

Man spürt aus Feuerbachs Worten die Genugtuung, hier eine These bestätigt zu finden, der er schon lange anhing. Die Genugtuung allerdings, daß man «die Dogmatik und die Geistlichkeit» von Kaspar Hauser fernhielt, blieb ihm nicht allzu lange. Sehr bald schon wurde «Religion» in den Stundenplan des Schülers aufgenommen. So schreibt Feuerbach 1832 rückblickend, zornig zurückblickend:

«Von Religion war nicht ein Fünkchen, von einer Dogmatik auch nicht das kleinste Stäubchen in seiner Seele zu finden, so sehr sich einige Geistliche, gleich in den ersten Wochen nach seinem Erscheinen zu Nürnberg, die unzeitige Mühe gaben, es in ihm zu suchen und aufzuregen. Von all ihrem Fragen, Reden und Predigen hätte jedes Tier nicht weniger verstanden und begriffen als Kaspar. Was er an Religion mitbrachte, bestand – wenn es ohne Lästerung dieses Namens so genannt werden darf – lediglich in demjenigen, was ihm dummfromme Bosheit bei seiner Aussetzung zu Nürnberg in die Tasche mitgegeben hatte.»

Der Zorn war nicht nur bei Feuerbach, sondern auch bei Kaspar. Er verabscheute lange Zeit zwei Berufsgruppen: die der Ärzte und die der Geistlichen; die Ärzte – wer könnte es ihm verargen – wegen der abscheulichen Arzneien, die sie ihm verschrieben.

«Sah er einen Pfarrer, so geriet er in Angst und Entsetzen. Fragte man ihn um die Ursache, so antwortete er: ‹Weil mich diese Leute schon sehr gepeinigt haben. Einmal sind ihrer viere zu mir auf den Turm gekommen und haben mir Dinge gesagt, die ich damals gar nicht verstanden habe, z. B. daß Gott Alles aus nichts geschaffen. Wenn ich um Erläuterung bat, so schrieen alle zusammen, und jeder sagte etwas anderes. Als ich ihnen sagte: das alles verstehe ich jetzt noch nicht, ich müsse zuerst lesen und schreiben lernen, so antworteten sie mir: jene Dinge müsse man zuerst lernen. Auch sind sie nicht eher fortgegangen, bis ich ihnen das Verlangen zu erkennen gab, sie möchten mich doch endlich einmal in Ruhe lassen.› In Kirchen war es daher Kaspar ebenfalls gar nicht wohl zu Mute. Die Kruzifixe darin erregten ihm ein entsetzliches Schaudern, indem seine Vorstellung noch lange Zeit den Bildern unwillkürlich Leben verlieh. Das Singen der Gemeinde dünkte ihm ein widerliches Schreien. ‹Zuerst›, sagte er einmal nach einem Kirchenbesuche, ‹schreien die Leute, und wenn diese aufhören, fängt der Pfarrer zu schreien an.›»

Wer meinen sollte, Kaspar sei einfach unmusikalisch gewesen, erinnere sich: Er spielte schon in den ersten Wochen gern und offenbar nicht schlecht auf dem Klavier. «In der Musik sprach ihn nur das Lustige und Muntere an. Als man ihm einmal etwas von ernstem Charakter vorspielte, sagte er, das gehe ihm zu traurig. Traurig könne er selbst sein, dazu brauche er keine Musik.» Und er war nur allzu oft traurig, der Kaspar, den Lehrer Daumer hier schildert.

Zurück zur Frage, wie es Kaspar mit der Religion hielt. Mit der kurzen Antwort, er hielt gar nichts von ihr, ist es nicht getan. Daß aus dem ganz gott-losen Menschen Kaspar ein gläubiger Christ wurde, haben die letzten Worte vor seinem Tod gezeigt. Der Weg bis dahin war lang und beschwerlich, und der erste, der diesen Weg ein wenig ebnete, war Daumer. Er versuchte vorsichtig, seinen Schüler empfänglich zu machen «für die Denkbarkeit und Möglichkeit einer unsichtbaren Welt, besonders einer Gottheit». Auch Feuerbach beschreibt diesen beschwerlichen Weg und die ersten Erfolge, fügt dann jedoch einschränkend hinzu, daß die Daumerschen Unterweisungen zu nichts anderem geführt hätten, als daß Kaspar sich gegen eine Idee von Gott nicht mehr widerspenstig zeigte. Das war offenbar schon viel.

Feuerbach berichtet auch, vielleicht mit geheimem Vergnügen, daß die Fragen des naiv-kindlichen Jungen seinen Lehrer oft in nicht geringe Verlegenheit brachten. Als einmal von Gottes Allmacht die Rede war, fragte Kaspar, ob denn Gott, der Allmächtige, auch die Zeit rückgängig machen könne – «eine Frage», fügt Feuerbach erklärend hinzu, «welche auf sein früheres Lebensschicksal eine ironische bittere Beziehung hatte und im Hintergrund die Frage versteckte, ob denn Gott seine Kindheit und Jugend, die er lebendig in einem Grabe verloren, ihm wieder zurückgeben könne?».

Der Pariser Sozialpsychologe Lucien Malson beschreibt in seinem Buch über die «Enfants Sauvages» unter den anderen berühmten «wilden Kindern» auch Kaspar Hauser, obgleich dieser nicht im üblichen Sinne des Wortes zu der Gruppe von Kindern gehört, die, früh ausgesetzt, lange Jahre im Wald zwischen und mit Tieren lebten. Er charakterisiert ihn da folgendermaßen:

«Die Freude am Lernen hält im übrigen nicht lange an; Kaspar wird apathisch, düster, mürrisch. Er ist ein ruhiger, schwerfälliger Mensch mit gesundem Menschenverstand: ‹Wer hat die Bäume gemacht? Wer zündet die Sterne an, wer löscht sie wieder aus? Was ist meine Seele? Kann ich sie sehen? Warum will Gott nicht immer barmherzig sein?›» So fragt nur jemand, der schon Entscheidendes akzeptiert hat: Es gibt einen Gott, und dieser Gott ist barmherzig. Er ist es aber offensichtlich nicht immer. Kaspar, der Zweifler, zweifelt nicht an der Allmacht Gottes – er ist überzeugt, daß Gott immer barmherzig sein könnte, wenn er es wollte. Was ihn beunruhigt ist der Grund für dieses göttliche Nicht-Wollen, denn er bezweifelt, daß ihn die Antwort der Theologen befriedigen wird, ihre Begründung für den Sinn menschlichen Leidens.

Auch Kaspars Frage, wer die Sterne anzündet und wer sie wieder auslöscht, ist im Zusammenhang mit seinem Wunsch, die neue Welt zu begreifen, mehr als eine der bekannten Was- und Warum-Fragen, wie sie für eine bestimmte kindliche Altersstufe typisch sind. Wie wir wissen, konnte er die Natur nicht «schön» finden; nicht einmal der erste Anblick eines Regenbogens erregte wirklich seine Bewunderung, so daß Feuerbach enttäuscht war über seinen

Schützling und dessen mangelndes Naturgefühl. Um so mehr überraschte ihn das folgende Erlebnis:

«Es war im Monat August (1829), als ihm an einem schönen heitern Sommerabend sein Lehrer zum erstenmal den gestirnten Himmel zeigte. Sein Erstaunen und Entzücken überstieg jede mögliche Schilderung. Er konnte sich nicht satt daran sehen, kehrte immer wieder zu diesem Anblick zurück, faßte dabei die verschiedenen Sterngruppen richtig ins Auge und bemerkte die ausgezeichneten hellen Sterne mit ihren verschiedenen Farben. ‹Das›, rief er aus, ‹das ist aber doch das Schönste, was ich noch auf der Welt gesehen habe. Wer aber hat die vielen schönen Lichter da hinaufgestellt, wer zündet sie an, wer löscht sie wieder aus?› Als man ihm sagte, daß sie, wie die Sonne, die er schon kenne, immer fortleuchteten, aber nicht immer gesehen würden, fragte er von neuem: wer sie denn da oben hinaufgesetzt habe, daß sie immer brennen? Endlich verfiel er, indem er, gesenkten Kopfes, unbeweglich, mit starren Augen dastand, in tiefes, ernstes Nachdenken. Als er wieder zu sich kam, war sein Entzücken in Schwermut übergegangen. Er ließ sich zitternd auf einen Stuhl nieder und fragte: warum jener böse Mann ihn doch nur immer eingesperrt gehalten und von allen diesen schönen Sachen ihm gar nichts gezeigt habe, er (Kaspar) habe doch nichts Böses getan. Er brach hierauf in ein langes, schwer zu stillendes Weinen aus und sagte: man möge nun auch einmal den Mann, bei dem er immer gewesen, auf ein paar Tage einsperren, damit er wisse, wie hart dieses sei. Vor diesem großen Himmelsschauspiele hatte Kaspar noch nie Unwillen gegen jenen Mann geäußert, noch weniger von einer Bestrafung desselben etwas wissen wollen. Nur die Müdigkeit und der Schlummer vermochten seine Empfindungen zur Ruhe zu bringen; er schlief – was vorher noch nie geschehen war – erst gegen elf Uhr ein.»

Daß Lehrer Meyer, der Kaspar später in Ansbach Religionsunterricht gab, eine andere Meinung von den religiösen Gefühlen seines Schülers hatte, wird den Kenner der Hauser-Geschichte nicht überraschen. In einer ausführlichen Charakteristik, nach Kaspars Ermordung sorgsam zu Papier gebracht, stellt ihm der Lehrer klipp und klar folgendes Zeugnis in Sachen Religion aus:

«Wurde ich veranlaßt, bestimmter auf die göttliche Vorsehung, Gerechtigkeit u.s.w. hinzuweisen, so hatte er häufig eine Menge Einwendungen bereit... Am wenigsten wollte ihm der Satz einleuchten, daß alles Gute belohnt und alles Böse bestraft werde. Er meinte, daß eben doch so gar viele Menschen unverdienter Weise in glücklichen, dagegen andere ohne ihr Verschulden in elenden Verhältnissen lebten; er könne nicht begreifen, wie und warum dies erst in der andern Welt ausgeglichen werden sollte u.s.w. Zuletzt berief er sich immer gerne auf sein bekanntes trauriges Schicksal, und man mußte ihm in Berücksichtigung desselben, welches man ja nicht wohl merklich bezweifelns durfte, vieles zugute halten. Seine Einwürfe durfte man, nach leider beliebten Erziehungsmethoden unserer Zeit, nur als Zeichen eines ungetrübten Verstandes nehmen, wenn man nicht für einen finstern Kopf erklärt werden wollte.

Von seinen Äußerungen, die er kurze Zeit vor seiner Konfirmation noch außer meinem Hause tat, läßt sich ebenfalls auf keinen religiösen Sinn schließen. ‹Jetzt komme ich bei Herrn Pfarrer Fuhrmann bald zu einem Punkt, da will ich ihn doch in Verlegenheit bringen. Wir kommen nächstens zu der Lehre von der Dreieinigkeit, und dabei will ich ihn schon dran kriegen oder aufzuraten geben; diesmal wird er mit meinen Einwendungen nicht so leicht fertig werden können wie sonst›, so äußerte er sich fast wörtlich gegen andere im Beisein meiner Frau, die mich damals sogleich davon in Kenntnis setzte. Ich wollte darin nicht gerne mehr als den eingebildeten und anmaßenden Jungen erblicken, welcher eben nichts weniger als religiösen Sinn hatte.»

Lehrer Meyer war, wie wir wissen, anwesend in Kaspar Hausers Sterbestunde.

Der Traum ein Leben

Noch lebte Kaspar in der Daumerschen Familie ein vergleichsweise friedliches Leben, machte sich seine ersten Gedanken über Gott und die neue Welt und schrieb seine Schulaufsätze, bei denen er, wie Daumer erwähnt, eine große Lust zeigte, das Geschriebene «endlos umzuarbeiten». Dieselbe Neigung zeigte sich auch beim Abfassen seiner Autobiographie. Diese Arbeit nahm er schon im Winter 1828/29 in Angriff, sehr früh also, wenn man bedenkt, daß der Schreiber erst ein halbes Jahr vorher «auf die Welt gekommen war», wie er es selber nannte, und jetzt ganze sechzehn Jahre alt war.

Daumer gibt in seinen «Mittheilungen über Kaspar Hauser» die ersten drei Versionen des Anfangs dieses Berichts wieder. Selbst die erste Fassung in ihrer sprachlichen Unbeholfenheit ist noch immer erstaunlich genug für einen Anfänger, während die dritte stilistische Ähnlichkeit mit dem Aufsatz über die Zufriedenheit hat. Daumer bemerkte zu der dritten Fassung: «Diesen Anfang hielt er für sehr schön und empfand es übel, als ich ihm sagte, er tauge nichts.»

1. «Die Geschichte von Kaspar Hauser ich will es selbst schreiben, wie hart es mir ergangen hat. Da wo ich immer eingespirt war in diesen Gefängniß da war es mir recht gut vorgekommen, weil ich von der Welt nichts gewußt habe und so lange ich eingespirt war und keinen Menschen niemals gesehen habe. Ich habe zwei hölzerne Pferde und ein

Hund gehabt, mit diesen habe ich immer gespielt, aber ich kann es nicht sagen, ob ich den ganzen Tag gespielt habe oder eine Woche, und ich will es beschreiben, wie es ausgesehen hat in dem Gefängniß da war ein Stroh darin...»

2. «Diese Geschichte von Kaspar Hauser, will ich selber schreiben. Wie ich in dem Gefängniß gelebt habe und beschreibe wie es ausgesehen hat und alles was bei mir darin gewesen ist...»

3. «Lebensgeschichte von Kaspar Hauser in Nürnberg. Welcher Erwachsene gedächte nicht mit trauriger Rührung an mein unschuldige Einsperrung für meine jungen Jahre, die ich in meiner blüthesten Lebenszeit zugebracht habe. Das sich so manche Jugend das Leben erfreuet hat, in entzückenden goldenen Träumen und Vergnügen lebten da meine Natur noch gar nicht erweckt war...»

Was Kaspar im weiteren über die Zeit seiner «unschuldigen Einsperrung» schreibt, gehört in einen anderen Zusammenhang. Für die Deutung der kommenden Ereignisse ist die Tatsache wichtig, daß er überhaupt ständig versuchte, sich zu erinnern, und daß er, was ihm wieder einfiel, sogar zu Papier brachte.

Dabei half ihm eine Fähigkeit, von der er bis dahin noch gar nichts geahnt hatte: die Fähigkeit zu träumen. Eines Nachts hatte sich nämlich Merkwürdiges ereignet. Kaspar bekam Besuch von der Frau des Bürgermeisters Binder, einer freundlichen Dame, die er recht gut kannte. Beim Frühstück berichtete er der erstaunten Familie Daumer sehr erfreut über diesen nächtlichen Besuch und war verärgert, als man ihm zu erklären versuchte, das Ganze sei nur ein Traum gewesen. Was aber war ein Traum? Jemandem, der in den ersten sechzehn Jahren seines Lebens Träume nie wahrgenommen hatte, eine befriedigende Auskunft zu geben, mußte ähnlich schwer sein wie einem Blinden zu erklären, was Farben sind.

Kaspar glaubte auch später der lächelnden Versicherung der Frau Binder nicht, daß sie in jener Nacht friedlich bei sich zu Hause im Bett gelegen habe. Erst ein zweiter nächtlicher Besuch derselben Dame überzeugte ihn davon, daß es Träume gab: Zu jener Zeit war nämlich, wie er sehr wohl wußte, die Bürgermeistersfrau verreist.

Von da ab träumte Kaspar häufiger und erzählte auch immer unbefangen von dem, was er in der Nacht gesehen hatte. Ob nun das «ordentliche Bett», das er so hoch schätzte, dem nur an Strohlager Gewöhnten ein völlig neues Schlafgefühl gegeben hatte, oder ob er einfach nicht mehr ganz so tief schlief wie früher – jedenfalls: Kaspar träumte, und zwar nicht nur von der freundlichen Frau Binder, sondern auch anderes, so zum Beispiel von einem Schloß.

Daumer, der Gewissenhafte, schrieb diese Träume sorgfältig auf, wenn es Kaspar nicht selber tat. Und da beide noch nicht durch Freud und seine Schüler in einer bestimmten Richtung fixiert waren, versuchten sie es einfach mit naheliegenden Erklärungen. Woher kamen die Traumbilder von großen, «gar schönen» Räumen mit prächtigen Möbeln, riesigen, glitzernden Lampen, die von der Decke herabhingen, langen Reihen von großen, bunten Bildern, von Säulen mit steinernen Menschen darauf?

Daumer erzählte Kaspars damaligem Vormund, dem Freiherrn von Tucher, von diesem merkwürdigen Traum; der berichtete der Polizei davon, die Polizei vernahm Tucher offiziell und «eidlich». Das sehr ausführliche Protokoll darüber ist nicht verschollen.

Daraus geht hervor, daß Kaspar Hauser den Traum vom Schloß in der Nacht vom 30. zum 31. August 1828 träumte, und dann, bei einem Besuch auf der Burg von Nürnberg, sich plötzlich an noch mehr Einzelheiten jenes Traumes erinnerte. Binder ließ sie sich von Kaspar sozusagen in die Feder diktieren und gab alles an die Polizei weiter.

Mißtrauen erregte die Tatsache, daß Kaspars Erinnerungen erst so präzise und reichhaltig wurden, nachdem er die Burg besichtigt hatte. Doch beschrieb er auch eine erstaunliche Fülle von Einzelheiten, die es auf der Nürnberger Burg nicht zu sehen gab. In jenem «Großhaus», wie er sein Traumschloß nannte, sah er eine Treppe, die «war vier- oder fünfmal gebrochen (man ging einmal so, dann so, zeigte er, immer im rechten Winkel sich wendend)». Weiter heißt es im Protokoll: «In jedem Zimmer der oberen Reihe waren 12 Sessel, 3 Kommoden, 2 Tische, einer in der Mitte und einer an der Wand», auch habe er eine Statue gesehen, «die an der Treppe mit dem Schwert in der Hand gestanden. Der Kopf dieses Schwertes sei ein Löwenkopf gewesen.»

Heute weiß man, daß viele Kinder ein eidetisches Gedächtnis besitzen, daß sie also einmal Gesehenes in allen Einzelheiten – wie bei einer Bildbeschreibung – wiedergeben können. Bei Erwachsenen, deren Gedächtnis durch besondere Umstände wenig ausgelastet ist, zum Beispiel bei Analphabeten, findet sich diese Fähigkeit ebenfalls. Auch für Kaspar blieben Traumbilder wie wirkliche Bilder sichtbar und in den Einzelheiten abrufbar.

Fast ebenso wichtig wie all die Einzelheiten der Ausstattung ist, daß sich vor der Kulisse des «Großhauses» eine Handlung abspielte, die der Träumer erst tastend, dann immer sicherer in Worte faßte. Hier scheint sich der Traum mit wirklichen Erinnerungen zu mischen. «Er sagte mit großer Bewegung, es sei ihm, als habe er einmal so ein Haus gehabt (ausdrücklich so), und er wisse nicht, was er davon halten solle.»

Nach Kaspars Beschreibung von «Schränken mit Flügeltüren, in welchen die meisten und schönsten Tassen standen», heißt der nächste Satz im Protokoll, ganz ohne Überleitung: «In dem großen Zimmer lag Hauser in einem Bette, da trat eine Frau zur Tür herein, mit gelbem Hute und weißen dicken Federn darauf. Hinter ihr trat ein Mann herein, in schwarzen Kleidern (der Rock war ein Frack), einen länglichen Hut auf dem Kopfe, einen Degen an der Seite und auf der Brust ein Kreuz an einem blauen Bande. Die Frau trat an Hausers Bett und blieb stehen, der Mann blieb ein wenig hinter der Frau zurück. Hauser fragte die Frau, was sie wolle; sie antwortete nichts; er wiederholte die Frage; sie gab wieder keine Antwort. Sie hielt ein weißes Sacktuch in der Hand gegen ihn hin, was er erst bei der zweiten Frage bemerkte. Hierauf ging der Mann und hinter ihm die Frau zur Türe hinaus.»

Nach Daumers eigener Aufzeichnung geht die Handlung des Traumes noch weiter und bezieht Kaspars Gegenwart ein: «Da kam ich (Daumer) herein, Hauser stand auf und zeigte mir die Wohnung und Zimmer, die er mit mir durchwanderte. Er ließ mich eins von ihnen zur Wohnung auswählen. Ich wählte das größte, er bestimmte sich seine Wohnung in dem neben anstoßenden, zwar kleinen, aber schöner ausmöblierten Zimmer. Auch meiner Mutter und Schwester wies er zur Wohnung einige Zimmer an. Jene, sagte er, habe ihm recht gut gekocht und diese sein Zimmer recht schön gemacht. Zuletzt ging ich mit Hauser in das Bibliothekszimmer, ich lehrte ihn aus lateinischen und griechischen Büchern, und Hauser konnte sie alle lesen. Darüber wachte er auf und es tat ihm sehr weh, daß dies alles nur ein Traum gewesen. ‹Wenn nur das eine geblieben wäre›, äußerte er, ‹daß er alle Bücher lesen gekonnt, so wolle er sich gern darüber trösten, daß alle die andern Herrlichkeiten verschwunden seien.›»

Warum die Nürnberger Polizei an Kaspar Hausers Träumen so sehr interessiert war ist klar. Man hoffte immer noch konkrete Hinweise auf dessen Vergangenheit zu entdecken. Es mag auch eine Rolle gespielt haben, daß in Nürnberg Gerüchte umliefen, der fremde Junge stamme aus einer vornehmen adligen Familie. Es hatte auch anonyme Briefe ähnlichen Inhalts gegeben, die zwar offiziell von der Polizei ignoriert wurden, aber doch nicht vergessen waren: «Kein Rauch ohne Feuer» – selbst der Jurist Feuerbach weist auf die Wichtigkeit von Gerüchten für die polizeiliche Untersuchung von Verbrechen hin.

Angesteckt von der Detektivarbeit der Behörden kam Lehrer Daumer auf den Gedanken, Kaspar zu fragen, «ob er sich keines Wappens erinnere, das sich in dem (im obigen Traum) erwähnten Schlosse befunden. Von einem Wappen, sagte er, wisse er nichts. Er kannte weder Wort noch Sache. Doch sei, äußerte er, inwendig über der Tür in der Mauer ein Bild zu sehen gewesen, von dem er noch einige Vorstellung habe. Er zeichnete hierauf dasselbe; es war gleichwohl nichts anderes als ein nur mangelhaft dargestelltes Wappen.»

Daumer beschreibt diese Zeichnung und fügt in seine «Mittheilungen» zwei Abbildungen des Traumwappens ein, die Kaspar kurz nacheinander anfertigte und die Daumer «in treuem Nachbilde, ganz so stümperhaft, wie er sie machte», abmalte. Über diese beiden leicht voneinander abweichenden Zeichnungen ist viel gerätselt worden. Schon Daumer hatte die wenn auch nur «stümperhaft» hingekritzelte Zeichnung eindeutig für ein Wappen und daher für sehr wichtig gehalten, aber es war ihm unmöglich, das Wappen und damit die Adelsfamilie zu identifizieren. Es sollte noch etwa hundert Jahre dauern, bis die Identifizierung gelang.

Ob Träume Schäume sind, wie der Volksmund sagt, das zu erörtern ist hier nicht nötig. Wichtig ist nur die unbestreitbare Tatsache, daß es immer Menschen gab und geben wird, für die sich Träume auf erlebte Wirklichkeiten gründen. So muß es auch damals in Nürnberg, in Kaspars näherer oder weiterer Umgebung, Menschen gegeben haben, die seinen Träumen, ähnlich wie seinen autobiographischen Notizen, Bedeutung beimaßen. Unter ihnen dürfte es einige gegeben haben, die Angst vor weiteren Enthüllungen hatten. Wer diese Überlegung akzeptiert, wird die folgenden Ereignisse nicht unverständlich finden.

Auch Feuerbach hielt Kaspars Traum für etwas sehr Handgreifliches: «Vor allem andern bedeutend ist mir der erste Traum, der offenbar mehr ist als dieses – Erinnerung des wirklich Gesehenen und Erfahrenen, hervortauchend aus der langen Nacht des Seelenschlafes, in welchem das Kind bald nach dem ersten Erwachen seines geistigen Lebens durch seine einsame Gefangenschaft in finsterem Kerker versenkt wurde... Alles Vergangene stellt sich, je entfernter desto mehr, in das Dämmerlicht der Träume.»

Aus Feuerbachs Worten spricht die Überzeugung, die alle Beobachter aus Kaspars ersten Tagen gewonnen hatten. Der Findling konnte nicht von Geburt an ohne jeden Umgang mit Menschen eingekerkert gewesen sein. Schon der Gefängniswärter Hiltel hatte das erkannt, vor allem an Kaspars raschen Fortschritten im Erlernen der Sprache. Bürgermeister Binder hatte diese Schlußfolgerung in seine offizielle Bekanntmachung vom 7. Juli 1828 mit hineingenommen. Er äußerte die «dringende Vermuthung, daß mit seiner widerrechtlichen Gefangenhaltung das nicht minder schwere Verbrechen des Betrugs am Familienstande verbunden ist, wodurch ihm vielleicht seine Eltern... wohl gar die Vorzüge vornehmer Geburt, in jedem Falle aber neben den unschuldigen Freuden einer frohen Kinderwelt die höchsten Güter des Lebens geraubt und seine physische und geistige Ausbildung gewaltsam unterdrückt und verzögert worden ist. Der Umstand, daß er im Kerker mit seinen Spielsachen sprechen konnte, ehe er den Unbekannten gesehen und von ihm Unterricht in der Sprache erhalten hat, beweißt aber auch zugleich, daß das Verbrechen an ihm schon in den ersten Jahren der Kindheit, vielleicht im zweiten bis vierten Jahr seines Alters und daher zu einer Zeit angefangen wurde, wo er schon sprechen konnte, und vielleicht schon der Grund zu einer edlen Erziehung gelegt war, die, gleich einem Stern in der dunklen Nacht seines Lebens, aus seinem ganzen Wesen hervorleuchtet.»

Auch die beiden Gerichtsärzte, die Kaspar Hauser als erste untersuchten, waren zu dem Ergebnis gelangt: «Hauser lebte die erste Zeit seiner Kindheit unzweifelhaft unter Menschen und genoß selbst eine Erziehung», schrieb Dr. Osterhausen in seinem Gutachten. «Wahrscheinlich war Hauser... als er eingekerkert wurde, schon drei bis vier Jahre alt. Sein Kerker muß, wie die Tagesblindheit, an der er litt, beweist, dunkel und wahrscheinlich unter der Erde gewesen sein... In diesem Zustand mußte er allerdings die Sprache vergessen, und mit dem Vergessen der Sprache mußten auch die wenigen Begriffe und Vorstellungen, welche er sich vor seiner Einkerkerung erworben haben mochte, verlöschen, da diese an die Sprache gebunden sind.»

Dank den so frühen Rückschlüssen aller Beobachter kam es für Feuerbach nicht überraschend, daß in Kaspars Träumen Bilder aus jener Vor-Kerker-Zeit auftauchten. Vielleicht überraschte ihn nicht einmal, daß diese Bilder sich zur Erinnerung an ein schloßähnliches Haus zusammenfügten. Schließlich hatte Bürgermeister Binder schon wenige Wochen nach Kaspars Erscheinen in Nürnberg von der Möglichkeit «vornehmer Geburt» gesprochen.

Vielleicht entstand in dieser frühen Zeit schon der Plan des Gerichtspräsidenten, Nachforschungen über Kaspars Herkunft zu betreiben, die, zunächst noch geheimgehalten, dann aber 1831 zu einer ersten Veröffentlichung führten: «Einige wichtige Aktenstücke, den unglücklichen Findling Caspar Hauser betreffend». Diese erste Veröffentlichung, noch sehr vorsichtig in Formulierungen und Schlußfolgerungen, wurde übrigens nicht in Bayern, sondern im fernen Berlin gedruckt.

Das Jahr 1829 war Kaspars zweites Jahr unter Menschen. Er lernte, was man ihm im Unterricht vortrug, doch sein Lerneifer war allmählich erlahmt. Das ist eigentlich kein Wunder, wenn man die Vielzahl der Lerngegenstände bedenkt, mit denen der eigentlich noch im ersten Schuljahr steckende Siebzehnjährige überschüttet wurde. Da gab es neben dem Religionsunterricht, neben Deutsch und Mathematik auch Geographie und Geschichte, Zeichnen und Musik. Erst beim Fach Latein muckte der sonst so gutwillige Schüler auf:

«Ich weiß gar nicht, wozu ich all die lateinischen Sachen lernen soll, da ich doch kein Pfarrer werden kann und kein Pfarrer werden mag.» Die Antwort für unwillige Lateinschüler war damals die gleiche wie heute. Ein «Pedant», so berichtet Feuerbach, habe ihm darauf erwidert, «das Erlernen der lateinischen Sprache sei ihm der deutschen Sprache wegen unentbehrlich; um gründlich Deutsch zu lernen, müsse man gründlich Latein gelernt haben.» Kaspar leuchtete das nicht ein, und er fragte zurück, «ob denn auch die Römer Deutsch hätten lernen müssen, um gründlich Lateinisch sprechen und schreiben zu können?».

An diesen Satz schließt Feuerbach eine Beobachtung über Hausers mangelnde Fähigkeit, perspektivisch zu sehen, an, die schon an sich bemerkenswert ist. Darüber hinaus hat sie den Kontra-Hauserianern ein scheinbar handfestes Argument für ihre Betrugstheorie geliefert.

«Wie das Latein zu Kaspar, Kaspar zum Latein paßte, mag man daraus abnehmen, daß dieser bärtige Lateiner, als er im Frühjahr 1831 bei mir lebte, noch nicht einmal die Erfahrung gemacht hatte, daß Gegenstände des Gesichts in der Entfernung kleiner scheinen, als sie wirklich sind; er war ganz befremdet darüber, daß die Bäume einer Allee, in der ich mit ihm spazieren ging, immer kleiner und niedriger seien, und der Weg in der Ferne immer schmaler, so daß man am Ende gar nicht mehr hindurchgehen könne. Er hatte so etwas zu Nürnberg noch nicht beobachtet und geriet, wie über eine Zauberei, in Erstaunen, als er, mit mir die Allee hinabgehend, endlich fand, daß jeder dieser Bäume gleich hoch und der Weg überall gleich breit sei.»

Von Kaspars Arbeiten aus dem Zeichenunterricht sind viele erhalten. Da sind klar umrissene Aquarellstudien in sanften Farben, Blüten, Blätter und Früchte, im Stil der Zeit, keineswegs «naive» Malerei, sondern naturgetreu, sehr genau bis in die Abschattierungen der Farben, bis in die kleinsten Adern und Blätterzähnchen, sehr kunstvoll in der Anordnung – augenerfreuende Bilder.

Deutlich dilettantischer wirkt eine Bleistiftzeichnung, datiert und signiert in kindlicher Schönschrift: «Kaspar Hauser fecit, 1829». Im Vordergrund wölbt sich ein mächtiger Baum, dessen Hauptast das eigentliche Sujet der Zeichnung überdacht: eine alte Wassermühle. Rechts etwas ländliche Staffage, im Hintergrund, winzig, ein Dorf. Die Mühle ist schräg von vorn gesehen, so daß die beiden sichtbaren Seitenwände zurückweichen, und auch das hohe Dach mit Giebeln, Fensterchen und Schornsteinen ist im ganzen perspektivisch richtig hingesetzt.

Und gerade das ist nun Wasser auf die Mühlen der Hauser-Feinde. Im Kaspar-Hauser-Jahr 1983 grub das schon zitierte «Deutsche Ärzteblatt» die Wassermühlenzeichnung wieder aus und druckte sie ab mit folgender Beweisführung: Wenn Kaspar Hauser schon 1829 eine perspektivisch richtige Zeichnung zu Papier bringen konnte, andererseits dem leichtgläubigen Gerichtspräsidenten die Rolle des naiven Kindes vorspielte, das die hinteren Bäume einer Allee für kleiner hält als die vorderen, dann ist das ein weiterer Beweis für die Richtigkeit der Betrugstheorie.

Die Tatsache jedoch, daß vor 150 Jahren, ja sogar noch weit bis in unser Jahrhundert hinein im Zeichenunterricht fast nur nach Vorlagen gearbeitet wurde, wird gar nicht erwähnt, auch nicht die Möglichkeit, daß ein korrigierender Zeichenlehrer seine Hand mit auf dem Papier gehabt haben könnte.

Zurück zu Feuerbach und seinem Bemühen, die Welt aus der Perspektive seines Schützlings zu sehen. Als er Kaspar 1831 bei sich zu Besuch hatte, versuchte er, genauer herauszubekommen, warum dieser Neuling in der Welt so gar keinen Sinn für die Schönheiten der Natur hatte. Kaspar wußte sich jetzt schon so gewandt auszudrücken, daß er Dinge erklären konnte, die er früher einfach mit Attributen wie «schön» oder «garstig» abgetan hatte.

Feuerbach fragte Kaspar, warum er vor drei Jahren «die große, weite Aussicht in die schöne, im Schmuck des Sommers prangende Landschaft», die er täglich durch das Fenster seines Gefängnisturms erblicken konnte, als «Garstig! Garstig!» abgelehnt habe. Feuerbach erinnerte sich noch genau an diesen Augenblick, weil Kaspars unerwartet heftige Reaktion nicht allein durch die Lichtempfindlichkeit seiner Augen zu erklären gewesen sei, denn seine Gesichtszüge hätten damals «Abscheu und Grauen» ausgedrückt.

«Was sei ihm denn da vorgekommen?» fragte Feuerbach. Und Kaspar konnte jetzt eine Erklärung geben, in einfachen Worten immer noch, aber so bildhaft klar, daß sie auch dem einleuchtet, der die Welt nicht mehr mit den staunenden, unerfahrenen Augen des Neulings, des sehend gewordenen Blinden betrachten kann:

«‹Ja, freilich›, antwortete er mir, ‹war das sehr garstig, was ich damals sah. Wenn ich nach dem Fenster blickte, sah es mir immer so aus, als wenn ein Laden ganz nahe vor meinen Augen aufgerichtet sei, und auf diesem Laden habe ein Tüncher seine verschiedenen Pinsel mit weiß, blau, grün, gelb, rot, alles bunt durcheinander, ausgespritzt. Einzelne Dinge darauf, wie ich jetzt die Dinge sehe, konnte ich nicht erkennen und unterscheiden. Das war gar abscheulich anzusehen; dabei war es mir ängstlich zu Mut, weil ich glaubte, man habe mir das Fenster mit dem buntscheckigen Laden verschlossen, damit ich nicht ins Freie sehen könne.›» Die dreidimensionale Welt konnte er nur als Fläche wahrnehmen.

Damit ist auch das Grauen erklärt, das Feuerbach damals, wenige Wochen nach Kaspars Auftauchen, in dem kindlichen Gesicht zu sehen geglaubt hatte. Es war das Grauen des zwölf Jahre in Dämmerung Eingesperrten, die Angst, die gerade entdeckte Welt draußen sei ihm wieder genommen worden.

Daß Kaspars Zeichenlehrer von alldem nichts ahnten, wohl auch nichts ahnen konnten, ist sicher. Sie gaben ihm Bilder als Vorlagen, auf denen die Welt so aussah, wie jeder sie sah, wie also auch ihr Schüler sie sehen mußte. Sie erteilten ihren Perspektive-Unterricht, indem sie ihn schräge Linien in einem bestimmten Winkel zeichnen ließen, Hilfslinien, die man heute noch auf den erhaltenen «Konstruktionszeichnungen» Kaspars deutlich erkennen kann.

Dieser im ganzen recht friedliche Unterricht fand am Samstag, dem 17. Oktober 1829, zunächst einmal ein Ende.

Attentat auf einen Hasenfuß

An jenem 17. Oktober stieg im Gasthof *Wildeman* auf dem Kornmarkt in Nürnberg ein Fremder ab, Philip Henry, 4th Earl of Stanhope, wie es das Gästebuch heute noch bezeugt. Was er in Nürnberg wollte ist unbekannt. Nach dem berühmten «Kind von Europa» fragte er jedenfalls mit keinem Wort, so viel steht fest, und das allein ist schon bemerkenswert.

Am 17. Oktober hatte Kaspar Hauser um elf Uhr eine Rechenstunde bei einem Herrn Emmerling. Vorher allerdings war er bei Dr. Preu vorbeigegangen, der ihn um einen Besuch gebeten hatte. Da sei wieder einmal ein Fremder gewesen, der die Stadtberühmtheit besichtigen wollte. Der Fremde erschien aber nicht, wie versprochen, um zehn Uhr, und so machte Dr. Preu, wie schon oft vorher, ein kleines Experiment mit Kaspar. Es ging um eine «welsche Nuß», eine Walnuß, und Kaspar aß, brav wie immer, ein winziges Stückchen davon, obgleich, oder gerade weil beide, Experimentator und Versuchsobjekt, wußten, daß ihm der scharfe Geruch des Nußbaums schon immer zuwider gewesen war. Wie kaum anders zu erwarten, wurde dem Versuchsobjekt äußerst übel. Kaspar ging deshalb nach Hause und ließ mit Daumers Genehmigung die Rechenstunde ausfallen.

Es war ihm wohl überhaupt ganz recht, daß der Unterricht ausfiel, denn er hatte sich in den letzten Wochen nicht wohl gefühlt. «Schwere des Kopfes und Gedrücktheit des Geistes», hatte Daumer besorgt notiert. Kaspar gab später genauer zu Protokoll: «Mein Gefühl ist äußerst stark und treu und leitet mich auch ohne zureichenden Grund richtig und vollständig, ja es sagte mir sogar am 16. und 17. Oktober durch eine innere fortwährende Angst, daß ich einen Unglücksfall werde zu bestehen haben, wesfalls ich mich auch mitgeteilt haben würde, wenn ich nicht schon hie und da ein Hasenfuß genannt worden wäre, welcher Äußerung ich mich nicht abermals aussetzen wollte.»

Vorahnungen, erst nach dem Unglück geäußert, haben immer etwas Mißliches, und wenn sie dann, wie in Kaspars Fall, noch dazu in so gestelzte Worte gefaßt sind, wirken sie nicht sehr glaubwürdig. Vielleicht ist es ja auch nur das steife Polizeideutsch, in das andere Worte, wenn auch desselben Sinns, gezwängt wurden. Bezeugt ist jedenfalls, daß es Kaspar in diesen Wochen geistig und körperlich nicht gut ging. Er wirkte besonders ängstlich und war deshalb schon öfter gerügt worden.

Fest steht auch, daß Kaspar, wieder in der Daumerschen Wohnung angelangt, aus seinem Zimmer bald auf den «Abtritt» ging, der sich im Parterre befand. Die Haustür war vermutlich offen, wie man später durch umständliche Verhöre einer etwas bequemen oder etwas vergeßlichen Magd ermittelte, so daß ein Fremder ohne Schwierigkeiten in den dunklen Hausflur hätte eintreten können. Kaspar glaubte sogar, von seinem Sitzplatz aus ein leises Anschlagen der Hausglocke zu hören und vorsichtige Schritte im Flur. Er stand auf und sah über den nur durch eine Art Paravent vom Flur getrennten Abtritt eine «Mannsperson mit einem ganz schwarzen Kopf», welche er zunächst für den «Schlottfeger» hielt. In dem Augenblick bekam er, wie er der Polizei berichtete, einen Schlag vor den Kopf und stürzte zu Boden, stand aber gleich wieder auf. Nach den Verhören mußte er das Erlebte für die Akten im Zusammenhang aufschreiben:

«Deutlich sah ich, als ich aus dem Abtritt heraustreten wollte, daß es eine Mannsperson in der Größe zwischen dem Herrn Bürgermeister und dem Herrn Professor Daumer gewesen... Dieser Mann war seiner Statur nach ungleich breiter über die Brust denn Herr Professor Daumer, ja sogar aber auch etwas breiter als Herr Bürgermeister Binder. Vom Gesicht mit Einschluß der Haupthaare konnte ich gar nichts wahrnehmen, denn er war verschleiert und zwar, wie ich glaube, vermittelst eines über den Kopf herübergezogenen seidenen schwarzen Tuches. Die Kleider desselben bestanden aus einem neuen Überrock und dergleichen langen Beinkleidern, ohne daß ich darüber mir zu urteilen getraue, ob die bezeichneten Kleider von dunkelblauer, dunkelgrüner oder schwarzer Farbe gewesen. Genau nahm ich dagegen wahr, daß er mit neuen, schön gewichsten Stiefeln ohne Hufeisen oder Nägeln auf den Absätzen, endlich mit gelbledernen Handschuhen an beiden Händen versehen gewesen.

Endlich hörte ich im Niederfallen auf dem Boden vor dem Abtritt aus dem Munde des bezeichneten Mannes die Worte: ‹Du mußt doch noch sterben, ehe du aus der Stadt Nürnberg kommst›, und obwohl er diese Worte ganz leise sprach, so erkannte ich dennoch an der Stimme denselben Mann, der mich hierher geführt und auch schon dortmalen nur leise mit mir gesprochen hat.

Nachdem ich geraume Zeit bewußtlos vor dem Abtritt gelegen, endlich aber doch wieder zu mir selbst gekommen war, spürte ich etwas Warmes mir über das Gesicht laufen, griff mit beiden Händen nach der Stirn, die hierdurch blutig wurden. Erschreckt hierüber wollte ich zur Mutter (Frau Daumer) hinauf, kam in der Verwirrung und Angst aber statt zur Türe der Mutter an den Kleiderschrank vor meiner Stube. Hier verging mir das Gesicht, es wurde Nacht vor meinen Augen, und ich suchte mich durch anhalten mit der Hand am Schranke aufrecht zu erhalten – woher die heute noch am Schranke befindlichen Blutspuren rühren.

Als ich mich erholt hatte, wollte ich abermals zur Mutter hinauf, kam in der weiteren Verwirrung jedoch statt die Treppe hinauf – die Treppe hinunter, den Gang vor und an den Keller. Wie ich dazu gekommen, oder wie ich die Kraft erlangt, die Falltüre des Kellers zu eröffnen, dies ist mir bis zur Stunde ein Rätsel, gleichwohl aber geschah es dennoch, daß die Kellertüre von mir eröffnet worden und daß ich hineingeschlüpft bin. Durch das im Keller angetroffene Wasser und dessen Kälte kam ich zu besserem Bewußtsein, ich bemerkte einen trockenen Fleck auf dem Boden des Kellers, wo selbst ich mich niederließ. Ich hatte mich kaum niedergelassen, als ich 12 Uhr läuten hörte und da bei mir selbst dachte, ‹nun bist du hier so ganz verlassen, es wird dich niemand finden und du wirst hier umkommen›, welche Aussicht meine Augen mit Tränen füllte, bis mich Erbrechen überfallen und ich in dessen Folge das Bewußtsein verloren habe.»

Beim Mittagessen wurde Kaspar von Frau Daumer vermißt, und sie begann ihn zu suchen. In seinem Zimmer war er nicht, doch sie entdeckte dort seine Weste, das Chemisette und die Manschetten: ein Indiz für die mit Kaspars säuberlichen Gewohnheiten Vertrauten, daß er auf dem Abtritt sein müsse. Dort fand sie jedoch nur ein paar Blutspritzer. Die Treppe war noch feucht, offenbar frisch gescheuert. Tochter Katharina hatte sie kurz vorher gesäubert, voller Ärger darüber, daß da jemand offenbar Nasenbluten gehabt hatte; vielleicht hatte auch die Katze «gejungt», wie die herbeigekommene Hausbesitzerstochter meinte. Die beiden jungen Damen hatte jedenfalls das viele Blut nicht erschreckt, sondern nur verärgert.

Das große Geschrei und das große Entsetzen brach erst aus, als Frau Daumer weitere Blutspritzer bis in den zu dieser Zeit gerade von der Pegnitz überschwemmten Keller hinunter verfolgte. Nachbarn eilten herbei, Mägde aus dem Haus, jemand brachte eine Laterne, und so entdeckte man dann das Häufchen Elend in der Ecke, blutüberströmt, nicht ansprechbar. Die Mägde brachen in Panik aus: «Jesus, da sitzt der Kaspar tot» und «Hauser, Hauser!» und «Sein Kopf ist hin!», während Mutter und Tochter Daumer den Verletzten in sein Zimmer bringen ließen und dort erste Hilfe leisteten. Sohn Daumer, der Professor, war offenbar ähnlich kopflos wie die Mägde, er rannte fassungslos im Zimmer umher.

Dr. Preu wurde eilends geholt und stellte eine etwa fünf Zentimeter lange Stirnwunde fest. Viel mehr konnte er an diesem Tag nicht tun, denn sein Patient hatte, nachdem er aus seiner Ohnmacht erwacht war, begonnen, um sich zu schlagen, wenn man seine Stirn nur berührte. Er tobte und war kaum im Bett festzuhalten.

In den Delirien der ersten Nacht stieß er immer wieder kurze, abgerissene Sätze hervor, in denen seine Todesangst laut wurde und sein seltsam dringlicher Wunsch, man möge den Täter nicht einsperren. Dazwischen beteuerte er immer wieder flehend, er habe doch niemandem etwas getan:

«Herrn Bürgermeister sagen. – Nicht einsperren! – Mann weg! – Mann kommt! – Weg! nicht umbringen! Ich alle Menschen lieb, nicht umbringen! – Ich doch bitten, daß du nicht eingesperrt wirst. – Hast mich niemals herausgetan aus meinem Gefängnis, du mich gar umbringen! – Du mich zuerst umgebracht, ehe ich verstanden, was Leben ist. – Du mußt sagen, warum mich eingesperrt hast gehabt...»

Erstaunlich ist, daß aus dem Durcheinander von zum Teil unverständlichen Worten ein Wunsch klar herausklang, der Wunsch› zu erfahren, warum man ihn eingesperrt hatte, erstaunlich auch die sonst nie so klar geäußerte Erkenntnis: Der «Mann» hat mich schon einmal umgebracht, ehe ich verstanden habe, was Leben ist, umgebracht, weil er mir die Möglichkeit genommen hat, je ein wirkliches Leben zu leben.

Als Feuerbach, den die Kunde von dem Attentat in Ansbach ereilte, ihn zwei Tage später besuchte, fand er Kaspar ruhig und teilnahmslos in seinem Bett. Das einzige Gefühl, das der Patient äußerte, war seine immer noch anhaltende Todesangst: «Ach, Herr Präsident, sorgen Sie doch, daß man mich nicht umbringt!» bat er immer wieder flehentlich.

Erstaunlich ist auch die Sicherheit, mit der Kaspar behauptete, die Stimme des Mannes erkannt zu haben, obgleich, oder besser: weil dieser geflüstert habe. Er hatte das sofort, nachdem man ihn in sein Bett gebracht hatte, in stammelnden und abgerissenen Worten, aber unmißverständlich der Frau Daumer mitgeteilt und wiederholte seine Aussage mit großer Entschiedenheit dann auch gegenüber der Polizeikommission, die ihn mehrmals am Krankenbett verhörte. Da dieser Punkt nie aufgeklärt werden konnte, bleiben uns heute nur die Zweifel des an Fernseh-Krimis geschulten modernen Menschen, der weiß, daß ein leises Flüstern, etwa ins Telefon, ohne technische Hilfsmittel nur schwer zu identifizieren ist. Es ist auch denkbar, daß der Mann immer nur im Flüsterton mit seinem Gefangenen gesprochen hat und Kaspar deshalb die Stimme bekannt schien. Andererseits waren Kaspars Sinne ungewöhnlich scharf und – wichtiger noch: Die Stimme des Mannes war die einzige Stimme, die der Gefangene in seiner Kerkerhaft und auf der alptraumartigen Wanderung nach Nürnberg gehört hatte. Es war die einzige menschliche Stimme, deren er sich überhaupt in seinem Leben entsinnen konnte, sie gehörte der Person, «deren Stimme ich vor allen übrigen der Welt wiedererkennen werde».

Erstaunlich sind auch die Worte selbst, die der Unbekannte geflüstert hatte: «Du mußt doch noch sterben, ehe du aus der Stadt Nürnberg kommst.» Kaspar entsetzte die Drohung, während die Polizei es, verständlicherweise, unglaubwürdig fand, daß der Attentäter überhaupt gesprochen haben sollte.

Mir fiel, allerdings erst nach mehrmaligem Lesen der Akten und Berichte, noch etwas anderes auf. Zu jener Zeit, im Oktober 1829, war noch nie die Rede davon gewesen, daß Kaspar Hauser Nürnberg verlassen sollte, im Gegenteil. Der Magistrat der Stadt hatte die Vormundschaft, auch in finanzieller Hinsicht, übernommen, und es gab deshalb gar keinen Grund, etwas an der Situation zu ändern. Erst anderthalb Jahre später, als Lord Stanhope erneut plötzlich in Nürnberg erschien, sich ebenso plötzlich für den Findling interessierte und um die Vormundschaft einkam, wurde der Umzug in eine andere Stadt, nach Ansbach, in die Wege geleitet. Es liegt daher nahe, anzunehmen, daß da einer oder einige schon auf lange Sicht einen Plan entworfen hatten. Merkwürdig bleibt auch, daß Lord Stanhope nachweislich am Tag des Attentats in Nürnberg abgestiegen war; merkwürdig, daß der Attentäter vornehm gekleidet war und daß er flüsterte – aus Angst, daß Kaspar seine Stimme später wiedererkennen könnte?

Die Polizei war, laut Protokoll, nur mißtrauisch, weil der Täter überhaupt gesprochen haben sollte: «Sie sagten, daß Sie infolge des erhaltenen Schlages zu Boden gefallen; der Verbrecher hatte daher Grund zu glauben und anzunehmen, daß er den Zweck seiner Übeltat erreicht habe. Unter diesen vorwaltenden Umständen läßt sich nicht glauben, daß der Verbrecher dennoch gesprochen, namentlich geäußert habe: ‹Du mußt doch noch sterben, ehe du aus der Stadt Nürnberg kommst.›»

Kaspars Antwort ist ausführlich, aber was diesen einen Punkt angeht nicht wirklich erhellend: «Der Mann fühlte gar wohl, daß er an Ort und Stelle wegen Enge des Raumes und Nähe der spanischen Wand außerstande war, einen so kräftigen Schlag zu führen als erforderlich gewesen wäre, um mich zu morden. In diesem Gefühle und weil er sich vielleicht nicht Zeit genommen, mir einen zweiten, tödlichen Schlag zu versetzen, sprach er die bezeichneten Worte, die ich recht wohl vernommen, die Stimme des Mannes sofort wieder erkannt habe.» Daß der Unbekannte «wegen Enge des Raumes» keinen tödlichen Schlag führen konnte, scheint einleuchtend. Offen bleibt in Kaspars Aussage ein anderer Punkt: Warum nahm der Täter sich nicht die Zeit, einen zweiten Schlag zu führen, als Kaspar ohnmächtig auf dem Boden des Flurs lag? Kam jemand? Diese Unklarheit führte dann auch bald zu der Vermutung, der Fremde habe gar keinen Mord vorgehabt und das ganze blutige Unternehmen sollte nur eine Warnung sein.

Feuerbach und Daumer glaubten beide an einen mißlungenen Mordversuch. Daumer notierte die Worte eines Milchmädchens, das sich zur fraglichen Zeit im Haus befand und in der Nähe des Abtritts «eine Figur mit schwarzem Gesichte und einem blinkenden Beil in der Hand» gesehen haben wollte. Sie habe darauf entsetzt die Flucht ergriffen, «erzählte auch nachher davon, doch ohne daß es irgendeine Folge hatte», fügte Daumer vorwurfsvoll hinzu.

Das Protokoll des Gerichtsarztes Dr. Preu ist lang und sehr gründlich und gibt Kaspar und dem Milchmädchen Recht, wenn auch nicht expressis verbis. Die Wunde wurde in der Tat von einem sehr scharfen beilähnlichen Instrument verursacht. Außerdem war es an diesem Ort wirklich unmöglich, «zu einem kräftigen Hiebe weit genug auszuholen». Die Wunde verlief waagrecht über die Stirn und ist auf den nach dieser Zeit entstandenen Hauser-Porträts von den Malern deutlich sichtbar als Narbe festgehalten worden.

Der Arzt konnte die Wunde nicht mehr sondieren (wegen «bereits halb vereinigter Wundränder»), nahm aber an, «daß sie im ganzen Verlauf auf die Hirnschale angedrungen, wenngleich nur am linken Ende eingedrungen war». Er konstatierte deshalb nur «eine unbedeutende Erschütterung des Gehirns», die jedoch bei dem Patienten, einem «an der krankhaftesten Nervenreizbarkeit leidenden Subjekt», außergewöhnlich starke Nachwirkungen hatte. Dr. Preu attestierte weiter eine «gänzliche Abwesenheit des Geistes und heftige, an Tobsucht grenzende Delirien». Er fügt noch erklärend hinzu: «Auf ihn mußte also, außer der mechanisch physischen Einwirkung der Wunde, der mörderische Überfall selbst und der dadurch erzeugte Schrecken, zugleich die jetzt in Anregung gebrachte Phantasie und Furcht vor weiterer Verfolgung seine Gehirntätigkeit in völlige, wenn auch nur momentane Zerrüttung versetzen.»

Sehr bald schon kamen Gerüchte auf, Kaspar Hauser habe sich die Wunde selber beigebracht. Aus dem seitenlangen Protokoll des Gerichtsarztes geht jedoch deutlich hervor, daß sich kein Mensch eine solche Wunde hätte selber zufügen können. Im Zusammenhang mit dem Mordanschlag im Jahre 1833 wird dies Gerücht dann wieder aufleben.

Die Nachforschungen der Polizei brachten keine neuen Erkenntnisse, und es half auch nicht weiter, daß sich Ludwig I., König von Bayern, einschaltete und am 6. November 1829 in einem Erlaß öffentlich bekanntgab: «Wir genehmigen eine Belohnung von 500 Gulden demjenigen, welcher Beweise liefert, welche die Entdeckung und Bestrafung des Täters begründen. Zugleich sind alle Vorsichtsmittel anzuwenden, daß Kaspar Hauser vor ähnlichen Angriffen und Mißhandlungen geschützt bleibe.»

Auch die ungewöhnlich hohe Belohnung des Königs brachte keine neuen Hinweise. Das Motiv für die Tat, ob nun Mordversuch oder nur Warnung, war hingegen nicht so schwer zu finden, wenn man Kaspars Äußerungen Feuerbach gegenüber Glauben schenkt: Etwa sechs Wochen vor dem Attentat seien zwei Fremde zu ihm gekommen, «von denen der eine einen schwarzen Backenbart trug und sehr böse Züge im Gesicht hatte. Sie fragten ihn, was er schreibe; er entgegnete: seine Geschichte, seinen Aufenthalt im Käfig und wie er nach Nürnberg gebracht worden sei. Da nahm der eine das Geschriebene und las ein paar Seiten, während der andere, der mit dem Schnurrbarte, Hauser um allerlei fragte, besonders nach seiner Art spazieren zu gehen und so weiter. Dann nahm auch dieser die Geschichte und las sie von der ersten Zeile bis zur letzten. Hierauf gingen sie fort und Hauser begleitete sie, wie er in solchen Fällen zu tun pflegte, bis zur Haustüre. Bei der Holzkammer, wo nachher, bei dem Attentate, der Täter versteckt gewesen zu sein scheint, fragten sie, was denn dieses sei. Hauser öffnete sie und ließ die Fremden hineinsehen.» Feuerbach vermutet, die beiden Besucher, die

Kaspar Hauser 1830,
mit der deutlich sichtbaren Narbe auf der Stirn.
Porträt von J. F. K. Kreul

ihre Namen nicht nennen wollten, hätten nur einen geeigneten Ort für ein Attentat auskundschaften wollen.

Alle Ermittlungen verliefen im Sande und übrig blieben nur Gerüchte. Auf der einen Seite flüsterte man, jemand habe wohl Angst bekommen, daß der Hauser noch mehr über seine Vergangenheit zu Papier bringen könne. Auf der anderen Seite tuschelte man, er habe sich wohl nicht mehr genügend beachtet gefühlt, dieser Angeber, dieser Betrüger, und da habe er sich eben selber ein bißchen in die Stirn geschnitten, mit dem gewünschten Erfolg offenbar, denn hatte sich nicht sogar der König persönlich eingeschaltet und eine hohe Belohnung ausgesetzt?

Für Kaspar, den Geschädigten, den ewigen Damnifikaten, spricht ein Argument, und ein recht gewichtiges dazu: Wenn er sich aus Geltungsbedürfnis die Kopfverletzung wirklich selber beigebracht, die dazugehörige Geschichte selber ausgedacht und in Szene gesetzt hätte, dann hätte dazu ein großes Maß an schauspielerischem Talent gehört. Vor allem aber hätte er sich eine eindrucksvollere Geschichte ausdenken können, denn am Ende steht er nun nicht gerade wie ein bewunderungswürdiger Held da. Es war ja noch einmal alles gutgegangen für den stadtbekannten Hasenfuß. Aus dieser Perspektive sehen dann manche Einzelheiten eher lächerlich oder sogar abstoßend aus: Kaspars eiliger Gang zum Abtritt, nur im Unterhemd, ohne das vornehme Chemisette, ohne die elegante Weste, die Manschetten; das viertelstündige Verweilen dort, wo er durch einen Paravent nur notdürftig zum Flur hin abgeschirmt war; die Übelkeit, das «Magenreißen», das Erbrechen; dann das kopflose Herumtappen des Verletzten treppauf, treppab; schließlich das verzweifelte Aufstemmen der Kellerluke und das Sich-Verkriechen in der dunkelsten Ecke des überschwemmten Kellers – nein, das ist nicht die Szenerie für ein großes bürgerliches Trauerspiel.

Der junge Mann wurde bei der Vernehmung durch die Polizei übrigens, wie auch heute üblich, zur Person befragt, und so lautet der erste Satz des Protokolls:

«Ich heiße, so viel mir bekannt ist, Kaspar Hauser.» Nicht die Katze hatte seinen Namen zertreten. Er wußte inzwischen, daß er nie einen Namen besessen hatte.

Unruhe und neue Ängste

Das Leben ging weiter, der Unterricht ging weiter, und in gewisser Hinsicht ließ sich das Lernen sogar besser an. Kaspar übte eifrig, selbst Latein. Es schien, als ob der gewaltsame Aderlaß bei seiner Verwundung nicht nur seinem Körper, sondern auch seinem Geist Erleichterung verschafft hätte. Trotzdem war vom Zeitpunkt des Attentats an für Kaspar nichts mehr wie früher. Er wußte jetzt, was Todesangst ist. Obgleich er nach außen hin freier und gelöster wirkte als vorher, wurde der Hasenfuß aus geringfügigen Anlässen von Ängsten heimgesucht, die man heute pathologische Phobien nennen würde. Nicht einmal die bekannten zehn Pferde hätten ihn dazu bringen können, in einem See zu baden oder auf einem Teich Kahn zu fahren. Schon über eine Brücke zu gehen war ihm entsetzlich.

Als er nach dem Attentat noch einmal zur Polizei mußte, machte er seine Aussage, wie die übliche «Gebärdennote» am Schluß des Protokolls festhielt, «sehr unbefangen und voller Zuversicht». Der Protokollant hielt es dann aber für notwendig, noch einen Satz hinzuzufügen, ohne Übergang: «Das geringste Geräusch, namentlich aber die Wahrnehmung, als unter der Vertäfelung Ratten oder Mäuse hin- und herliefen, setzte denselben dergestalt in Angst und Schrecken, daß er in entgegengesetzter Richtung Platz nahm und dringend um Schutz gegen allenfallsige Angriffe bat.»

Das zweite, das Kaspars Leben entscheidend veränderte, bis in den kleinen Rest von Privatleben hinein, war eben das, was er sich von der Polizei so dringend erbeten hatte: «Schutz gegen allenfallsige Angriffe». Da dieser Schutz ja von höchster Stelle, vom König, angeordnet worden war, wurde die Anordnung auch rasch in die Tat umgesetzt. Das bedeutete: Kaspar wurde von Stund an rund um die Uhr von zwei Polizeisoldaten bewacht, auf Schritt und Tritt. Wenn er zum Unterricht ging, folgten ihm zwei uniformierte Polizisten. Keinen Spaziergang konnte er ohne diese ständigen Begleiter unternehmen. Wenn einer der beiden einmal unpäßlich war, mußte, so war es abgesprochen, die Magd des Nachbarn einspringen – was die Sache nicht besser machte für Kaspar, aber um so lustiger für die Nürnberger Kinder, die dem Umzug laut und freudig folgten.

Das bedeutete schließlich auch, daß Professor Daumer eine Kammer in seiner Wohnung, neben Kaspars Schlafzimmer gelegen, räumen mußte, damit die beiden Polizisten auch während der Nacht wachsam sein konnten. Dies wurde dem eigentlich recht geduldigen Mann sehr bald zuviel, und seiner Familie sicherlich auch. Er beantragte beim Kreis- und Stadtgericht zu Nürnberg eine Verlegung seines Zöglings in ein anderes Haus. Als Grund für seine Bitte nannte er seinen «in hohem Grad verschlimmerten Gesundheitszustand» und die «größere Sicherheit, die sein Schützling in einem geraumigeren Hause finden würde». Das leuchtete den Behörden ein, und so zog Kaspar, der gar nicht erst nach seinen Wünschen gefragt wurde, im Januar 1830 in das große Haus des wohlhabenden Kaufmanns und Magistratsrates Biberbach.

Kurz vorher, zu Silvester, war Gottlieb Freiherr von Tucher, ein Mann von 32 Jahren, offiziell zum Vormund des minderjährigen Kaspar Hauser ernannt worden. Tucher hatte sich nach dem Bekanntwerden von Daumers «in hohem Grad verschlimmerten Gesundheitszustand» mehr und mehr um Kaspar gekümmert und sich für ihn verantwortlich gefühlt. Ihm waren schon Anfang Dezember erhebliche Bedenken gekommen, als Biberbach sich anbot, Kaspar in sein Haus aufzunehmen. Er schrieb deshalb einen besorgten Brief an den Gerichtspräsidenten Feuerbach, in dem er seine Bedenken aussprach, auf eine erstaunlich offene und unmißverständliche Weise:

«... Kaufmann Biberbach, ein wackerer, braver, achtbarer Mann, ist auf keine Weise wissenschaftlich gebildet, ein Kaufmann, der vom frühesten Morgen bis zum spätesten Abend auf dem Comptoir sitzt. Die Frau, welcher so nach Kaspar übergeben wäre, ist eine ganz gute, aber kränklich launische Frau und dabei ebenfalls nichts weniger als hinreichend gebildet, eine Frau, die in steter leidenschaftlicher Unruhe, wie alle derlei Frauen, da sie, wie mir ihr Arzt vertraute, an einer krankhaften Überreizung durch zu heftigen Geschlechtstrieb leidet, auf Kaspar nur höchst schädlich einwirken könnte; wenn es auch überhaupt nicht schon als Absurdität betrachtet werden müßte, den Knaben männlichen Händen zu entziehen. Mit blutendem Herzen sieht man so das wahrhaft natürlich gute und schöne Gemüth Kaspar's einem unabwendbaren Verderben entgegengehen, wenn keine höhere Hand für ihn sorgt...»

Tuchers Bedenken erwiesen sich als nur allzu berechtigt. Schon nach vier Monaten wurde Kaspar aus dem Haus Biberbach in das Haus seines neuen Vormunds umgesiedelt. Tucher hatte sich das als provisorische Lösung gedacht, nur für ein paar Wochen, aber Kaspar blieb dort länger, bis zu seiner nächsten Umsiedlung im Dezember 1831, der letzten, bis zum Umzug nach Ansbach.

Was war geschehen? Eigentlich, auf den ersten Blick,

nichts Eklatantes, nichts jedenfalls, was dem von Tucher warnend beschworenen «unabwendbaren Verderben», dem Kaspars «Gemüth» entgegengehe, ähnlich gesehen hätte. Es ging weniger um die Person des Kaufmanns Biberbach, den Tucher nicht zum Erzieher geeignet hielt, als um die Tatsache, daß der Charakter der Frau Biberbach wirklich so fragwürdig war, wie ihn Tucher in jenem Brief beschrieben hatte.

Sie hatte sich zunächst voller Überschwang dem berühmten «Kind von Europa» gewidmet, das nun in ihrem Hause weilte und das sie voller Stolz auf ihren zahlreichen Gesellschaften den Gästen vorführen konnte. Als aber ihre immer dringlicher werdenden Annäherungsversuche von Kaspar zunächst verständnislos, dann aber mit offenkundiger Abneigung und schließlich sogar mit Ekel abgewehrt wurden, gewannen in ihr gekränkte Eitelkeit, Zorn und am Ende Haß die Oberhand.

Sie verbreitete mündlich und schriftlich, in langen Briefen, Übles über den Charakter ihres Hausgenossen, den sie doch so liebevoll und uneigennützig – sie hatte ja nicht einmal um Pflegegeld gebeten! – in ihre Familie aufgenommen hatte. So schrieb sie später an Lehrer Meyers Gattin nach Ansbach über deren neuen Pflegesohn einen seitenlangen Brief, den sie ausdrücklich auch Herrn Meyer zur Lektüre empfahl:

«Werte Frau! Entschuldigen Sie, daß ich mich schriftlich an Sie wende, da ich Ihnen doch ganz fremd bin», so beginnt sie, noch sachlich und ruhig, höflich, wenn auch etwas herablassend. Dann, «um zur eigentlichen Ursache meines Schreibens zu kommen», erzählt sie weitschweifig, aber noch scheinbar freundlich, von Kaspar Hauser, dem «glücklichen Unglückskind, ich nenne ihn gern so, da er wirklich bei so manchen trüben, herben, bittern Erfahrungen, die er gemacht, doch wieder unendlich vom Glück begünstigt wurde...».

Nach der Beschreibung des, wie sie behauptet, verwöhnten

und verhätschelten jungen Mannes – sie nennt ihn das «Schoßkind Nürnbergs» – wird ihr Vokabular immer emotionaler und deutlicher. Von «entsetzlicher Lügenhaftigkeit» ist die Rede, von «Eitelkeit und Tücke», von «abscheulichem Betragen», wozu sie offenbar Kaspars Ausflüchte zählt, wenn er sich vor ihren Gesellschaften zu drücken versuchte. Schließlich erwähnt sie auch noch seinen «schwärzesten Undank».

Zum Schluß glaubt sie, ihren Schmähbrief mit dem Wunsch rechtfertigen zu können, daß es «durch allgemeines Zusammenwirken» und «bei scharfem Beobachten jeder Handlung unsers Hausers etwa doch noch möglich sei, ihn aus dem Schlamm zu ziehen, worin ihn teils unglückliche Verhältnisse, teils aber auch er sich mutwillig selbst stürzte».

So bereitete sie den Boden für künftige, schwerer wiegende, weil öffentliche Verleumdungen und Vorverurteilungen. Tuchers Ahnung, Kaspars Aufenthalt in der Familie Biberbach könne ein weiterer Schritt in das «unabwendbare Verderben» bedeuten, scheint, so gesehen, nicht einmal übertrieben.

Den Schlußpunkt hinter diese Periode setzte, in gewissem Sinne ähnlich wie bei Kaspars Aufenthalt in seiner vorigen Pflegefamilie, ein blutiger Zwischenfall, der zunächst großen Schrecken auslöste, sich dann aber als harmloser Unfall erwies. Am 4. April stieg Kaspar in seinem Zimmer auf einen Stuhl, um ein Buch aus einem Regal herunterzuholen, verlor dabei die Balance und griff im ersten Schrecken nach dem nächstbesten Haltepunkt, und das war unglücklicherweise eine geladene Pistole. Die Behörden hatten sie ihm, zum Schutz gegen mögliche weitere Attentate, nach dem Überfall übergeben und ihn sogar Schießübungen machen lassen.

Als Kaspar blindlings nach der Pistole griff, löste sich auf höchst komplizierte Weise, wie die Polizei nachher ermittelte, ein Schuß. Kaspar drehte «im schrägen Herabfallen» die Pistole etwas, «sodaß der Hahn an der Kante der Leiste des Tafelwerks hängen blieb und zurückgezogen wurde; durch das Herumdrehen des Pistols fing sich der Drücker in dem Kopf des Nagels, an welchem das Pistol im Bügel hing, fest, wurde zurückgezogen, und somit ging der Schuß sogleich los». Für die Polizei war das ein klarer Fall, ein Unfall.

Die beiden Polizeisoldaten, vorschriftsmäßig in ihrer Kammer nebenan Wache haltend, waren bei dem Knall hochgeschreckt und zu ihrem Schützling hinübergestürzt. Sie fanden ihn blutend und bewußtlos auf dem Fußboden liegen, die Pistole neben sich. Einer der beiden rannte dann, in Panik, aber vorschriftsmäßig, auf die Rathauswache. Sein hervorgestammelter Bericht – «fast außer Atem», sagt die Gebärdennote – lautete: «Kaspar Hauser hat einen Selbstmordversuch unternommen!»

Diese Meldung machte sofort in Nürnberg die Runde und tauchte schon am nächsten Tag in den Zeitungen auf. Auch nach ihrer Richtigstellung hielten sich die Gerüchte von einem vertuschten Selbstmordversuch noch lange. Nach Kaspar Hausers Ermordung erinnerte man sich ihrer – was lag näher, als nun wieder einen Selbstmord zu vermuten?

Der Zwischenfall war für Tucher, den Vormund, ein willkommener Anlaß, das Pflegekind in den Schutz seines eigenen Hauses zu nehmen. Ob er insgeheim an der Unfallversion Zweifel hatte, ist nicht bekannt. Immerhin hatte Daumer, der sich auch weiterhin um seinen ehemaligen Zögling kümmerte, schon einige Zeit zuvor geschrieben, Kaspar sei unglücklich im Hause Biberbach. Er habe an den «leeren und langweiligen Unterhaltungen jener Art, die ihm längst zum Ekel geworden, keinen Geschmack und keine Lust». Wenn man ihn nicht in Ruhe ließ, «so nahm er allerlei Ausflüchte und Listen zu Hilfe, die dann, wenn sie entdeckt wurden, als kriminelle Lügen und Betrügereien behandelt wurden».

Daumer berichtete weiter, Frau Biberbach selber habe ihm, ungerührt von Kaspars Verhalten bei einer solchen Gelegenheit erzählt: «Einmal, als wir seinen fein ersonnenen Lügen abermals auf den Grund zu kommen suchten, schlug er mit beiden Fäusten auf den Tisch, indem er die Worte ausstieß, da wolle er lieber nimmer leben.»

Suche nach der verlorenen Zeit – auf ungarisch

Es ist wohl kein Zufall, daß in der Zeit von Kaspar Hausers Auszug aus dem Haus Biberbach die erste große Schmähschrift gegen ihn gedruckt wurde. Sie fand schnell Verbreitung und erschien in einem Berliner Verlag mit dem Titel:

«Caspar Hauser,
nicht unwahrscheinlich
ein Betrüger.

Dargestellt
von dem
Polizeirath Merker.»

Der Name des so Angegriffenen liest sich im Original wie eine große, fettgedruckte Schlagzeile, darunter dann, kleingedruckt: «nicht unwahrscheinlich», und darunter, gesperrt, in größeren Buchstaben: «ein Betrüger».

Das mysteriöse Attentat und der Umstand, daß der Täter nie gefaßt wurde, spielte eine wichtige Rolle, um beim Lesepublikum Zweifel zu wecken. Gegen Polizeirat Merker spricht besonders ein schwerwiegendes Argument: Er hat Kaspar Hauser nie in seinem Leben getroffen und sich noch nicht einmal die Mühe gemacht, Einsicht in die Polizeiakten in Nürnberg zu nehmen.

In unserem Zusammenhang ist seine Schrift nur von Bedeutung, weil sie damals in Nürnberg großes Aufsehen erregte, so daß auch der Betroffene davon erfuhr und sie las. Die Ruhe, mit der Kaspar Hauser auf seinem Sterbebett sagte, er selber wisse ja, daß er kein Betrüger sei, und daher sterbe er in Frieden, diese Ruhe wird er nicht gehabt haben, als er zum erstenmal von den Anschuldigungen hörte und sich gegen sie wehren mußte.

Da traf es sich glücklich – im Nachhinein muß man sagen: unglücklich –, daß zur gleichen Zeit von außen Versuche unternommen wurden, mehr Helligkeit in das Dunkel seiner Vergangenheit zu bringen. Diese neuen Versuche trieben ihn auf seiner halb verzweifelten, halb hoffnungsvollen Jagd nach Erinnerungsfetzen weiter.

Unter den vielen Gerüchten über Kaspars Herkunft waren Vermutungen laut geworden, er stamme aus Ungarn. Ende März 1830 kam ein preußischer Gardeleutnant, ein Herr von Pirch, der von diesem Gerücht gehört hatte, nach Nürnberg und ließ Kaspars Vormund wissen, daß er «dringendst verlange», den berühmten Findling kennenzulernen, da er mehrere Reisen durch Ungarn und Polen gemacht und einige ungarische Sprachkenntnisse habe.

Sein Wunsch wurde erfüllt, ein Zusammentreffen noch in Biberbachs Haus arrangiert. Die Sprachkenntnisse des Fremden erwiesen sich zwar als recht lückenhaft, aber um so raffinierter ging er bei seinem Test vor. Während einer Unterhaltung ließ er plötzlich und wie unbeabsichtigt das Wort «Vater» in ungarischer Sprache fallen. Kaspar sprang wie elektrisiert auf und rief erregt: «Das heißt Vater!»

Jetzt gab es natürlich kein Halten mehr. Bei einem anderen Wort rief er: «Das habe ich schon gehört, das hat meine Kindsmagd zu mir gesagt!» Die allgemeine Erregung wuchs, als sich zeigte, daß Kaspar weitere ungarische und sogar auch polnische Ausdrücke verstand, oder ungefähr verstand.

Als der Leutnant von Pirch es dann noch mit zwei derben Flüchen versuchte, «zuckte», wie er berichtete, «Hauser zusammen und äußerte: ‹Das ist ein böses Wort, darf man nicht sagen!›, welche Wahrnehmungen mir die Überzeugung gaben, daß dem Hauser die polnische Sprache durchaus nicht fremd ist.» Auch bei dem zweiten Fluch war Kaspar zusammengezuckt, obgleich die Worte selbst gar nicht häßlich klingen: *Basmana remtete.* Und er hatte ängstlich gemurmelt: «Das hat der Mann gesagt, zweimal auf dem Weg und einmal, wie er mich geschlagen hat.»

Alle Einzelheiten dieser erstaunlichen Abendunterhaltung kann man nachlesen, da die Polizei Herrn von Pirch verhörte, welche «Wahrnehmungen» er gemacht habe. So wissen wir, daß Kaspar bei dem ungarischen Wort *scáz* (hundert) von sich aus sagte: «Das eine große Zahl!» Auch berichtet Pirch: Bei dem polnischen Wort *matka* (Mutter) «erheiterte sich Hausers Gesicht mit einemmale, und er rief freudig aus: ‹Das ist Mutter!›, in einem Ton, der uns Anwesende ergriff».

Während dieses Sprachtests steigerte sich Kaspars Erregung immer wieder so sehr, daß Pausen eingelegt werden mußten. In seiner Aufregung verfiel er öfter in seine Kindersprache; das gleiche Zurückfallen in alte Sprachgewohnheiten hatte schon Feuerbach bemerkt, als Kaspar ihm mit erregten Worten von dem Attentat zu berichten versucht hatte.

Die Polizeikommission hielt es für angebracht, unter das Protokoll der Aussagen des Herrn von Pirch die Bemerkung zu setzen: «Die Identität der Person dieses sehr gebildeten und von allen, die ihn kennen, hoch geachteten Offiziers kann von dem Inquirenten, der ihn in frühester Jugend kannte, selbst bezeugt werden.»

In einer Tagebuchnotiz erzählte Pirch sehr viel anschaulicher als in den Polizeiprotokollen von einem weiteren Versuch an einem anderen Abend, als Kaspar sich wieder etwas erholt hatte:

«Ich hatte mich schon gestern auf eine Weise besonnen, ihm lebhafte Kindererinnerungen zu erwecken. Das neueste Spiel der Kinder in Ungarn ist mit den Kolben und Körnern des Kukurutz oder türkischen Weizen (Mais). Man hatte in Nürnberg davon, und sie wurden nun unbemerkt auf den Tisch gelegt, aber Kaspar Hauser war so beschäftigt mit den Wörtern, daß er nichts um sich herum sah ... Bei jedem Wort sagte er eifrig seinem Vormund: ‹Das – meine Kindsmagd›. Sein Zustand war so gereizt und seine Seele so geneigt, jedes fremde Wort mit den neuen Erinnerungen in Verbindung zu bringen, daß die Beobachtungen nun wohl nicht mehr sicher zu nennen waren. Einen Ausdruck hielt er aber fest, nämlich: *moi kochan*. Er sagte ganz bestimmt: ‹Das weiß ich, das heißt: mein lieber, – da, da fehlt mir nur der Name› – und auf diesen Namen besonders hatte er sich seit vorgestern besonnen, immer in Verbindung damit, daß seine Kinderfrau ihn so genannt habe ...

Herr Binder fragte ihn: ‹Wie bist du denn überhaupt auf den Gedanken von der Kinderfrau gekommen? Du hast uns doch früher nie davon gesagt?› – ‹Ja›, antwortete er, ‹wie mir der Herr Pirch die Worte gesagt hat, – da – da –, ja, und da fällt mir auch eine Stube ein, da war unten Stroh auf der Erde und Tiere darauf – wohl Schweine; dort mit meiner Kindsfrau einmal ...› Er dachte weiter nach. – ‹Hat dich denn deine Kinderfrau auf dem Arm getragen – oder an der Hand geführt?› fragte ich ihn. ‹Auf dem Arm getragen, nicht geführt›, antwortete er und sann weiter. Man suchte ihn von dem tiefen Nachsinnen frei zu machen, aber viel bestimmter, als in seiner sanften Weise liegt, wehrte er alles ab und sagte immer: ‹Nein, nein, das muß ich erst besinnen, – das erst, – nur die beiden Worte, da fehlt immer noch was, aber ich denke, ich muß es eben gleich sagen, es ist als ob es – gleich da sein müßte.›

Wir setzten uns nun um den Tisch. Er sann noch eine Weile vor sich hin, dann fielen seine Augen anfangs tot, dann immer lebendiger auf den Kukurutz. Er nahm die Kolben und sagte plötzlich ganz hell werdend: ‹Das habe ich schon bei dem Professor (Daumer) gesehen – und da ist mir's gleich so sonderbar gewesen –, aber meine Kindsfrau hat mir's an einem Band – so – an den Arm gehängt –, es war noch anders...› Er sann nach, leblos für alles um ihn her. Ich ließ nun die Körner auf einen Faden reihen, und als er sich aufschüttelte und sagte: ‹Ja, es war noch anders...›, hielt ich die Schnur so, daß er sie sehen mußte. Lachend rief er: ‹Ja – so – so hab ich's auch an meinem Pferdchen gehabt (im Gefängnis) – bis er mir es wegnahm.› Er nahm nun einzelne Körner, roch daran und sagte: ‹Aber es war auch noch anders – meine Kindsmagd hat es worin gekocht›, er wollte das Korn zerbeißen, aber da er es hart fand, warf er es weg. In Ungarn und allen seinen Gegenden, wo der Kukurutz als Getreide gebaut wird, kocht man einen Brei von dem Mehl der Körner, die man öfters zwischen zwei Steinen zerdrückt. Ich bat die Tochter des Herrn Biberbach, während die anderen Herren sich mit Kaspar Hauser beschäftigten, doch anscheinend wie ein Geschäft für die Küche die Körner zwischen zwei Steinen zu zerreiben. Sobald Kaspar Hauser dies sah, sagte er: ‹Ja – so, so wird es gemacht›.»

Bei dieser Spurensuche über die Sprache fällt mehrerlei auf. Da ist Kaspars tief versunkenes Sich-Besinnen auf seiner Suche nach der verlorenen Zeit und seine ungeheuere

Freude über einen neuen Fund. Verwirrend ist, wie bei dem Herrn von Pirch ungarische und polnische Brocken durcheinandergeraten, bei genauerer Prüfung hat man den Eindruck, Kaspar habe weit eher polnische als ungarische Wörter verstanden. Bedenklich mag auch stimmen, daß der Prüfling alle Ausdrücke, ob ungarische oder polnische, nur ins Deutsche übertrug, nie aber selber aktiv ein Wort in der Fremdsprache beisteuerte – mit einer Ausnahme. Tucher berichtet davon:

«Er äußerte mehrmals, daß er sich auf ein Wort besänne, was ihm auf der Zunge liege, was er aber nicht aussprechen könne. Erst nachdem die Besucher gegangen waren, einige Stunden später, sagte er plötzlich: ‹Nun habe ich das Wort, es heißt *Motschär*›.» Dies Wort konnte jedoch keiner der Anwesenden identifizieren, auch nicht als Eigennamen. Herr von Pirch, den man am nächsten Tag befragte, kannte es ebenfalls nicht, es sei kein Ungarisch. Heute nimmt man an, daß es das französische *mon cher* gewesen sein könnte, «mein Lieber», und das würde auch zum gleichbedeutenden *moi kochan* passen.

In den über 150 Jahren, die seit jenen Sprachversuchen vergangen sind, hat man dem Vokabelschatz des Herrn von Pirch offenbar allzu blindlings vertraut. Es gibt Kaspars geheimnisvolles *motschär* durchaus im Ungarischen, es ist schon im kleinen Wörterbuch für Touristen zu finden. Seine Bedeutung ist auch gar nicht geheimnisträchtig, es heißt «Sumpf» und sonst nichts (geschrieben: *mocsár*, gesprochen: *motschar*). Selbst das Wort *magyar* (gesprochen: madschar, Bedeutung: Ungar, ungarisch) ist Kaspars *motschär* ebenso ähnlich wie das französische *mon cher*.

Vorsicht ist also geboten bei der Beurteilung der Nürnberger Sprachexperimente. Doch ein positives Ergebnis bleibt. Kaspar entsann sich dadurch ganz plötzlich an eine Kinderfrau, die in ihre Unterhaltung mit dem Kind fremdsprachige

Worte mischte, polnische, ungarische und vielleicht französische. Durch sie lernte er Mais kennen, als Spielzeug, als Schmuck für sein Roß und als Nahrungsmittel. Einmal war er mit seiner Kinderfrau auch in einem Stall, wahrscheinlich einem Schweinestall. Vielleicht war auch ein Sumpf in der Nähe, vor dem das Kind häufig gewarnt wurde, denn das Kind war klein. Die Kinderfrau konnte es noch auf dem Arm tragen. Aber es konnte schon sprechen – sonst hätte es sich nicht an alle diese Wörter erinnert. Es muß also mindestens zwei, höchstens vier Jahre alt gewesen sein.

Als von den Sprachversuchen mit dem «Kind von Europa» auch in den Zeitungen berichtet wurde, meldete sich aus der Ferne sogar ein ungarischer Professor zu Wort und gab in einem Zeitungsartikel gute Ratschläge für ein weiteres Vorgehen. Einer dieser Ratschläge war, Kaspar doch eine Reise nach Ungarn machen zu lassen. Das war kein schlechter Gedanke, sagte man sich in Nürnberg, aber ein solches Unternehmen würde sehr viel Geld kosten, weil man den völlig weltunerfahrenen jungen Mann schließlich nicht allein reisen lassen konnte und auch Augenzeugen brauchte. Der Magistrat zögerte deshalb seine Einwilligung immer wieder hinaus, bis sich plötzlich die Situation des mittellosen Findelkindes von Grund auf änderte.

Lord Stanhope: viel Geld und gute Worte

Am 28. Mai 1831 betritt Lord Stanhope erneut den Schauplatz. Er, der am Tag des ersten Mordanschlags auf Kaspar Hauser in Nürnberg abgestiegen war und sich damals überhaupt nicht um den berühmtesten Bewohner der Stadt gekümmert hatte, trat nun ganz offiziell auf und bemühte sich sofort nach seiner Ankunft bei Kaspars Vormund um eine Zusammenkunft mit dessen Mündel. Sie wurde schnell gewährt, denn der Lord war nicht irgendwer. Er stammte aus einer alten englischen Adelsfamilie, deren Geschichte bis in die Zeit Heinrichs III. zurückreicht. Der Sitz der Stanhopes, Chevening House in der englischen Grafschaft Kent, bestand aus einem stattlichen Schloß und einem noch stattlicheren Park. So verwunderte es zunächst unter den Nürnberger Honoratioren niemanden, daß der Lord gleich vom ersten Augenblick an in ihrer Stadt mit Geld nicht sparte.

Am 2. Juni schon setzte er eine Belohnung von 500 Gulden für die Aufklärung der an Kaspar Hauser begangenen Verbrechen aus, genausoviel wie der König von Bayern, also eine sehr hohe Summe. Die Nürnberger hörten auch von den vielen Reisen des Lords. Sie konnten sich selber überzeugen, daß er ein ausgezeichnetes Deutsch sprach; er hatte nämlich eine Reihe von Jahren in Deutschland gelebt und in seiner Jugend in Erlangen studiert.

Als Stanhope in Nürnberg auftauchte, war er 49 Jahre alt. Als Kaspar geboren wurde, war der Lord also dreißig. Im Hintergrund meiner Überlegungen steht die Frage, ob Stanhope wohl in dessen ersten Lebensjahren in Deutschland gewesen sein könnte. Da gibt es nämlich eine merkwürdige Geschichte um eine Zeichnung, die Kaspar schon Mitte November 1828 angefertigt hatte, in der Zeit also, als er anfing zu träumen. Sie zeigt in ganz einfachen, aber um so klareren Strichen das Gesicht eines noch jungen Mannes mit großen Augen, einer markanten, gebogenen Nase und einem schön geschwungenen, eher weiblichen Mund. Das Porträt – als solches erschien die Zeichnung jedenfalls Lehrer Daumer – wirkt dilettantisch und hat noch nichts von der geschwungenen Linienführung der späteren «Konstruktionszeichnungen», aber vielleicht wirkt es gerade deshalb so eindringlich.

Merkwürdig erschien dem Lehrer die Arbeitsweise des Schülers. Der blickte während des Zeichnens immer wieder in eine bestimmte Ecke des Zimmers, als ob dort ein Modell säße. Als einzige Erklärung sagte Kaspar, «dieses Gesicht stehe ihm vor Augen und sehe ihn von der Seite an, so wie er es hingezeichnet habe». Als Daumer kritisierte, daß die Augen nicht genau in die gleiche Richtung blickten, sah Kaspar noch einmal prüfend in die Ecke und blieb dabei, der Kopf schiele wirklich so, wie er es gemacht habe.

Weil Kaspars Augen schmerzten, zeichnete er an jenem Tage nicht mehr weiter, obgleich die Haare des Porträtierten noch fehlten. Einige Zeit später erst nahm er sich die Zeichnung wieder vor und «machte unordentlich herabhängende Haare an demselben», wie Daumer sich ausdrückte und noch hinzufügte: Haare, «deren Zeichnung sich von dem besseren Teil der Zeichnung merklich unterschied. Als ich ihn nach der Farbe der Haare fragte, sagte er, er wisse sie nicht mehr; der Kopf sei verschwunden und die Haare habe er nach einer unbestimmten Erinnerung gemacht.»

Daumer kam diese Art des Porträtierens nicht ganz geheuer vor. Deshalb bewahrte er das Bild auf und veröffentlichte es später in seinem Buch über Kaspar Hauser. Er hielt es dabei für notwendig, zu betonen, daß Kaspar von Geistern und Gespenstern nichts wußte: «Den Kopf, den er sah, nahm er nicht für etwas Unheimliches und Bedrohliches, war auch gar nicht erstaunt darüber, sondern zeichnete ihn ganz gelassen ab. Er befand sich übrigens in dem Momente wohl in einer Art von Ekstase, einem geistig potenzierten Zustande, der bald darauf wieder verschwand.»

Als Lord Stanhope nach Kaspars Tod Daumer besuchte, zeigte der ihm unter anderen Erinnerungsstücken «den von Hauser gezeichneten visionären Kopf, der ihm aber gar nicht zu behagen schien. Er legte ihn gleich wieder aus der Hand, als habe er eine gewisse Scheu davor. Vielleicht kannte er das Gesicht.»

Daumer, der sonst so kommentarfreudige, sagte nichts

weiter zu dieser doch etwas sonderbaren Reaktion des Lords und gab auch keine nähere Erklärung zu seiner eigenen Vermutung. Viele Betrachter des Bildes meinten später, eine frappante Ähnlichkeit mit dem Großherzog Karl von Baden zu sehen, und der kleine, weiblich-weiche Mund hat in der Tat eine gewisse Ähnlichkeit mit dem bekanntesten Porträt des Großherzogs. Ein Einwand läßt sich jedoch nicht wegschieben: Die Betrachter wußten von dem sich zäh haltenden Gerücht, Kaspar sei ein Kind aus adliger Familie, vielleicht gar der Sohn des Großherzogs selber. Ob Kaspar damals ein Bild des badischen Landesfürsten kannte, läßt sich nicht mehr feststellen; es ist aber unwahrscheinlich. Er war in jenem November erst sechs Monate «auf der Welt» und hatte von dieser jämmerlich wenig gesehen, kaum mehr als den Gefängnisturm und die Insel Schütt mit dem Daumerschen Haus.

Uns sind heute, anders als den Nürnbergern damals, die Verstrickungen des Lords Stanhope mit Kaspar Hausers Schicksal bekannt. Vielleicht bin ich dadurch voreingenommen. Das visionäre Porträt scheint mir am ehesten noch dem Lord zu ähneln, sowohl im Gesamteindruck wie auch im einzelnen. Großherzog Karl hatte eine sehr gerade, schmale Nase, der Lord jedoch die lange, gebogene und eher etwas fleischige Nase des Hauserschen unsichtbaren Modells. Diese Theorie würde Stanhopes Unbehagen beim Betrachten der Zeichnung erklären und auch Daumers vorsichtigen letzten Satz.

Als Kaspar dem Lord zum erstenmal gegenüberstand, zeigte er keinerlei Erinnerungen oder böse Vorahnungen. Er kam dem Pair von Großbritannien ohne jede Scheu unbefangen und freundlich entgegen. Stanhope schien gleich von Anfang an dem jungen Mann ungewöhnlich wohlgesonnen zu sein. Schon nach wenigen Tagen überschüttete er ihn mit kostbaren Geschenken, darunter eine goldene Uhr. Er fuhr

Zeichnung von Kaspar Hauser,
die er im November 1828 nach einer «Vision» angefertigt hat

Lord Stanhope zeigte beim Betrachten von Kaspar Hausers Zeichnung eine gewisse Scheu – «vielleicht kannte er das Gesicht ...»

mit ihm im offenen Wagen durch die Stadt und machte dabei aus seiner Zuneigung so wenig ein Hehl, daß die guten Nürnberger Bürger staunten: So hatten sie sich die doch bekanntermaßen steifen Engländer nicht vorgestellt. Einige waren peinlich berührt und tuschelten: Reiste dieser Lord nicht immer allein durch Europa, obgleich er doch daheim auf seinem Schloß Frau und Kinder hatte?

Sein Onkel war der berühmte William Pitt gewesen, und es gab Gerüchte, daß auch der Neffe politisch tätig sei und in geheimer Mission die verschiedensten deutschen und ausländischen Fürstenhäuser besucht habe. Aber er hatte, wie man sich beruhigend sagte, ein Gebetbuch herausgegeben und andere religiöse Schriften, da mußte er ja ein frommer und respektabler Mann sein. An die religiösen Traktätchen, die bei seinem Auftauchen in der Tasche von Kaspar Hauser steckten, erinnerte sich niemand mehr, falls man überhaupt davon erfahren hatte.

Nachdem jedoch nähere Einzelheiten über die als Belohnung ausgesetzten 500 Gulden bekannt wurden, tuschelte man wieder lauter. Immerhin waren das noch 200 Gulden mehr als die Stadt Nürnberg jährlich für den Unterhalt Kaspar Hausers bereitgestellt hatte. Der Lord hatte nämlich sofort einen notariellen Vertrag über die genaue Verwendung des Geldes aufsetzen lassen. Falls sich niemand finden würde, der Hinweise auf den Attentäter oder Kerkermeister geben konnte, sollte das Geld «als Stammvermögen Caspar Hauser angehören», hieß es unter Punkt 2 des Vertrags. Da die Belohnung nur für eine Zeit von drei Jahren galt, wurde noch ein dritter Punkt hinzugesetzt: «Einstweilen sollen daher diese 500 Gulden für ihn sicher angelegt und die Zinsen hiervon nur für ihn verwendet werden.»

Das war schon erstaunlich und des Tuschelns wert, vor allem, wenn man bedachte, daß diese Schenkungsurkunde vom Lord nach nur fünftägiger Bekanntschaft mit dem Objekt der Schenkung ausgestellt worden war.

Wir wissen heute, daß sich niemand fand, der die Belohnung beanspruchen konnte. Es gab keinerlei zweckdienliche Angaben, die zur Ergreifung des Täters oder der Täter geführt hätten. Kaspar bekam wie bisher sein Taschengeld, über das er sorgfältig Buch führen mußte, nur kam es jetzt vom Lord und nicht von der Stadt Nürnberg. Ein halbes Jahr, bevor die vertraglich festgesetzte Dreijahresfrist abgelaufen war, wurde Kaspar Hauser ermordet. Was mit dem Geld dann geschah, haben damals wohl nur wenige erfahren; aber wir wissen es mit Sicherheit. Die Unterlagen der Post sind nicht wie die schon erwähnten Gerichtsakten verschollen, und so kann man heute noch in der eigenhändigen Anweisung des Lord Stanhope an das Bankhaus Lödel und Merkel lesen, an wen die dort deponierten 500 Gulden überwiesen werden sollten.

Ich fühle mich versucht, hier eine kurze Ratepause einzulegen, wie sie manche Autoren von Kriminalromanen ihren Lesern gestatten, um sie zu besserer detektivischer Eigenleistung anzuspornen. Aber da dies kein Kriminalroman ist, gebe ich nur kurz und bündig den Text der Zahlungsanweisung vom 15. Juni 1835 wieder:

«Ich ersuche Sie hierdurch beym Empfang der fünf hundert Gulden die ich im Jahr 1831 deponiert dieselbe Summe an den Herrn Schullehrer Meyer in Ansbach zu bezahlen, der sie zu dem von mir bestimmten Zwecke verwenden wird.» Unterschrift: «Graf Stanhope».

Daß diese 500 Gulden, einundeinhalb Jahre nach Kaspar Hausers Tod, noch eine nachträgliche Zahlung für dessen Unterhalt gewesen sein könnten, wird niemand ernstlich annehmen wollen. Also muß sich Lehrer Meyer anderweitig verdient gemacht oder Anweisungen erhalten haben, an wen das Geld weiterzuleiten sei.

Einstweilen warf der Lord in Nürnberg weiter mit Geld um sich. Spätere Nachforschungen haben ergeben, daß er alle Ausgaben in dieser Zeit nicht mit englischen oder bayrischen, sondern mit badischen Staatsnoten bezahlte.

Kaum eine Woche in Nürnberg, wurde der Lord auch zum energischen Befürworter der Ungarn-Reise und erbot sich, die Kosten dafür zu übernehmen. Die Nürnberger konnten von diesem hochherzigen Angebot in der Zeitung lesen. Obgleich der Spender, der das Geld «aus edlem Mitgefühl mit dem Findling» bereitgestellt hatte, nicht namentlich genannt wurde, war jedermann klar, wer der anonyme Mäzen war.

Diese Unterstützung war dem Magistrat der Stadt wie auch ihren Bürgern sehr willkommen, denn die Frage, wie die Zukunft des berühmten Pflegekindes auch finanziell abgesichert werden könnte, hatte die Verantwortlichen schon lange beunruhigt. Feuerbach hatte sogar eine Kollekte zu dessen Gunsten vorgeschlagen, eine Sammlung nicht nur in Nürnberg, sondern in ganz Europa. Immerhin hatten Korrespondenten schon sehr früh für das Nürnberger Findelkind den anspruchsvollen Beinamen «Kind von Europa» erfunden. Ihre Berichte wurden für damalige Zeiten erstaunlich schnell über die Grenzen Deutschlands hinaus verbreitet, bis hin nach Amerika. Leutnant von Pirch schrieb an Tucher: «Kaspar Hauser ist – man darf wohl sagen, das Kind von Europa geworden, wenn nun nur auch Europa etwas für ihn täte.» Aber europäische Gemeinschaftsunternehmungen waren schon damals schwer zu verwirklichen; und schließlich kam noch nicht einmal in Nürnberg eine Sammlung zustande.

Nun war da plötzlich ein englischer Lord, einflußreich und Europa-erfahren, der voller Energie und Schwung diese Idee einer Kollekte erneut aufgriff. Eine urkundliche Eintragung des Stadtgerichts vom 3. Juni 1831 hält fest, daß Lord Stanhope es «zu Hausers bestem rechnete... seine womögliche aktenmäßige Biographie mit seinem Bildnisse in englischer und deutscher Sprache herauszugeben und sich an die Spitze der dadurch für ihn zu eröffnenden Kollekte in Großbritannien und den übrigen europäischen Staaten zu stellen».

In Nürnberg atmete man auf. Da der Lord überdies mit Beweisen seiner Zuneigung und Freundschaft zu Kaspar Hauser nicht kargte, schien sogar eine spätere Adoption keine Utopie. Nur einer atmete nicht auf: der Freiherr von Tucher, dessen gute Menschenkenntnis sich schon einmal, im Falle Biberbach, bewährt hatte. Seine Sorgen waren in den ersten Tagen von Stanhopes Besuch noch vage, aber sie sollten bald konkrete Formen annehmen.

«Komm auf mein Schloß mit mir...»

Obgleich wir aus den verschiedensten Dokumenten – Gerichtsakten, Polizeiprotokollen, Urkunden, Briefen – fast über jede Stunde von Kaspar Hausers fünfeinhalb Lebensjahren nach seinem Auftauchen genauer unterrichtet sind als über das Leben irgendeines anderen Menschen, bleibt es seltsam unvorstellbar, was er wirklich dachte. Viel mehr ängstliche Beklemmungen und Enttäuschungen müssen ihn bewegt haben, als nach außen hin sichtbar geworden sind. Fragen werden ihn beunruhigt haben, die er niemandem zu stellen wagte oder deren Beantwortung zu vage oder einfach unverständlich für ihn war.

Wie die Begegnung mit Lord Stanhope auf Kaspar gewirkt hat ist dagegen leichter nachvollziehbar. Stanhopes Auftreten, seine Geschenke, seine Versprechungen mußten Gefühle in dem jungen Mann aufregen, die er bis dahin nicht gekannt hatte. Der Lord sprach ihm von gemeinsamen Reisen durch Europa, von seinem Wunsch, ihn in das Schloß seiner Väter mitzunehmen, und erstaunlicherweise ging er sogar soweit, mit Kaspar von dessen hoher Abstammung und von den vielen Untertanen zu reden, die er einmal beherrschen würde.

Selbst wenn er keine Luftschlösser gebaut hätte, blieb noch genug Verführerisches: Zuneigung, Freundschaft und Zärtlichkeit waren bisher Fremdwörter gewesen für den zwar an Beschützer, Pflegeväter und Pflegemütter gewohnten Kaspar; seine Beziehungen zu anderen Menschen hatten sich jedoch immer in einer großen körperlichen und vielleicht auch seelischen Distanz abgespielt. Was wir heute Nestwärme nennen, hatte er allenfalls während seines kurzen Aufenthalts in dem Gefängnisturm bei der Familie des Gefangenenwärters Hiltel fühlen können.

Dazu kam, daß sein jetziger Pflegevater, der Freiherr von Tucher, ein zwar mit Recht angesehener, integrer und uneigennütziger Mann war; aber in seiner Charakterstärke erwartete er von anderen, seine eigene Familie eingeschlossen, ebensoviel wie von sich selbst. Er war ein eher verschlossener, strenger Familienvater und ein unbestechlicher, gewissenhafter Stadtgerichtsassessor in Nürnberg.

Kaspars Verhältnis zu ihm war dementsprechend respektvoll und von Anfang an kühl. In dieser unterkühlten Atmosphäre des alten Patrizierhauses muß der Graf wie eine Erscheinung aus einer anderen Welt gewirkt haben. Daumer war über die Veränderung im Verhalten seines ehemaligen Zöglings befremdet und berichtete Tucher, daß er jemanden kannte, «der mit Erstaunen die Liebkosungen beobachtete, welche der Graf dem Findling sogar öffentlich erwies», jemanden, der gesehen hatte, «wie sich der Graf von Hauser küssen und streicheln ließ».

Tucher machte mit wachsendem Unbehagen ähnliche Beobachtungen. Noch mehr erschreckte ihn, daß sich Kaspars

Benehmen ihm gegenüber deutlich änderte. Hiner dem gewohnt kühlen Respekt glaubte er jetzt mürrischen Trotz und schließlich sogar Abneigung zu spüren. Er war deshalb erleichtert, als Stanhope Nürnberg wieder den Rücken kehrte.

Aber die Erleichterung sollte nicht lange dauern. Es war nicht zu übersehen, daß zahlreiche Briefe zwischen Nürnberg und den wechselnden Aufenthaltsorten des Lords hin- und hergingen. Da Tuchers Urteil über den Lord noch krasser war als das Daumers – er äußerte einmal, daß Stanhopes Zuneigung zu Kaspar «endlich in die unvernünftigste Affenliebe ausartete» –, nahm er schließlich Zuflucht zu einer Maßnahme, die uns befremdet: er öffnete einen Brief Kaspars. Ob das mehr als einmal geschah, ist nicht bekannt, aber daß er es dieses eine Mal tat, wissen wir, seit ein in Tuchers Nachlaß gefundener Brief vor kurzem erstmals veröffentlicht wurde. Der Brief ist von Kaspar an den Lord geschrieben, aber von Tucher geöffnet und zurückbehalten worden. Da der Freiherr ein ordentlicher und gewissenhafter Mann war, hat er wie bei einer Gerichtsakte einen dementsprechenden eigenhändigen Vermerk in den leeren Raum über den Briefanfang gesetzt und das Ganze mit seinen Papieren aufbewahrt.

Kaspar beginnt, anders als er das sonst zu tun pflegte, ohne Anrede, wie atemlos, mit zwei Ausrufesätzen:

Ein von Kaspar Hauser an Grafen
Stanhope geschriebener, von mir aber
eröffneter Brief.

Ich bin nicht mehr zu trösten! Ach ich verlassener ohne Sie! Heute habe ich wieder einen traurigen Tag gehabt, lieber theuerer Freund; die 100 fl welche Sie mir den 7. des Monats bei meinem so herzzerreißenden Scheiden gegeben haben, mußte ich hergeben. Der Herr von Tucher kam heute um 6 Uhr abends, fragte mich, du hast vom Grafen Geld bekommen? ich antwortete ja. Dieses hebe ich dir auf sagte Herr von Tucher, ich bat ganz gut und sagte Herr Baron sind so gütig dieses hebe ich selber auf, wenn Sie wissen wollen zu was ich das Geld verwende so will ich Ihnen die Rechnung immer zeigen zu was ich dieses brauche, nein sagte er ich wills dir aufheben und wenn du eines willst so kannst du es sagen; ich gab es mit vielen Thränen wie Sie es sehen aus dem Briefe her. Theurer Freund! ich habe vier Gulden meinem lieben und braven Wimmer geschenkt der mir alles herzlich gern thut und er auch nicht sehr vieles hat.

Denn wie Sie wohl wissen, wie ich Ihnen daß erzählt habe, daß der Wimmer eine Schreckennachricht erhalten hat, von Herrn von Tucher, daß er um 4 f zuviel bekommen habe. Der Herr von Tucher sagte er müsse es wieder zurückgeben da dauerte mich der Wimmer und ich gab ihm die 4 f auf Ihren Namen. Der Wimmer läßt seinen gehorsamsten Dank davon sagen.

Ich bitte daher theurer Freund, daß Sie es dem Herrn Vormund schreiben wenn ich ein Geld brauche mir geben sollte.

Ich bitte um Verzeihung, daß ich so schlecht geschrieben habe denn ich schrieb ihn von 11 bis 1 Uhr in der Nacht mit vielen Thränen wie Sie sehen.

Ich verbleibe Dein
Freund Kaspar Hauser.

Die Tränen sind wirklich noch zu sehen, selbst in dem verkleinerten Foto des Originalbriefes, das mir vorliegt.

Eine sachliche Erklärung zum Inhalt des Briefes ist nötig. Kaspars «lieber und braver Wimmer» war einer der ihm als Begleitschutz verordneten Polizeisoldaten, eben jener, der nach dem Pistolenunfall «fast außer Atem» auf das Polizeibüro gestürzt war. Der Sachverhalt, den Kaspar nur andeutete, war offenbar folgender: Wimmer hatte von Tucher versehentlich zuviel Lohn ausgezahlt bekommen und mußte nun plötzlich den ihm nicht zustehenden Betrag – die für einen Polizeisoldaten große Summe von 4 Gulden – zurückzahlen. Kaspar sprang hilfreich ein; vermutlich war das dem Freiherrn peinlich. Kaspar sprach in vertraulichem Ton zu dem Pair von Großbritannien. «Theurer Freund!» – diese dreimal auftauchende Anrede mag uns heute steif und konventionell klingen; für Kaspar jedoch, der nie einen Freund hatte, besaß sie zweifellos ihren ursprünglichen Sinn: mein Freund, der du mir lieb und wert bist. Die Unterschrift unter dem Brief besiegelt die Gegenseitigkeit dieser Freundschaft: «Ich verbleibe Dein Freund Kaspar Hauser». Es fällt auf, daß der Freund hier erstmals das vertrauliche «Du» wagt, nach all den vielen «Sie». Es ist nicht anzunehmen, daß der Schreiber, der ja zwei Stunden für den recht kurzen Brief brauchte, die Anrede versehentlich gewechselt hätte.

Peinlich, und mehr als das, beunruhigend war für Tucher ganz sicher, was nur zwischen den Zeilen zu lesen war: das stark gestörte Vertrauensverhältnis zwischen Vormund und Pflegesohn. Wie Kaspar Stanhope berichtete, sollte er das ihm zum Abschied vom Lord geschenkte Geld seinem Vormund zum Aufheben geben. Obgleich seine Worte respektvoll blieben – er «bat ganz gut», sprach auch von der Güte des Herrn Baron –, sagte er dann: «...dieses hebe ich selber auf». Bei Kaspars sonst eher ängstlicher Anpassung an jede Autorität war das ein ungeheuer mutiger Satz: dringliche Forderung ebenso wie flehentliche Bitte. Tucher schlug sie ab.

Das Verhältnis zwischen beiden war von Anfang an kühl gewesen; im Laufe des Sommers wurde es noch kühler. Das war keineswegs nur Tuchers Schuld. Kaspar befand sich in einem Zwiespalt, aus dem er keinen Ausweg fand. Er fühlte sich seinem Pflegevater zu Dank verpflichtet und konnte doch nicht verhindern, daß sein Widerwille gegen dessen unpersönliche Bevormundung täglich wuchs. Der, der sich sein Freund nannte, Lord Stanhope, tat nichts, ihm in dieser schwierigen Lage zu helfen. Im Gegenteil, er bestärkte ihn noch in der Abneigung gegenüber dem Pflegevater.

Das war leicht, denn Kaspar glaubte nach all den so warmherzig klingenden Freundschaftsbeteuerungen des Lords, den liebevollen Worten und Gesten, zu wissen, was ihm bisher in seinem Leben gefehlt hatte. Und er hatte Grund, auf eine freundliche Zukunft im Schutze dieses Mannes zu hoffen. Der Lord hatte ihm wie auch dem Magistrat zu verstehen gegeben, für Mai 1832 sei der Umzug nach England geplant. Er wollte Kaspar mit sich auf sein Schloß nehmen.

Ungarn und die Folgen

In den Sommer 1831, der Kaspar so viel innere und äußere Unruhe, so viele neue Gefühle und neue Hoffnungen brachte, fiel auch ein Ereignis, das wir nicht übergehen können. Es war für ihn mit Hoffnungen anderer Art verknüpft und brachte neue Unruhe in sein Leben. Graf Stanhope hatte ja, neben all den anderen Versprechungen, auch zugesagt, die Reise nach Ungarn zu finanzieren und bei der Organisation tatkräftig zu helfen.

Auf sein wiederholtes Drängen wurde beschlossen, daß Kaspar mit seinem Vormund, begleitet und beschützt von einem höheren Polizeibeamten, dem Gendarmerieleutnant Hickel, Anfang Juli nach Ungarn aufbrechen sollte.

Damit die Reise, zum Schutz des Findlings, wie es hieß, geheim bleiben konnte, sollten die beiden Hauptpersonen Decknamen benutzen. Aus dem Freiherrn Gottfried von Tucher wurde ein Herr Gustav von Teufstetten und aus Kaspar Hauser ein Studiosus Karl Heinlein.

Bei der Namensgebung fällt auf, daß die Anfangsbuchstaben des ursprünglichen Namens beibehalten wurden, zur Stütze des Gedächtnisses oder um Initialen auf Kleidungsstücken nicht ändern zu müssen.

Die falschen Papiere wurden offiziell vom Magistrat in Auftrag gegeben, und der Lord verfaßte ein Empfehlungsschreiben an einen seiner vielen einflußreichen Freunde, den Polizeiminister in Wien. Alle Beteiligten reisten hektisch hin und her: Stanhope zu Feuerbach nach Ansbach, Tucher wegen der Pässe nach München, Kaspar zu Feuerbach, Tucher zu Feuerbach, Kaspar zurück nach Nürnberg, Tucher zurück nach Nürnberg. Schließlich war der Tag der Abreise da, der 4. Juli 1831.

Über die Ungarn-Reise gibt es genug Material für ein eigenes Buch. Hier genüge ein einziger Satz: Sie führte zu nichts. Einerseits, weil die besuchten Orte keine Erinnerungen in Kaspar weckten, andererseits, weil die Reise vorzeitig in Preßburg abgebrochen wurde, da dort eine Cholera-Epidemie herrschte. Die Spur nach Ungarn erwies sich als eine falsche Fährte.

Interessant für uns sind nur die sich aus diesem negativen Resultat ergebenden Fragen. War die Fährte absichtlich falsch gelegt? Wenn ja, von wem, und was bezweckte man damit? Wenn nein, warum fuhr die Reisegesellschaft überhaupt los, da man schon vor der Abreise von der Cholera-Epidemie in Ungarn gewußt hatte. Welche Erwartungen verknüpfte man mit der weiten und umständlichen Fahrt?

Stichhaltige Antworten auf diese Fragen zu finden ist nicht leicht. Am ehesten sind noch Kaspar Hausers Hoffnungen zu umreißen. Er wollte ja schon immer herausfinden, wer seine Eltern waren, «ganz gleich, ob arm oder reich», und hier bot sich ein neuer Weg. Vielleicht hatte er inzwischen, beflügelt durch die hartnäckigen Gerüchte über eine vornehme Abstammung und die Einflüsterungen des Lords – da hörte er von Reichtum, Schlössern und ihm zujubelnden Untertanen –, seine Familie auf einem ungarischen Schloß angesiedelt.

Für den Freiherrn von Tucher, der für seinen Pflegesohn trotz aller Strenge immer das Beste wollte, waren die mit der Reise verknüpften Hoffnungen sicherlich nicht viel anders. Schwer durchschaubar hingegen sind die Motive Lord Stanhopes. Er, der so oft seine ganz persönliche Zuneigung und seine freundschaftlichen Gefühle für den jungen Mann gezeigt hatte, der mit ihm große Reisen plante und ihn mit sich auf sein Schloß in England nehmen wollte, er hätte es doch eigentlich bedauern müssen, wenn sein Schützling und Freund Heimat und Familie im fernen Ungarn finden würde.

Nachdenklich stimmt auch, daß gerade Stanhope schon lange vor der Abfahrt von der Cholera-Epidemie wußte. Nach der Rückkehr der drei Reisenden schrieb er an Tucher, er sei erleichtert, daß von der ganzen Angelegenheit nichts an die Öffentlichkeit gedrungen sei, um dann die Bemerkung anzuschließen: «Hoffentlich wird man auch denken, daß eine Reise nach Ungarn wohl nicht zu unternehmen war, da man schon längst wußte, daß die Cholera sich dort gezeigt hatte.» Tucher hingegen hatte von der Epidemie und ihrer raschen Ausbreitung erst kurz vor der Abreise aus der Zeitung erfahren. «Die Cholera macht nämlich grausenhafte Fortschritte», hatte er umgehend an Feuerbach geschrieben und ihm seine Bedenken «zur Prüfung vorgelegt». Er hielt die Reise nicht mehr für wünschenswert, doch waren die Vorbereitungen schon so weit vorangetrieben, daß man sie nicht kurzfristig absagen wollte. Es ist nicht bekannt, ob Tucher den Brief an Feuerbach überhaupt noch abgeschickt hat. Der Entwurf des Briefes fand sich später unter Tuchers Papieren.

Erhalten ist auch ein anderer Brief an Feuerbach. Er

stammt von Lord Stanhope und wurde kurz vor Feuerbachs Tod, im Mai 1833, geschrieben. Stanhope bringt darin seine Enttäuschung zum Ausdruck, daß Kaspar, wie ihm mitgeteilt worden sei, keinen Ort in Ungarn wiedererkannt, ja, daß ihm nicht einmal die Sprache vertraut geklungen habe. «Wir müssen jetzt gestehen, und dieses ist es, was mich am meisten dabei betrübt, daß in dieser ganzen Angelegenheit Kaspar sich in einem sehr ungünstigen Licht zeigt.»

Wir wissen, daß sich Stanhope später bei seiner Verleumdungskampagne gegen Kaspar Hauser auch auf die Ungarn-Reise bezogen hat. Während er an seinen Schützling noch liebevolle Briefe schrieb, äußerte er anderen gegenüber immer deutlicher seine Zweifel an dessen Aufrichtigkeit. Er scheute selbst vor dem Wort «Betrüger» nicht zurück. Dabei hatte Kaspar nie behauptet, die ungarische Sprache zu verstehen oder aus Ungarn zu stammen. Der Anlaß für Stanhopes Abkehr von allen Versprechungen, von aller Freundschaft war also nicht erklärlich.

Dadurch drängt sich der Verdacht auf, seine Freundschaft für Kaspar habe, wenn sie überhaupt je ehrlich gemeint war, schon vor der Reise ein Ende gefunden. Das Verhalten des Lords wird nur verständlich, wenn man annimmt, er habe nie irgendwelche Hoffnungen in das Ungarn-Unternehmen gesetzt. Im Gegenteil, er muß gewünscht oder gewußt haben, daß es zu nichts führen und ihm so den Vorwand für einen Rückzug liefern würde.

Wenn man noch weitergeht und annimmt, daß der Lord schon lange in die Familienintrige des badischen Fürstenhauses verstrickt war, bietet sich noch eine andere Möglichkeit an: Er hatte den Auftrag, Kaspars Herkunft weit weg von Baden anzusiedeln. Kaspars überraschenden ungarischen Vokabelkenntnisse lieferten ihm dazu einen erwünschten Vorwand.

Bei all dem emsigen Hin und Her der Reisevorbereitungen und auch während der Reise selbst war Kaspar zwar die Hauptperson gewesen, um die sich alles drehte, die man besorgt beobachtete, aber er war doch mehr Objekt als Person. Im Grunde war er immer noch der «seltsame Polizeigegenstand», wie ihn Feuerbach in den ersten Nürnberger Tagen genannt hatte. Nach seinen Gedanken und Gefühlen fragte niemand. Und ihn muß seit der Rückkehr nach Nürnberg vielerlei bedrückt haben. Zu der Enttäuschung über die ergebnislos verlaufene Reise kam die immer stärker werdende Entfremdung von seinem Vormund, die das tägliche Leben in dessen Haus belastete. Kaspar bemerkte, daß da Besprechungen abgehalten und offizielle Briefe geschrieben wurden. Er ahnte, daß sich Entscheidungen anbahnten, von denen er nichts wußte, so wie er auch vom Inhalt der Briefe selbstverständlich nichts erfuhr. Wir jedoch kennen ihren Wortlaut.

Da schreibt Tucher im November «Sr. Herrlichkeit Herrn Grafen Stanhope» einen Brief mit der Anrede: «Hochzuverehrender Herr und Freund!» Diesen ehrerbietigen und schwülstigen Stil nach dem Geschmack der Zeit behält er in dem ganzen ersten Teil des langen Schreibens bei, flicht geschickt lobende Vokabeln ein – «die viele Güte und die vielen Beweise Ihres Wohlwollens... das Anerkenntnis Ihrer großen, unendlichen Herzensgüte, Ihres seltenen Edelmutes» – und kommt dann endlich zum Thema: «der Pflicht des Vertrauens», der Pflicht nämlich, Stanhope ganz offen zu erklären, welche Gefahren er für Kaspars seelische Entwicklung sieht. Er nennt auch den Grund für diese beginnende Fehlentwicklung: den Einfluß des Grafen.

«Kaspar ist nicht das, wofür Sie ihn zu halten scheinen. Kaspar ist ein Kind, das seinem ganzen Wesen nach in moralischer Hinsicht wie in seiner geistigen Entwicklung auf der Stufe eines zehn- bis zwölfjährigen Menschen steht. Wenn er demungeachtet in manchen Dingen und nach gewissen Richtungen hin eine Entwicklung seines Charakters zeigt, die man nur am erwachsenen Manne zu sehen gewohnt ist, ich meine z. B. seine Schlauheit und Pfiffigkeit im Umgang mit anderen Menschen, seine Gewandtheit, sie so, wie sie ihm dienstlich sind, zu behandeln, sein ungemessener Ehrgeiz, die Bestimmtheit und Festigkeit seines Willens, die Beharrlichkeit im Handeln – so ist er nichtsdestoweniger ein Kind, und gehören allerdings diese oben aufgeführten Eigenschaften zu dem vielen Rätselhaften, das mit seinem ganzen Wesen verknüpft ist. Doch aber ist er noch ganz Kind, das eben um dieses sonderbaren Wesens Willen die größte Aufmerksamkeit, die höchste Sorgfalt in der Behandlung verdient, wenn dieses wunderbare Geschöpf nicht dem bodenlosen Verderben unaufhaltsam entgegengehen soll.»

Im weiteren Verlauf des Briefes betont Tucher, daß er in den anderthalb Jahren von Kaspars Aufenthalt in seinem Haus «kaum ein einzigesmal Veranlassung gehabt habe, über ihn unwillig zu sein... während er – ich sage es mit blutendem Herzen und mit aller Zaghaftigkeit, die mir Liebe und Verehrung gegen Sie, vortrefflicher Mann, auflegt – seit Ihrem letzten Aufenthalte dahier wie umgewandelt und verkehrt ist.»

Im Schlußteil seines Briefes wird Tucher ganz deutlich. Er fordert von Stanhope eine klare Entscheidung zwischen drei Vorschlägen, die er ihm kurz, ohne die üblichen Schachtelsätze unterbreitet. Auch weist er darauf hin, daß er keine Lösung jenseits der drei «Vorschläge» akzeptieren wird. Diese Vorschläge sind ein Ultimatum.

Entweder soll der Graf den «Knaben» ganz übernehmen und damit Tucher aller Vormundschaftspflichten entheben; oder der Graf setzt einen jährlichen Betrag aus, damit Tucher ihn einem «verständigen, gebildeten Manne ganz ausschließlich zur Erziehung und Ausbildung» übergeben kann; «oder endlich, Sie haben die Güte, während dem Verlaufe von wenigstens ein paar Jahren aller und jeder Kommunikation, schriftlich wie mündlich, zu entsagen». Da Tucher andeutet, daß es sehr schwerfallen wird, einen so qualifizierten Erzieher zu finden, bleibt dem Lord eigentlich nur die Wahl zwischen zwei Möglichkeiten: entweder Kaspar Hauser ganz zu übernehmen oder jede Verbindung mit ihm abzubrechen.

Daß man ihm ein solches Ultimatum zu stellen wagte, hat den Lord offenbar empört. Er würdigte Tucher keiner Antwort, sondern gab sie dem Kreis- und Stadtgericht Nürnberg durch einen formellen Antrag, in dem er sich um die «Pflegschaft» für Kaspar Hauser bewarb und gleichzeitig dessen bisherigen Vormund mit schweren Vorwürfen belastete.

Tucher weist umgehend in einem ebenso offiziellen Schreiben an den Magistrat alle Vorwürfe als völlig unbegründet von sich, erhebt seinerseits Beschwerde und in aller Form Einspruch gegen den Antrag des Grafen. Doch schon einen Tag später, am 25. November 1831, überträgt der Magistrat dem Lord die Pflegschaft über Kaspar Hauser. Das alles geschieht innerhalb von vier Tagen. Es sieht so aus, als hätte die Stadt Nürnberg befürchtet, Stanhope könnte sein großzügiges Angebot wieder zurückziehen. Er hatte nämlich sogar «rechtsverbindlich» erklärt, für Kaspars «Erziehung und Unterricht nicht nur während meines Lebens zu sorgen, sondern auch dessen Subsistenz für den Fall meines Todes zu sichern».

So traf man in Nürnberg eine schnelle Entscheidung, denn der Graf hatte auf Eile gedrängt und gebeten, seinen Antrag «auf das schleunigste mit Entschließung zu versehen und das weitere schleunigst zu verfügen». Dank all diese Schleunigkeit sparte die Stadt 300 Gulden pro Jahr.

Und Kaspar, der Gegenstand der Verhandlungen? Drei Tage nach Stanhopes Antrag wird er auf das Stadtgericht befohlen, wo ein feierliches «Protokoll in der Curatellsache des Findlings Kaspar Hauser» aufgenommen wird. Er wird aufgefordert, eine Erklärung zum Antrag des Lords Stanhope abzugeben, was er auch tut, ausführlich, in wohlgesetzten Worten – und unter Tränen, wie das Protokoll sachlich festhält:

«Hauser gibt hierauf unter Tränen folgende Erklärung ab: ‹Ich habe mich überzeugt, daß der Herr Graf Stanhope an meinem Schicksale so warmen Anteil nimmt, als ihn nur immer ein Vater für seinen Sohn nehmen kann. Ich nehme daher das Anerbieten des Herrn Grafen Stanhope, mich zu sich zu nehmen und für meine Erziehung und mein künftiges Fortkommen zu sorgen, um so freudiger an, da mir meine hiesigen Verhältnisse gegenwärtig wirklich unangenehm sind. Es fällt mir schwer, daß ich der hiesigen Stadt zur Last falle und daß ich bis jetzt keine Aussicht habe, etwas zu lernen, wodurch ich mich fortbringen könnte.

Es ist mir beängstigend, daß ich hier nicht frei herumgehen kann, ohne besorgen zu müssen, daß meinem Leben nachgestrebt wird, und es ist mir lästig, mich überallhin von einem Polizeidiener begleiten zu lassen und wie ein Gefangener bewacht zu werden.

Auch meine Verhältnisse mit meinem Vormund, dem Herrn Baron v. Tucher, sind nicht mehr so gut wie sie gewesen sind, und ich muß gestehen, daß ich dieses Jahr nicht mehr die Hälfte Liebe zu ihm habe wie im vorigen. Ich muß immer auf meinem Zimmer allein sitzen; ich habe niemand, den ich bei meinen Arbeiten um Rat fragen könnte; ich vermisse in letzter Zeit das Familienleben, indem ich in die Familie des Herrn v. Tucher selten zugelassen und, wenn dies geschieht, vornehm behandelt werde. Herr Baron v. Tucher ist auch nicht mehr so aufrichtig gegen mich, indem er mir über meine Verhältnisse nichts mehr gesagt hat, weshalb ich gestehen muß, daß ich in diesem Jahre auch nicht so aufrichtig gegen ihn war, weil ich bemerkte, daß er mir nicht mehr mit der Liebe entgegenkommt, wie dies früher der Fall war. So z. B. hat er mir kein Wort davon gesagt, daß der Herr Graf Stanhope 500 fl. Belohnung für denjenigen ausgesetzt hat, welcher über meine frühere Gefangenhaltung irgendeine Auskunft geben könnte, und daß er die weitere Bestimmung getroffen hat, daß diese 500 fl. mein gehören sollen, wenn der Täter nicht entdeckt werden könnte. Der Herr Baron v. Tucher besteht beharrlich darauf, daß ich die Buchbinderprofession erlernen soll, obwohl ich ihm schon öfters erklärt habe, daß ich keine Lust dazu habe und daß ich lieber ein Uhrmacher oder Kaufmann werden wolle.

Überhaupt sind meine Verhältnisse mit meinem Herrn Vormund nicht mehr so wie sie gewesen sind, so daß ich auch lieber zu dem Herrn Bürgermeister Binder ginge, bis es entschieden ist, daß ich dem Herrn Grafen Stanhope zur Erziehung überlassen werde. Ich bin meinerseits bereit, dem Herrn Grafen zu folgen und bin überzeugt, daß er mich etwas Tüchtiges erlernen läßt, so daß ich mich künftig selbst ernähren kann, ohne anderen Leuten zur Last zu liegen, wohin mein einziges Bestreben geht.

Ich stelle deshalb meinerseits den Antrag, mich dem Herrn Grafen Stanhope zur weiteren Erziehung zu überlassen.›

Womit derselbe beschließt und nach Vorlesen das Protokoll unterzeichnet.

Caspar Hauser
k. Kreis- und Stadtgerichtskommission
Fürst Schütz».

Damit war Kaspars Entscheidung gefallen, die Entscheidung über sein zukünftiges Leben, das freilich nur noch zwei Jahre dauern sollte. Es war die Entscheidung für den Mann, der schon begonnen hatte, ihn als Betrüger hinzustellen, für den Mann, den er am 19. Januar 1832, also nur zwei Monate später, zum letztenmal in seinem Leben sehen sollte.

Es war die Entscheidung gegen den Mann, der trotz all der Mißhelligkeiten, selber tief gekränkt durch Stanhope wie durch die Behörden der Stadt Nürnberg, immer auf Kaspars Seite gestanden hat. Ein Jahr nach dessen Tod, 1834, schrieb Tucher in einem Gutachten über seinen ehemaligen Pflegesohn, mit dem Titel «Kaspar Hauser – kein Betrüger», den Satz:

«So wie ich diesen Menschen gefunden und geschildert habe, mit seiner natürlichen, unmittelbaren Reinheit und Selbstbewußtlosigkeit, gab er im vollkommenen Grade das Bild des ersten Menschen im Paradieß vor dem Sündenfall.»

Am 29. November verläßt Kaspar das Haus seines bisherigen Vormunds und findet vorübergehend Aufnahme bei Feuerbach. Am 10. Dezember tritt die neue Vormundschaft in Kraft, und am gleichen Tag schon ist der Heimatlose auf der letzten Station seines Weges angelangt, im Haus des Lehrers Meyer in Ansbach.

Das Verbrechen am Seelenleben

Als das neue Jahr 1832 begann, kannte Kaspar den Mann, bei dem er bis zu seinem Tod bleiben sollte, schon einige Wochen. Obwohl er erst dreieinhalb Jahre «auf der Welt» war, muß er sich eine gewisse Menschenkenntnis erworben haben, denn er war immer, mehr als andere, von fremden Menschen abhängig. So war er gezwungen, die Kunst zu lernen, sie abzuschätzen, einzuordnen und sich über seine Gefühle für sie klarzuwerden.

Das zeigte auch die unter Tränen abgegebene Erklärung in Nürnberg über seinen Vormund: «Ich muß gestehen, daß ich dieses Jahr nicht mehr die Hälfte Liebe zu ihm habe wie im vorigen.» Er fügte hinzu, daß er bis zu einer endgültigen Entscheidung über seine Zukunft lieber zu Bürgermeister Binder ginge. In diesen Tagen der bevorstehenden Veränderungen wird er auch an die anderen Menschen gedacht haben, die ihm bisher geholfen hatten, sich in der Welt zurechtzufinden.

Es ist anzunehmen, daß Kaspar schon in den ersten Ansbacher Tagen merkte, welche andere Atmosphäre im Hause seines neuen Pflegevaters herrschte und aus welch grobem Holze Lehrer Meyer geschnitzt war. Er war nicht der «verständige, gebildete Mann», den Tucher sich als neuen Erzieher für Kaspar vorgestellt hatte; verständnisvoll war er gewiß nicht und erst recht kein Erzieher für einen mit inneren und äußeren Schwierigkeiten kämpfenden jungen Mann, der in vielem noch wie ein Kind war.

So ist Kaspars Stimmung zu Beginn des neuen Jahres kaum weniger bedrückt als bei seiner gerichtlichen Erklärung. Er verfaßt auch kein Gedicht auf das neue Jahr, wie er das 1829 getan hatte. Damals hatte er froh in die Zukunft gesehen: «Jetzt muß ich mich vorbereiten, täglich fortzuschreiten; Ein Schritt ist gar nicht viel, Doch führt er mich noch zu mein' erwünschten Ziel.»

Ob er sein erwünschtes Ziel jetzt hätte nennen können? 1829 war es ganz sicher gewesen, seine Eltern kennenzulernen. Nun, drei Jahre später, war dieses Ziel nicht näher gerückt. Aber es war der Wunsch dazugekommen, mit Lord Stanhope einen neuen und freieren Lebensabschnitt zu beginnen, auf dessen Schloß oder wo auch immer. Sein in jener Erklärung geäußerter dringendster Wunsch schien leicht zu erreichen: Er wollte «etwas Tüchtiges erlernen ... so daß ich mich künftig selbst ernähren kann, ohne anderen Leuten zur Last zu liegen». Aber selbst dies bescheidene Nahziel war gar nicht so nah, und wie eine Drohung hing immer noch die

«Buchbinderprofession» über ihm, zu der er keine Lust hatte.

Anfang des Jahres 1832 im Februar brach Polizeileutnant Hickel, diesmal allein, zu einer zweiten Ungarn-Reise auf. Das wird in Kaspar Hauser wohl noch einmal einen kleinen Hoffnungsfunken angefacht haben, etwas über seine Herkunft zu erfahren, aber es konnte keine Flamme daraus werden. Auch diese Reise blieb ergebnislos, und von Ungarn wurde nicht mehr gesprochen.

Dabei hätte man durchaus eine Spur noch weiter verfolgen können, die Spur, die sich aus der so naheliegenden Überlegung ergibt: Wenn Kaspar Hauser nicht aus Ungarn stammte und er bei den Nürnberger Sprachversuchen kein raffinierter Schauspieler und Betrüger gewesen war, mußten seine ungarischen und polnischen Sprachbrocken von jener Kinderfrau stammen, an die er sich plötzlich erinnert hatte. Schon sehr früh hatte es am Hochrhein Gerüchte gegeben, daß dort in einem Schloß ein kleiner Prinz gefangengehalten worden war und eine fremdländisch sprechende Kinderfrau gehabt haben sollte. Und es hatte bei der Nürnberger Polizei eine Anzeige gegeben, in der ein katholischer Pfarrer eine Madame Dalbonne bezichtigte, etwas über die Geburt und die Gefangenschaft Kaspar Hausers zu wissen. Darüber hatte Tucher schon 1830 Feuerbach unterrichtet:

«Dieselbe Person soll jetzt in Pest bei einer Gräfin Palphi sein. Zu dieser Gräfin Palphi sei, als sie allein war, ein Herr gekommen, der sagte, er wäre von der Polizei, und habe nach einer Madame Bonneval gefragt. Sie habe versichert, alle Parteien im Hause zu kennen, diese wisse sie aber bestimmt nicht unter ihnen. Er habe sich entschuldigt und sei fortgegangen mit der Äußerung, er folge einem Manne, den man ihm angegeben habe, um etwas über Kaspar Hauser zu erforschen. Als die Gräfin beim Mittagessen von diesem Besuch erzählt habe, sei die Gouvernante erbleicht und bewußtlos zu Boden gesunken. Seit diesem Augenblick sei sie wahnsinnig. Man wisse nicht, ob der Wahnsinn erfunden sei oder wahr. Diese Gouvernante habe sich bei der Gräfin Palphi als Madame Dalbonne verdungen.»

Tucher hatte diesen Bericht erwähnenswert gefunden, aber der Polizei roch das wohl alles zu sehr nach Gerüchtekocherei, und sie legte die vage Information ad acta. Kaspar selber hat wahrscheinlich nie von der Geschichte erfahren. Er hatte sich ja in seiner Erklärung darüber beschwert, daß sein Vormund ihm so wenig über seine «Verhältnisse» mitteilte.

Auch in Ansbach blieb ihm nichts zu tun übrig als das, was man von ihm erwartete. Er fügte sich in das neue Leben ein, und das bedeutete in erster Linie in den Schulunterricht, der ihn mehr beanspruchte als je zuvor. Die Intensivierung seines Unterrichts hatte mit dem Tag begonnen, als er Lord Stanhope überantwortet wurde. Der Umzug nach England stand ja, wie man annahm, dicht vor der Tür, und bis dahin sollte Kaspars Ausbildung so weit wie möglich vorangetrieben werden. Merkwürdig dabei ist nur, daß unter den vielen Schulfächern zwar immer noch Latein eine große Rolle spielte, nicht aber Englisch. Ob man keinen geeigneten Lehrer hatte oder ob es einfach niemandem einfiel? Darüber findet sich nichts in den Akten.

Allmählich stellte sich heraus, daß alles gar nicht so dringlich war, wie man zunächst geglaubt hatte. Am 19. Januar reiste Lord Stanhope aus Ansbach ab. Am 19. April kam noch einmal ein überschwenglicher Brief an Kaspar mit zahlreichen Beteuerungen der Liebe und Zärtlichkeit für seinen Pflegesohn. Es wurde Mai, und von einem Umzug nach England war nicht die Rede mehr. Statt dessen traf am 24. Mai ein erschreckend kühler Brief des Lords ein, in dem von freundschaftlichen Gefühlen nichts mehr zu spüren war, und dann brachte die Postkutsche keinen Brief mehr für den

Enttäuschten, erst recht keinen Lord in persona. Kaspar sollte ihn nie wiedersehen.

Währenddessen plagte er sich redlich, aber mühsam mit seinen Schularbeiten ab. Zu seiner Bedrückung mußte er feststellen, daß seine Fortschritte nicht mehr von den Siebenmeilenstiefeln beflügelt waren, die den Schüler anfangs so unglaublich schnell davongetragen hatten. Auch seine Lehrer wunderten sich darüber. Dabei war schon im Januar jenes Jahres eine Schrift veröffentlicht worden, aus der jeder, der sie wirklich verstand, hätte herauslesen können, warum Kaspars Fortschritte ins Stocken geraten mußten. Man hätte auch nur auf den Volksmund zu hören brauchen, der damals wie heute gerne mahnt: «Was Hänschen nicht lernt, lernt Hans nimmermehr.»

Die Schrift, in der man die Gründe für Kaspars enttäuschende Entwicklung hätte finden können, war das «Beispiel eines Verbrechens am Seelenleben des Menschen». Nachdem der Jurist Feuerbach darin zunächst, wie wir gesehen haben, die Paragraphen nennt, gegen welche die für Kaspar Hausers Einkerkerung Verantwortlichen verstoßen haben, beschreibt er im Kernstück der Schrift, worin das Verbrechen am Seelenleben, das es im Strafgesetzbuch nicht gibt, besteht und warum es so ungeheuerlich ist.

Wer die Schrift des mutigsten Verteidigers und schärfsten Anklägers in Sachen Kaspar Hauser nicht ganz lesen mag, der sollte wenigstens diesen wichtigsten Teil seiner Überlegungen kennen. Er schließt sich unmittelbar an den früher zitierten Text an:

«Wäre dem gemeinen Recht oder dem bayrischen Strafgesetzbuche ein besonderes ‹Verbrechen gegen die Geisteskräfte›, oder, wie es richtiger zu bezeichnen wäre, ein ‹Verbrechen am Seelenleben› bekannt, so würde dieses in der rechtlichen Beurteilung, neben dem Verbrechen der Gefangenhaltung den ersten Rang einnehmen, vielmehr jenes in diesem, als dem schwereren, untergehen (von demselben absorbiert werden) müssen. Die Entziehung äußerer Freiheit, wiewohl an sich schon ein unersetzliches Übel, steht gleichwohl in keinem Vergleich mit der nicht zu berechnenden Summe unschätzbarer, unersetzlicher Güter, welche in jenem Raube an der Freiheit und durch die Art und Weise seiner Vollziehung dem Unglücklichen teils gänzlich entzogen, teils für seine noch übrige Lebenszeit zerstört oder verkümmert worden sind, und wodurch nicht bloß an dem Menschen in seiner äußern leiblichen Erscheinung, sondern an seinem innersten Wesen, an seinem geistigen Dasein, an dem Heiligtum seiner vernünftigen Natur selbst der raubmörderische Frevel vollbracht worden ist... Kaspar ist durch die während seiner Kindheit erlittene Einsperrung weder in Blödsinn noch in Wahnsinn verfallen; er ist, wie wir in der Folge noch genauer erfahren werden, nach seiner Befreiung aus dem Zustand der Tierheit herausgetreten und hat sich soweit entwickelt, daß er, mit gewissen Einschränkungen, als ein vernünftiger, verständiger, sittlicher und gesitteter Mensch gelten kann. Gleichwohl wird niemand verkennen, daß es hauptsächlich der verbrecherische Eingriff in das Seelenleben dieses Menschen, der Frevel an seiner höhern geistigen Natur ist, welche die empörendste Seite der an ihm verübten Handlung ausmacht. Das Unternehmen, einen Menschen durch künstliche Veranstaltung von der Natur und andern vernünftigen Wesen auszuschließen, ihn seiner menschlichen Bestimmung zu entrücken, ihm alle die geistigen Nahrungsstoffe zu entziehen, welche die Natur der menschlichen Seele zu ihrem Wachsen und Gedeihen, zu ihrer Erziehung, Entwicklung und Bildung angewiesen hat: solches Unternehmen ist, ohne alle Rücksicht auf seine Folgen, an und für sich schon der strafwürdigste Eingriff in des Menschen heiligstes, eigenes Eigentum, in die Freiheit und Bestimmung seiner Seele.

Hierzu kommt vor allem aber noch dieses. Kaspar, während seiner Jugendzeit in tierischen Seelenschlaf versenkt, hat diesen ganzen großen und schönen Teil seines Lebens verlebt, ohne ihn gelebt zu haben. Er war während dieser Zeit einem Toten zu vergleichen; indem er seine Jugend verschlief, ist sie ihm vorübergegangen, ohne daß er sie gehabt hätte, weil er sich ihrer nicht bewußt werden konnte. Diese Lücke, welche die an ihm begangene Missetat in sein Leben gerissen, ist durch nichts mehr auszufüllen; die nicht verlebte Zeit nicht mehr zurückzuleben, die während seines Seelenschlafs ihm entflohene Jugend nicht mehr einzuholen. Wie lange er auch leben möge, er bleibt ewig ein Mensch ohne Kindheit und Jugend, ein monströses Wesen, das naturwidrig sein Leben erst in der Mitte des Lebens angefangen hat. Sofern ihm auf diese Weise seine ganze frühere Jugendzeit genommen worden, war er der Gegenstand eines – um mich so auszudrücken – partiellen Seelenmords...

Da Kindheit und Jugend von der Natur zur Entwicklung und Ausbildung wie des leiblichen so des geistigen Lebens, bestimmt sind, und die Natur keine Sprünge macht, so sind Kaspar, der erst im Jünglingsalter zur Welt gekommen ist, jetzt und für alle Zukunft die verschiedenen Lebensstufen gleichsam verrückt, aus- und durcheinander geschoben. Indem er sein Kinderleben erst im Alter der physischen Reife beginnen konnte, bleibt er, sein ganzes Leben lang, mit dem Geiste hinter seinem Alter zurück, mit dem Alter seinem Geiste voraus. Geistiges und physisches Leben, welche, bei naturgemäßem Entwicklungsgange, miteinander gleichen Schritt halten, haben sich auf diese Weise in Kaspars Person gleichsam voneinander losgerissen und in naturwidrigen Gegensatz gestellt. Die verschlafene Kindheit konnte darum, weil sie verschlafen worden, nicht überlebt werden; er muß sie nachleben, und sie wird ihm nunmehr zur Unzeit, eben darum aber auch nicht als lächelnder Genius, sondern wie ein beängstigendes Gespenst bis in die späteren Jahre folgen. Wägt man zu allem diesem noch die Verwüstung ab, welche das Schicksal in seinem Gemüte angerichtet hat ... dann wird man an diesem Beispiele erkennen, daß die ‹Verstandesberaubung› den Begriff vom Verbrechen am Seelenleben bei weitem nicht erschöpft.

Welche anderen Verbrechen allenfalls noch hinter der an Kaspar verübten Missetat versteckt sein mögen? auf welche Zwecke die verborgene Gefangenhaltung Hausers berechnet gewesen? diese Fragen würden uns zu weit in das luftige Gebiet der Vermutungen oder in gewisse geheiligte Räume führen, welche eine solche Beleuchtung nicht vertragen.»

Erst später, nachdem er genügend beweiskräftiges Aktenmaterial gesammelt hat, wird der ebenso vorsichtige wie mutige Jurist es wagen, jene «geheiligten Räume» zu betreten und sie mit dem kühlen Licht der Vernunft auszuleuchten.

Der Konfirmand

Das Jahr 1832 war für Kaspar Hauser arm an äußeren Ereignissen. Als der Mai verging, ohne daß mehr vom Umzug nach Schloß Chevening die Rede war, schien er eher Verdruß als Zorn oder Trauer zu fühlen: «Mich kann's ärgern, wenn jemand etwas verspricht und nicht Wort hält.» Die Verzweiflung kam erst später, als ihm im Laufe des Jahres immer klarer wurde, daß der Lord sich kaum noch um ihn kümmerte. Vorerst hatte Kaspar genug für den Schulunterricht zu arbeiten.

Kleine Lichtblicke waren für ihn gelegentliche Einladungen in das Haus des Regierungspräsidenten von Stichaner, der ein freundlicher und verständnisvoller Mann war. Kaspar war gern zu Gast in dessen Familie; auch gab es dort eine

Tochter, eben jene Lilla, die er am Tag des Mordanschlags eigentlich hatte besuchen wollen. Manchmal war er zu Bällen eingeladen, die eine sehr angenehme Abwechslung für ihn bedeuteten, denn er tanzte gerne und offenbar sogar recht gut – eine Begabung, über die sich Lord Stanhope später mißtrauisch murrend äußerte: Jemand, der wirklich den größeren Teil seines Lebens sitzend in einem niedrigen Kerker verbracht habe, könne im Gebrauch seiner Beine und Füße unmöglich so gewandt sein. Ein weiterer Beweis für die Unwahrheit der Geschichte von der langen Kerkerhaft war gefunden.

Vom Sommer dieses Jahres an wurde Kaspar regelmäßig von der Familie von Stichaner einmal in der Woche zum Mittagessen eingeladen. Aus einem guten Essen machte er sich allerdings gar nichts. Lehrer Meyer attestierte seinem Zögling, daß er bei Tisch «ungewöhnlich mäßig» sei. Das mag wohl nicht daran gelegen haben, daß das Kostgeld jetzt niedriger lag als vorher in Nürnberg: 10 Kreuzer für den Mittagstisch und 8 Kreuzer für den Abendtisch, während früher, so berichtet Meyer, «für jenen 15 und für diesen 10–12 Kreuzer bezahlt wurden. Ja, er erklärt häufig, daß er nicht so viel bedürfe, mit weniger zufrieden sein könne.» Kaspar waren bei diesen Mittagseinladungen die freundlichen Menschen wichtiger als das Essen.

Manchmal wurde Kaspar in die Häuser der Honoratioren von Ansbach eingeladen. Doch um gesellschaftlich ganz anerkannt zu werden, fehlte dem inzwischen Zwanzigjährigen noch eines: die Konfirmation. Sie war nicht nur aus gesellschaftlichen Gründen wünschenswert, sondern auch aus juristischen. Wer nicht konfirmiert war, durfte damals keinen Eid ablegen, und dies Manko war etwas Ehrenrühriges. Auch hätte es ihm, und das war wichtiger, das Erlernen eines Berufes, für den ja Verträge abgeschlossen werden müssen, erschwert, wenn nicht gar unmöglich gemacht.

Also erhält der Ansbacher Pfarrer Fuhrmann den Auftrag, Kaspar Hauser auf die Konfirmation vorzubereiten. Vom Oktober an geht der Konfirmand regelmäßig fünf bis sieben Stunden in der Woche zum Konfirmandenunterricht, während bei Lehrer Meyer der normale Religionsunterricht weiterläuft. Ein bißchen viel Religion!, muß der gar nicht so glaubensbereite Kaspar gedacht haben.

Die Frage jedoch, ob er überhaupt getauft war, beunruhigte offenbar keinen an der Aktion Beteiligten. Jenes arme Mägdelein hatte es ja auf dem bekannten Zettel versichert, und es war wohl besser, nicht daran zu rühren, wie glaubwürdig diese namenlose Zeugin war, beziehungsweise ob es das Mägdelein überhaupt je gegeben hatte.

Nachdem der Konfirmandenunterricht begonnen hatte, konnte man auch ernstlich an eine Berufsausbildung denken. Es war Feuerbach, der die nötigen Schritte unternahm. Er tat das für ihn Naheliegende und besorgte Kaspar eine Stelle als Gerichtsschreiber am Appellationsgericht zu Ansbach, dessen oberster Präsident er war. Mit dem Uhrmacherhandwerk hatte das zwar nichts zu tun, aber Feuerbach dachte wohl, daß er seinen Schützling auf diese Weise besser unter seiner Obhut behalten konnte; und Kaspar war zufrieden, daß er überhaupt etwas Handgreifliches lernte, um sich später selber unterhalten zu können. Seine Orthographie war zwar nicht die beste, aber er brauchte vorerst nur Texte abzuschreiben, und in «Schönschrift» war er wirklich gut, wie sich schon bei seinen ersten Schreibversuchen in Nürnberg gezeigt hatte.

Jeden Morgen um neun Uhr ging er von nun an quer über die Straße von der Meyerschen Wohnung zu seiner neuen Arbeitsstätte, die noch heute das Amtsgericht der Stadt beherbergt. Es war und ist ein besonders schöner Renaissancebau mit einem malerischen Innenhof, in dem eine Gedenktafel an Anselm Ritter von Feuerbach erinnert. Es ist ein eindrucksvolles Gebäude, und ich stelle mir vor, daß Kaspar stolz war, dort arbeiten zu dürfen. Aber vielleicht ist diese Vorstellung falsch, und er dachte nur an die viele Arbeit, die dort auf ihn wartete, kamen doch nachmittags noch die Schulstunden und der Konfirmandenunterricht hinzu.

Wir kennen Pfarrer Fuhrmann bereits aus seiner Beschreibung des Tages, an dem er mit Kaspar Pappkästchen klebte, als fröhliche Weihnachtsstimmung herrschte, bis sein Schüler in den Hofgarten ging. Eigentlich genügt schon jene Schilderung, um zu zeigen, was Pfarrer Fuhrmann für Kaspar Hauser in Ansbach bedeutet haben muß.

Wer diesen Mann besser kennenlernen möchte, gehe in Ansbach in einen Buchladen und kaufe zwei kleine, billige Broschüren. Die eine gibt ungekürzt den Text von Fuhrmanns Konfirmationspredigt am 20. Mai 1833 wieder, die andere seine «Trauerrede bei der am 20. Dezember 1833 erfolgten Beerdigung des am 14. desselben Monats meuchlings ermordeten Kaspar Hauser». Die Predigten wurden, wie der Verfasser auf den beiden Titelblättern vermerken ließ, «nur auf vielseitiges Verlangen herausgegeben von H. Fuhrmann, Königl. III. Pfarrer bei St. Gumbert in Ansbach».

Man kann aus den Worten noch heraushören, daß Pfarrer Fuhrmann ein kluger, verständnisvoller und mutiger Christ war. Er hatte Verständnis für seinen ungewöhnlichen Schüler, von dem er schrieb: «Es war bei ihm immer ein guter Vorrat von anschaulichen Beispielen notwendig und ich kann mit Wahrheit sagen, daß die Zeit vom Oktober 1832 bis zum Mai 1833... für mich als Jugendlehrer eine sehr lehrreiche gewesen ist.»

Er war bescheiden, und er war mutig zugleich, mutig, weil er bis an sein Lebensende auf Kaspar Hausers Seite stand und ihn immer denen gegenüber verteidigte, die ihn als Betrüger hinstellten. Er hatte für einen Konfirmanden Verständnis, der sich sträubte, zu glauben, was ihm nicht unmittelbar einleuchtete, nicht faß-bar war, während Lehrer Meyer, der Kaspar ja auch noch mit Religionsunterricht versorgte, nur einfach konstatierte, was sein Schüler nicht glauben wollte. Es wundert nicht, daß er später verkündete, Kaspar habe natürlich im Unterricht bei Pfarrer Fuhrmann geheuchelt, um die notwendige Konfirmation zu erlangen.

Die Feier in der Gumbertuskirche wurde, wenn man den Augenzeugen glauben darf, für Kaspar ein sehr bewegendes und ihn im Innern aufrührendes Erlebnis. Dazu trug die festliche Stimmung in der Kirche bei und die unübersehbare Menge von Menschen, die alle dabei sein wollten, als der immer noch geheimnisvolle junge Mann konfirmiert wurde.

Pfarrer Fuhrmann aber muß noch mehr gekonnt haben, als seinem blassen und den Tränen nahen Konfirmanden Sinn und Bedeutung der Konfirmation verständlich zu machen. Er hat einem Menschen, der noch vier Jahre zuvor nichts von Gott wußte und auch nichts von ihm wissen wollte, der nur glaubte, was greifbar und sichtbar war, wenigstens eine Ahnung, wenn nicht mehr, von Gott dem Unbegreifbaren und Unsichtbaren vermittelt.

Der Pfarrer muß, auch wenn sich nirgendwo ein schriftlicher Beleg dafür findet, gespürt haben, daß dieser ungläubige Thomas vom ersten Tag an, dem Tag seines Auftauchens in Nürnberg, doch ein Christ war. Die wohl schwerste Forderung jenes Christus, dessen Abbild in Kaspar Mitleid, Entsetzen und Grauen weckte, war ihm eine Selbstverständlichkeit: die Forderung, seine Feinde zu lieben.

Schon im ersten Polizeiverhör hatte er mit den wenigen Worten, die ihm zu Gebote standen, gestammelt: «Mann nit bös!» Dieses Urteil über seinen unbekannten Kerkermeister hat er später mit anderen, deutlicheren Worten oft wiederholt. Die früheste deutliche Bemerkung Kaspars hat Daumer aufgezeichnet:

Trauerrede

bei der

am 20. Dezember 1833 erfolgten Beerdigung

des

am 14. desselben Monats

meuchlings ermordeten

Kaspar Hauser,

gehalten

und nur auf vielseitiges Verlangen herausgegeben

von

H. Fuhrmann,

Königl. III. Pfarrer bei St. Gumbert in Ansbach.

Bamberg 1833,
in Commission bei J. E. Dresch.

Titelblatt der 1833 gedruckten Trauerrede von Pfarrer Fuhrmann

«Eine seiner köstlichsten Äußerungen, die er im Oktober 1828 tat, ist folgende: Er denke auch deshalb ungern an seine Einsperrung zurück, weil er sich die Angst vorstelle, in der der Unbekannte, der ihn gefangenhielt, gelebt haben müsse. Dieser habe wahrscheinlich auf seinen Tod gehofft, der nicht erfolgt sei, und so glaube er, daß der Unbekannte, bis er sich seiner entledigt habe, in der qualvollsten Unruhe gelebt habe, was ihm wehe tue, wenn er sich's vorstelle. Solche Äußerungen waren damals bei Hauser weder durch Erziehung und Bildung überhaupt, noch insbesondere durch religiösen Einfluß begründet, sie flogen rein und selbständig aus seiner in ihrer Ursprünglichkeit noch ungetrübten Menschennatur, die aber das Leben in der Welt bald zum Abfall von sich selber nötigte.»

Daumers letzte Bemerkung soll wohl andeuten, daß sein Zögling in dem Bemühen, sich an die Welt anzupassen, nicht der reine, edle Wilde im Sinne Rousseaus bleiben konnte, daß er Fehler entwickelte wie Eitelkeit und offenkundige Lügenhaftigkeit. Sie bedeutet jedoch nicht, daß Kaspar je seinen Kerkermeister verdammt hätte, auch nicht, als ihm nach und nach klarer wurde, was er durch jene Jahre der Kerkerhaft unwiederbringlich verloren oder nie besessen hatte.

Ein offizielles Dokument bezeugt am besten, was Pfarrer Fuhrmann in seinem Konfirmanden bewirkte: die Polizeiprotokolle über Kaspar Hausers Sterben. Es sind nicht nur die Worte, mit denen er ausdrücklich seinem Mörder verzieh, sondern die Art und Weise, wie er starb. Er, der früher so große Angst vor weiteren Anschlägen hatte, starb so ruhig, so gefaßt, daß alle Anwesenden – vielleicht sogar Lehrer Meyer – davon beeindruckt wurden. Der Eindruck war so stark, daß die Ruhe und die Gelassenheit des Sterbenden einigen nicht ganz geheuer vorkamen.

Dr. Heidenreich stellte eine merkwürdige Überlegung an,

die in seinem gerichtsärztlichen Protokoll festgehalten ist. Auf die ihm vorgegebene Frage: «Hat Hauser Selbstmord begangen?» antwortete er, Kaspars Haltung während seiner Sterbestunde sei für ihn ein Beweis, daß er sich selber getötet habe. Denn nach seiner Erfahrung klage ein Mensch, der an einer Krankheit stirbt, ständig über seine Schmerzen und sein Schicksal, während ein Selbstmörder nie klage, nie nach der Gefährlichkeit seines Zustandes frage – er hat ihn ja selber bewirkt und seinen Tod herbeigewünscht.

Die große Welt – und Kaspar

Für Kaspar Hauser mag das Jahr 1832 arm an äußeren Ereignissen gewesen sein. Jedoch seine Person und sein Schicksal waren in der großen Welt, an den Höfen der Fürsten, in den Familien der regierenden Herrscher in Deutschland und auch im Ausland ein Gegenstand zahlloser Gespräche und Briefe geworden.

In der kleinen Welt der oft einfach genannten Leute erzählte man sich Gespenstergeschichten, in denen der verstorbene Großherzog Karl von Baden mit seinen zwei toten Söhnen an der Hand oder die bekannte weiße Dame auftauchten. Gleichzeitig gab es auch ganz konkrete Gerüchte: Jener Nürnberger Findling sei der Sohn des Großherzogs und seiner Gattin Stephanie und somit der wahre Thronprätendent von Baden. So hörte man es auf den Straßen und in den Kneipen.

Kaspar, zwischen diesen beiden Welten lebend: im kleinen Ansbach zu Gast bei adligen Familien, die, falls sie etwas aus dem Nachbarland Baden wußten, vornehm schwiegen; Kaspar, ohne jede Verbindung zum Volk der Bauern und Handwerker, zu den Kleinbürgern, Kaspar konnte nicht wissen, wie sehr sich seine Stellung in der Welt verändert hatte.

Schon im Januar 1832 war Feuerbachs Schrift über das «Verbrechen am Seelenleben» veröffentlicht worden, die zwar keine konkreten Hinweise auf Kaspar Hausers Herkunft enthielt, den aufmerksamen Leser jedoch ahnen ließ, daß hinter dem einmaligen und ungeheuerlichen Verbrechen mehr stecken mußte als persönlicher Haß oder Rache.

Drei Monate später, im März, erschienen Daumers «Mittheilungen über Kaspar Hauser». Sie ergänzten, ohne daß dies geplant war, Feuerbachs Schrift auf überzeugende Weise. Nach den klar gegliederten, relativ kurzen Ausführungen des Juristen, die den einmaligen Charakter des Verbrechens in den großen Zusammenhang der bestehenden Gesetze stellten, erfuhr der Leser aus des Erziehers umfangreicherem Buch viele anschauliche Einzelbeobachtungen, wie der Mensch, an dem das Verbrechen begangen wurde, sich entwickelte und mit der fremden Welt vertraut zu werden versuchte. Da konnte man von seinen besonderen, fast übernatürlichen Fähigkeiten lesen, man erfuhr von kleinen Begebenheiten: Kaspar im Garten beim Aussäen von Kresse, Kaspar in der Reitstunde, Kaspar und sein erstes Gewitter, Kaspar und der gestirnte Himmel über ihm, Kaspar vor dem gekreuzigten Christus – und jeder wollte möglichst genau Bescheid wissen, die kleinen Leute auf der Straße ebenso begierig wie die großen bei Hofe.

Schon am 19. Januar war Lord Stanhope zu Großherzogin Stephanie von Baden gereist, um ihr die gerade erschienene Schrift Feuerbachs persönlich zu überreichen – eine erstaunliche Tatsache, die noch einer Erklärung bedarf. Die Wirkung von Feuerbachs Darlegungen am Hofe war ungewöhnlich. Jeder sprach darüber, in Gegenwart der Großherzogin mehr allgemein Anteil nehmend am Schicksal des jungen Mannes, im kleineren Kreise deutlicher. Man prüfte Kaspar Hausers Porträt, das dem Buch beigegeben war, auf seine Ähnlichkeit mit dem Großherzog, seinem mutmaßlichen

Vater, auf die Ähnlichkeit mit seiner mutmaßlichen Mutter und seinen drei Schwestern. Das Wort «mutmaßlich» fiel dabei im Eifer des Meinungsaustauschs oft weg.

Wieweit Großherzogin Stephanie, die Adoptivtochter des französischen Kaisers, über die Gerüchte informiert war, ist nicht klar. «Nach dem Tische», berichtet Lord Stanhope in einem viele Seiten langen Brief an Feuerbach, «gab ich ihr das mitgebrachte Buch, wovon das Bild gar keinen Eindruck auf ihr machte. Sie war nicht dabei gerührt oder bewegt und sagte nur, ‹er sieht aus wie ein Bauer, und sehr gutmütig›.» Später fragte sie Stanhope nach den näheren Umständen, was man denn Genaueres vermute über Kaspar Hausers Herkunft, und bat den Lord, ihr offen Auskunft zu geben. Stanhope berichtete ihr darauf in seinem erstaunlich gutem Deutsch von «einer sehr hohen Familie», von dem «Erben eines sehr großen Vermögens», bis Stephanie ihm die verständliche und wichtige Frage stellte, «‹wie wäre es denn möglich, daß die Mutter die Mitwisserin eines solchen Verbrechens sein konnte›. Ich bemerkte, daß die Mutter gar nichts von der Sache wissen konnte, daß der nächste Erbe das Kind weggebracht hatte und es einsperren ließ, um alle früheren Erinnerungen in seiner Seele zu vertilgen, und daß man vermutlich der Mutter gemeldet habe, ihr Kind sei gestorben oder von Räubern entführt. Sie fragte darauf wehmütig: ‹Wie muß es der Mutter dabei zu Mute sein›...»

An demselben Tag noch las Stephanie das Buch, und man erzählte Lord Stanhope, «daß sie beim Mittagessen immerfort von diesem Gegenstande sprach und dabei das Essen und Trinken vergaß. Sie gab das Buch einer ihrer Töchter zu lesen, und der ganze Hof spricht jetzt von nichts anderem... Ich komme eben vom Schlosse», schreibt Stanhope weiter an Feuerbach, «wo die Großherzogin und alle ihre Umgebungen immerfort von Ihrem Werk und von der Geschichte sprachen. Man sagte mir, daß die Großherzogin beim Lesen des Werkes bitterlich weinte und lange nachher noch immer rote Augen hatte... Die Großherzogin fragte, ‹ob man das Vergnügen haben würde, Kaspar hier zu sehen?›, worauf ich antwortete: ‹Es hängt ganz von den Befehlen Eurer kaiserlichen Gnaden ab.› – ‹Ja›, sagte sie, ‹ich würde es sehr wünschen.›»

Stanhope versprach Stephanie, ihr Kaspar Hauser zuzuführen, empfahl aber, das Treffen so geheim wie möglich zu halten, damit nicht noch mehr Gerüchte in Umlauf gesetzt würden, wie er ihr erklärte. Auf diese Weise brauchte er sich nicht festzulegen und hatte erst einmal Zeit gewonnen.

Seine Reise zur Großherzogin und die persönliche Überreichung der Feuerbach-Schrift läßt sich nur so erklären, daß er selber sehen wollte, wie die Reaktionen bei Hofe waren und wie weit er den Gang der Ereignisse noch unauffällig steuern konnte. Gleichzeitig aber wollte er sich auch sicherlich das Wohlwollen des Appellationsgerichtspräsidenten erhalten. So ist es möglich, daß er auf Grund dieses Wohlwollens von Feuerbach Einzelheiten über Kaspars Vor-Geschichte erfahren hatte, über die Kindesentführung, die der Präsident in seiner Schrift mit keinem Wort erwähnt. Es ist möglich, doch bleiben die Details in Stanhopes Schilderung merkwürdig. So könnte es gewesen sein. Es gibt allerdings keine Quelle für seine Informationen.

In seinem tagebuchartigen Mammutbrief an Feuerbach zitiert Lord Stanhope auch eine Äußerung der Großherzogin, die später noch oft wiederholt werden sollte. Er berichtet nämlich, es habe schon in der Zeitung gestanden, daß die Großherzogin von Baden die Mutter Kaspar Hausers sei. «Jemand hat es auch der Großherzogin gemeldet. Sie hat tief geseufzt und gesagt: ‹Ich wünsche, daß ich es glauben könnte.›»

Soweit Stanhopes Schilderung. Über die Reaktionen auf das Daumersche Kaspar-Hauser-Buch gibt es keinen so ausführlichen Bericht. Aber es wurde viel gelesen und viel diskutiert, nicht nur in Nürnberg und Ansbach. Nach diesen beiden aufsehenerregenden Veröffentlichungen drohte die Schmähschrift des Polizeirats Merker, «Caspar Hauser, nicht unwahrscheinlich ein Betrüger», in Vergessenheit zu geraten. Das war eine gefährliche Entwicklung nicht nur für die alten Anhänger der Betrügerlegende, sondern viel mehr noch für einen bedeutenderen und einflußreicheren Personenkreis: das Haus Baden und seine zahlreiche und hochgestellte Verwandtschaft. Denn wenn es jetzt zu einem öffentlichen Skandal, zu weiteren Enthüllungen käme, würden viele Paläste erschüttert werden. Die Zeiten waren unruhig.

Im Juli 1830 waren in Frankreich die Bourbonen gestürzt worden, und die Unruhen hatten schnell auf andere Länder übergegriffen. Am 2. September war es zu Aufständen in mehreren Städten des Königreichs Sachsen gekommen. Die Bürger forderten eine Verfassung und mehr Freiheiten für sich, die Bauern die Abschaffung der Feudallasten. Ein paar Tage später gab es Unruhen in Braunschweig, mehr als nur Unruhen. Herzog Karl wurde vertrieben, sein Schloß von Aufständischen zerstört. Wenige Tage später mußte der Kurfürst von Hessen der Forderung der Bürger nach einer Verfassung nachgeben, und Ende September machten die Bauern einen bewaffneten Aufstand im Großherzogtum Hessen-Darmstadt. Man könnte die Liste weiter verlängern, und es wäre immer noch der September 1830.

Das Jahr 1831 ließ sich nicht viel besser an für die regierenden Fürsten. Im Januar erreichten im Königreich Hannover die Unruhen einen Höhepunkt. Die bewaffneten Widerständler – Bürger und Studenten – wurden zwar niedergekämpft, erreichten aber trotzdem die Entlassung der reaktionären Regierung. Im Mai desselben Jahres wurde, wenn auch auf weniger gewalttätige Weise, der eigentlich im Volk beliebte, aber doch allmählich mehr und mehr absolutistische Neigungen zeigende König Ludwig I. von Bayern durch die liberale Mehrheit des Landtages gezwungen, die bestehende Regierung zu entlassen.

Im Jahre 1832 fand am 27. Mai das «Hambacher Fest» statt, an dem auch Delegierte aus Frankreich und Polen teilnahmen und zusammen mit den deutschen Teilnehmern zum Widerstand gegen die Vormachtstellung der Fürsten aufriefen.

Wenn auch Georg Büchners bekannter Ruf: «Friede den Hütten! Krieg den Palästen!» erst zwei Jahre später gedruckt wurde – daß die Paläste der Mächtigen nicht mehr so fest standen, wie ihre Besitzer das gewohnt waren, wußten die Zeitungsleser trotz der immer schärfer werdenden Zensurbestimmungen.

Der ranghöchste Jurist des Rezatkreises, des heutigen Mittelfranken, Anselm Ritter von Feuerbach, wußte, was er tat, als er im Januar 1832 den Schlußpunkt setzte hinter das, was er, nach dem Anschlag auf Kaspars Leben in Nürnberg, in langen und geheimen Recherchen herausgefunden hatte. Das Ergebnis und Feuerbachs Schlußfolgerungen lagen nun in einer lückenlosen Kette schriftlich vor ihm: eine Schrift, noch kürzer als die erste, aber weit gewichtiger, ihre Folgen kaum vorherzusehen. An eine Veröffentlichung war nicht zu denken, das war Feuerbach klar. Er wollte keinen Skandal, sondern ein Eingreifen von höchster Stelle.

Im Februar übergab der Polizeioberleutnant Hickel in Feuerbachs Auftrag der Königin-Witwe Karoline von Bayern ein geheimes *Mémoire*. So nannte man damals eine Denkschrift über eine staats- oder völkerrechtliche Frage. Gegenstand der «staatsrechtlichen Frage», die Feuerbach seiner Königin vorlegte, war der Mensch, der Kaspar Hauser genannt wurde.

In dem Begleitschreiben zu dem *Mémoire* erlaubt sich der «allerunterthänigst Unterzeichnete Ew. Königl. Majestät eine Schrift ehrfurchtsvollst zu überreichen, deren in ganz Europa vielbesprochener Gegenstand – Kaspar Hauser – wegen des grauenhaften Schicksals dieses liebenswürdigen Jünglingskindes, wegen des geheimnißvollen Dunkels, das über dessen Stand und Herkunft verbreitet ist, und besonders auch wegen der in geistiger und sittlicher Hinsicht höchst merkwürdigen Persönlichkeit... die allgemeine Aufmerksamkeit und Theilnahme erregt hat».

Feuerbach begründete sein Vorhaben, die Schrift an die höchste Instanz, die Königin von Bayern, zu richten, mit der Vermutung, es handle sich hier um ein «Majestäts-Verbrechen». Der Brief schließt mit der «Versicherung ewiger Treue und Devotion».

In diesem Ton verkehrte man, auch oder gerade wenn man eine hohe Staatsstellung innehatte, im Jahre 1832 mit königlichen Majestäten. Die Höflichkeitsfloskeln sollten jedoch nicht dazu verführen, in dem Schreiber einen besonders unterwürfigen Menschen zu vermuten. Im Gegenteil, sie lassen den sachlichen, vorbehaltlosen, durch keine höfliche Phrase gemilderten Stil und Ton der eigentlichen Schrift um so deutlicher hervortreten.

Feuerbach hatte den Mut, die von ihm recherchierten Fakten, seine Schlußfolgerungen und die sich daraus ergebende Anklage der Königin darzulegen, und er war sich seiner alleinigen Verantwortung bewußt.

Er beginnt seine Schrift mit dem Hinweis auf den vor Gericht zugelassenen Indizienbeweis, den er «Vermutungsbeweis» nennt. Diese Art der Beweisführung vermag, wenn die Glieder ihrer Kette nur «fein» genug sind und «fest ineinandergreifen ... eine sehr starke menschliche Vermuthung, wo nicht vollständige moralische Gewißheit zu begründen». In seiner streng gegliederten Darstellung nennt Feuerbach dann im ersten, dem allgemeinen Teil, das erste Glied dieser Beweiskette:

«I.1. Kaspar Hauser ist kein uneheliches, sondern ein eheliches Kind». Ein uneheliches Kind, so argumentiert Feuerbach, sei leichter, das heißt auf weniger umständliche und vor allem weniger gefährliche Weise zu beseitigen als ein eheliches. «Kurz: man denke sich Kaspar als uneheliches Kind vornehmer oder geringer, reicher oder armer Eltern: so steht das Mittel außer allem Verhältniß zu seinem Zweck. Ganz ohne Ursache, gleichsam bloß zum Scherz, übernimmt Niemand die Last eines schweren Capitalverbrechens, zumal wenn er dabei noch obendrein die qual- und angstvolle Mühe hat, dieses Capitalverbrechen 16–17 Jahre lang sorgfältig fortsetzen zu müssen.»
«I.2. Bei den an Kaspar begangenen Verbrechen sind Personen betheiligt, welche über große außergewöhnliche Mittel zu gebieten haben.» Die Begründung für diese Behauptung sieht der Verfasser in der unbestrittenen Tatsache, daß sich trotz der ungewöhnlich hohen ausgesetzten Belohnungen nie ein Zeuge, nie eine Spur gefunden hat. «All Dieses wird nur daraus erklärbar, daß mächtige und sehr reiche Personen dabei betheiligt sind, welche über gemeine Hindernisse kühn hinwegzuschreiten die Mittel haben, welche durch Furcht, außerordentliche Vortheile und große Hoffnungen willige Werkzeuge in Bewegung zu setzen, Zungen zu fesseln und goldene Schlösser vor mehr als Einen Mund zu legen, die Macht besitzen.»
«I.3. Kaspar muß eine Person sein, an dessen Leben oder Tod sich große Interessen knüpfen.» Feuerbachs Begründung ist einleuchtend: Kein Mensch würde für die Ermordung irgendeines Findlings den «Tod auf dem Schaffot» auf sich neh-

men. «Er muß eine Person sein, deren Leben, selbst bei der entfernten Gefahr, es könnte einmal ihr Stand und wahrer Name entdeckt werden, die Existenz anderer, und zwar so hoch bedeutender Personen bedrohte, daß er um jeden Preis, auf jede Gefahr hin, aus dem Wege geräumt werden mußte, und daß zugleich Menschen gefunden werden konnten, die solch ein Wagstück unternahmen.»
«I.4. Nicht Rache, nicht Haß konnten die Motive zur Einkerkerung dieses unschuldigen, harmlosen Menschen gewesen sein.» Es bleibt die einzig mögliche Schlußfolgerung: die Beseitigung aus Eigennutz. «Er wurde entfernt, damit Anderen Vortheile zugewendet und für immer gesichert würden, welche von Rechts wegen nur ihm gebührten; er mußte verschwinden, damit Andere ihn beerben, er sollte ermordet werden, damit Jene in der Erbschaft sich behaupten konnten.»
«I.5. Er muß eine Person hoher Geburt, fürstlichen Standes sein.» In diesem relativ langen fünften Abschnitt seiner Beweiskette führt der Jurist als Begründung – «seltsam genug», wie er selber einschiebt – Kaspars Träume von einem Schloß an. Er gibt, offenbar weil er hier Widerspruch fürchtet, den vollen Wortlaut des Traums vom 15. August 1828 wieder, wie Kaspar ihn selber zu Papier gebracht hatte. Feuerbach betont ausdrücklich seine feste Überzeugung, daß diese «Träume nichts Anderes gewesen sein können als wiedererwachte Erinnerungen aus seiner frühen Jugend».

Damit endet Teil I des *Mémoire*, der sich mit den allgemeinen Umständen befaßt. Feuerbach setzt an das Ende die Zusammenfassung: «Kaspar Hauser ist das eheliche Kind fürstlicher Eltern, welches hinweggeschafft worden ist, um Andern, denen er im Wege stand, die Succession zu eröffnen.»

Den folgenden Teil II überschreibt er: *«Die Gefangenhaltung Kaspar's insbesondere betreffend.»* Überraschend ausführlich übernimmt Feuerbach hier Kaspars eigene Schilderung seiner Kerkerhaft, um dann zwei Punkte hervorzuheben, die ihm wesentlich erscheinen. Der eine betrifft die Vermutung, «der Mann, der unseren Kaspar gefangen hielt, war sein Wohltäter, sein Retter; er hielt ihn gefangen, um ihn vor seinen Verfolgern, vor denen, die ihm nach dem Leben trachteten, zu verbergen». Feuerbachs Argumente: die reinliche und sorgfältige körperliche Pflege des Gefangenen, das ihm beigegebene Spielzeug. Der zweite Punkt ist wichtiger und überzeugender begründet: Da nie ein Kind aus einer vornehmen, angesehenen Familie als verschwunden gemeldet wurde, bleiben zur Erklärung nur die amtlich für tot erklärten Personen. Wieder gibt Feuerbach selber eine Zusammenfassung dieses Teils:

«Das Kind, in dessen Person der nächste Erbe, oder der ganze Mannesstamm seiner Familie erlöschen sollte, wurde heimlich beiseite geschafft, um nie wieder zu erscheinen. Um aber den Verdacht eines Verbrechens zu entfernen, wurde diesem Kinde, welches vielleicht, als es beseitigt wurde, gerade krank zu Bette gelegen hatte, ein anderes bereits verstorbenes oder sterbendes Kind untergeschoben, dieses alsdann als todt ausgestellt und begraben, und so Kaspar angeblich in die Todtenliste gebracht.»

Teil III des *Mémoire* betrifft die *«Frage, in welche hohe Familie Kaspar gehören möge?»*. Hier, in diesem wichtigsten Teil, müssen nun Namen genannt werden. Feuerbach tut das. Allerdings nennt er nur die Anfangsbuchstaben, oft auch die Vornamen, immer die dazugehörigen Titel. Für die Königin von Bayern genügten diese Abkürzungen, für den heutigen Leser sind sie jedoch schwer zu entschlüsseln, falls er in der Genealogie des badischen Fürstenhauses nicht gut bewandert ist. Im folgenden setze ich daher in meiner Zusammenfassung dieses letzten Teils die vollen Namen und Titel ein. Aus dem «Gr. C.» wird also ein Großherzog Carl, aus der «Gr. H.» die Gräfin Hochberg und aus dem «Prinzen N. N.» wird – gar nichts. Das bedarf einer Erklärung, die Feuerbach nicht für nötig hielt. Es verbirgt sich dahinter der namenlos gebliebene badische Erbprinz, der in einer überstürzten Nottaufe, entgegen den Vorschriften des Taufrituals, keinen Namen bekam. Es verbirgt sich hinter diesem traurigen «N. N.» das Kind, das nicht starb, das, wie Feuerbach dargelegt hat, ausgetauscht, versteckt und später Kaspar Hauser genannt wurde.

Feuerbach beginnt diesen, den letzten Teil des *Mémoire* ohne Umschweife mit der Feststellung: «Es ist nur Ein Haus bekannt, auf welches nicht nur mehrere zusammentreffende allgemeine Verdachtsgründe hinweisen, sondern welches auch durch einen ganz besonderen Umstand speciell bezeichnet ist, nämlich – die Feder sträubt sich, diesen Gedanken niederzuschreiben – das Haus Baden. Auf höchst auffallende Weise, gegen alle menschliche Vermutung, erlosch auf einmal in seinem Mannesstamme das alte Haus der Zähringer, um einem blos aus morganatischer Ehe entsprossenen Nebenzweige Platz zu machen. Dieses Aussterben des Mannesstammes ereignet sich nicht etwa in einer kinderlosen, sondern – seltsam genug! – in einer mit Kindern wohlgesegneten Familie. Was noch verdächtiger: zwei Söhne waren geboren; aber diese beiden Söhne starben, und nur *sie* starben, während die Kinder weiblichen Geschlechts insgesamt bis auf den heutigen Tag noch in frischer Gesundheit blühen.»

Als weiteren «besonderen Umstand» nennt Feuerbach im folgenden die Tatsache, daß der Tod beide Knaben «gleichsam aus der Wiege» holt, und zwar mitten aus der Reihe der Schwestern. «Zwischen den beiden Prinzessinnen Luise und Josephine stirbt der erstgeborene Prinz N. N. am 16. October 1812, zwischen den Prinzessinnen Josephine und Maria stirbt am 8. Mai 1817 der Prinz Alexander.»

Feuerbach nennt dann die Frau, die das unmittelbarste

Großherzogin Stephanie von Baden (1789–1860)

Großherzog Karl von Baden (1786–1818)

Interesse am Aussterben des Mannesstammes hatte, die Gräfin Hochberg mit ihren drei Söhnen. «Denn waren ihre Kinder aus morganatischer Ehe für successionsfähig anerkannt und war der Mannesstamm im Hause des Großherzogs Carl von Baden untergegangen, so mußte wohl nach kurzer Zeit die Succession an die Hochbergsche Familie kommen.»

Erstaunlich ist, daß der Jurist an dieser Stelle seiner Beweisführung etwas sehr Unjuristisches tut: Er schiebt einen Absatz ein, dessen Inhalt ihm nur als Gerücht bekannt geworden ist, da er die Dame persönlich nicht kennt. Er gibt eine Charakteristik der vermutlichen Anstifterin des Verbrechens:

«Die Gräfin Hochberg wird überdies als eine Dame bezeichnet, welche gegen die Gemahlin des Großherzogs Carl tiefen Haß getragen, welche dabei von unbegrenztem Ehrgeiz und eines solchen Charakters sei, der sie um die Mittel zu ihren Zwecken wenig verlegen mache.»

Wer die bekanntesten zeitgenössischen Porträts der beiden Gegenspielerinnen vergleicht, wird keine Mühe haben, die Antwort auf die Frage *Who's who?* selber zu finden. Das schmale, feine Gesicht der Großherzogin mit den schweren, schwermütigen Augenlidern und dem kleinen, etwas verhärmten Mund, der resignierte, fast leidende Gesichtsausdruck bilden einen starken Kontrast zu dem breiteren Gesicht der Gräfin, deren etwas grober, breitflügeliger Nase und dem maliziösen Mund. Sympathisch wirkt diese Dame nicht, obgleich ihr Kleid, einfach, fast lässig, mit schmalen Trägern, und ihre Frisur, lange, wuselige, absichtlich unordentliche Locken, viel eher unserem modernen Geschmack entsprechen als das kunstvoll geraffte Gewand der Herzogin und ihre symmetrisch aufgerollten Locken.

Was Feuerbach nicht erwähnt ist die Tatsache, daß noch im Todesjahr des zweiten Prinzen dessen nachfolgeberechtigter Onkel, der Markgraf Friedrich starb, und ein Jahr später, 1818, der Vater der Prinzenkinder, der regierende Großherzog Karl, im Alter von nur 32 Jahren. Die Gräfin Hochberg mußte allerdings weiter warten, denn da war noch ein Großonkel, der die Regierung übernahm. Er starb kinderlos und unverheiratet im Jahre 1830. Ihm folgte Leopold, der erstgeborene Sohn der Gräfin Hochberg, auf dem Thron – dem Thron, der nach Feuerbachs Beweiskette jenem namenlosen Findling zustand, um dessentwillen er sein *Mémoire* abgefaßt hatte.

In der zweiten Hälfte des letzten Teils erläutert Feuerbach seine Meinung im Zusammenhang mit den Daten im Leben der beiden Prinzen. Im Auftauchbrief wird behauptet, Kaspar sei am 30. April 1812 geboren, das Geburtsdatum des Erbprinzen N. N. ist der 29. September 1812, immerhin das gleiche Jahr. Mehr noch: der Monat Oktober 1812 ist der offizielle Sterbemonat des Prinzen N. N. und der Monat, in dem, wieder laut Auftauchbrief, das fremde Kind dem Unbekannten vor die Tür gelegt worden sein soll. Das nach Feuerbachs Überzeugung falsche Geburtsdatum, der 30. April, ist jedoch, wie er sagt, «von höchster Bedeutung. Dieser ist nämlich gerade der Geburtstag des zweiten Prinzen, von Alexander.» Feuerbach hält diese Übereinstimmung nicht für Flüchtigkeitsfehler des Unbekannten, sondern für Verschleierungstaktik.

Feuerbach schließt sein *Mémoire* erstaunlicherweise mit der Erwähnung eines Gerüchts, das er «für nicht unbedeutend» hält. Es ist das Gerücht, das sich nicht lange nach Kaspars Auftauchen in Nürnberg verbreitete: «Kaspar sei ein für todt ausgegebener Prinz das badischen Hauses, und zwar ein Sohn der Großherzogin Stephanie.» Er betont, daß dieses Gerücht immer wieder auftauchte, «am lautesten aber in der neuesten Zeit». Der Jurist fügt hinzu: «Gerüchte sind freilich nur Gerüchte, sind aber darum nicht zu verachten...

Aus diesen Gründen zählen die Rechtsgelehrten auch Gerüchte (die famam publicam) zu den Anzeigen (Indicien) von Verbrechen und deren Urhebern oder Theilnehmern.»

Mit diesem Satz endet das berühmte *Mémoire*, das hier gekürzt, aber in der Abfolge der Beweisglieder genau wiedergegeben wurde. Nur an einer Stelle erlaubt sich Feuerbach eine kurze Abschweifung:

«Das Schicksal eines Mannes aus der Familie des Grafen Stanhope kann hiermit in Vergleichung gestellt werden. Es war, wie ich glaube, der Ur-Urgroßvater des Grafen Stanhope; dieser war von Cromwell geächtet und wurde, bis ihm die Flucht gelang, von seiner ihn zärtlich liebenden Tochter in einem Grabgewölbe verborgen gehalten, wo sie ihn mit einzelnen Brocken, die sie beim Essen heimlich zu sich steckte, auf eigne Lebensgefahr kümmerlich ernährte.»

Feuerbach kann diese kleine Familienlegende nur aus dem Munde des Lords Stanhope gehört haben, des Lords, den er für Kaspars und seinen eigenen treuen Freund hielt. Er erzählt sie also offensichtlich, um die geheime Kerkerhaft Kaspars glaubwürdiger zu machen. Für uns, die wir heute mehr wissen, nämlich daß der Lord zu jener Zeit schon angefangen hatte, Kaspar als Betrüger hinzustellen, könnte diese harmlose Geschichte plötzlich ein negatives Vorzeichen erhalten: Der Lord wußte aus seiner eigenen Familie, daß man einen Menschen sehr gut sehr lange heimlich in einem dunklen Loch gefangenhalten kann.

Feuerbachs Tod

Von dem *Mémoire* erfuhr Kaspar Hauser nichts. Es wurde erst viele Jahre nach Feuerbachs Tod von seinem Sohn Ludwig veröffentlicht.

Nur zwei Wochen nach der Konfirmation erhielt Kaspar

eine schlimme Nachricht. Sein zuverlässigster Freund, sein einflußreichster Beschützer Anselm Ritter von Feuerbach war gestorben. Am Pfingstmontag 1833, genau fünf Jahre nach Kaspars Erscheinen in Nürnberg, war Feuerbach plötzlich erkrankt und starb nur zwei Tage später im Alter von 42 Jahren. «Tief erschütterte die Trauerpost den armen Hauser. Er kam zu mir mit einem Strom von Tränen», berichtete ein Ansbacher Hofrat.

Die näheren Umstände dieses plötzlichen Todes verbreiteten sich sehr rasch. An jenem Pfingstmontag machte der Präsident mit seiner jüngsten Tochter Elise, einigen Freunden und einem Diener eine Spazierfahrt in die Umgebung Frankfurts. Auf einer Wiese legte die Gesellschaft ein Picknick ein, zu dem der Diener Wein, Brot und Wurst aus der Kutsche herbeitrug. Feuerbach trank zwei Gläser Wein «bei vollkommener Heiterkeit», doch gleich nach der Mahlzeit klagte er über starke Magenbeschwerden, die sich so rasch verschlimmerten, daß die Ausfahrt abgebrochen werden mußte. In der Nähe war ein Gasthof, wo sich der Kranke hinlegen konnte. Sein Zustand wurde jedoch so beunruhigend, daß man schleunigst nach Hause weiterfuhr. Aber schon auf der Hälfte des Weges «versagten die Sprechwerkzeuge den Dienst; er bat schriftlich um möglichste Eile. Bei der Ankunft im elterlichen Haus trug man ihn aus dem Wagen; die linke Seite war gelähmt, die rechte tätig, so daß er damit bis zwei Stunden vor seinem Hinscheiden schriftlich, scheinbar mit geschlossenen Augen, sein Begehren äußern, seine Besorgnis (der Mundsperre) zu erkennen geben, seine Beklemmung auf Brust und Magen und seine ‹Höllenangst› klagen konnte.»

Zwei Tage später starb er. Er starb einen schrecklichen Tod. Seine Schmerzensschreie waren bis auf die Straße zu hören, so daß die Leute stehenblieben. Sein Freund, der Staatsrat Klüber aus Frankfurt, berichtete Daumer in einem langen Brief, aus dem ich oben zitiert habe, von Feuerbachs Sterben. Er fügte seiner Beschreibung auch noch den Obduktionsbefund hinzu: «Heute morgen zeigten sich, bei der von ihm verlangten Leichenöffnung, alle edlen Teile ohne Fehler, die Krankheit wurde für nervös erklärt. Morgen früh wird seine sterbliche Hülle der Mutter Erde übergeben.»

Daumer fand einen Satz aus diesem Brief besonders beachtenswert: «Grenzenlos, an Wut grenzend, war in der ersten Zeit der Schmerz der geliebten und liebenswürdigen Tochter.» Er fragte sich: «Worauf bezog sich das an ‹Wut› grenzende Benehmen der Tochter? Ein solcher hoher Grad von Zorn und Erbitterung muß einen anderen Gegenstand haben als ein bloßes Naturereignis, ein einfacher Todesfall, bei welchem eine menschliche Absicht und Verschuldung nicht in Rücksicht kommt. Es gibt sich mit einem Wort der Glaube an eine Vergiftung, wie er sich auch im Publikum gemeldet hat und wie er durch Klübers eben mitgeteilte Schilderung in der Art bestätigt wird, daß man ihm vollends gar nicht mehr ausweichen kann. Ein näherer Verdacht fällt auf die Wurst und den Wein, welche Feuerbach auf der Wiese genossen; eines dieser beiden Lebensmittel scheint das Gift enthalten zu haben, durch welches der zuvor in ganz ungewöhnlichem Grade gekräftigte und lebensvolle Mann mit einem Male so schwer erkrankte und einem so schnellen Ende entgegengeführt wurde. Mehrere Leiden des Hinsterbenden, namentlich Brustbeklemmung, Lähmung und ganz besonders jenes von ihm als ‹Höllenangst› bezeichnete ungeheure Angstgefühl machen sich als Symptome der Arsenikvergiftung bemerklich.»

Sicher, all dies sind nur Vermutungen. Aber fest steht, daß Feuerbach selber, als er schon halbseitig gelähmt war, auf einem jener Zettel eine Obduktion forderte. Fest steht, daß er auf einem anderen Zettel kurz vorher die Worte geschrieben hatte: «Man hat mir etwas gegeben.» Fest steht auch, daß Feuerbach schon seit längerem um sein Leben fürchtete wegen seiner Nachforschungen über Kaspar Hausers Abstammung. Und ein letztes: Seine Töchter und Söhne waren bis zu ihrem Tod überzeugt, ihr Vater sei vergiftet worden. Diese Kinder waren nun nicht Menschen, die nichts Besseres zu tun hatten, als haltlose Gerüchte zu verbreiten. Der älteste Sohn, Anselm, war Professor der Philosophie und zu seiner Zeit ein berühmter Archäologe; der zweite, Karl Wilhelm, Professor der Mathematik; der dritte, Eduard August, ordentlicher Professor der Rechte in Erlangen; der vierte Sohn muß vor allem deshalb genannt werden, weil er der Vater des noch heute berühmten Religionsphilosophen Ludwig von Feuerbach war; ein anderer Enkel ist der nicht minder berühmte Maler Anselm von Feuerbach; der fünfte Sohn, Friedrich Heinrich, studierte orientalische Sprachen und machte sich einen Namen als Religionsphilosoph.

Das Ergebnis der Obduktion: «Alle edlen Teile ohne Fehler» besagt nicht viel. Der noch heute benutzte «Marsh-Test» galt lange schon als eine zuverlässige Methode zur Bestimmung von kleinsten Mengen Arsen in Haaren, Fingernägeln und Knochen. Der Test wurde freilich erst im Jahre 1836 amtlich eingeführt, drei Jahre nach Feuerbachs Tod. Die medizinischen Anzeichen für eine Arsenikvergiftung sind nicht von der Hand zu weisen.

Das bedeutet aber: Bis 1836 hatten es Giftmörder außerordentlich leicht, ihre Verbrechen zu vertuschen. Arsen war das ideale Gift für sie. Erstens war es leicht zu beschaffen, nahmen doch manche Menschen regelmäßig geringe Mengen davon zu sich, weil es als ein kosmetisch-medizinisches Schönheitsmittel für eine reine Haut galt. Zweitens ist es geruchlos, geschmacklos und farblos, konnte also leicht jedem Essen oder Getränk beigemischt werden. Und wenn der Mischer den Mord besonders gut tarnen wollte, benutzte er zunächst kleine, nicht tödliche Dosen, die dem Opfer nur Magenverstimmungen verursachten; diese sollten dann später, nach der lethalen Dosis, dem Arzt nahelegen, auf dem Totenschein eine nervöse Magen- und Darmerkrankung als Todesursache einzutragen. Feuerbach hatte nachweislich im Jahr vor seinem Tod mehrmals Anfälle von Magenkrämpfen.

Die von Daumer genannten Symptome decken sich mit den von Klüber beschriebenen Leiden Feuerbachs: heftiger Schmerz in der Magengegend, Krämpfe, Lähmungserscheinungen, auch im Bereich des «Schlundes» – die «Mundsperre», die er erwähnt. Der Brockhaus von 1892 konstatiert: «Meist endet die Vergiftung erst nach zwei bis drei Tagen mit dem Tode.» Feuerbach starb zwei Tage nach dem verhängnisvollen Picknick.

Auch wenn man annimmt, die ganze Familie Feuerbach habe sich immer mehr in ihren Glauben an eine Vergiftung hineingesteigert – selbst die Enkel hielten noch an der Überzeugung ihrer Eltern fest –, so machen doch allein die oben aufgeführten Tatsachen, auch im Zusammenhang mit dem Inhalt des *Mémoire*, es unwahrscheinlich, daß Anselm von Feuerbach ein halbes Jahr vor dem Mord an Kaspar Hauser plötzlich im besten Mannesalter eines natürlichen Todes gestorben sein soll.

Übrigens: Lord Stanhope befand sich am Tage des Picknicks in Frankfurt, nur ein paar Kilometer vom Ort des Geschehens entfernt, während er gerade in den ersten Monaten des Jahres 1833 ständig in der Welt umhergereist war.

Ob Kaspar etwas von den Gerüchten über einen Giftmord an Feuerbach hörte, wissen wir nicht, doch ist es unwahrscheinlich, daß ihm gar nichts davon zu Ohren kam, denn er verkehrte weiter im Daumerschen und wohl auch im Feuerbachschen Hause. Während der folgenden Monate bedrängte ihn immer wieder ein Gefühl drohenden Unheils, und er fürchtete sich vor einem zweiten Attentat. Von seinen

Ängsten sprach er zu mehreren Bekannten, und er fand schließlich sogar eine Gelegenheit, seine Ängste öffentlich und an höchster Stelle auszusprechen.

In den letzten Augusttagen des Jahres 1833 fand in Nürnberg mit viel Pracht und Prominenz ein Nationalfest statt, zu dem mehrere königliche Hoheiten herbeigereist waren. Das immer noch berühmte «Kind von Europa» wurde der Königinwitwe Karoline von Bayern vorgestellt – ihr hatte Feuerbach sein *Mémoire* übersandt –, dann König Ludwig I. und seiner Gattin Therese. Ihr durfte Kaspar im festlich geschmückten Königszelt eines seiner kleinen Aquarelle überreichen, und die Königin unterhielt sich mit dem freundlichen jungen Mann. Der war stolz und glücklich über diese Ehre – wer wollte es ihm verargen? Doch trotz allen mit dieser Begegnung verbundenen Aufregungen vergaß Kaspar am Ende des Gesprächs nicht, was er sich vorgenommen hatte: Er bat um Straffreiheit für seinen unbekannten Kermeister und fügte erklärend hinzu, «dies sei das einzige Mittel, sein Leben vor Meuchelmördern sicherzustellen».

Eine Liebesgeschichte?

War das Jahr 1832 für Kaspar Hauser arm an äußeren Ereignissen gewesen, so füllte sich sein letztes Jahr mit vielerlei neuen Erfahrungen und offiziellen Einladungen, die ihm häufig zur Flucht aus der kleinbürgerlichen Enge und den pedantischen Erziehungsattacken im Meyerschen Hause verhalfen.

Schon allein Kaspars Verkehr in vornehmen Familien, sein Herumgereicht- und Vorgestelltwerden, die Bekanntschaft mit Fürsten und Königen mußten Lehrer Meyer, der an alldem nicht teilhatte, ein Dorn im Auge sein. Er vermutete, sicher nicht ganz zu Unrecht, einen ungünstigen Einfluß auf seinen Schüler und versuchte deshalb, ihm möglichst oft klarzumachen, daß er nur ein kleiner Gerichtsschreiber und vor allem immer noch ein unmündiger und keineswegs zufriedenstellender Schüler war.

So geht Kaspar weiter ins Gerichtsgebäude und zu seinen verschiedenen Lehrern, die vom edlen Lord Stanhope bezahlt werden. In Nürnberg hatten ihn übrigens alle Lehrer einschließlich des Reitlehrers kostenlos unterrichtet. Er bringt lateinische Übungssätze mit Vocativus und Ablativus zu Papier: *Lege saepe Ciceronem, amice mi*, und *Sol mundum totum luce sua complet*. Er füllt viele Seiten seines Rechenheftes mit endlosen Zahlenkolonnen und mit Textaufgaben: «Von einem Zeug, das 2 Ellen breit ist, braucht man 8 ¼ Ellen zu einem Kleide, wie viel Ellen sind von einem 1 ⅛ Ellen breiten Zeug nöthig?» So entziffere ich jedenfalls Kaspars ordentliche Handschrift – lateinische Schrift für die lateinischen Sätze, deutsche Schrift für die «eingekleideten» Rechenaufgaben; ich hoffe für Kaspar, daß sein Endergebnis «14 ⅔ Ellen» stimmt.

Die lateinischen Sätzchen und die Rechenaufgaben liegen auf dem Niveau einer heutigen 5. Klasse, und doch machten sie dem zwanzigjährigen Kaspar Mühe. Es ging langsam voran mit seinen Fortschritten, und er mußte manchen Tadel seiner Lehrer einstecken, obwohl er sich so viel Mühe gab. Man stelle sich vor, wie dieser Fünftkläßler am nächsten Tag dem König von Bayern und seiner Gemahlin vorgestellt wird, der Königin-Witwe Karoline ebenso wie der Fürstin von Liegnitz, der morganatischen Gemahlin König Wilhelms III. von Preußen. Die Fürstin verspricht ihm, gewiß im Einvernehmen mit ihrem Gemahl, «Schutz und Verantwortung» für ihn zu übernehmen, falls Lord Stanhope seine Verpflichtungen nicht einhalten sollte.

Manchmal geschah es auch, daß umgekehrt ihm, dem berühmten Kind von Europa, jemand vorgestellt wurde. In

Bamberg, Kaspar sollte wieder einmal einer mutmaßlichen Person aus seiner mutmaßlichen Vergangenheit gegenübergestellt werden, wieder einmal ergebnislos – in Bamberg wurde ihm ein unbekannter junger Mann vorgestellt, wie Kaspar kaum zwanzig Jahre alt, mit einem glatten, freundlichen, etwas weichen Gesicht. Sein Name war Richard Wagner. Die beiden jungen Männer hatten einander nicht viel zu sagen.

Einer jungen Frau, Caroline Kannewurf, hatte Kaspar mehr zu sagen; er lernte sie während des Nationalfestes in Nürnberg, im Hause seines ersten Gönners und wirklichen Freundes, kennen, bei Bürgermeister Binder, dessen Schwägerin sie war. Kaspar besuchte mit ihr mehrere Veranstaltungen. Sie machten Spaziergänge zu zweit. Am 30. August 1833 betrachteten sie gemeinsam das Porträt des Hieronymus Holtzschuher.

Wie schon oft beim Verfolgen von Kaspar Hausers kurzem Lebensweg bedrückt die Tatsache, daß hier ein Mensch auf jeder Station seines Weges beobachtet wurde. Immerhin stammt dieses letzte Detail ausnahmsweise nicht aus Polizeiakten, sondern aus der «Subscriptionsliste für diejenigen, welche das von der Meisterhand des unsterblichen Albrecht Dürer gemalte Porträt des Hieronymus Holtzschuher gesehen haben». In dieser Liste, zwischen vielen anderen Namen, «dankt den gefälligen Besitzern herzlich Caroline Kannewurf aus Wien», und schräg darunter steht der Namenszug «Kaspar Hauser», ohne Angabe, woher er stammt.

Anfang September kehrte Kaspar in den unwirtlichen Schoß der Familie Meyer nach Ansbach zurück, während Caroline Kannewurf wieder nach Wien reiste.

Kaspar hatte noch drei Monate Leben vor sich. Ab und zu trafen Briefe des Lords ein, mal aus Wien, mal aus Venedig, mal aus Klagenfurt. Der bereits Enttäuschte mußte dann Schlußsätze wie den folgenden lesen, am 9. Oktober geschrieben: «Ich brauche nicht hinzuzusetzen, daß ich Dir, mein theuerster Kaspar, alles Glück und Segen sehnlich wünsche, und daß ich bin und bleibe Dein Dich treulich liebender Pflegevater G. St.»

Aus demselben Jahr 1833 ist ein Sinnspruch in Kaspar Hausers Handschrift erhalten geblieben: «Hast du nicht Kraft genug, gut zu sein, so habe den Muth, es auch nicht scheinen zu wollen. Warum scheinen wollen, was du nicht das Herz hast, zu sein? Anderer Leute Meinung kann dich zu nichts machen, was du nicht bist. Sey wirklich ein braver Mann – oder laß auch den Schein fahren.»

Manchmal trafen auch Briefe des Lords ein, in denen Kaspar gebeten wurde, ein Porträt von Stanhope an hochgestellte Persönlichkeiten zu schicken, «jedes aber auf einer hölzernen Rolle in Glanzleinwand eingepackt». Es handelte sich dabei um das bekannteste Bild des Lords, auf dem er sich in voller Figur und großer Pose hatte malen lassen: in Galakleidung, einen schweren Hermelinmantel um die Schultern, in Spitzenjabot und Kniehosen, die seine seidenbestrumpften Beine, eins von vorn, eins von der Seite, prächtig zur Geltung bringen. In der linken Hand hält er die riesige Krone des Pairs von Großbritannien und im Hintergrund, fern, aber deutlich, ragen die beiden normannischen Türme seines Schlosses auf – kurz: königlich.

Eines der Porträts ging, wie wir wissen, an einen Freund des Lords, den Stanhopes Familie gebeten hatte, Stanhope doch zur Einstellung der Unterhaltszahlungen an Kaspar Hauser zu bewegen. Das Bild war die huldvoll nichtssagende Antwort des Lords.

Die Post brachte auch Briefe von Frau Kannewurf. Über Einzelheiten unterrichten uns wieder einmal die Polizeiakten, denn die junge Frau wurde nach Kaspars Ermordung polizeilich in Wien vernommen. Sie wurde, wie üblich, als erstes zur Person befragt, und so erfahren wir: «Ich heiße

Caroline Kannewurf, bin 34 Jahre alt, zu Bayreuth in Bayern geboren, lutherischer Religion, verehelicht an den Buchhalter des Bankiers Wertheimer, auf der Widden No. 321 wohnhaft. Ich hatte nie einen gerichtlichen Anstand.»

Auch die zweite Frage entspricht den heutigen Gepflogenheiten, die Frage, ob sie den Grund für ihre Vernehmung wisse. Ihre Antwort ist kurz, aber vielsagend: «Vermutlich ist es wegen des Kaspar Hauser, weil mir aufgetragen wurde, die von ihm allenfalls in Händen habenden Briefe zu erlegen.» Dann geht es in die Einzelheiten: Ja, Kaspar Hauser habe etwas von ihr erhalten, nämlich «einige Hemdenknöpfchen zum Geschenk, auch habe ich ihm meine Tabaksdose gegen seine ausgetauscht».

Die Polizei ist aber nicht an Hemdenknöpfchen und am Austausch von Tabaksdosen interessiert, sondern an Beuteln, nämlich violettseidenen. Die nächste Frage ist dann auch schon genauer formuliert: «Hat Kaspar Hauser von Ihnen einen Beutel von welcher Form und Farbe bekommen?» Ein klares Nein ist die Antwort. Aber die Polizei fragt hartnäckig weiter nach dem immer noch rätselhaften, am Tatort gefundenen und inzwischen sogenannten Violettbeutel. Aber die Antwort war ja vorher schon ein Nein gewesen. Auch hat Frau Kannewurf nie einen solchen Beutel in Kaspars Händen gesehen.

Da bleibt den enttäuschten Beamten nur noch die zu erwartende Aufforderung: «Geben Sie an, wie Sie den Kaspar Hauser kennenlernten, und in welchen Verhältnissen sind Sie zu ihm gestanden?» So können wir heute schwarz auf weiß vom Anfang der Bekanntschaft im Hause ihrer Schwester, der Frau Bürgermeister Binder, lesen:

«Durch meinen vierwöchigen Aufenthalt daselbst war er fast täglich mein Begleiter, denn er war vor 2 Jahren, wie er mir sagte, hier in Wien (gelegentlich der ersten ungarischen Entdeckungsreise), und die Rückerinnerung hierher war ihm angenehm, überhaupt verriet er gegen mich eine große Offenherzigkeit, erzählte mir seine frühere Lebensgeschichte, darüber aber auch nicht mehr, als was ohnehin schon aus Zeitungsblättern und Broschüren bekannt ist, und aus allen seinen Erzählungen ging hervor, daß er über seine Abstammung, nämlich seine Geburts- und sonstigen Verhältnisse, ganz im Dunkeln war. Bevor ich von Nürnberg fort bin, sagte ich ihm, daß ich mich auf meiner Rückreise in Regensburg einige Zeit aufhalten werde; er versprach mir zu schreiben, und ich habe auch richtig ein kleines Kästchen von Pappendeckel, mit verschiedenen Figuren überzogen, erhalten, und bei Eröffnung desselben fand ich darin nebst einem Briefe vom 12. September 1833, den ich hiermit erlege, die Broschüre von Feuerbach über sein früheres Leben, dann verschiedene Lieder vom Nürnberger Volksfeste. Ich habe dem Hauser von Regensburg aus zwei oder drei Briefe zurückgeschrieben, aber auf keinen mehr eine Antwort bekommen, und außer dem Briefe, den ich nun erlegt habe, habe ich sonst nie etwas Schriftliches von ihm bekommen, und diesen Brief bitte ich mir nach gemachtem Amtsgebrauche wieder zurückzustellen, weil er mir als ein Andenken teuer bleibt.»

Dieser Brief wurde seiner Besitzerin tatsächlich zurückgegeben; eine Abschrift liegt aber in Ansbach bei den Gerichtsakten. So können wir ihn, nachdem er von vielen Staatsbeamtenaugen gelesen worden ist, auch lesen, in Kaspars eigener, einmal nicht von Lehrer Meyer korrigierten Orthographie:

«Nürnberg, den 12. Sept. 1833.
Mein theuerste, unvergeßliche Freundin!
Ich begleite Sie im Geiste bis Neumark. Jetzt Adie, meine theuerste. Ich muß mich auch jetzt im Geiste einige Stunden von ihrem guten Herzen trennen, weil ich mit H. Bürgermeister aufs Rathhaus gehen muß, um da meine Sachen ins Reine

zu bringen. Ach? welchen Schmerz fühlt nicht heute mein Herz, ein so gutes und aufrichtiges Herz, wie das Ihrige ist, von mir geschieden zu wissen, ob das gute Herz auch gesund und glücklich mit ihrem zweitem Herzchen gut nach Regensburg kommen wird – Doch ein Trost macht mein Herz etwas leichter, daß ich die süße Hoffnung habe, daß Sie mir meine theuere, Nachricht geben werden, ob Sie gesund und glücklich nach Regensburg gekommen sind.
Morgen früh um 6 Uhr werde ich, wenn es der Wille des Höchsten ist, von Nürnberg abfahren, und wenn ich in Ansbach angekommen bin, ist meine erste Sorge, Ihnen das Selbst verfertigte Kästchen, das Buch mit samt dem Porträt und die Sachen vom Nürnberger Volksfeste übersenden.
Aber ach! was muß ich hören auf dem Rathhause; man sagte mir, ich solle am 14. Vormittags 11 Uhr noch einmal erscheinen. Sie können sich meine Lage denken, wie mir zu Muthe war, noch zwei Tage länger in Nürnberg zu verweilen ohne Sie. – Ich ging Samstag gegen 11 Uhr aufs Rathhaus, um die Sache in Ordnung zu bringen, so gegen 12 Uhr hin war die Sache abgethan, alsdann ging ich nach Hause, packte meine Sieben Sachen bis zu Tische. Nach Tisch bestellte ich mir Extra-Post, so gegen halb 3 Uhr fuhr ich von hier ab und so gegen 7 Uhr kam ich den glücklich in Ansbach an. Sonntag den 15ten machte ich den Vormittag meine Ankunfts-Fisiten und NM [nachmittags] war ich zu Herrn Generalkommissär eingeladen.
Ich war aber sehr mißvergnügt, weil ich Ihre Sachen nicht zusammenrichten konnte, um es noch am selben Tage auf die Post zu geben.
Ansbach, Montag, den 16ten September.
Guten Morgen, meine theuerste Freundin!
Jetzt ist es halb 7 Uhr, ich will gehen, Ihnen das Buch zu holen, damit ich es NM einpacken u. Ihnen überschicken kann.

O freude? was bekam ich, als ich mit dem besorgten Buche nach Hause kam – – –. Ihren lieben Brief. Er ist mir ein neuer Beweis von Ihrer fortdauernden Freundschaft; denn ich sehe daraus, daß Sie auch in der Entfernung an Ihren wahren Freund Hauser denken. Empfangen Sie dafür meinen herzlichsten aufrichtigsten Dank u. glauben Sie gewiß, daß ich den Werth einer solchen Freundin zu schätzen weiß – – –
Wenn mir Gott das Leben und die Gesundheit schenkt, so werde ich im Frühjahr in Wien es mit der That beweisen. Ich sehe aus dem Brief, daß Sie ihre freunde gesund in Regensburg einführen, was mich herzlich freut.
Sie dürfen versichert sein, daß es mir noch viel schwerer viel, indem ich meine Thränen zurückhielt, um die Trennung für Sie nicht noch schwerer zu machen. Ihr Freund schickt seinen lieben Fritzchen rechte viele Küsse, und wünscht, daß er wieder ganz geneßen möge. Ich muß abbrechen zu schreiben, weil mich der Unterricht bis in einer halben Stunde abruft. Zum Schlusse für Sie schick Ihr treuer Freund noch besonders drei Küsse. Jetzt nur noch die Versicherung, daß ich nie aufhören werde zu sein, Ihr wahrer treuer Freund Hauser zu bleiben.
Die Mahlerei und das andere Porträt bekommen Sie einige Tage später ich habe heute keine Zeit mehr es ordentl. einzupakken. An Pepi einen Gruß.»

Ich stelle mir vor, daß Pepi ein Hund ist, da er in den Polizeiakten nicht geführt wird. Ebenfalls nicht in den Akten geführt wird jemand namens Fritzchen; auch die zahlreichen Hauser-Kommentatoren geben zu beiden Namen keine Auskünfte. Ich hoffe jedoch für Kaspar, daß die drei Küsse an «seinen lieben Fritzchen» an Caroline Kannewurf gingen, auch daß er sie in Nürnberg nicht immer nur mit «theuerste Freundin» angeredet hat.

Außen auf dem Brief steht übrigens, in Eile hingekritzelt:

«Ich bitte, Theure Freundin, diesen Brief allein für sich zu lesen.»

Damit ist die aktenkundig gemachte Geschichte beendet, eine Geschichte, die keine Liebesgeschichte ist, aber vielleicht eine hätte werden können. Doch Kaspars Wunsch: «Wenn mir Gott das Leben und Gesundheit schenkt, so werde ich im Frühjahr es mit der That beweisen», geht nicht in Erfüllung. Es gibt kein Frühjahr mehr und auch kein Wiedersehen. Gott will nicht immer barmherzig sein – soviel hatte Kaspar schon in seinen ersten Religionsstunden erkannt, aber er hatte nie begreifen können, warum das so war.

... und eine Vorgeschichte

Es ist etwas nachzutragen, das hierhin gehört: Kaspars Verhältnis zu Frauen. Er war noch nicht viele Wochen «auf der Welt», als er dem verblüfften Daumer eine Lebensweisheit verkündete. Er sprach zu ihm über die Frauen:

«Sie können nichts als reden und nähen und reden und stricken und reden. Sie essen und trinken dabei ununterbrochen. Das wundert niemand, wenn sie dauernd krank sind. Die Frauen sind falsch und verlogen. Wenn sie sich sehen, streicheln sie einander und hinterrücks schmähen sie sich. Eine sagt zur anderen: Ich will dir etwas verraten, Du darfst es aber keinem weiter sagen. Sobald die eine weg ist, sagt die andere zu einer dritten: Ich weiß etwas, Du darfst es aber niemand weiter sagen.»

Auch Feuerbach teilte er, etwa zur gleichen Zeit, «mit ernster Miene und im Tone großer Wichtigkeit» seine Lebensansichten mit. «Ganz possierlich nimmt es sich besonders aus, wenn er von seinen künftigen Lebensplänen spricht, von der Art, wie er, wenn er einmal etwas Rechtes gelernt und Geld verdient hat, sich einrichten und mit seiner Frau, die er als einen notwendigen Hausrat betrachtet, es halten wolle. Unter einer Ehefrau weiß er sich nichts anderes zu denken, als eine Haushälterin oder Obermagd, die man so lange behält, als sie taugt, und wieder fortschickt, wenn sie öfters die Suppe versalzen, die Hemden nicht ordentlich geflickt, die Kleider nicht gehörig rein gebürstet hat.»

Feuerbachs Worte «ganz besonders possierlich» könnten ein falsches Bild von seinen Reaktionen auf solche und ähnliche Vorstellungen Kaspars vermitteln. Die eben zitierte Stelle stammt aus dem «Verbrechen am Seelenleben des Menschen» und hat, auch wenn das hier nicht ausdrücklich erläutert wird, eine Beziehung zum zentralen Thema seiner Schrift.

Der Abschnitt, in den Feuerbach Kaspars Bemerkung eingliedert, beginnt: «An Verstand ein Mann, an Einsichten ein kleiner Knabe, in manchem noch weniger als ein Kind, zeigt sein Reden und Benehmen oft eine seltsam kontrastierende Mischung von Männlichkeit und kindischem Wesen.» Und Feuerbach fügt hinzu, daß «Äußerungen, die bei jedem anderen desselben Alters dumm oder läppisch scheinen würden, aus seinem Mund aber immer ein wehmütig mitleidiges Lächeln sich erzwingen». Das Verbrechen an Kaspars Seele hat die Entwicklung so gestört, daß er weder Man noch Kind ist, «gleichsam das einzige Geschöpf seiner Gattung». So konnte er nicht begreifen, was Frauen für einen Mann bedeuten.

Was konnte er denn schon in seinem ersten Jahr, 1828, begreifen? Er wußte ja zuerst nicht einmal Mann und Frau zu unterscheiden, alle Menschen waren «Bua». Dann lernte er, den kleinen Unterschied an der Kleidung zu erkennen. Einmal äußerte er überraschenderweise, daß er lieber eine Frau sein möchte – aber nur, wie sich herausstellte, weil die Frauen schönere Kleider trügen als die Männer. Im übrigen blieb er lange voller Verachtung für die «Frauenzimmer».

Noch im Frühjahr 1829 entgegnete er auf die – vermutlich neckische – Frage einer jungen Dame, wen er denn heiraten möchte, ärgerlich: «Meine Katze.»

Er teilte die Frauen in zwei verschiedene Abarten dieser merkwürdigen Gattung ein. Da waren die vornehmen Damen der Gesellschaft, die nur Mahlzeiten zu sich nehmen, stricken und nähen können und dabei ununterbrochen reden, vornehmlich Klatschgeschichten, die sie sich unter dem Siegel der Verschwiegenheit mitteilen. Sie schmeicheln einander, wenn sie sich sehen, und machen die Abwesenden schlecht. Ist das ein so absurdes Urteil eines kindlichen Gemüts?

In die andere Gruppe gehörten für ihn die Frauen, die ständig arbeiten, die putzen und saubermachen müssen, auch für fremde Leute, die Mann und Kinder zu versorgen haben, wie etwa die Frau Hiltel aus dem Gefängnisturm.

Als ihm Daumer seine negative Meinung über die Frauen vorhielt und ihn daran erinnerte, daß er doch seine Mutter, die Frau Daumer, sehr gern möge, rief Kaspar, verwundert über soviel Begriffsstutzigkeit: «Aber das ist doch eine Mutter!» Also: Kinder haben, für Kinder sorgen, ihnen etwas beibringen, ihr Wachsen und Gedeihen überwachen, das war für Kaspar offenkundig Arbeit, und zwar eine sinnvolle Arbeit. Eine «Mutter» gehörte somit zur zweiten Gruppe der Gattung «Frau». Die alte Sabine von nebenan, erklärte er begütigend, ja, die würde er heiraten. Daß sie eine Magd, alt, häßlich und ärmlich gekleidet war, störte ihn gar nicht, denn zu etwas anderem als zur Arbeit war eine Frau sowieso nicht nütze, wie er oft erklärte. Nichts war ihm mehr zuwider als Liebesgeschichten, «er wisse gar nicht, warum denn einer immer nur eine bestimmte Frauensperson haben wolle und keine andere; als wenn er nicht ebenso eine andere nehmen könne».

Wer dieses Urteil nicht ganz so verständig findet wie Kaspars Kritik an den vornehmen Damen, möge überlegen: woher sollte er auch von anderen Verwendungsmöglichkeiten dieser seltsamen Gattung wissen? Weder Daumer noch sonst irgendeiner von Kaspars Lehrern, Erziehern und Pflegevätern hatte sich offenbar ernstlich Gedanken über dieses Problem Kaspars gemacht. Selbst Feuerbach, der klügste und verständnisvollste unter ihnen, Feuerbach, der sich mehrfach über Fehler in der Erziehung des Findelkindes beklagte (so etwa über den behördlich angeordneten Gymnasialunterricht mit seiner übergroßen Vielfalt an Lerngegenständen), auch er bedachte nicht, daß hier vielleicht das am schwersten wiegende Versäumnis lag, ein Versäumnis, an dem er nicht unbeteiligt war.

Er selber hatte, nach jener Reinigungsprozedur im Hiltelschen Badezuber, von Kaspars plötzlich aufgetretenem Schamgefühl berichtet, hatte den Wechsel von völlig kindlicher Unbefangenheit zu einer unüberwindlichen Scheu vor jeder Entblößung beobachten können. Er hat jedoch nie versucht, darüber mit Kaspar zu sprechen. Sonst hätte er davon berichtet.

Ein weiterer Mitschuldiger ist der Amtsarzt Dr. Preu, der den jungen Mann untersuchen mußte und vorbildlich sachlich als Punkt 10 seiner Untersuchung zu Protokoll gab: «Die Geschlechtsteile sind jetzt vollständig ausgebildet. Die Schamgegend stark behaart. Überhaupt behaart sich allmählich der ganze Körper mehr und mehr; am Kinn sproßt der Bartflaum hervor. Die Rute hat ihre Vorhaut vollständig.» Dies Gutachten stammt aus dem Jahre 1830. Daß die körperliche Entwicklung des Findlings völlig normal war, hatte Dr. Preu auch schon am 28. Mai 1828, also gleich nach Kaspar Hausers Auftauchen, in seinem gerichtsärztlichen Befund festgehalten. «Hauser ist gegenwärtig ungefähr 18 Jahre alt. Dieses besagt die allgemeine Ausbildung seines Körpers, die spezielle seiner Geschlechtsteile samt dem kommenden Bart. Seine Gesichtszüge erscheinen aber noch ungereifter.»

In dem ausführlichen Gutachten von 1830 berichtet Dr. Preu unter Punkt 20: «Die Geschlechtsfunktion schlummert noch ganz in ihm; auch hat er noch nicht die geringste Einsicht in das Verhältnis der beiden Geschlechter zueinander. Einmal, auf die homöopathische Einwirkung des Bärlappstaubes (sem. lycopod.) bekam er, solange das Mittel wirkte, 7 Tage lang jeden Morgen beim Erwachen Erektionen und beklagte sich deshalb gar sehr bei seinem Erzieher, ließ sich auch durch dessen Tröstung, daß dieses Ereignis ein Anzeichen seiner immer mehr zunehmenden Gesundheit und Stärke sei, keineswegs zufriedenstellen.»

Die Erektion war für Kaspar eine eher ärgerliche als erschreckende Erfahrung, für die beiden Männer war sie nur ein interessantes Detail in der Reihe ihrer Tests mit den Mitteln der Homöopathie. Und obgleich sich Kaspar durch Daumers Erklärung nicht zufriedenstellen ließ, hat keiner der beiden, weder der Erzieher noch der Arzt, versucht, dem noch recht unbefangen reagierenden «Jünglingskind» etwas von Sinn und Funktion dieses widerspenstigen Teils seines Körpers zu erklären. Dabei hat wenigstens einer von ihnen, vermutlich Dr. Preu selber, über «das Verhältnis der beiden Geschlechter zueinander» mit Kaspar gesprochen, sonst hätte ihm der Arzt kaum «nicht die geringste Einsicht» in dies Thema attestieren können. Daumer notierte: «Noch im Frühling 1830 hielt er sich über Erektion mit der größten Unbefangenheit als über etwas ganz Unnützes auf, was er nicht an sich haben wolle.»

Von Lehrer Daumer könnte ich mir vorstellen, daß er beim Naturkundeunterricht im Garten seinem Schüler eine feinsinnig-vorsichtige Erklärung gewisser natürlicher Tatsachen zu geben versuchte; aber ich sehe in ihm nicht den Mann, der über das Blumen-Bienen-Exempel hinausgelangte. Irgendeine berichtenswerte Unterhaltung über dies Thema hat es jedenfalls nicht gegeben. Darüber sprach man wohl wirklich nicht.

Eine vierte Möglichkeit für Kaspar, ein kleines Bißchen vom Apfel der Erkenntnis zu essen, hätten die Zeichenstunden sein können. Unter den vielen Zeichnungen, die er in fünf Jahren anfertigte, oft mit den stolzen Worten «Kaspar Hauser fecit» darunter, befinden sich einige Aktstudien. Sie wurden jedoch, wie auch ein großer Teil seiner Bilder von Häusern und Gesichtern, unter der Rubrik «Konstruktionszeichnungen» geführt, und das bedeutete: bei der naturgetreuen «Konstruktion» des menschlichen Körpers mußten die Hilfslinien ebenso deutlich wie die Umrißlinien sichtbar sein, sie waren vermutlich sogar wichtiger. Die für die «Erkenntnis» notwendigen Körperteile wurden freilich mit kunstvoll drapierten Tüchern verdeckt. Man arbeitete damals nach Vorlagen oder bestenfalls mit glatten hölzernen Gliederpuppen.

Die fünfte und wohl leichteste Gelegenheit, den Knaben Kaspar aufzuklären, wurde von Daumer verpaßt. Als er ihn in seine Familie aufnahm, war das Findelkind, wie wir hörten, beglückt über das freundliche und harmonische Zusammenleben von Mutter, Sohn und Tochter. Kaspars Frage: was ist das, eine Mutter, ein Sohn, eine Tochter? kam gleich in den ersten Tagen, und der gewissenhafte Erzieher berichtet: «Man suchte ihn so gut als möglich durch eine schickliche Antwort zu befriedigen.» Man versuchte es also immerhin, aber das Wort «schicklich» macht mißtrauisch. Der Wissensbegierige wird wohl kaum mehr erfahren haben als vage Erklärungen. Als Daumer seinen Schüler wenig später «in tiefe Betrachtung versunken» antraf und Kaspar ihn weinend fragte, warum er denn nicht auch eine Mutter habe, hat Daumer nur die Frage registriert, nicht die Antwort – falls eine gegeben wurde.

Konstruktionsstudie, 1830 von Kaspar Hauser angefertigt

Noch im Jahre 1873 schrieb Daumer, auf Kaspar Hausers Leben zurückblickend: «Er scheint bis an sein Ende die vollkommenste Unschuld bewahrt und eine mehr als oberflächliche Sachkenntniß sexueller und ehelicher Beziehungen und Vorgänge nicht besessen zu haben.»

Schwierigkeiten bei der Aufklärung von Kindern und Jugendlichen gab es immer, und doch ist die Menschheit nicht aus Mangel an Aufklärung ausgestorben. Nur war bei Kaspar eben alles anders. Er konnte nichts von Spielgefährten erfahren, denn er hatte keine. Er konnte nicht selber etwas spüren und herausfinden in einem etwas vertraulicheren Umgang mit einem Mädchen, das er gern hatte, denn er hatte keine Freundinnen. Da waren zwar gleichaltrige Töchter aus befreundeten Familien, wie in Ansbach die schon erwähnte Lilla von Stichaner, mit denen er gern zusammen war. Er schrieb Lilla ab und zu ein Briefchen und schenkte ihr das schönste seiner Aquarelle – aber er wird wohl kaum einmal mit ihr allein gewesen sein, und wenn überhaupt, dann im steifen elterlichen Salon.

Die Gelegenheit, Kaspar bei den Fragen Hilfe zu leisten, die er sich selbst, je erwachsener er wurde, ängstlich und ratlos gestellt haben muß, war durch die Schuld seiner Erzieher vertan.

Klara Hofer hat in ihrem Schloß zu Pilsach das Verlies des dort einst Eingekerkerten gefunden. Sie schrieb 1924 in ihrem Buch über Kaspar Hauser: «Das Verbrechen am Seelenleben ist begangen, aber es beginnt erst da, wo das Mauergrab Kaspar entläßt, die Welt ihn empfängt.» Es ist schwer denkbar, daß ein Mensch, noch dazu ein Kind, eine sich über viele Jahre erstreckende Gefangenschaft, ohne jede menschliche Nähe, jedes menschliche Wort überleben kann. Es ist offenbar möglich, aber gewisse Lern- und Entwicklungschancen – das sah auch schon Feuerbach – werden auf immer verpaßt sein. Kaspar hat während seiner Kerkerhaft nie das erfahren, was wir heute allgemein Zuwendung nennen, nie eine noch so kleine zärtliche Handbewegung gespürt, ein freundliches Wort gehört.

Wenn man sich dann noch an jenes fürchterliche Experiment erinnert, das dem Staufenkaiser Friedrich II. (1220–50) zugeschrieben wird, muß man sich fragen, wie Kaspar Hauser überhaupt überleben konnte. Der Kaiser, der viele Sprachen beherrschte und an sprachlichen Problemen interessiert war, wollte wissen, welche Sprache die ersten Menschen gesprochen hatten. Ihm soll, in seiner kaiserlichen Allmacht, eine einfache Lösung dieses Problems eingefallen sein. Er ließ, so sagt man, eine Gruppe von Kindern, die in ihren ersten Lebensmonaten verwaist waren, von Ammen aufziehen, unter völlig gleichen äußeren Bedingungen. Aber die eine Hälfte der Kinder wurde von Ammen gepflegt, denen ein absolutes Schweigen gegenüber ihren Pflegekindern auferlegt wurde. Wenn diese Kinder dann eines Tages zu sprechen anfingen, sagte sich der Kaiser, würde man ja merken, was die Ur-Sprache des Menschengeschlechts sei. Doch der Kaiser war am Ende des Experiments genauso klug wie vorher. Die eine Hälfte der Kinder hatte sich normal entwickelt. Die von den stummen Ammen versorgten waren alle gestorben.

Am Ende, fast am Ende, drei Monate vor seiner Ermordung, steht die Noch-Nicht-Liebesgeschichte mit Caroline Kannewurf. Die Umstände schienen glücklich. Sie war eine junge Frau, doch nicht zu jung; erfahren und verheiratet, aber nicht zu verheiratet; gebildet, aber nicht zu gebildet; klug, aber nicht zu klug für den immer noch kindlich zutraulichen Kaspar. Ihr gegenüber fand er, das zeigt sein Brief, zärtliche Worte, vermutlich nicht nur auf dem Papier. Gefühle der Zuneigung und Zärtlichkeit hat er aus seinen ersten Lebensjahren in sein bewußtes Leben hinüberretten können.

Kaspars Erzieher hatten an dem allzu vertraulichen Umgang zwischen dem Lord und seinem Adoptivsohn Anstoß genommen. Doch ist es verständlich, daß Kaspar auf die ersten zärtlichen Worte und Gesten, die er in seinem bewußten Leben erfuhr, mit freudiger Überraschung reagierte. Eigentlich hätten die Erzieher froh sein sollen, daß er überhaupt reagieren konnte.

Was die Handlungsweise und die Gefühle des Lords Stanhope betrifft, so sind sie viel schwerer zu durchschauen und zu beurteilen. Eine wichtige Frage ist bis heute nie ganz zufriedenstellend beantwortet worden: War die in seinen Briefen immer wieder beteuerte Liebe zu seinem Pflegesohn und waren die deutlich sichtbaren Beweise seiner großen Zuneigung nur geheuchelt, nur vorgeschoben? Waren sie nur Mittel zum Zweck gewesen, Kaspar in seinen Einflußbereich zu bringen und ihn so gleichzeitig dem Einfluß seiner bisherigen Gönner, die ja auch seine Beschützer waren, zu entziehen? Oder war der Lord homosexuell veranlagt und dem Einfluß des ihm liebevoll und zutraulich entgegenkommenden «Jünglingskindes» erlegen? Gibt es noch eine dritte Möglichkeit – hatte er den Auftrag, Kaspar seinen Nürnberger und Ansbacher Beschützern zu entfremden, indem er die Rolle des liebevollen Pflegevaters spielte, und wurden die zunächst gespielten Gefühle dann echte Gefühle der Zuneigung, die Stanhope in einen Zwiespalt brachten?

Jakob Wassermann wählte in seinem Kaspar-Hauser-Roman die dritte Möglichkeit. Doch kann seine Darstellung den wirklichen Tatbestand nicht glaubhaft erklären. Die bedenkenlose Zweizüngigkeit des Lords und sein radikaler Gesinnungsumschwung nach dem Mord sprechen für sich und gegen ihn. In seiner Schrift: «Materialien zur Geschichte Kaspar Hausers», 1834 in Heidelberg erschienen, fälschte er ohne Skrupel Zeugenaussagen, um Kaspar Hausers Auftauchen in Nürnberg ins Zwielicht zu rücken. Seine Fälschungen konnten vom großen Leserpublikum aber nicht als solche erkannt werden, da die Gerichtsakten streng geheimgehalten wurden und im Appellationsgericht zu Ansbach kein Feuerbach mehr saß, der sofort eingeschritten wäre.

So konnte Philip Henry, Fourth Earl of Stanhope, ungehindert der Öffentlichkeit mitteilen: «Die angebliche Ermordung Kaspar Hausers ist keineswegs als eine isolierte oder als einer glaubwürdigen Person erzählte Thatsache zu betrachten, sondern steht in Verbindung mit seinen anderen Angaben und mit seinem wohlbekannten Hange, Unwahrheiten zu sagen und Aufsehen zu erregen. Es ist leider nicht zu läugnen, und ich muß es auch gestehen, daß den Angaben Kaspar Hausers nicht zu trauen war, daß er sehr viel erdichtete und entstellte und daß er in manchen Momenten, wo nicht in seiner ganzen Geschichte, uns betrogen hat. Doch bleibt seine berühmte Geschichte, die auch in der Nachwelt fortleben wird, immer unheilbringend für seine Mitmenschen.»

Was sich die Leser bei dem letzten Satz des Lords denken sollten, ist unklar. Wollte er mit seinen abschließenden Worten andeuten, daß durch die Lügengeschichten eines raffinierten Betrügers angesehene Adelsfamilien schlimmen Verdächtigungen ausgesetzt wurden? Oder bedeuteten sie eine versteckte Drohung denen gegenüber, die noch immer von dem «Verbrechen am Seelenleben» und von der Ermordung des jungen Mannes sprachen, dem der Thron Badens geraubt worden war? Vielleicht wußte Lord Stanhope selber nicht, was er mit diesen Worten hatte ausdrücken wollen.

Er hatte einen bereitwilligen Helfer, der ihn in seinem Verleumdungsfeldzug gegen den einst so geliebten Pflegesohn nicht im Stich ließ: Lehrer Meyer. Nicht ohne Grund hatte sich Kaspars Verhältnis zu diesem gar nicht zwielichtigen, sondern sehr durchsichtigen sogenannten Erzieher seit Feuerbachs Tod immer weiter verschlechtert. Es gab fast jeden Tag Reibereien und Auseinandersetzungen, meist wegen an sich unwichtiger Kleinigkeiten. Sie ergaben sich letzten Endes aus Kaspars verzweifelten Versuchen, sich ein winziges Stück Eigenleben zu bewahren, an seinem Schreibtisch, in der Einteilung seiner Arbeit und für sein Tagebuch, in das er schrieb, was niemand erfahren sollte, und das Lehrer Meyer gern gelesen hätte.

Da Meyer nach Kaspar Hausers Tod von der Polizei gebeten wurde, schriftlich über den Charakter seines Zöglings Zeugnis abzulegen, können wir die Beschreibung einer der vielen Auseinandersetzungen im Originalton Meyer folgen lassen. Es ist ein Ausschnitt aus einer sieben Tage vor Kaspars Tod gehaltenen Standpauke:

«Lieber Hauser! – Sie haben es in der Dreistigkeit weit gebracht. Indem Sie das behaupten, sagen Sie mir ja sogleich wieder die frechste Lüge ins Gesicht. Glauben Sie vielleicht, weil ich Ihnen seit geraumer Zeit keine Lüge mehr berede, darum merke ich es nicht, wenn Sie lügen? In diesem Falle irren Sie sehr. Sie sollten mich eigentlich besser kennengelernt haben. Indes ist Ihnen wohl zu verzeihen, wenn Sie in dieser Hinsicht dreist geworden sind, da Sie in den verehrlichen und hochverehrlichen Zirkeln, wo sich das große interessante Kind nur stets als die gutmütigste Einfalt zeigt, jedes Ihrer auch noch so unwahren Worte als lautere Wahrheit hinnehmen sehen.

Sie sind, mein lieber Hauser, dem Laster der Lüge und der Verstellung in solchem Grade verfallen, daß Sie von demselben förmlich beherrscht werden, daß Sie nicht mehr bei der Wahrheit stehen bleiben können, selbst wenn Sie es tun wollen. Auch in den unbedeutendsten Fällen, wo gar nichts davon abhängt, ob es so oder anders ist, können Sie nicht die Wahrheit reden...

Am Ende kann ich durch Sie gar leicht um den Ruf eines redlichen Mannes kommen. Aus übertriebener Rücksicht auf Ihre Zukunft habe ich stets, und anfangs besonders, besser über Sie berichtet, als ich es zu verantworten imstande bin. Denken Sie sich, in welch große Verlegenheit ich wegen Ihrer schon in den nächsten Wochen fast kommen muß. Wenn spätestens bis zum Neujahr der Herr Graf kommt, und ich von ihm auf mein Gewissen über Sie gefragt werde, kann ich dann wohl als ehrlicher Mann die Wahrheit verschweigen? Oder wollen Sie mir zumuten, daß ich einen Lügner machen soll? Reden Sie selbst! Wie aber, wenn ich mein Urteil dem Herrn Grafen gegenüber nicht mehr so sehr mäßigen darf? – Daß der Herr Graf ohnehin schon lange an Ihrer Aufrichtigkeit zweifelt, haben Sie ja nicht allein durch Herrn Oberleutnant Hickel mündlich, sondern von anderer Seite her schriftlich erfahren. Wenn Sie sich nicht durchaus bald ändern, bringen Sie nicht nur andere, sondern sich selbst wohl noch in die größte Verlegenheit. Vermeiden Sie doch das ums Himmelswillen! Vor allem müssen Sie künftig das genauer befolgen, was Ihnen diejenigen sagen, welche es ernster mit Ihrem eigentlichen Wohle meinen.

In diesen Tagen beobachten Sie auch wieder ein Benehmen, das vollen Tadel verdient. Wozu wieder das zurückhaltende, mißtrauische, trotzige und daher beleidigende Wesen gegen diejenigen, die nur stets Ihr Bestes im Auge haben und es wahrhaft gut mit Ihnen meinen?»

Es ging bei dem Streit übrigens um die genaue Zahl der Enkelkinder eines bekannten Ansbacher Regierungsrates. Kaspar, der dort eingeladen gewesen war, glaubte sich noch an die Zahl Elf zu erinnern, die er von dem stolzen Großvater gehört hatte, während Meyer eine andere Zahl ins Feld führte.

Nachdem Lehrer Meyer Kaspar angedroht hatte, genauere Erkundigungen über den in Frage stehenden Tatbestand einzuziehen, zeigte sein Zögling endlich Wirkung, so daß Meyer wohlgemut und mit Schwung seine Predigt beenden konnte:

«Hauser fängt zu weinen an und bittet, ich möchte es ihm doch nur immer gleich sagen, wenn ich eine Lüge bei ihm bemerke.

Am Schlusse meiner Erwiderung, daß ich ihm dies nicht versprechen könne, daß ich eben nicht zu jeder Stunde aufgelegt wäre, mich mit ihm abzustreiten, daß er bei weitem kein Kind mehr, sondern alt und gescheit genug wäre, um sich selber jeden Augenblick sagen zu können, was recht oder nicht recht sei, schien er bedeutend in sich gekehrt und sprach kein Wort mehr. – Nun beendigte ich diese Stunde unter der nochmaligen freundlichsten und herzlichsten Ermahnung, daß er sich doch ja von Grund aus bekehren und ein ganz neuer, oder, wie man in der Sprache der Kirche sagt, ein geistig wiedergeborener Mensch werden sollte, damit er sich künftig den Beifall des allwissenden, heiligen Gottes, die wahre Achtung guter Menschen erwerben und sich in einem besseren Selbstbewußtsein glücklich fühlen möge.»

Gut eine Woche später gelang es Meyer auch, die angedrohte Überprüfung durchzuführen: «Aus ganz sicherer Quelle», wie er in seinem Bericht über Kaspar für die Polizei betont, «ließ ich mir nach seiner unglücklichen Verwundung sagen, daß der fraglichen Enkel 18 seien». So war der Zögling wieder einmal der Lüge überführt. Nur konnte Meyer ihm das leider nicht mehr mitteilen: Kaspar war ermordet worden.

Lehrer Meyer konnte seinen Triumph nicht mehr voll auskosten, aber er berichtete der Polizei noch von dem Ende jenes Streit-Tages, um die Verstocktheit seines Schülers zu demonstrieren: «Unmittelbar nach dem erzählten Akt wurde Hauser zum Abendessen gerufen, und er schien dabei so unbefangen, als ob gar nichts vorgefallen wäre.» Meyer wunderte sich darüber, denn sonst pflegte die Wirkung seiner Ansprache länger vorzuhalten. Nun aß und trank Kaspar genausowenig wie auch sonst in der letzten Zeit, doch «nach dem Essen begab er sich sogleich wieder auf sein Zimmer, unterließ es aber von heute an, mir beim Weggehen die Hand zu geben, was er bisher abends immer zu tun gewohnt war. Ob ich mich gleich die folgenden Tage ihm besonders zu nähern suchte, um ihn womöglich wieder zutätiger zu machen und mehr freundlichen Einfluß auf seine moralische Besserung zu erlangen, so behielt er doch sein zurückhaltendes und verschlossenes Wesen bei, ohne es gerade auffallender zu machen, als er es schon einige Male gemacht hatte. Nur hielt er diesmal etwas länger damit an.» Das heißt: bis zu seinem Tod.

Solche kleinen Gesten wie der verweigerte Händedruck waren bei Kaspars Charakter die einzige Möglichkeit sich zu wehren. Ein anderes Beispiel: Am Anfang seines Lebens im Meyerschen Haus, 1831, hatte Kaspar noch oft geweint, wie in den ersten Tagen und Wochen seiner Nürnberger Kinder-Zeit. In der Religionsstunde «fing er bei der Geschichte des ersten Brudermordes an, auffallend zu weinen». Als der Religionslehrer ihm das als übertrieben verwies, hörte er auch sofort damit auf. Ein paar Tage später, «als ich kaum angefangen hatte, auf gewöhnliche Weise von der Noah'schen Flut zu sprechen, weinte er wieder. Da mir diesmal sein Benehmen etwas sehr unnatürlich vorkam, so ignorierte ich es ganz, und diese meine unerwartete Teilnahmslosigkeit überraschte und verdroß ihn so sehr, daß er später in keiner meiner Stunden mehr eine Träne vergoß, wenn ich gleich wirklich rührende Geschichten mit aller Wärme behandelte.»

Damit der Leser dieses ebenfalls für die Polizeiakten verfaßten Berichts die Absicht des Berichterstatters wirklich begreife, heißt es weiter: «Ich muß offen gestehen, daß ich gleich damals, und nach und nach immer mehr glaubte, jene Tränen seien künstlich gewesen, besonders, wenn mir meine eigene wie die Erfahrung vieler meiner älteren und jüngeren Kollegen stets sagte, daß selbst die zartesten Kinder beiderlei Geschlechts bei den hier bezeichneten Geschichten keine Tränen weinen.»

Die Absicht des Religionslehrers – daß sein Name nicht Fuhrmann, sondern Meyer war, braucht wohl kaum erwähnt zu werden – war offensichtlich. Er wollte sich und die Polizei an Hand von möglichst vielen Beispielen davon überzeugen: der Schüler Hauser lügt und steckt voller Heuchelei.

In diesem immer fanatischer werdenden Bemühen schreibt Meyer in aller Ausführlichkeit Dinge auf, die den Charakter Meyers mehr enthüllen als den Hausers. Der Polizei gefielen seine Berichte. Spätestens seit Kaspars Tod war man dort ganz in die Bahn der Betrügertheorie eingeschwenkt, und jedes Beispiel, das als Beweis dafür dienen konnte, kam recht.

Meyer hat noch ein weiteres Beispiel unbefangen, ja mit einem gewissen Stolz erzählt. Er hielt sehr auf Sparsamkeit und hatte Kaspar deshalb eingeschärft, unbedingt das Licht zu löschen, wenn er zu Bett ging. Als nun Herr und Frau Meyer eines Winterabends spät von einer Gesellschaft nach Hause kamen und im Zimmer des Zöglings noch Licht entdeckten, ging der Lehrer gleich hinauf und klopfte an dessen Tür, die verdächtigerweise von innen verriegelt war. Keine Antwort. Herr Meyer eilte auf die Straße zurück, «und siehe – das Licht war inzwischen gänzlich verschwunden. – Da es jedoch hätte möglich sein können, daß es von selbst zu Ende gegangen wäre, so wollte ich mich genau überzeugen. Ich schlug jetzt nicht nur mittels der Faust an die Tür, sondern stieß mit den Absätzen der Stiefel an dieselbe, so daß alle Leute im Haus darüber aufwachten. Später nahm ich ein Beil und wollte die Tür hineinsprengen, was ich aber nicht vermochte. Der schlafende Hauser wachte über all dieses Gepolter nicht auf.»

Am nächsten Tag bat Meyer seinen Schüler nur, sein Zimmer nachts künftig nicht mehr zu verriegeln, «damit man ihn bei einem allenfallsigen Brande nicht einmal verbrennen lassen müßte». Kaspars «Befremden darüber war unnatürlich», und als Meyer ihm von dem nächtlichen Lärm berichtete, «äußerte er augenblicklich schnell», er habe auch in Nürnberg immer schon sehr fest geschlafen. Das war nun höchst verdächtig, und die Meyersche Moral von der Geschicht war die bekannte: Wer einmal lügt etcetera etcetera. Vielleicht, so vermutete Meyer, hatte er heimlich in sein Tagebuch geschrieben, das er niemanden lesen lassen wollte, nicht einmal seinen fürsorglichen Lehrer und den Grafen Stanhope. Beide hatten ihn oft genug darum gebeten. Stanhope hatte Meyer sogar den Auftrag erteilt, in Kaspars Abwesenheit in dessen Zimmer Umschau nach den Aufzeichnungen zu halten.

Stanhope bestätigte in einer langen, umständlichen Niederschrift nach Kaspars Tod, seinen Pflegesohn gebeten zu haben, ihm das Tagebuch zu zeigen. Kaspar habe darauf ein blaßblaues Heft aus einer Schublade gezogen, ihn aber nichts daraus lesen lassen. Stanhope gibt in demselben Protokoll auch zu, daß er den Polizeioberleutnant Hickel «oder Herrn von Feuerbach» (der zum Zeitpunkt des Protokolls allerdings schon tot war) brieflich gebeten habe, wegen des Tagebuchs bei Kaspar Hauser vorstellig zu werden und ihn dazu zu bringen, das Buch an Feuerbach zu schicken. In sehr gestelztem Deutsch, das sich deutlich von seinem Briefstil unterscheidet, berichtet Stanhope dann: «Seit dem Tode des Verstorbenen habe ich von dem Oberleutnant Hickel erfahren, daß er zu Folge eines Briefs, den ich ihm oder dem verstorbenen Herrn von Feuerbach schrieb, und in welchem ich den oben erwähnten Umstand, in Betreff des Tagebuchs erwähnte, zu dem Verstorbenen ging und ihm meinen Wunsch, wie auch den des Herrn von Feuerbach, mitteilte, er solle dieses Tagebuch unverzüglich dem Hernn von Feuerbach zuschicken, welches der Verstorbene durchaus zu tun sich weigerte und sagte, er wolle es nur mir persönlich übergeben, oder mir etwas daraus vorlesen. Herr Meyer kam ins Zimmer, und als der Verstorbene darauf bestand, er wolle schlechterdings dieses Tagebuch nicht an Herrn von Feuerbach schicken, so sagte der Oberleutnant Hickel, man solle es ihm mit Gewalt abnehmen, wo sodann der Verstorbene äußerte, er habe es unlängst verbrannt.»

Soweit der Bericht des Lords. Glücklicherweise war aber Meyer ins Zimmer gekommen, und der berichtet genauer von Kaspars Reaktion: «Hauser trieb hier seine unkindliche Widersetzlichkeit sehr weit. Am Ende, als Herr Oberleutnant Hickel bei seiner Erklärung sich nicht beruhigen wollte, sagte er zweimal: ‹Da will ich lieber sterben›, worauf Herr Oberleutnant Hickel mit gerechter Entrüstung erwiderte: ‹Dies kannst Du tun, stirb nur, dann kann man doch auf Deinem Grabstein lesen: Hier liegt der Betrüger Caspar Hauser. Was ich von Dir zu wissen brauche, weiß ich, darauf kannst Du Dich verlassen.›»

Als Lehrer und Schüler wieder allein waren, folgte, wie üblich, eine Meyersche Moralpredigt. «Statt aber diese Aussage zu bereuen, erklärte er mir, daß er ja auch früher nicht gelebt, und es ja lange gar nicht gewußt habe, daß er lebe.»

Klar wird aus all diesem, wie wichtig das Tagebuch für Stanhope, für Meyer und für die Polizei war. Aber das *corpus delicti* war und blieb verschwunden, obwohl sich Meyer, wie er berichtete, Nachschlüssel zu allen «Behältnissen» in Kaspars Zimmer verschaffte und überall gründlich nachsuchte.

Menschlich in all diesen Unmenschlichkeiten bleiben

allein Kaspars Antworten, und selbst diese hören wir nur in Lehrer Meyers sicher nicht übertrieben freundlicher Wiedergabe.

Was in Kaspars Innerem vor sich ging, muß ein Tumult von sehr starken Gefühlen gewesen sein: Hilflosigkeit, Verzweiflung, Empörung über einen Sadismus, der von den Peinigern selbst bezeugt ist.

Kaspar, der sein Leben lang niemanden bewußt verletzte, weder mit Worten noch mit Taten, war wehr- und hilflos. Selbst wenn es um Kleinigkeiten ging, hatte er eine Bitte immer in Worte gefaßt, die den Gebetenen nicht verletzen sollten, schon in seiner Anfangs-Zeit «auf der Welt». Als er mit Daumer die ersten Spaziergänge machte und der Schritt des Lehrers zu schnell war für die noch unbeholfenen eigenen Füße, sagte er nicht: Bitte, gehen Sie doch langsamer, Sie wissen doch, so schnell kann ich nicht laufen! sondern: «Wenn ich nur auch so rasch gehen könnte wie der Herr Professor.» Als Herr von Tucher eines Abends eine helle Lampe hereinbringen ließ, sagte Kaspar nicht: Sie wissen doch, daß meine entzündeten Augen ein so helles Licht nicht aushalten können! sondern: «Kann denn Herr von Tucher dies helle Licht ertragen?»

Dezember 1833 – warum gerade jetzt?

Mit der unrühmlichen Tagebuchepisode, die Meyer übrigens eine «Komödie» nennt, endet der Bericht über den Teil von Kaspars Leben, der sich lückenlos aus Polizeiakten, Augenzeugenberichten und Briefen rekonstruieren läßt.

Warum mußte Kaspar Hauser gerade jetzt sterben? Mehrere Gründe müssen es gewesen sein, welche die Verantwortlichen im Dezember 1833 zu einer schnellen und radikalen Lösung drängten. Wir wollen versuchen, sie zu umreißen.

1. Ein Grund ergibt sich aus den oben angeführten Beispielen: Kaspar fing an, erwachsen zu werden. Er sträubte sich gegen Maßnahmen, die er noch ein Jahr zuvor als unabwendbar hingenommen hätte.

2. Er war jetzt auch im juristischen Sinne erwachsen. Am 29. September 1833 war er 21 Jahre alt geworden. Und auch wer dieses Datum – das Geburtsdatum des badischen Erbprinzen N. N. – nicht akzeptierte, wußte, daß der Findling, spätestens mit Ablauf des Jahres 1833 – am Geburtsjahr 1812 hatte niemand je gezweifelt – volljährig geworden wäre.

3. So viele Fürsten und königliche Hoheiten hatten versprochen, das Kind von Europa zu beschützen, daß man nicht hoffen konnte, daß diese Beschützer noch lange in ihrer passiven Rolle verharren würden.

4. Lord Stanhope hatte der Großherzogin Stephanie versprochen, ihr Kaspar Hauser vorzustellen. Das Treffen, das unübersehbare Folgen hätte haben können, ließ sich nicht mehr länger hinausschieben. Auch gab es ein Gerücht, die Großherzogin habe sich mit ihren beiden Töchtern im Ansbacher Hofgarten verborgen und aus einem Gebüsch ihren mutmaßlichen Sohn beobachtet. Sie sei von Kaspar Hausers Ähnlichkeit mit ihrem verstorbenen Gatten so erschüttert gewesen, berichteten zwei Hofdamen, daß sie in Ohnmacht gefallen sei. Dies Ereignis habe sie ihrem Tagebuch anvertraut.

5. Lord Stanhope wurde, wie wir aus Meyers Bericht erfuhren, «spätestens bis zum Neujahr» in Ansbach erwartet; eine Entscheidung, gleich welcher Art, würde dann fallen müssen.

6. Kaspars wiedererwachte Erinnerungen an den allerersten Abschnitt seines Lebens waren schon seit langem ein beliebtes Gesprächsthema gewesen. Es war nicht unwahrscheinlich, daß noch weitere Erinnerungen lebendig werden

würden, etwa bei einem Besuch im großherzoglichen Schloß.

7. Auch die immer wieder auftauchenden Spekulationen um den Ort des Kerkers und andere Stationen auf Kaspars erstem Weg ließen es nicht unmöglich erscheinen, daß eines Tages doch noch eine deutliche Spur gefunden werden würde, die zu den Schuldigen geführt hätte.

8. Kaspar Hauser, den Volljährigen, den erwachsenen Mann, hätte auf längere Sicht niemand hindern können, allein im Land umherzureisen, Schlösser auf ihre Wappen hin zu besichtigen oder im nahen Neumarkt, wohin man ihn ja schon einmal zu einem «Augenschein» geführt hatte, nach einem Schloß mit einem Verlies Ausschau zu halten.

9. Das mysteriöse Tagebuch war nicht zu finden. Man konnte nicht sicher sein, daß Kaspar es wirklich verbrannt hatte, wie er behauptete. Lehrer Meyer hatte jedenfalls schriftlich und mündlich starke Zweifel an der Wahrheit dieser Behauptung angemeldet. Bis jetzt wußte außer Kaspar niemand, was darin stand – aber es konnte in unberufene Hände geraten, und auf wessen Verschwiegenheit konnte man sich ganz verlassen?

Dazu kam noch eines: Anselm von Feuerbach war ein halbes Jahr zuvor gestorben, Kaspars zuverlässigster Beschützer. Wie wichtig dieser Tod offenbar noch im Dezember 1833 war, läßt Lord Stanhopes letzter Brief an Kaspar Hauser erkennen. Er trägt das Datum vom 16./17. Dezember, also drei Tage nach dem Mordanschlag; der Poststempel ist vom 25. 12. 33, München, wo Stanhope, soeben eingetroffen, den Brief zur Post gab – die Münchener Zeitungen hatten über den aufsehenerregenden Mord jedoch schon am 20. Dezember berichtet. Aber Stanhope weiß von nichts.

«Mein theuerster Kaspar», so beginnt der Brief. Gleich im ersten Absatz kommt der Lord zu seinem Thema, zu Feuerbachs Tod, obgleich der schon ein halbes Jahr zurückliegt.

«Bei dem Verlust des verehrten Präsidenten soll es Dir als Trostgrund dienen, daß seine Gesundheit gänzlich zerrüttet war, daß er schon vor seiner Lähmung das Leben nicht genoß, wenigstens als er zu Hause war, und daß er vielmehr, wie er mir selbst sagte, des Lebens überdrüssig war. Ich möchte wissen, wer sein Nachfolger ist, nebst allen Umständen über seine frühere Anstellung usw., die Dir bekannt sind...»

Da der Adressat schon tot war, was der Schreiber hätte wissen müssen, öffnete die Ansbacher Polizei den Brief und konnte hier schwarz auf weiß lesen, daß Feuerbach schon lange todkrank gewesen sei, daß er vielleicht sogar Selbstmord begangen habe, auch wenn es für diese Behauptung nie andere Zeugen gegeben hat. Aber des Lords Wort wog bei der Polizei schwer. Es war wohl seine Absicht, einen möglichen Zusammenhang zwischen beiden Todesfällen auszuschließen. Für die Kaspar-Freunde, selbst wenn sie nicht an eine Ermordung Feuerbachs glaubten, blieb jedoch der Verdacht, daß durch den Tod des Gerichtspräsidenten der Weg frei geworden war: Die Planungen für den Mord an Kaspar Hauser konnten beginnen. Daß es für Kaspars Feinde, jetzt, am Jahresende 1833, höchste Zeit war, zur Tat zu schreiten, machen die oben genannten Gründe deutlich.

Viel schwerer ist aber eine andere, wichtigere und naheliegende Frage zu beantworten: Warum hatte man Kaspar überhaupt am Leben gelassen und nicht wie seinen jüngeren Bruder, den Prinzen Alexander, im frühesten Kindesalter umgebracht? Und wenn man ihn schon aus noch unbekannten Gründen am Leben gelassen hatte – was hatten sich dann die Drahtzieher von der Freilassung des Eingekerkerten an jenem Pfingstmontag 1828 versprochen? Mich überzeugt am meisten die einfache, aber nicht beweisbare Annahme: es war etwas schiefgelaufen.

Man mußte gehofft haben, einen schwachsinnigen Findling, der kaum sprechen konnte, der nichts von seiner Vergangenheit, nichts von der Welt und den Menschen wußte, unauffällig als Stallknecht in einem Reiterregiment unterbringen zu können, als billige Hilfskraft, die niemandem lästig werden konnte. Diese Hoffnung war gar nicht so unbegründet, wie sie uns, die wir wissen, was dann wirklich geschah, scheinen mag. Daß der «Vagabund», der «Halbidiot», sich so unglaublich schnell zu verständigen lernte, daß er bald eine Beschreibung seines Gefängnisses und seiner Gefangenschaft geben konnte, war nicht vorauszusehen. Erst recht nicht vorauszusehen war die große Welle der allgemeinen Anteilnahme am Kind von Europa, die Hilfsbereitschaft weitester Kreise und sein ständig wachsendes Sprach- und Erinnerungsvermögen an anderes, Wichtigeres als die Kerkerzeit. Die zweite Welle der Anteilnahme im Sommer 1833 muß wie ein Schock gewirkt haben, als nämlich Fürsten und Könige versprachen, Kaspar Hauser zu beschützen.

Die Theorie, etwas sei damals in Nürnberg schiefgelaufen, vertrat schon ein Baron von Artin – ein Pseudonym – in seinem 1892 in der Schweiz veröffentlichten Buch «Kaspar Hauser – Des Rätsels Lösung». Hauptstütze seiner ausführlichen Darstellung zu diesem Punkt ist ein Bericht des badischen Ministers von Berstett über einen geheimen Kabinettsbefehl vom 5. Juni 1828, also nur zehn Tage nach Kaspar Hausers Freilassung in Nürnberg. Baron von Artin versichert, das Original sei ihm «von fürstlicher Seite» für die Veröffentlichung in seinem Buch zur Verfügung gestellt worden. Er beschreibt Größe, Papier und Wasserzeichen des Original-Kabinettsbefehls und fügt seinem Buch ein Faksimile der Order bei. Danach habe der damalige Regent, Großherzog Ludwig von Baden, folgenden Befehl an sein Kabinett erlassen:

An meine Regierung

In Nürnberg vorigen Monat Alles mißglückt. Treffen Sie Maßnahmen, daß aus diesem Anlaß die Ruhe meines Fürstenthums ungestört bleibt. Empfangen Sie dagegen die Versicherung meines immerwährenden Antheils an Ihrem Wohlergehen. Ich verbleibe stets Ihr wohl affektionirter

Ludwig

Karlsruhe, den 5. Juni 1828

Zu Handen Herrn von Berstetts

Das im Buch veröffentlichte Faksimile sieht echt aus; aber man nimmt heute an, daß es von Artin gefälscht wurde. Trotzdem: dieser geheime Kabinettsbefehl würde sehr gut in die Situation am badischen Hof passen. Ludwig war der letzte regierende Großherzog aus der alten Linie der Zähringer. Im Jahre 1828 war er schon 57 Jahre alt und wollte gewiß die letzten Jahre seiner Regierung nicht mit einem Skandal beendet sehen.

Der anhaltende Wirbel um das Nürnberger Findelkind, die Gerüchte über seine Herkunft, sein wachsendes Erinnerungsvermögen und die Protektion von höchster Stelle waren nicht vorhersehbar gewesen und mußten in logisch-unmenschlicher Konsequenz schließlich zu seiner Ermordung führen.

Feuerbach hatte einen zweiten Mordanschlag auf Kaspar Hauser befürchtet. Im «Verbrechen am Seelenleben» hatte er geschrieben, zu Kaspars Gefühl seiner Abhängigkeit und Unwissenheit komme «noch der grauenhafte Gedanke, daß dem kümmerlichen Rest seiner gefristeten Tage jeden Augenblick ein unsichtbares Mordbeil, ein geheimes Banditenmesser drohe». Das «Mordbeil» war das Tatwerkzeug bei dem ersten Anschlag auf Kaspar Hausers Leben gewesen, wie Feuerbach wußte; das «Banditenmesser», jenes berühmte «sogenannte Banditenmesser», war die Tatwaffe bei dem gelungenen Mord – und das konnte Feuerbach nicht

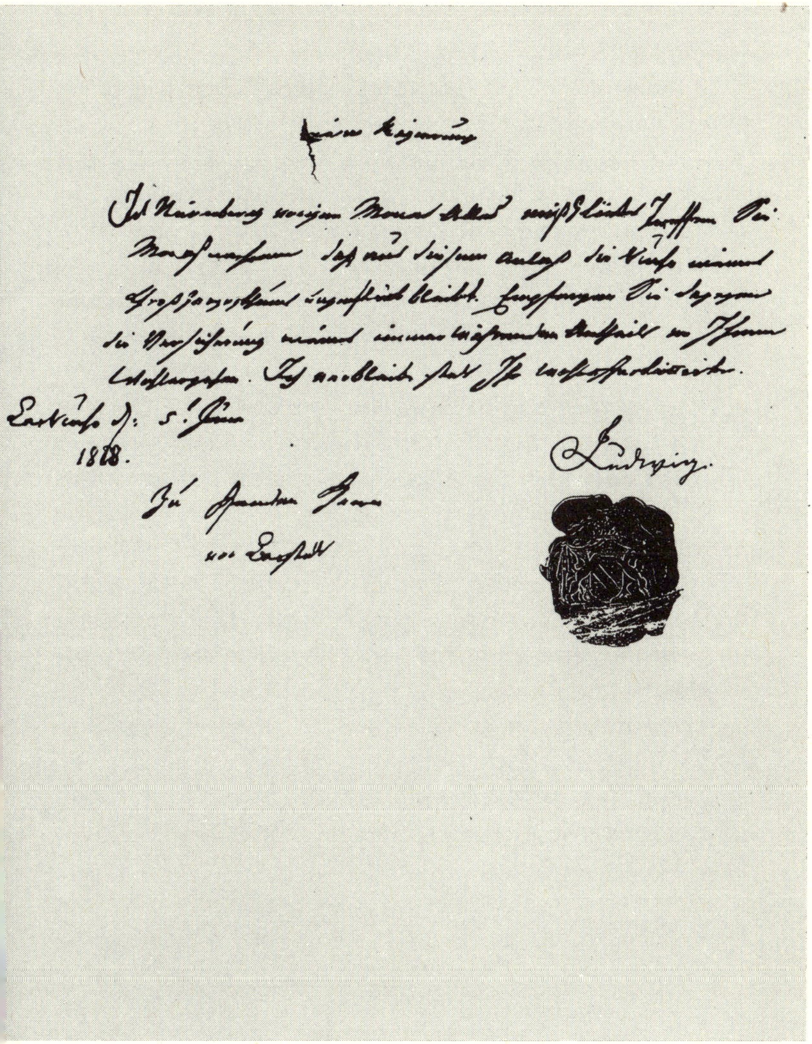

Angebliches Faksimile eines Kabinettsbefehls des
Großherzogs Ludwig von Baden, veröffentlicht 1892
im Buch über Kaspar Hauser von Baron von Artin

wissen. Ein Zufall? Eine merkwürdige Vorahnung von dem, was erst nach seinem Tod geschah?

Daß Kaspar jedoch von Vorahnungen bedrückt und bedrängt wurde, wissen wir von ihm selber und von denen, die an seinen Ängsten Anteil nahmen. Er fühlte sich oft beobachtet, glaubte Schritte im Dunkeln, ein Rascheln im Gebüsch zu hören und kam dann verstört nach Hause.

Nach dem ersten Mordversuch, beklagte sich Lehrer Daumer, «nahm er wieder eine sehr verneinende Stellung gegen die gewöhnliche religiöse Vorstellungsart an, wiewohl er der gemeinen Vorstellung von Gott überhaupt keinen Widerstand entgegensetzte... Als ihm jemand sagte, das Vertrauen auf Gott müsse ihn in Hinsicht der ihm bereiteten Nachstellungen beruhigen und auch jener Mordversuch sei nicht ohne Gottes Willen vorgefallen, so sagte er, hiermit habe Gott nichts zu tun, das täten die Menschen. Niemand werde ihn glauben machen, es sei Gottes Wille gewesen, daß der Mordversuch an ihm begangen werde. Der Mann habe dies für sich getan und Gott werde ihn dafür bestrafen. Das mache ihn zum Narren, daß er gehört habe, Gott lasse den Menschen ihren freien Willen und strafe sie für ihre bösen Handlungen und doch sollten diese Handlungen auch Veranstaltungen Gottes sein.»

Welche Rechtfertigung Gottes, welche Hilfe die Kirche Kaspar gegeben hat, ist nicht überliefert.

3. Teil

DER ANFANG – ZWIELICHT

29. September 1812 bis 26. Mai 1828

Schloß Pilsach – Roß und Gitterpflanze

«Das Gefängniß, in dem ich bis zu meiner Befreiung leben mußte, war ohngefähr sechs bis sieben Schuh lang, vier breit und fünf hoch. Der Boden schien mir festgestampfte Erde zu seyn, an der Vorderseite waren zwei kleine Fenster mit Holz verschlichtet, welches ganz schwarz aussah. Auf dem Boden war Stroh gelegt, worauf ich zu sitzen und zu schlafen pflegte. Meine Füße waren von den Knieen an mit einer Decke bedeckt. Über meinem Lager auf der linken Seite war im Erdboden ein Loch, worin ein Topf angebracht war; es war auch ein Deckel darüber, den ich wegschieben mußte, und immer wieder darüber deckte. Die Kleider, die ich in dem Gefängnisse getragen habe, waren ein Hemd, kurze Hosen, in denen aber das Hintertheil fehlte, daß ich meine Nothdurft verrichten konnte, weil ich die Hosen nicht ausziehen konnte. Die Hosenträger hatte ich auf dem bloßen Leib. Das Hemd war darüber. Meine Nahrungsmittel waren nichts anderes als Wasser und Brod; an Wasser hatte ich zuweilen Mangel; Brod war immer genug da, ich aß wenig Brod, weil ich keine Bewegung hatte; ich konnte ja nicht gehen, und wußte nicht, daß ich aufstehen könnte, weil mir das Gehen niemand gelehrt hatte; es ist mir nie der Gedanke gekommen, aufstehen zu wollen. Ich hatte zwei hölzerne Pferde und einen Hund, mit denen ich mich immer unterhalten habe; ich hatte Bänder von roth und blauer Farbe, damit putzte ich die Pferde und den Hund, aber manchmal fielen sie herunter, weil ich sie nicht binden konnte.»

(aus Kaspar Hausers Lebensgeschichte, Februar 1829)

Der Raum, in dem ich nur gebückt stehen kann, ist größer, als ich ihn mir vorgestellt hatte, größer auch als Kaspars «Gefängniß» in seiner Beschreibung, aber die Höhe, 1,68 m, stimmt mit seinen Angaben überein. Überraschend klein jedoch war für mich der gewölbte Eingang zum Kerker, fast nur ein Durchschlupfloch für Zwerge: ich mußte mich niederhocken und hindurchkriechen. Die beiden schweren eisernen Türangeln lassen in ihrer gleichmäßigen Entfernung vom alten Mauerwerk des Rundbogens einerseits und dem Fußboden andererseits erkennen, daß der einzige Zugang zum Kerker auch nie größer war: 80 cm hoch, 50 cm breit.

Ein waagerechter Licht- und Luftschacht, die einzige direkte Verbindung zur Außenwelt, taucht den Raum in ein nicht unangenehmes Dämmerlicht. Doch dann leuchtet die kräftige Lampe des Schloßherrn auf, und der Raum, den ich jetzt erst deutlich sehen kann – ich zögere, es hinzuschreiben – ist fast wohnlich. Das mag vor allem am erneuerten, mit Fliesen belegten Fußboden liegen, der wie frisch gescheuert aussieht. Aber es ist nicht nur das. Der Raum ist wohlproportioniert und trotz seiner niedrigen Decke mit den schweren alten Holzbalken nicht erdrückend. Das Gefühl der Platzangst stellt sich nicht ein. Die Luft ist frisch, keineswegs moderig-feucht, wie man es in einem Burgverlies eigentlich erwartet.

Jetzt, Mitte März, ist es empfindlich kalt. Hier könnte kein Mensch lange ohne Ofen leben, auch wenn er noch so abgehärtet wäre. «Im Winter ist es hier nicht auszuhalten vor Kälte», erklärt mir der Schloßherr und zeigt auf eine bienenkorbähnliche Vertiefung in der dicken Mauer, gleich neben der Türöffnung, fast gleich groß. Hier muß einmal ein Ofen eingebaut gewesen sein, der von außen zu beheizen war. Man erkennt noch deutlich die neueren und wesentlich kleineren Steine, mit denen die rückwärtige Öffnung zugemauert wurde.

Der Kerkerraum. Maße: 4,30 m lang, 2,60 m breit, 1,65 m hoch

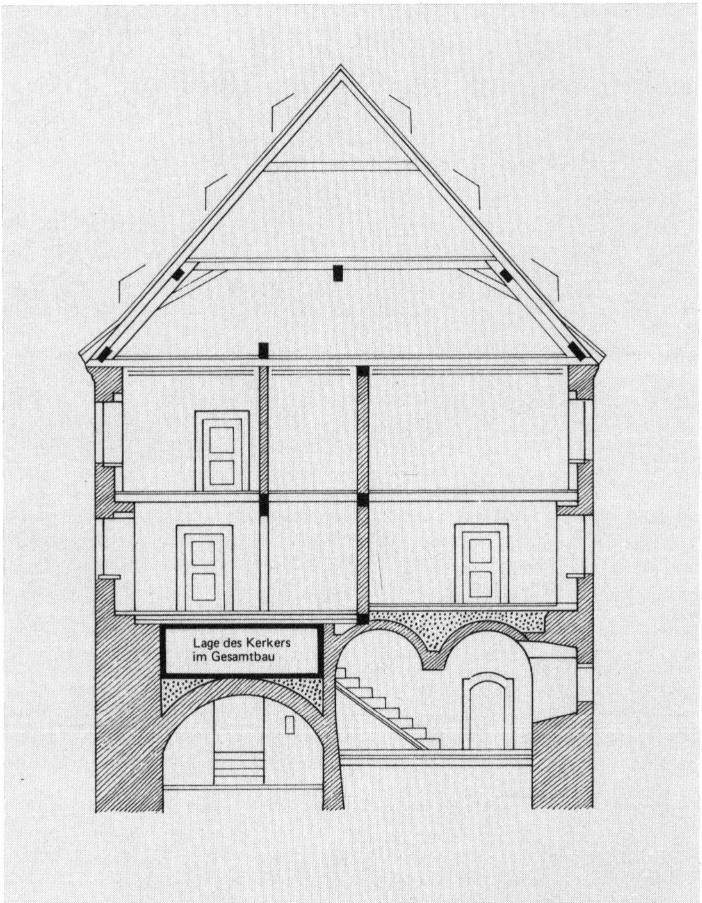

Lage des Kerkers in Schloß Pilsach

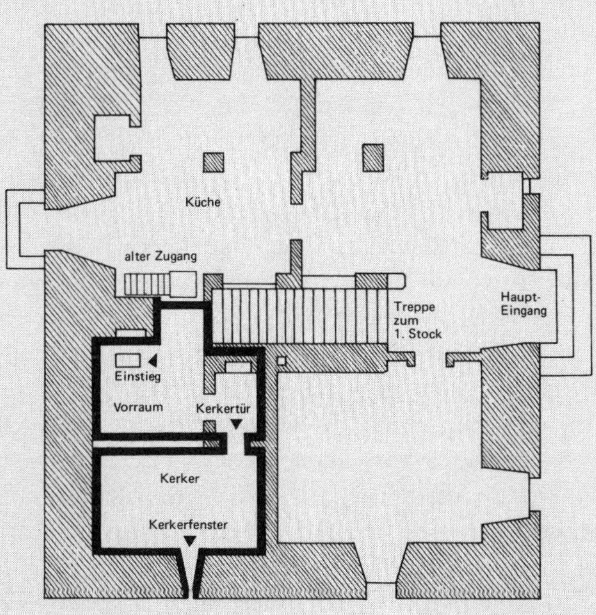

Grundriß des Kerkers mit Vorraum in Schloß Pilsach

Der Raum ist völlig leer. Schutt, Abfall und Erde sind weggeräumt worden. Es hatten sich bei den Aufräumungsarbeiten 1981 ein paar Dinge gefunden, die darauf hindeuteten, daß hier einmal ein Mensch gelebt hat: halbvermoderte Reste von Kleidungsstücken, ein hölzernes Kinderlöffelchen, ein sehr kleiner, mokassinartiger Schuh. Doch meine Vorstellungskraft schafft es nicht, den Raum zu beleben. Ich sehe nicht das Strohlager, auf dem der Gefangene schlief oder saß, nicht den Wasserkrug, der gleich danebenstand, und nicht das Loch in der Erde mit dem Topf, wo er seine «Nothdurft» verrichtete. Es ist mir nicht möglich, den Gefangenen in dies Gefängnis hineinzudenken: ein Kind, das tagaus, tagein auf dem Strohlager sitzt, still versunken in sein Spiel mit zwei hölzernen Pferden und einem kleinen Hund, Monat für Monat, Jahr für Jahr.

Ich bin nicht enttäuscht über das, was ich sehe, oder das, was ich nicht sehen kann. Ich war zwar mit einer gewissen Spannung von Nürnberg aus nach Neumarkt in der Oberpfalz und weiter nach Schloß Pilsach gefahren, mit einer Menge Fragen, die mir die Literatur nicht hatte beantworten können. Wie sieht das Schloß wirklich aus, unheimlich und verfallen wie in meiner Phantasie, oder war es die hübsche, fast moderne Villa, von blühenden Büschen und Bäumen umgeben, wie sie mir das einzige Foto gezeigt hatte? Wo liegt der Kerker genau? Wie war das mit der Belüftung und der angeblich immer gleichbleibenden Wärme des Raumes? Und schließlich die Hoffnung, mit den Schloßbesitzern ein paar Worte wechseln zu können.

Daß dort heute nicht mehr viel zu besichtigen ist, wußte ich vorher. Aber meine Erwartungen waren schon vor der eigentlichen Besichtigung erfüllt und übertroffen worden. Aus den paar Worten mit den Schloßbesitzern waren unversehens vier Stunden geworden. Wir sprachen über unseren gemeinsamen Freund, über den namenlosen Toten, der hier lebendig wurde, und über seine Feinde, die alle Spuren seines Lebens vor jenem Pfingstmontag 1828 zu tilgen versucht hatten.

Als schließlich der Hausherr aufstand – «Der Einstieg in den Kerker ist etwas mühsam, und Sie wissen ja, dort gibt es nicht mehr viel zu sehen» –, folgte ich mehr pflichtschuldig als gespannt, sah, wie er sich mit einer Leiter und einer großen Handlampe belud, und folgte ihm die helle Schloßtreppe hinauf.
Eine Luke im Fußboden wurde geöffnet, und nun ging es wieder hinunter, auf der vorsichtig hinabgelassenen Leiter, in eine Art Zwischengeschoß, in den Vorraum des eigentlichen Kerkers. Auch der Vorraum erscheint schon als Kerker, ohne Tür, ohne Fenster. Da ist nur das winzige Türloch, hinter dem kein Eindringling einen Raum vermuten würde, den Raum, in dem ich nur gebückt stehen kann. Im hellen Licht der Lampe habe ich mich kurz umgesehen und bin bereit, wieder zurück durch die Zwergentür zu kriechen, als der Schloßherr noch einmal auf die Dicke der Mauern hinweist – zwei Meter! –, die man am besten im Luftschacht würdigen könne.

Jetzt erst blicke ich genauer durch die enge, sich verjüngende Öffnung ins Freie, sehe, wie durch ein falschherum gehaltenes Fernglas, weit weg ein paar Quadratzentimeter blauen Himmels und ein paar Zweige. Aber zwischen dem Licht der Welt und dem Dunkel des Schachtes steht schwarz, scharf umrissen, das Gefängnisgitter, das kein richtiges Gitter ist, sondern eine stilisierte eiserne Pflanze. Ich kannte sie schon von einer Fotografie, aber erst jetzt wird mir ihre Bedeutung klar. Jedem Gefangenen, der in diesem Kerker hauste, muß sich die schwarze, ungewöhnliche Form vor dem hellen Hintergrund unauslöschlich eingeprägt haben, um so mehr, als es die einzige fest umrissene Form im Raum ist. Wenn der erwachsene Kaspar Hauser je hierher

Das einer Pflanze nachgebildete Eisengitter vor dem Luftschacht des Kerkers in Schloß Pilsach

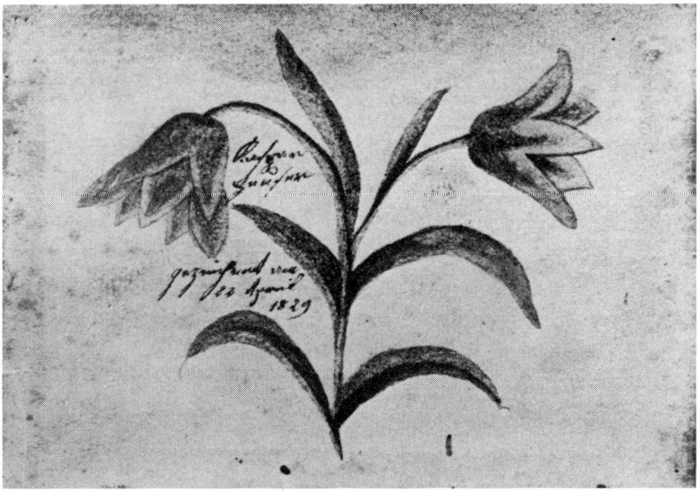

Das erste bekannte Bild von Kaspar Hauser,
eigenhändig signiert und datiert 24. April 1829

gekommen wäre, hätte er mit einem einzigen Blick sein Gefängnis wiedererkannt.

Dabei hat er merkwürdigerweise in seinen Berichten über sein Gefängnis die eiserne Pflanze nie erwähnt. Erst in unserer Zeit wurde sie mit einem früheren Bild von Kaspar Hauser in Verbindung gebracht. Es ist ein kleines Aquarell, von Kaspars Hand auf den 22. April 1829 datiert, das Bild einer Tulpenpflanze, noch steif und unbeholfen zu Papier gebracht. In den einfachen Umrissen, in der Anordnung ihrer Blätter ist sie ein Abbild der Eisenpflanze. Erst hier, an Ort und Stelle, wird die verblüffende Ähnlichkeit deutlich. Mir wird noch etwas anderes klar: Kaspar hat sein Bild weder, wie man annehmen könnte, nach einer Vorlage noch nach einer lebendigen Pflanze gezeichnet. Er hat nämlich die Blätter falsch angesetzt. Auf seinem Bild stehen sich jeweils zwei genau gegenüber, wie bei der Eisenpflanze. Hätte er eine Tulpe vor sich auf dem Tisch gehabt oder gar nach einer Vorlage gearbeitet, wäre ihm dieser Fehler nicht unterlaufen. Er muß nach der Phantasie gezeichnet haben, vielleicht sogar in einer ähnlichen Trance wie bei jenem Porträt eines Mannes, der für den erschrockenen Lehrer Daumer unsichtbar und gespenstisch, für Kaspar aber deutlich sichtbar in einer Zimmerecke stand, jenes Männergesicht, das Lord Stanhope so verwirrt hatte.

Es war übrigens die heutige Schloßherrin, der die Ähnlichkeit zwischen Eisenpflanze und Tulpenzeichnung zuerst aufgefallen ist. Ich erfuhr mehr, scheinbare Kleinigkeiten, die einen Indizienbeweis jedoch wahrscheinlicher machen als eine noch so überzeugend vorgetragene Hauptthese. Noch heute sagen die Dorfbewohner in Pilsach «woiß nit», wie Kaspar, und nicht «woaß nit», wie die Leute «hinterm Berg». Dann ist da der Bürgermeister des Nachbardorfes, der seine Großmutter auf dem Totenbett hat sagen hören: «Der Kaspar Hauser war in Schloß Pilsach eingesperrt.» Ich erfuhr weiter, daß der Ausdruck «an der bayrischen Grenz» noch heute im Dorf von alten Leuten gebraucht wird, wenn sie vom Nachbardorf sprechen. Bis 1806 verlief nämlich bei Pilsach eine «bayrische Grenz», die Grenze zwischen der Freien Reichsstadt Nürnberg und dem Königreich Bayern.

Ich hörte auch, daß sich über der Eingangstür des Schlosses ursprünglich ein Wappen befand; es ist nicht bekannt, wann es entfernt wurde. Vielleicht geschah das zu der Zeit, als Kaspar auf Daumers Anregung hin ein Wappen zeichnete, an das er sich zu erinnern glaubte. Das Pilsacher Wappen hing noch bis in die Zwanzigerjahre unseres Jahrhunderts über dem zum Schloß gehörigen Jägerhaus, ist aber auch dort inzwischen entfernt worden, noch vor der Zeit der jetzigen Schloßbesitzer.

Von ihnen hörte ich auch, daß sie bei den Renovierungsarbeiten des völlig vernachlässigten und verkommenen Gebäudes große Schwierigkeiten hatten. Es gab keine Grundrisse mehr, nicht einmal alte Zeichnungen und Gemälde von dem stattlichen und schön gelegenen Wasserschloß. Das machte den neuen Besitzer, einen Architekten, mißtrauisch. Er erfuhr, daß 1864, bei einem Besitzerwechsel, das gesamte Archivmaterial nach Nürnberg abtransportiert und dort vernichtet worden war. Im gleichen Jahr wurde auch das Verlies zugeschüttet. Das alles legt die Vermutung nahe, daß noch dreißig Jahre nach Kaspar Hausers Tod eine auf lange Sicht geplante Verschleierungstaktik vorhandene Spuren hatte tilgen sollen.

Aber alle Spuren hatten sich doch nicht vernichten lassen. Im Jahre 1924, als das Schloß wieder einmal seinen Besitzer gewechselt hatte, stieß Klara Hofer, die damalige Schloßherrin, beim Umbau des Treppenhauses auf das Verlies. Noch im gleichen Jahr veröffentlichte sie ihr Kaspar-Hauser-Buch, es enthielt eine genaue Beschreibung ihrer Ent-

Das Pilsacher Holzpferd

deckung. Daß dies Buch die Kaspar-Hauser-Diskussion neu aufleben ließ, war nicht voraussehbar.

Daß in Ansbach jemand sein Leben damit verbrachte, und es war ein langes Leben, die alten Gerichtsakten zu sichten, Fälschungen zu entlarven und die gewonnenen Erkenntnisse zu veröffentlichen, konnte die Verschleierungstaktiker nicht mehr ernsthaft beunruhigen. Die Bücher von Hermann Pies (1887–1983) sind heute vergriffen und nicht mehr im Buchhandel erhältlich. Die Lexika, bis hin zur berühmten Encyclopaedia Britannica, schreiben immer noch von «jenem Dunkel», das die «Gestalt des unglückseligen Findlings wohl auf ewig umgeben wird». Auch das Kaspar-Hauser-Jahr 1983 wurde gut überstanden. Das geplante Gedenken an den 150. Todestag des Kindes von Europa fand zwar in einigen Fernsehsendungen und Zeitungsspalten statt, aber dann war auch das vorbei.

So erfuhr die Öffentlichkeit kaum Konkretes über den letzten Stand der Kaspar-Hauser-Forschung. Wer nicht gerade die neuesten Veröffentlichungen zum Thema gelesen hatte, wußte auch nicht, daß wieder einmal etwas Unvorhergesehenes geschehen war. Die jetzigen Besitzer des Pilsacher Schlosses hatten 1982 beim Aufreißen des alten Fußbodens etwas ans Tageslicht befördert, das ein weiteres Indiz, ein sehr deutliches und handgreifliches, für die Wahrheit von Kaspars Geschichte bildet: ein nur wenig beschädigtes altes Spielzeugpferd. Es sah wirklich so aus wie das Pferd in Kaspars Bericht. Die Größe stimmte, die weiße Bemalung, die nur stellenweise noch sichtbar ist, die an den Hufen noch vorhandenen Ansätze für den fahrbaren Untersatz, ja selbst das Loch im hölzernen Hinterteil, wo der Schwanz eingesetzt war, entsprach seiner Beschreibung.

Als ich aus dem Munde des Finders die Geschichte der Entdeckung hörte, waren für mich alle Zweifel ausgelöscht: das fehlende Glied in der Kette war gefunden. Er hatte beim

Bau einer Fußbodenheizung unter der untersten Stufe des Treppenhauses den Schutt weggeräumt und war dabei auf etwas gestoßen, das er zunächst für die Griffe einer alten Zange hielt. Als er nachfaßte, zog er an den beiden Vorderbeinen ein hölzernes, völlig verdrecktes Pferdchen ans Licht. Nach der Säuberung sah man, das war kein grobes Bauernkinderspielzeug, sondern ein sehr fein geschnitztes Pferd mit schmalem Kopf und schlanken Beinen, mit eingeritzter, schwarz bemalter Mähne und einem runden Loch für den vermutlich roßhaarigen Schwanz. Der Fundort war, auf jeden Fall seit dem Jahre 1864, wo der damalige Besitzer das Verlies hatte zuschütten lassen, unberührt geblieben, da dieser Teil des Schlosses von Klara Hofer nicht umgebaut worden war.

Das Roß war fotografiert und begutachtet worden und sollte, wie schon der hölzerne Kinderlöffel und andere «Fundsachen», zur Altersbestimmung in ein Labor gebracht werden. «Aber ich mochte es nicht hergeben», sagte der Schloßherr lächelnd, «der Holzlöffel und auch der kleine Schuh sind danach nicht wieder bei uns aufgetaucht...» Er stand auf, öffnete einen alten Bauernschrank und holte etwas sorgfältig in ein Tuch Eingeschlagenes heraus. Er wickelte es aus und gab es mir, das überlebende Roß, schön und stolz, trotz der verletzten Hinterbeine. Ich nahm es vorsichtig in die Hand und strich mit den Fingern über seine schwarze Mähne.

Meine Überzeugung, daß jenes Verlies in Schloß Pilsach die letzte Station Kaspar Hausers vor seiner Entlassung in die Welt war, hat sich durch meine Eindrücke dort noch gefestigt. Es häufen sich so erstaunlich viele Tatsachen, die dafür sprechen, so viele scheinbare Kleinigkeiten, die sonst Unerklärliches oder Unverständliches erklären, daß es lohnt, sie zusammenzustellen. Pilsach ist ein fester Punkt auf Kaspar Hausers Weg von seiner Geburt in Karlsruhe bis zum Unschlittplatz in Nürnberg, das Verlies der einzige Ort, an den er sich klar erinnert.

Für die Annahme, Kaspar sei von Schloß Pilsach nach Nürnberg gebracht worden, spricht:

1. die geographische Lage. Die Strecke nach Nürnberg, ungefähr vierzig Kilometer, ist auch von zwei sozusagen gehbehinderten Wanderern zu Fuß zu schaffen. Noch heute ist die Einsamkeit der Gegend auffällig. Die Eisenbahnstrecke führt durch große Wälder, nur zuweilen sieht der Reisende abgelegene Einzelgehöfte, nur hier und da kleine Gruppen von deutlich neuen Siedlungshäusern. Auch heute noch könnte man hier einen Menschen unbemerkt durch die Wälder nach Nürnberg bringen.

In Neumarkt, der zuständigen Bahnstation für Pilsach, verläßt der Reisende den Zug, um mit Bus oder Taxi die letzten sechs Kilometer bis zu seinem Ziel zurückzulegen. Der Taxifahrer, der mich zum Schloß beförderte und noch nie etwas von Kaspar Hauser gehört hatte, mußte Pilsach auf der Landkarte suchen und dann, um das Schloß zu finden, erst einen Dorfbewohner fragen. Denn auch das Schloß liegt einsam, abseits vom Dorf, abgeschirmt durch Wassergraben, Büsche und Bäume. Die einsame Lage erklärt auch Kaspars Bemerkung, in seinem Gefängnis nie irgendwelche Laute von draußen gehört zu haben, keine Menschenstimmen, nicht die Stimmen von Tieren, nicht einmal ein Glockenläuten. Ich allerdings habe die Glocke der Pilsacher Kirche im Verlies deutlich hören können; jedoch zur Zeit von Kaspars Gefangenschaft war Pilsach keine selbständige Pfarrgemeinde, man ging ins Nachbardorf zur Kirche. Warum der Gefangene die Vögel nicht singen hörte, bleibt ungeklärt, aber vielleicht erging es ihm wie jenem Müller, der seine Mühle erst hörte, wenn sie stillstand.

2. *die Erwähnung Neumarkts im Auftauchbrief.* Sie ist Hinweis und Irreführung gleichzeitig. Man konnte mit Kaspar Hauser dort leicht eine Besichtigung in einem falschen Gefängnis inszenieren und dann Neumarkt als erledigt abhaken, wie es Polizeileutnant Hickel dann auch befriedigt tat.

3. *die durch Dokumente belegbare Geschichte des Schlosses.* Zur Zeit von Kaspars Gefangenschaft stand das Schloß praktisch leer und wurde vom Schloßjäger verwaltet. Der damalige Lehensträger, ein Baron von Grießenbeck, kam nur einmal jährlich auf seinen Besitz, der damals baulich stark vernachlässigt war. Am 20. Oktober 1821 wurde Schloß Pilsach ein «Patrimonialgericht II. Klasse», und das bedeutete, der Grundherr durfte eine eigene Gerichtsbarkeit ausüben, die es ihm erlaubte, über seine «Gutseingesessenen» sozusagen privatim Recht zu sprechen, also Diebstähle, Wild- und Waldfrevel zu verfolgen und die Täter zu bestrafen, zum Beispiel mit Gefängnis im schloßeigenen Kerker. «Erst in neuerer Zeit», sagt der Brockhaus von 1894 dazu, gelangte «die Anschauung, daß die Gerichtsbarkeit nur dem Staate zustehen dürfe, zum Siege, und besonders seit der Bewegung von 1848 wurde die Patrimonialgerichtsbarkeit in vielen deutschen Staaten aufgehoben. Aber erst das Deutsche Gerichtsverfassungsgesetz vom 27. Januar 1877 hob sie für den Umfang des Deutschen Reichs allgemein auf.»

Das bedeutete für den Baron von Grießenbeck, er konnte Gefangene auf sein Schloß bringen und dort nach Gutdün-

ken – oder Schlechtdünken – gefangenhalten. Während seiner Abwesenheit mußte der Verwalter die Gefangenen versorgen. So erklärt sich auch Kaspars spartanische Kost: Brot und Wasser war die sprichwörtliche Gefangenenkost. Schon früh hatte man deshalb vermutet, daß er in einem Gebäude mit anderen, «normalen» Gefangenen inhaftiert gewesen sein müsse. Als die heutigen Besitzer das Schloß übernahmen, war der Raum, in dem diese «normalen» Gefangenen untergebracht worden waren, noch in seinem alten, verkommenen Zustand und wird auch jetzt, nach der Renovierung, von den Dorfbewohnern «die Schlafstube» genannt.
4. die Person des Rittmeisters von Wessenig. Er war vor seiner Nürnberger Zeit mit den Chevaulégers in Neumarkt stationiert – das könnte erklären, warum der Auftauchbrief ausgerechnet an ihn adressiert worden war.
5. die Person des Gefangenenwärters. Daß auf Schloß Pilsach ein Jäger als Verwalter fungierte und die Gefangenen versorgen mußte, macht Kaspars Geschichte von der mühsamen Wanderung nach Nürnberg besser vorstellbar. Ein Jäger kennt Schleich- und Abkürzungswege durch die Wälder und weiß, wie man eine schwere Last, etwa einen kapitalen Hirsch oder einen Menschen, notfalls auch allein tragen kann, nämlich über den Schultern.
6. Kaspars Dialekt. Soweit er aus den wenigen Sprachbrocken überhaupt identifiziert werden kann, war, was der vermeintliche Vagabund auf der Nürnberger Polizeistation stammelte, Oberpfälzisch, nicht Bayerisch. Sein wiederholtes «Woiß ih nit» wird noch heute in Pilsach genauso gesprochen, während man im Nachbarort «Woaß ih nit» sagt – er liegt jenseits der schon lange nicht mehr vorhandenen Grenze nach Bayern.

Soweit die Indizien. Das Holzpferd und die Gitterpflanze sind jedoch, wie ich meine, nicht weniger wichtig. Auch die Tilgung möglicher Spuren – das Verschwinden aller Akten des Schloßarchivs, aller bildlichen Darstellungen von Schloß Pilsach und die Entfernung des Wappens – sind wichtige, sozusagen negative Beweisstücke.

Die Argumente, die gegen das Verlies in Pilsach als Kaspars letzter Kerkerstation zu sprechen scheinen, lassen sich widerlegen. Vier Punkte in seinen schriftlichen Berichten und in seinen Angaben gegenüber der Polizei stimmen nicht mit dem Augenschein überein. Sein Kerker habe zwei Fenster gehabt, sagte Kaspar, ein Ofen sei nicht darin gewesen, aber er habe den Raum immer gleichmäßig warm gefunden, die Decke sei gewölbt gewesen, und, *last, but not least*, von der eisernen Pflanze ist nie die Rede – Kaspar erwähnt überhaupt kein Fenstergitter.

Dazu im einzelnen: In den Polizeiakten werden immer zwei Fensteröffnungen genannt, doch wurden schon früh Zweifel laut, wieweit gerade die Polizeiakten aus der allerersten Zeit zuverlässig wiedergeben konnten, was der fast sprachlose Junge ausdrücken wollte. Viele der Fragen hat er mit Sicherheit nicht verstanden, vieles hat er nur mit Gesten zu verdeutlichen versucht. Es ist also ratsam, sich auf solche Berichte zu stützen, die nicht von Polizeischreibern zu Papier gebracht wurden, sondern von Privatpersonen, die Kaspar genauer kannten, die bei ihren Versuchen, sich mit ihm zu verständigen, mehr Muße hatten. So sagte Hiltel, der freundliche und verständnisvolle Gefängniswärter, unter Eid aus:

«Als Hauser schon einige Zeit bei mir war, so machte er mir durch Zeichen, da er selbst noch nicht reden konnte, bekannt, daß er in seinem früheren Gefängnis von einem kleinen Loche aufwärts einen Holzstoß und über demselben den Gipfel eines Baumes gesehen habe.» Hier ist also nur von *einem* Fenster die Rede, von einem Loch. Diese Bezeichnung ist auch viel zutreffender für die schießschartenähnliche kleine Öffnung im Pilsacher Verlies, die leicht schräg nach oben ins Freie führt.

Die erste, die eine Erklärung für den Widerspruch in der Zahl der Fenster fand, war Klara Hofer: «Kaspar, der nicht gewohnt war, perspektivisch zu sehen, wie das Feuerbach... schlagend dargestellt hat, sah, am Boden sitzend, sowohl die innere wie die äußere ‹länglich viereckige› Öffnung, die ca. zwei Meter von einander entfernt sind... als ziemlich dicht neben einander liegend. Dies erklärt auch seine dunkle Aussage vom 6. November 1829: ‹Nach meinen inzwischen durch die Erfahrung erlangten Begriffen kann ich annehmen, daß *beide* Fenster mit kleingehauenem Holz verschlichtet gewesen.›»

Wer die Lichtöffnung im Pilsacher Verlies gesehen hat, wird diese Erklärung plausibel finden. Wenn noch dazu die äußere Öffnung mit Holz verkleidet (verschlichtet) war, wie vermutlich immer im Winter, schien auch die vordere dunkel, *beide* Öffnungen wirkten also «verschlichtet». Niemand hat sich jedoch nach Kaspars erster Beschreibung, wie sie Hiltel wiedergibt, gewundert, daß Kaspar manchmal den «Gipfel eines Baumes» sehen konnte. Niemand zog die Schlußfolgerung, daß der Kerker also deutlich höher als der Erdboden gelegen haben mußte. Auch diese Kleinigkeit spricht für das Pilsacher Schloß, dessen Verlies im Zwischengeschoß einige Meter über der Erde liegt.

Der andere auflösbare Widerspruch in Kaspars Beschreibung betrifft den Ofen. Im Gegensatz zu den etwas späteren Polizeiberichten heißt es in der schon mehrfach erwähnten Bekanntmachung des Bürgermeisters Binder vom 7. Juli 1828, in der er auch Kaspars Beschreibung seines Kerkers veröffentlichte: «Der Ofen darin war weißfarbig, klein, rund, wie etwa ein großer Bienenkorb geformt und wurde von außen geheizt (oder, wie er sich ausdrückte ‹einkenten›).» Man glaubte jedoch, Binder habe ihn mißverstanden und hielt an Kaspars späterer Aussage fest, er habe keinen Ofen gehabt.

Ich bin überzeugt, daß Binders Angaben stimmen. In unseren Breiten ist ein Verlies, das immer gleichbleibend warm ist, nur schwer vorstellbar. Dazu kommt, daß die mit deutlich neueren Steinen zugemauerte Öffnung im Pilsacher Kerker wirklich in Form und Größe am besten mit einem Bienenkorb zu vergleichen ist. Als Kaspar später schon viele verschiedene Öfen kennengelernt hatte – große, stattliche Kachelöfen, schwarze, gußeiserne Kanonenöfen, offene Kaminfeuer –, kam ihm wohl nicht in den Sinn, daß auch jenes kleine, rundliche Gebilde, das noch dazu in der Wand eingelassen war, ein Ofen gewesen sein könnte.

Die dritte Unstimmigkeit betrifft die Decke des Kerkers. In der ältesten Fassung seiner Lebensgeschichte (vom November 1828) schreibt Kaspar darüber: «...oben auf der Decke war es wie in einem Keller. Da war aber nichts anderes als das Stroh, wo ich gelegen bin, und gesessen...» Daraus schloß man, sein Gefängnis habe eine gewölbte Decke gehabt, vor allem da Kaspar bei seinen ersten mündlichen Versuchen einer Beschreibung eine entsprechende Handbewegung gemacht hatte. Nun ist die Decke des Pilsacher Kerkers aber unzweifelhaft gerade; der Fußboden allerdings war, bevor der jetzige Schloßherr ihn einebnete, leicht gewölbt, da er der Wölbung des darunterliegenden Kellers folgte. Vermutlich wurden bei Kaspars mehr gesten- als wortreichen ersten Erklärungen auf der Polizeiwache Boden und Decke verwechselt. Im Protokoll heißt es, daß «er die gewölbte Decke seines Gefängnisses am Boden zu bezeichnen suchte». Und in seiner Biographie, die im Gegensatz zu den späteren Fassungen noch sehr ungeschickt formuliert ist, fährt er nach der Beschreibung der Decke unmittelbar fort: «Da war aber nichts anderes als das Stroh, wo ich gelegen bin...» Übrigens fand Klara Hofer bei ihrer Entdeckung des Kerkers 1924 eine breite «Stroh- und Flachshadernschicht des noch jetzt 50–60 cm hohen Lagers».

Der letzte der scheinbaren Widersprüche betrifft die

Eisenpflanze. Kaspar erwähnt die ungewöhnliche und auffällige Vergitterung des Fensterloches nirgendwo. Dafür gibt es eine einfache Erklärung. Nach seinen eigenen Angaben war es mit Holz «verschlichtet», so daß sich das dunkle Eisen gegen das Dunkel der Verkleidung nicht abhob. Da er Hiltel gegenüber aber auch den Gipfel eines Baumes erwähnt, wird die Öffnung im Sommer, befreit von der Holzverkleidung, von außen zugewachsen gewesen sein. Noch zu Klara Hofers Zeiten gab es hier ein Birnenspalier. In den letzten Tagen und Wochen seiner Gefangenschaft sei es, so berichtet Kaspar, etwas heller in seinem Loch geworden. Das war die Zeit, als der Wärter ihm beibrachte, seinen Namen zu schreiben. Erst jetzt konnte sich das Bild der Eisenpflanze dem Auge einprägen, doch das geschah unbewußt: der Gefangene war so intensiv und glücklich mit seinen Schreibübungen beschäftigt, daß er kaum noch dazu kam, wie er selber berichtet, mit seinen Rossen zu spielen.

Im Zusammenhang mit den Schreibübungen, von denen später noch die Rede sein wird, ereignete sich ein für Kaspar erschreckender Zwischenfall, der ohne die besondere Lage des Pilsacher Verlieses unverständlich ist. Zur Belohnung für gutes «Malen» zeigte der Mann seinem Schüler, wie man die Pferde auf dem Boden hin- und herrollen lassen konnte. Der ahmte auch dies Neue eifrig nach: «Dann habe ich mit dem Roß grad so gemacht wie er es mir gezeigt hat, und bin so strack gerohlt das es mir selber weh gethann habe, dann ist dieser man komen und hat mich mit dem Stock geschlagen, und hat mir so weh getan, daß ich still weinte, daß mir die Thränen, herunter gefallen sind; und hat mir am rechten Elenbogen weh gethan.» Die nicht ganz verheilte Wunde hatten auch die Nürnberger Ärzte noch feststellen können und Kaspars Erklärung dazu gehört. Nur hat sich offenbar niemand gefragt, warum der Mann eine so harte Strafe verhängte für etwas, was er doch selber seinem Schüler beigebracht hatte. Er muß erschrocken und ärgerlich gewesen sein, als er merkte, daß das an sich harmlose Geräusch auch außerhalb des Kerkers zu hören war. In einem Keller mit dicken Mauern wäre das nicht möglich gewesen. Denkbar ist das nur in einem Raum, unter dem noch ein anderer Raum lag – und das Pilsacher Verlies befand sich ja in einem Zwischengeschoß.

Ob in eine Zusammenfassung der Indizien, die für Schloß Pilsach als letzter Kerkerstation Kaspar Hausers sprechen, auch Gerüchte gehören oder nicht – hier doch einige Beispiele.

Wir hörten schon von dem Bürgermeister des Nachbarortes und den Worten seiner sterbenden Großmutter. Klara Hofer erwähnt in ihrem Buch den Schullehrer Döllwanger, der seinen Enkeln oft eine alte Geschichte erzählte, wie «Kaspar über den Otternberg geht im roten Leibl». Sie berichtet auch von einem siebzigjährigen Maurermeister, der ihr 1924 in Pilsach erzählte, sein Großvater habe ihm oft gedroht: «Wann's ka Ruh gibst, kommst ins Loch zum Kaspar!»

Professor Klee aus Nürnberg, wie Pies ein unermüdlicher Kaspar-Hauser-Forscher, hörte, ebenfalls in den zwanziger Jahren, noch selber einen alten Pilsacher über die Gefangenen im Schloß reden: «Bei Nacht hat man sie gebracht und bei Nacht wieder fortgeschafft.» Von einem anderen alten Dorfbewohner hörte er Ähnliches wie Klara Hofer: er sei als Kind noch ermahnt worden: «Wenn du nicht brav bist, sperr ich dich zum Kaspar ins Loch.»

Wer von Gerüchten nicht viel hält, sei an den Juristen Feuerbach erinnert, der, als er sein *Mémoire* mit der Wiedergabe eines Gerüchts abschloß, die Erklärung gab: «Gerüchte sind freilich nur Gerüchte. Sie sind darum aber nicht zu verachten. Oft fließen sie aus sehr echten Quellen. Sie haben, so es geheime Verbrechen gibt, häufig darin ihre Entstehung, daß der eine oder andere Mitwissende geplaudert hat... oder aber auch, weil ein Mitschuldiger, um sein Gewissen zu erleichtern... im stillen die Entdeckung der Wahrheit herbeizuführen sucht.»

Klara Hofer erinnerten die Gerüchte, die ihr in Pilsach zu Ohren kamen, an die mündliche Weitergabe von alten Sagen. Sie nannte solche Legendenbildung in ihrer poetischen Sprache «das Gedächtnis der Sage» und vermerkte auch, was dabei weitergegeben wurde: «Der Ort, der Weg und das Kleid». Seltsam, daß sie bei dieser Aufzählung ein nicht unwichtiges Charakteristikum der Sage vergaß: den Namen. Denn das Kind, das im Schloß gefangengehalten wurde, hatte bei den Leuten im Dorf einen Namen: Kaspar.

Napoleon hat die Hand im Spiel

Die Bauern in Pilsach nannten das gefangene Kind Kaspar. Darüber kann man nicht hinweggehen. Die Frage liegt nahe, wie sie denn von dem Namen erfahren hatten. Oder hatten sie ihn selber erfunden? Wenn es so war, dann ist diese Art kollektiver Phantasie jedenfalls ungewöhnlich. Und wenn nicht: Wer hatte dann dem sagenhaften Kind seinen Namen gegeben? Fand eine Taufe statt und wo? Warum wählte man gerade diesen Namen, der damals in Süddeutschland, trotz der Heiligen Drei Könige, ungebräuchlich war?

Wie wichtig die Kenntnis des Namens immer schon war, hat uns nicht erst Rumpelstilzchen beigebracht, hat nicht erst Elsa von Brabant, in der Sage vom Schwanenritter, erfahren müssen. Die Namensgebung ist schon im Alten Testament von großer Bedeutung. Auch bei der christlichen Taufe ist die Namensgebung ein wichtiger Teil der feierlichen Handlung. Noch heute sagen wir: «das Kind beim

Namen nennen», wenn wir einen Sachverhalt klar und ohne Umschweife bezeichnen wollen.

Auch die erst in unserem Jahrhundert veröffentlichten Dokumente, die viel Licht in das bis dahin dunkle Geschehen um die Geburt des badischen Erbprinzen gebracht haben, enthalten keine Hinweise darauf, wer ihm seinen Namen gegeben hat. Denn er blieb ja nicht der namenlose Prinz N. N., wie ihn Feuerbach in seiner Genealogie des badischen Fürstenhauses nannte. Feuerbach war überzeugt, daß Kaspar weder ein Betrüger noch ein Idiot, sondern der Erbprinz von Baden sei. Aber wer gab ihm den Namen Kaspar?

Man nimmt heute stillschweigend an, daß es der Wärter gewesen sein muß. Er nannte ja als erster – wenn man das fiktive «arme Mägdelein» nicht mitzählt – in jenem Brief, den er seinem Gefangenen sozusagen als Personalausweis mitgab, den Namen Kaspar.

Mir kommt es jedoch unwahrscheinlich vor, daß bei einem Verbrechen der Name des Opfers dem Zufall, der Willkür eines einzelnen, etwa des Gefangenenwärters, überlassen worden sein soll. Der Nürnberger Findling wußte jedenfalls nicht, daß er Kaspar hieß, auch wenn er den Namen schreiben konnte. Offenbar war er nie so gerufen worden.

Bei der folgenden Rekonstruktion seines ersten Lebensabschnittes, der zwei Drittel seines ganzen Lebens umfaßt, wird auch diese Frage der Namensgebung wieder auftauchen. Am Anfang steht Napoleon. Im Jahre 1806 verheiratete er seine Adoptivtochter Stéphanie Beauharnais mit dem Erbprinzen Karl von Baden. Die Eheschließung stand, wenn überhaupt unter einem Stern, dann unter keinem guten. Es war eine politische Heirat, bei der die beiden Hauptbeteiligten, wie üblich, gar nicht gefragt worden waren. Das Ganze war ein Geschäft, ein Tauschhandel, der schon deshalb unter besonders starkem Druck abgeschlossen wurde, weil der eine Partner der mächtigste Mann in Europa war.

Napoleon, seit zwei Jahren Kaiser der Franzosen, reist im Januar 1806 nach Karlsruhe, um das Geschäft selber vorzubereiten. Er bietet ein junges Mädchen, Stéphanie, noch nicht ganz siebzehn Jahre alt, eine Verwandte seiner Frau Joséphine Beauharnais, und verlangt dafür den Abschluß eines Bündnisses zwischen Baden und Frankreich. Damit sich sein Angebot etwas prächtiger ausnimmt, hat er Stéphanie Beauharnais vor seiner Abreise schnell noch offiziell adoptiert. Sie lebte allerdings schon seit zwei Jahren in seinem Haus, zusammen mit den beiden Kindern aus Joséphines erster Ehe; doch nun darf sie sich Stéphanie Napoléon nennen und den Titel «Kaiserliche Hoheit» tragen. Noch schöner und stolzer klingt der eigens für sie geschaffene Titel *fille de France*. So ausgestattet, mußte sie für jeden Fürsten und König eine ebenbürtige Gemahlin sein; aber die Mutter des Bräutigams, die Markgräfin Amalie von Baden, war von Anfang an gegen diese geplante Ehe. Die ihr zugedachte Schwiegertochter schien ihr nicht wirklich standesgemäß, denn sie stammte nicht aus einer adligen Familie. Doch das Geschäft kam auch gegen den schwiegermütterlichen Willen zustande.

Am Ende von Napoleons dreitägigem Aufenthalt in Karlsruhe wird die Heirat vereinbart und das Bündnis zwischen Baden und Frankreich unterzeichnet, wodurch Baden zum Großherzogtum ernannt und gleichzeitig sein Territorium erweitert wird. Wenige Wochen später hält der Staatsminister Freiherr von Reitzenstein für den Erbprinzen Karl offiziell bei Napoleon um die Hand seiner Adoptivtochter an. Nach der selbstverständlich positiven Antwort des Adoptivvaters kann sich nun der Prinz seinerseits nach Paris begeben, wo sich die Brautleute kennen-, aber nicht lieben lernen.

Schon Anfang April findet die feierliche Hochzeitszeremonie in den Tuilerien statt. Doch die *fille de France* scheint keine große Sehnsucht zu haben, ihre neue Heimat kennenzulernen. Sie bleibt mit ihrem Gatten noch erstaunlich lange am Pariser Hof, noch den ganzen Mai und auch den Juni über. Erst am 4. Juli trifft das junge, aber immer noch sich nicht liebende Paar in Karlsruhe ein.

Napoleon ist zufrieden mit seinem Geschäft, das ihm weiteren Einfluß in Süddeutschland sichert, nachdem er ein Jahr zuvor seinen Stiefsohn Eugène mit der Prinzessin Auguste von Bayern vermählt hatte. Er kann sich nun einem wichtigeren Geschäft zuwenden, dem geplanten Rheinbund, der noch im gleichen Monat, dem Juli 1806, geschlossen wird. Außerdem sind auch noch Schlachten zu schlagen, noch im gleichen Jahr. Über Namen wie Saalfeld, Jena und Auerstedt kann Napoleon erfolgreich alle Gedanken an die Vermählung seiner Adoptivtochter verdrängen; die ganze Angelegenheit war als erledigt abgehakt.

Offenbar kannte er das weise englische Sprichwort nicht: *You can lead a horse to the water, but you cannot make it drink.* Er dachte wohl, wenn man ein Pferd zum Wasser führt, dann wird es ganz von selbst trinken. Er brauchte lange, fast zwei Jahre, bis er seinen Irrtum bemerkte, bis er die Nachrichten, die aus dem fernen Karlsruhe zu ihm drangen, ernst zu nehmen begann. Er, der große Drahtzieher in Europa, konnte und wollte nicht glauben, daß sich seine Puppen nicht so bewegten, wie er es wollte.

Varnhagen von Ense, Schriftsteller und preußischer Beamter, heute besser bekannt als Gatte der bedeutenderen Rahel Varnhagen, war um diese Zeit «Ministerresident» in Karlsruhe. Er schildert in seinen umfangreichen «Denkwürdigkeiten» auch das Denkwürdige am badischen Hof. So berichtet er aus den ersten Ehejahren des jungen Paares, daß Karl «seine Gemahlin mit größter Kälte behandelte und lange Zeit mit ihr ohne nähere Gemeinschaft blieb». Das hieß, deutlicher gesagt und weniger vornehm umschrieben:

Karl hatte die Ehe mit Stéphanie Beauharnais zwar unter großen Feierlichkeiten in Paris geschlossen, aber nicht vollzogen, und jedermann am badischen Hof wußte das. Es war auch nicht zu übersehen, denn schon ein Jahr nach der Hochzeit hatte Stéphanie das zunächst von beiden bewohnte Karlsruher Schloß verlassen und das Mannheimer Schloß bezogen, so daß es nun zwei getrennte Hofhaltungen gab.

Das wäre auch sicher so geblieben, und es hätte aus dieser Ehe nie badische Prinzen und Prinzessinnen, weder tote noch lebendige und also auch keinen Kaspar Hauser gegeben, wenn nicht der mächtigste Mann Europas endlich mit kräftiger Hand und kräftigen Worten eingegriffen hätte. Es ging schließlich nicht nur um das Glück seiner «Tochter», wie er Stéphanie gern nannte, sondern auch um den künftigen badischen Thronfolger, dessen Pate er werden wollte, war er doch sozusagen dessen Adoptivgroßvater. Die Kontinuität in der badischen Thronfolge war für ihn nicht unwichtig. Bekannt ist, daß Stéphanie ihren ersten Sohn nach ihrem Lieblingsonkel, dem Generalvikar Gaspard Lezay-Marnesier, nennen wollte – Gaspard, auf gut deutsch: Kaspar.

Viel Kabale und wenig Liebe

Napoleon war, als er seine «Tochter» in Karlsruhe ihrem Schicksal überließ, zwei Irrtümern erlegen. Einerseits hatte er die Lage am badischen Hof falsch eingeschätzt und andererseits kannte er offenbar die Charaktere seiner beiden Hauptakteure, Stephanie und Karl, nicht genügend. Was seine erste Fehleinschätzung anlangt, so wußte er, daß zur Zeit der Eheschließung noch Karls Großvater Karl-Friedrich das Land regierte, aber es ist fraglich, ob er die Machtverhältnisse am Hof durchschaute.

Karls Vater war fünf Jahre zuvor ums Leben gekommen,

im fernen Schweden, bei einem Verkehrsunfall sozusagen. Sein Reiseschlitten war im hohen Schnee umgestürzt, und während alle anderen Insassen unverletzt davonkamen, erlag er als einziger seinen Verletzungen. Aber Karls Mutter Amalie hatte noch ein gewichtiges Wort am Hof mitzureden. Sie war von Anfang an gegen die Heirat ihres Sohnes gewesen und hatte es durchgesetzt, daß die unwillkommene Schwiegertochter wenigstens noch ein paar Titel mit in die Ehe brachte.

Karls Großvater regierte streng, aber gerecht. Seine erste Ehe war gut gewesen; seine jetzige, morganatische, Ehe mit der Gräfin von Hochberg hatte die Machtverhältnisse verschoben und auch sonst noch allerlei Schwierigkeiten mit sich gebracht. So wußte Napoleon nichts von der sehr engen und nicht gerade mütterlichen Beziehung der Gräfin zu ihrem erwachsenen Stiefsohn Ludwig, und er dachte auch nicht an ein gemeinsames politisches Interesse der beiden. Es sollte schon bald konkrete Formen annehmen. Nur wenige Monate nach der Vermählung Karls hatte nämlich Karl-Friedrich, der sich nun Großherzog von Baden nennen durfte, die Thronfolge neu geregelt, und zwar zugunsten der Söhne aus seiner morganatischen Ehe mit der Gräfin Hochberg, falls die männliche Linie aus seiner ersten Ehe aussterben sollte – was zu diesem Zeitpunkt jedoch sehr unwahrscheinlich war. Diese Neuregelung der Thronfolge war für die Gräfin Hochberg der Anlaß, ein breitangelegtes Intrigenspiel zu entwickeln. Es fiel ihr nicht schwer, ihren Stiefsohn Ludwig auch in dieser Hinsicht für sich und ihre Pläne zu gewinnen, stand er doch in der Rangordnung noch vor ihren eigenen Söhnen. Ludwig hoffte ebenfalls darauf, eines nicht zu fernen Tages Großherzog zu werden. Sein älterer Bruder, noch vor ihm in der Rangliste, nahm am heimlichen Pläneschmieden der beiden nicht teil und wußte anscheinend auch nichts davon.

Feuerbach hat diese verzwickte Situation in seinem *Mémoire* für seine Beweisführung kurz umrissen, aber gerade wegen ihrer Verzwicktheit muß sie hier noch einmal wiederholt werden, sonst bleiben die folgenden Ereignisse unverständlich.

Die Gräfin Hochberg sah mit geheimer Befriedigung, daß die Ehe von Karl und Stephanie kinderlos blieb. Sie tat nicht nur nichts, um zu vermitteln, sondern bestärkte Stephanie in ihrem Wunsch nach getrennter Hofhaltung. Ihren lebenslustigen Stiefsohn Ludwig unterstützte sie in dessen ohnehin schon vorhandener Neigung, seinen Neffen Karl von ehelichen und sonstigen Pflichten fernzuhalten.

Karl ließ das nur allzu gerne zu, und Stephanie war offenbar nicht unglücklich, ihren Gatten nur bei offiziellen Anlässen zu sehen. In der Verkennung dieser Tatsachen, oder besser Gefühlssachen, lag Napoleons zweiter Irrtum. Er wußte, daß seine Adoptivtochter von Nonnen erzogen worden war, bis sie als Vierzehnjährige in sein Haus übersiedeln durfte. Aber es fehlte ihm wohl an Phantasie, sich vorzustellen, daß dieses sehr junge, sehr unerfahrene Mädchen arglos und sanftmütig genug war, um zunächst am Verhalten ihres nur knapp zwanzigjährigen Gatten nichts zu vermissen. Vielleicht war sie anfangs sogar froh, daß er sich ihr nicht aufdrängte.

Als sie ihn allmählich besser kennenlernte, war sie klug genug, bei Hofe weiterhin heiter, liebenswürdig und unbefangen aufzutreten. Schließlich, als ihr das nicht mehr möglich war, zog sie aus der gemeinsamen Wohnung aus – man besaß ja noch das eine oder andere Schloß. Ihr Verhalten blieb auch weiterhin untadelig, und am Hof wurden Loblieder auf all ihre guten Eigenschaften gesungen. Daß sie außerdem klug war, fiel wohl weniger auf. Wir haben da nur das Zeugnis einer Frau, aber das wiegt schwer: Rahel Varnhagen, lange Zeit ein geistiger Mittelpunkt Berlins, von vielen bedeutenden Männern ihrer Zeit geliebt und bewundert, Rahel sagt über die Großherzogin: «Der einzige metaphysische Kopf, den ich je unter Weibern kennen lernte, ist die Großherzogin Stephanie von Baden. Unter allen Umständen zum Denken aufgelegt und fähig.»

Als jedoch die Nachrichten über die Vergnügungen, denen Stephanies Gatte nachging, in immer deutlichere Worte gefaßt wurden, als die junge Frau von gemeinen Fallstricken erfuhr, die er gelegt hatte, um ihr Untreue vorwerfen zu können, als schließlich «von erniedrigenden Ausschweifungen in übelster Gesellschaft» die Rede war, da konnte auch die Fähigkeit zum Denken ihr nicht mehr weiterhelfen. Ein Nervenzusammenbruch erschreckte den Hof, man flüsterte von hysterischen Anfällen und Fieberdelirien, in denen Stephanie ihrem Adoptivvater Napoleon vorwarf, er liebe sie nicht mehr.

Aber Napoleon liebte sie noch; er hatte sie nur ein bißchen vergessen, da er immer so viele andere Dinge zu tun hatte. Endlich kommen Briefe vom Kaiser der Franzosen, empörte, unmißverständliche Briefe, die an den alten Großherzog gerichtet sind: «... Die allgemeine Ansicht ist, daß die schlechten Ratschläge des Prinzen Ludwig die Ursache aller Vorkommnisse ist... Ich schreibe an Eure Hoheit, um Sie wissen zu lassen, daß, wenn sein Sohn, Markgraf Ludwig, entschlossen ist, meine Tochter unglücklich zu machen, ich verlange, daß man sie mir zurückschickt. Was ich von den Intrigen des Prinzen höre, ist kaum glaublich; sein schlechter Charakter war mir bekannt, aber ich dachte, er wäre klug genug, mich nicht zur Einmischung in die inneren Angelegenheiten Ihres Hofes zu zwingen...»

Der Gräfin von Hochberg läßt Napoleon ausrichten, «... wenn sie von sich aus nicht Schluß mache mit ihren Umtrieben und ihrem schamlosen Lasterleben, dann werde er, der Kaiser, es tun und sie in ein Kloster sperren».

Der alte Großherzog reagiert prompt. Er schickt seinen Sohn Ludwig in die Verbannung nach Schloß Salem am Bodensee, das übrigens auch heute noch im Besitz der Familie ist und weit über Deutschlands Grenzen als Eliteschule berühmt wurde.

Napoleon hatte zugegeben, daß ihm Ludwigs übler Charakter bekannt war, aber er gab nicht zu, daß er sich im Charakter seines Schwiegersohns Karl getäuscht hatte. So ist bald alles wieder beim alten; Ludwig kehrt, scheinbar reumütig, zurück, bis Napoleon weitere Drohbriefe nach Karlsruhe schickt. Im Jahre 1810 wird Ludwig ein zweites Mal nach Salem verbannt. In dieser Zeit gelingt es dem Freiherrn von Reitzenstein, der auch schon in Paris die Vermittlerrolle des Brautwerbers gespielt hatte, eine Annäherung zwischen Karl und Stephanie zu erreichen. Die beiden Gatten verlassen ihre jeweiligen Schlösser und ziehen zusammen nach Schloß Favorite bei Rastatt. Dort, in dem schönen Lustschloß, verbringen sie, wie es heißt, «eine erste glückliche Zeit».

Im Jahre 1811 stirbt der alte Großherzog, und sein Enkel Karl, als Sohn des ältesten Sohnes, wird Großherzog von Baden. Damit bessert sich die Stellung des jungen Paares bei Hofe, und vielleicht hat dadurch auch ihre Beziehung zueinander an Festigkeit gewonnen. Sie sind jetzt fünf Jahre verheiratet.

Napoleon nimmt diese Veränderungen kurz und befriedigt zur Kenntnis, selbst von einem persönlichen Erfolgserlebnis beflügelt: der Geburt eines illegitimen Kindes. Er, der immer befürchtet hatte, selber an der Kinderlosigkeit seiner sonst glücklichen Ehe schuld zu sein, wußte es jetzt besser. Er ließ sich von Joséphine scheiden und heiratete die Tochter Kaiser Franz' I. von Österreich. Im März 1811 kann er der Welt glücklich die Geburt eines Sohnes verkünden, dem er den pompösen Titel «König von Rom» als Geschenk in die Wiege legt. Im gleichen Jahr kann in Karlsruhe Karl als neuer Großherzog die Geburt seines ersten Kindes mitteilen.

Es ist ein gesundes Mädchen – leider nur ein Mädchen, wie viele sagen, glücklicherweise nur ein Mädchen, wie andere flüstern. Doch schon ein Jahr später, am 29. September 1812, wird ein Erbprinz geboren, der Sohn, den seine Mutter so gerne Gaspard nennen würde. Doch «Gaspard» ist Französisch, und das Kind muß einen deutschen Namen bekommen, meint die badische Verwandtschaft. Die deutsche Form «Kaspar» wird nicht ernstlich erwogen; in der Familie heißt man Karl oder Friedrich oder Karl Friedrich, Ludwig oder Karl Ludwig.

Das Kind ist ebenso gesund und kräftig wie seine Schwester, und das ganze Land feiert die Geburt des Thronerben. Man freut sich über die guten Gesundheitsbulletins, die der Hof veröffentlicht, auch wenn sich manche Bürger darüber wundern, daß der kleine Prinz in den amtlichen Verlautbarungen keinen Namen trägt – nun ja, die Eltern werden sich schon noch einigen.

Es wäre jetzt an der Zeit, einen Kurier zu Napoleon, den Großvater und ausgewählten Paten, zu schicken, der Kurier für den ehrenvollen Auftrag ist auch bereits bestimmt. Johann Heinrich David Hennenhofer soll es sein, der erst in diesem Jahr als Feldjäger nach Karlsruhe berufen wurde. Der Neunzehnjährige, Sohn eines Schiffers, bisher Gehilfe in einer Buchhandlung, war als Günstling und Vertrauter Ludwigs offenbar zu Höherem bestimmt. Man wird sich den Namen merken müssen.

Aber Hennenhofer kann noch nicht in Aktion treten. Am Tag der Geburt des Erbprinzen ist Napoleon in Moskau, und Moskau brennt.

Für die Karlsruher ist Moskau, selbst ein brennendes, sehr fern. Sie feiern deshalb, unbeeindruckt von der sich dort anbahnenden Katastrophe, die Geburt des ersehnten Erbprinzen. «Man schwamm in einem Meer von Freuden», schreibt ein dreizehnjähriger Schüler in sein Tagebuch, «Kirchenfeiern, Paraden, Gala- und Freitheater, Hoffeste und öffentliche Volksbelustigungen kamen da an die Reihe». Bei einer Gratisvorstellung von Mozarts Oper «Titus» war das Hoftheater so «vollgepfropft, daß Geschrei, Drücken und Unruhe» mehrfach die Aufführung unterbrachen. Sinniger ging es zu bei einem eigens für die Feierlichkeiten verfaßten Märchenspiel mit dem Titel «Die Blumenfee», wo als Höhepunkt zu Ehren des kleinen Prinzen ein Rosenstrauch gepflanzt wird mit den guten Wünschen der guten Fee: «Harmlos sei Deines Lebens Inhalt; ferne von Deiner Heimat mögen die Stürme vorüberziehen, kein unbestrafter Feind Deinem Gedeihen drohen, und reich entfalte sich in Dir jeder Reiz.»

Am 7. Oktober werden die ärztlichen Bulletins vom Hofe eingestellt. Das «andauernde Wohlbefinden des Neugeborenen» wird noch ein letztes Mal verkündet. Man hört, daß sich der – zunächst besorgniserregende – Zustand der Wöchnerin deutlich gebessert hat, so daß ihr Mainzer Arzt und Geburtshelfer beruhigt nach Hause zurückkehren kann. Gleichzeitig stellt auch die Pariser Zeitung *Le Moniteur Universel* ihre Nachdrucke der Bulletins ein. Der *Moniteur*, als Napoleons offizielles Sprachrohr, hatte es übernommen, auch die Franzosen über die glücklichen Ereignisse am Hof der *fille de France* zu informieren.

Am 16. Oktober wird plötzlich im Theater – der berühmte Iffland aus Berlin spielte den Geizigen in Molières Komödie – die Vorstellung unterbrochen, und das erschrockene

Publikum erfährt von einem «ernsten Unwohlsein des kleinen Erbprinzen». Das war nachmittags. Am Abend desselben Tages notiert der schon oben zitierte Dreizehnjährige: «Gegen acht Uhr war er eine Leiche.»

Über das, was in den turbulenten Stunden vor dem Tod des erst siebzehn Tage alten Kindes im Schloß vor sich ging, sind wir ziemlich genau unterrichtet. Seine Großmutter, die Markgräfin Amalie, schreibt ihrer Tochter, der Königin Caroline von Bayern, einen ausführlichen Brief über die Ereignisse:

«Der arme Kleine befand sich bis Donnerstag [15. 10.] abends sehr wohl. Da fing er zu schreien an, bekam einen sehr geschwollenen Bauch und kurz darauf Konvulsionen im Kopf. Man rief Schrickel herbei. Karl blieb die ganze Nacht da. Auf ein eingegebenes Mittel schien es ihm besser zu gehen. Als ich ihn morgens um 11 Uhr sah, hielt ich ihn nicht für so krank. Als ich aber um 2 Uhr wiederkam, erkannte ich wohl die Gefahr. Um vier Uhr ließ mir Ihr Bruder sagen, das Kind habe einen Steckfluß und würde sterben. Ich begab mich sofort hin und blieb bis nach seinem Tod, der gegen acht Uhr eintrat. Es war ein grausamer Anblick. Karl war erschüttert... Am nächsten Morgen war ich gezwungen, die Großherzogin zu benachrichtigen. Niemand wollte es übernehmen, nicht einmal ihr Bruder. Sie hatte keine Ahnung, wußte nur von einem kleinen Schnupfen, weswegen man ihr das Kind an diesem Tag nicht bringen konnte... Ihre Verzweiflung war die ersten Stunden schrecklich ... Ich habe heute morgen [19. 10.] mit Frique [Tochter der Markgräfin Amalie] dieses arme kleine Wesen gesehen. Wenn man ihn so groß und schön liegen sieht, nimmt das Bedauern noch zu... Es ist ein großes Unglück, das mir sehr nahe geht. Sie haben recht, wenn Sie auf meine physische Kraft rechnen. Bei dieser traurigen Begebenheit habe ich einen Beweis dafür erbracht. Vier Personen um mich brachen ohnmächtig zusammen...

Ich bin bis zum letzten Atemzug nicht von seiner Wiege gewichen, und auch dann glaubte ich noch längere Zeit nicht, daß er tot sei. Da von den Frauen nur die alte Hebamme aus Mannheim und ich verwendungsfähig waren, half ich mit, heiße Wäsche zum Frottieren aufzulegen und alles andere zu tun, was Schrickel anordnete...»

Die Karlsruher lasen in ihrer Zeitung nur eine karge Nachricht:

«Karlsruhe, 16. Oktober.

Diesen Abend nach 8 Uhr wurde unsere Stadt durch die Nachricht, daß der neugeborene Erbherzog, nachdem er seit verflossener Nacht in bedenklichen Gesundheitsumständen sich befunden, verschieden sei, in allgemeine Trauer und Bestürzung versetzt.»

In einem amtlichen Protokoll über die Ereignisse im Sterbezimmer ist Genaueres festgehalten:

«Actum, Karlsruhe, den 16. Oktober 1812. Abends 8 Uhr.

Nachdem Sr. Königlichen Hoheit dem Großherzog von den beeden Leib Medicis Geheimen Rath Schrickel und Doktor Kramer unterthänigst angezeigt worden, daß für die Erhaltung des am 29. September dieses Jahres zwischen 10–11 Vormittags zur Freude des Vaterlandes geborenen Erbgroßherzogs Hoheit wenig Hoffnung vorhanden seie, und daher die noch nicht erfolgte Taufe vorzunehmen wäre, erhielt der unterzeichnete Hofmarschall Freiherr von Gayling den Auftrag den Oberhofprediger Kirchenrath Walz herbeirufen zu lassen. Da aber, ehe derselbe erschiene, sich der Zustand des fürstlichen Kindes so sehr verschlimmerte, daß ein schnelles Ende durch einen Stickfluß zu befürchten war, so wurde nach 5 Uhr abends in höchstem Beisein Seiner Königlichen Hoheit des Großherzogs, des Oberkammerherrn Marquis von Montperny, des Unterzeichneten und der obbenannten Leibärzte die Nothtaufe bei Seiner Hoheit dem Erbgroßherzog im Namen Gottes, des Vaters, des Sohnes und des heiligen Geistes durch die Hebamme Horstin von Mannheim verrichtet. Als hierauf Seine Königliche Hoheit der Großherzog dem fürstlichen Kinde Seinen väterlichen Segen erteilt hatten, vermehrten sich die schlimmen Zufälle in solchem Grade, daß das Leben des hoffnungsvollen Prinzen um 1/2 8 entwich und dasselbe so das Zeitliche mit dem Ewigen verwechselte.

(Gez) Marq. v. Montperny, Oberkammerherr als Zeuge.
(Gez) Frhr. v. Gayling, Hofmarschall.»

Auf den ersten Blick wirken diese drei Dokumente klar und glaubhaft; auf den zweiten Blick fallen jedoch einige Merkwürdigkeiten ins Auge. Die Großmutter beschreibt viele Einzelheiten und betont ihre Anwesenheit im Sterbezimmer, erwähnt jedoch mit keinem Wort die Nottaufe des Kindes, die für sie ein erschütternder und auch wichtiger Akt gewesen sein muß. Noch merkwürdiger ist, daß im amtlichen Protokoll in der Liste der anwesenden Honoratioren der Name der markgräflichen Großmutter nicht erscheint. Liegt da nicht die Vermutung nahe, daß sie jedenfalls nicht die ganze Zeit über anwesend war?

Über die wohl größte Merkwürdigkeit geht das Protokoll ohne eine Erklärung hinweg. Wenn es dem Kind wirklich, wie die Großmutter entgegen anderen Berichten behauptet, schon in der vorhergehenden Nacht schlecht gegangen wäre, hätte man doch Zeit gehabt, den Oberhofprediger früh genug für die Nottaufe ins Schloß zu bestellen. Wieder melden sich Zweifel an der Glaubwürdigkeit der Markgräfin Amalie.

Selbst wenn man sich an die offizielle Version hält – also an eine sehr plötzliche Erkrankung des Prinzen glaubt –, bleibt doch eine zweifelnde Frage offen: Wenn der Oberhofprediger anwesend gewesen wäre, hätte er nicht auf einer Namensgebung des Kindes bestanden? Denn so, wie die Hebamme Horstin die Taufzeremonie vollzogen hatte, war die Nottaufe nach dem geltenden Kirchenrecht ungültig. Sie darf zwar notfalls auch von einem Laien vollzogen werden, zur kirchlichen Zeremonie gehört aber in jedem Fall die Namensgebung.

Für eine Namensgebung aber hätte man das Einverständnis der Mutter einholen müssen, und das bedeutet, man hätte ihr den kritischen Zustand ihres Kindes nicht länger verheimlichen können. Es wäre dann unmöglich gewesen, sie vom Sterbebett ihres Sohnes fernzuhalten. So jedoch konnte man sie über den Ernst der Erkrankung hinwegtäuschen.

Die Theologen können über den Formfehler, der ein schwerer Sinnfehler war, nicht glücklich gewesen sein. Aber auch den anwesenden Medizinern kann in ihrer Haut nicht wohl gewesen sein. Die Nachricht vom plötzlichen Tod des Erbprinzen löste in der erregten Landeshauptstadt wilde Gerüchte aus. Den Ärzten und der Hebamme wurden Nachlässigkeiten und Fehler vorgeworfen. Schlimmer noch, man munkelte, es sei nicht alles mit rechten Dingen zugegangen, sogar das Wort «Gift» wurde hinter vorgehaltener Hand weitergeflüstert. Auch die Geschichte von der «weißen Frau» lebte wieder auf. Bedienstete aus dem Schloß hatten zu Hause schlotternd behauptet, sie seien in der Nacht vor dem Tod des Prinzen dieser Dame in einem dunklen Flur begegnet. Was das bedeutete, wußte in Karlsruhe jedes Kind: dem fürstlichen Hause drohte großes Unheil.

Vielleicht hätten die betroffenen Ärzte diese Gerüchte schnell wieder vergessen, wenn nicht weit Unangenehmeres passiert wäre, etwas ganz Ungespenstisches. Der französische Geschäftsträger am Hofe will sich mit der offiziellen Erklärung nicht zufrieden geben und fordert eine Obduktion zur genauen Feststellung der Todesursache, eine Obduktion, bei der auch ein französischer Arzt anwesend sein sollte. Wir wissen seinen Namen und den eindrucksvollen Titel: Es war der Doktor Lafon, *Chirurgien de son Altesse Impé-*

riale. Doch hat der Chirurg Seiner Kaiserlichen Hoheit offenbar nichts einzuwenden gehabt. Das ärztliche Verdikt, das er mit unterschrieb, lautete «Gichter mit Stickfluß». So nannte man damals eine Gehirnblutung mit Erstickungsanfällen, die im Falle des Prinzen mit der «harten» Geburt erklärt wurde. Der sorgfältig gegliederte Selektionsbericht liest sich langatmig und, wo lateinische Fachausdrücke vorherrschen, fachmännisch modern.

Da ist die Rede vom cranium, von der Durchtrennung des pericranii, von Extrasavaten, vom tentorio cerebelli. Wo man sich aber mehr der Muttersprache bedient, klingt alles gleich weniger fachmännisch, vor allem sehr blutrünstig. Alle Gefäße des Gehirns waren «durch und durch mit Blut unterloffen», und noch vieles andere war mit Blut unterloffen. Im Teil «A. Bei der Inspektion» heißt es: «An den äußeren Theilen des Körpers wurde bemerkt, daß der hintere Theil des Kopfes und des Halses, sowie die Weichen, stark mit Blut unterloffen waren.» Neun Ärzte haben den Bericht unterzeichnet, aber niemand versuchte zu erklären, warum das Kind äußerliche Blutergüsse hatte. Ein solches Versäumnis war auch für damalige medizinische Gepflogenheiten ungewöhnlich.

Die Liste der dokumentierten Merkwürdigkeiten ist noch nicht zu Ende. Im Protokoll heißt es, die Nottaufe sei von der Hebamme Horst vollzogen worden, doch fehlt ein Hinweis, daß es nicht diese Frau Horst war, welche die Großherzogin entbunden hatte, daß sie also das Kind kaum oder gar nicht kannte. Auch warum die eigentliche Amme des Kindes nicht anwesend war, wird nicht erklärt. Dabei wäre ihre Anwesenheit so notwendig wie selbstverständlich gewesen, war sie doch die einzige, die das Kind beruhigen und im wahren Sinne des Wortes «stillen» konnte. Ihr Bericht, obgleich nicht von ihr selber, aber von einem zuverlässigen Zeugen niedergeschrieben und auch durch Aussagen anderer Zeugen bestätigt, darf hier nicht fehlen. Es ist allerdings ein Bericht aus dritter Hand. Ein Geheimrat Welcker, Freund des frühen Hauser-Biographen G. F. Kolbe, hatte um 1830 selber mit der «Säugamme» des Prinzen gesprochen und erzählte seinem Freund von dieser Begegnung. Der schrieb das Gehörte noch am gleichen Tag nieder:

«Ich (Welcker) wohnte während eines Landtags zu Karlsruhe bei einer sehr achtbaren Bürgerfamilie. Meine Hausleute sagten mir, daß sie die gewesene Amme des angeblich gestorbenen Prinzen näher kannten, und daß sie an einem der nächsten Tage gemeinsam mit ihr einen benachbarten Vergnügungsort besuchen würden; es sollte sie freuen, wenn ich teilnehmen wollte... Beim Nachhausegehen reichte ich jener Frau, einer achtbaren Bürgersfrau, den Arm. Ich brachte sie auf den Vorgang beim Ableben des Prinzen zu sprechen, und sie erzählte mir, unter Zeichen der tiefsten Erregung folgendes: ‹Ich durfte mich jeden Tag zu einer bestimmten Zeit aus dem Schlosse nach Hause begeben, um die Meinigen zu besuchen. So auch an dem entscheidenden Tage. Ich hatte den Prinzen, ehe ich wegging, gestillt. Eine innere Unruhe trieb mich früher als gewöhnlich nach dem Schlosse zurück. Aber als ich ankam, ließ man mich nicht mehr zu dem Kinde. Man sagte, es sei bedeutend erkrankt. All' mein Bitten und Flehen half nichts, ich wurde immer zurückgewiesen. In meiner Verzweiflung wollte ich mich zur Mutter, der Großherzogin Stephanie, begeben. Aber auch das verhinderte man; es hieß, die Großherzogin sei krank, niemand dürfe zu ihr. Endlich gelang es mir, jemanden von der nächsten Bedienung der Fürstin aufzufinden, und mein verzweifeltes Flehen erwirkte, daß man mich auf einer geheimen Treppe und durch eine geheime Tür zu ihr führte. Als die Großherzogin mich ansichtig wurde, verlangte sie, fast außer sich, Nachricht von ihrem Kinde, das man auch sie nicht sehen lasse, angeblich weil der Anblick sie zu sehr angreifen könnte. Ich erzählte, daß man mich durchaus zurückweise. Die Fürstin gab mir jemanden mit, damit ich zu dem Kinde gelassen würde. Als wir gegen die betreffenden Gemächer kamen, hieß es aber, der Prinz sei tot. Ich verlangte ihn wenigstens jetzt zu sehen, aber auch dies ließ man nicht zu, – ich durfte ihn nicht einmal mehr tot sehen!› So sprach diese Frau, nach so vielen Jahren noch auf's Tiefste ergriffen, und überhaupt in einer Stimmung, welche alle Zeichen vollster Glaubwürdigkeit in sich selber trug.»

Für die letzte der vielen Merkwürdigkeiten beim Tod des Kindes kann es keine Zweifel geben. Großherzogin Stephanie hat ihren Sohn weder während seiner Krankheit noch nach seinem Tod gesehen. Das bezeugen die amtlichen Protokolle. Von der Betroffenen selber gibt es keinen Bericht. Als Caroline, die Königin von Bayern, ihre Mutter fragte, ob denn Stephanie «kein großes Verlangen gehabt habe, ihr Kind noch zu sehen», antwortete ihr die Markgräfin Amalie in einem sonst sehr ausführlichen Brief nur mit einem einzigen Satz: «Sie hat einmal darnach verlangt, ihr Kind zu sehen, aber nicht mehr darauf bestanden, als man ihr sagte, es wäre nicht mehr in seinem Zimmer» – eine etwas seltsame Begründung.

Das Kind wurde mit großem Pomp unter Anteilnahme der Bevölkerung zu Grabe getragen. «Die Inhaber sämmtlicher Ortschaften, durch welche der Conduckt gieng, bezeugten ihre Anhänglichkeit an ihr innigst verehrtes Fürstenhaus dadurch, daß am Eingang eines jeden Ortes die geist- und weltliche Vorgesetzte in tiefer Trauer den Leichenzug empfiengen – daß so lang solcher innerhalb der Gemarkung verweilte mit allen Glocken geläutet wurde und sämmtliche Inwohner vor den Häusern Fackeln aufgestellt hatten.»

Das Ziel des langen und langsamen Trauerzuges war das Erbbegräbnis des Hauses Baden in der Schloßkirche zu

Pforzheim. Der Weg führte etwa neunzig Kilometer über Land. Der zeitgenössische Reporter sagt nicht, wie lang man dazu brauchte, doch muß die Strecke für alle Beteiligten eine rechte Strapaze gewesen sein. Aber darauf kam es nicht an, konnte doch auf diese Weise ein großer Teil der Bevölkerung an der Trauer und dem Schmerz der großherzoglichen Familie über den Verlust des Erbprinzen teilhaben, gerührt den winzigen Sarg betrachten und dem Landesvater trauernd Reverenz erweisen.

Die Schloßkirche zu Pforzheim lag und liegt noch heute im Zentrum der Stadt in einer verwahrlosten und grün wuchernden Wildnis. Beflügelt von leisem Orgelspiel, das aus ihrem Inneren dringt, rüttele ich an verschiedenen Türen, aber alles ist fest verschlossen und wirkt verlassen trotz des Orgelspiels.

Zwei Herren, die vor der größten Tür stehen, erklären mir, daß ich eine Genehmigung von höchster Stelle brauche, wenn ich die Kirche besichtigen wolle. Auf meine entschuldigend vorgebrachten Worte, daß ich ein Buch über Kaspar Hauser schreibe und nur einen Blick in das Erbbegräbnis werfen möchte. «Du liebe Güte, erwidert der eine, in vornehmes Grau Gekleidete, nicht unfreundlich, das erzählen Sie besser niemandem; hier will man nichts von Kaspar Hauser hören. Außerdem ist das Betreten der großherzoglichen Gruft sowieso verboten. Sie denken da sicher an das unglückliche kleine Arbeiterkind. Aber ich kann Ihnen versichern, die beiden Kindersärge stehen da noch, und sonst ist nichts Bemerkenswertes zu sehen.»

Ich bin nicht überrascht über diese Auskunft. Schon zu oft auf meiner Spurensuche hatte ich den Eindruck, es gebe keine Spuren und es gebe keinen Kaspar Hauser. Im Vertrauen auf das leise, fast ironische Lächeln meines Gegenübers, als er die zwei kleinen Särge erwähnte, frage ich nach einem Foto der Gruft, das ich in einem neuen Kaspar-Hauser-Buch gesehen habe. Ich bin an einen Fachmann geraten: «Ich weiß, welches Buch Sie meinen –» er nennt Titel und Verlag – «aber das Foto ist keineswegs neu, es stammt aus unserem Archiv. Fotografen sind hier nicht mehr zugelassen. Es gab großen Ärger, als ein Fernsehreporter im Kaspar-Hauser-Jahr einen Schnappschuß durch einen Türspalt versuchte. Seitdem hat der Prinz, Sie wissen doch, Prinz Max von Baden, hier alles doppelt sicher verschließen lassen.»

Ich bedanke mich für die Auskunft und verlasse, noch immer von harmonischem Orgelspiel begleitet, den Ort meiner Nachforschungen.

Auch wenn ich den Kindersarg nicht sehen durfte, kenne ich, dank jener Reportage aus dem Jahre 1812, die feierliche Inschrift auf der «silbern und vergoldeten Platte» zu Ehren des «hohen Leichnahms»:

«Der am 29. September 1812 geborene
und
den 16ten October 1812 nach erhaltener
Nottaufe verstorbene
Erbgroßherzog von Baden,
Sohn des Großherzogs Carl Königl. Hoh.»

Die Mutter, Stéphanie Napoléon, *fille de France*, Kaiserliche Hoheit, wird mit keinem Wort erwähnt. Aber ihren Adoptivvater zu benachrichtigen hatte man damals nicht vergessen. Als Napoleon nach dem katastrophalen Übergang über die Beresina sein völlig aufgelöstes Heer verlassen hatte, erreichte ihn Hennenhofer, der mutige und findige Kurier des badischen Hofes, in Wilna und überbrachte dem Kaiser die Nachricht von Geburt und Tod des badischen Erbprinzen. So ist Hennenhofer, wenn auch noch als Nebenfigur, von Anfang an mit der Lebensgeschichte des Napoleon-Enkels verbunden.

Das Kind, das mit so viel feierlichem Gepränge im großherzoglichen Erbbegräbnis beigesetzt wurde, war – das ist die feste Überzeugung der Kaspar-Hauser-Freunde – ein Arbeiterkind, das drei Tage vor dem Erbprinzen geboren, ordnungsgemäß auf die Namen Johann Ernst Jakob getauft wurde und am 29. September 1812 im Schloß in der Wiege des Prinzen nicht ganz so ordnungsgemäß starb, plötzlich namenlos geworden.

Am 27. November 1833, also kurz vor Kaspar Hausers Tod, starb es, dem Sterberegister der Stadt München zufolge, noch einmal, diesmal unter seinem eigenen Namen: «Johann Ernst Jakob Blochmann». Alles wurde genau festgehalten. Todeszeit: «Nachts drei Viertel auf zwölf Uhr»; Ort: «in München im Militärhospital»; Todesursache: «Brand im Unterleib»; Name des Vaters: «der Hofbedienstete Christoph Blochmann»; Alter: «21 Jahre»; Geburtsort: «Karlsruh»; begraben: «am 30. November in München, älterer südlicher Friedhof, Sektion 4, Reihe 4, Nr. 10»; Beruf: «Soldat der 4. Grenadier-Kompagnie vom k. griech. Truppenkorps daselbst.»

Nun haben alle diese präzisen Angaben einen kleinen Schönheitsfehler: Im königlich griechischen Freiwilligenkorps gab es keinen Soldaten namens Blochmann, und auch in der ganzen bayerischen Armee gab es keinen Blochmann. Der Mann, der dies in detektivischer Kleinarbeit fast hundert Jahre später herausfand, war der bedeutende Kaspar-Hauser-Forscher Fritz Klee. Im Zusammenhang mit dem Sterben des non-existenten Soldaten Ernst Blochmann entdeckte er noch andere Merkwürdigkeiten.

Begonnen hatte er seine Nachforschungen auf Grund eines Gerüchts. Überzeugt von Kaspar Hausers prinzlicher Herkunft, hatte er sich, wie viele schon vor ihm, gefragt, wie der

Kindertausch geschehen sein könnte. Da hörte er von einem sich hartnäckig haltenden Gerücht, «ein Hofbediensteter in Karlsruhe habe ein todkrankes Kind für die Unterschiebung hergegeben». Er fand in den Taufmatrikeln, daß es nur einen Hofangestellten gab, der kurz vor der Geburt des Erbprinzen einen Sohn bekommen hatte. Es war Christoph Blochmann, der zum Zeitpunkt der Taufe «Arbeiter im reichsgräflichen Gewerbehaus» war, das der Gräfin Hochberg unterstand, der morganatischen Gemahlin des Großherzogs Karl Friedrich. Klee konnte auch feststellen, daß der Arbeiter ein paar Monate später «Hausdiener bei der Gräfin Hochberg» wurde – was offenbar eine ehrenvolle Beförderung bedeutete. Er fand außerdem heraus, daß die Familie Blochmann im Laufe der Jahre zu unerwartetem Wohlstand kam.

Christoph Blochmann war zweimal verheiratet und hatte zehn Kinder. Alle wurden im Taufregister eingetragen, und bei allen wurden vom Pfarrer später, wie üblich, die Todesvermerke hinzugesetzt. Nur bei einem der zehn Kinder fehlt dieser Vermerk: bei Johann Ernst Jakob. Klee blieb auf der Spur und ging die Sterberegister der Stadt Karlsruhe durch, obgleich er wußte, daß es nicht üblich war, außerhalb der Stadt gestorbene Bürger dort einzutragen. Aber er fand den Soldaten Blochmann: gestorben in München; das Datum stimmte, die Namen der Eltern, das Alter, der Beruf des Vaters, doch der Soldat war jetzt als Kaspar Ernst Blochmann eingetragen. Beim näheren Betrachten der Eintragung stellte Klee fest, daß für den Beruf des Vaters offenbar zunächst eine Lücke gelassen worden war, die dann «mit veränderter, gedehnter Schrift» ausgefüllt war, so als hätte man den Beruf zunächst nicht gewußt und erst später nachgetragen. Klee schloß daraus, daß diese Eintragung nicht, wie eigentlich selbstverständlich, von einem Familienmitglied, sondern von einem Außenstehenden veranlaßt wurde; das würde auch die falsche Angabe des Vornamens erklären.

Aber warum war dem Auftraggeber ausgerechnet der Name «Kaspar» in den Sinn gekommen, fragte sich Klee.

Er war nun sicher, auf der richtigen Spur zu sein und sah sich das Münchener Sterberegister noch einmal genauer an. Er entdeckte noch etwas: Die Eintragungen im Register erfolgten, wie zu erwarten, chronologisch nach den Sterbedaten. Die Eintragung für den Soldaten Blochmann stand jedoch an falscher Stelle. Auf den 5. Dezember folgte der 14. Dezember, dann jedoch der 27. November. Weiter ging es mit dem 16. Dezember und dem 17. Dezember – der 27. November war dazwischengemogelt worden. Ein Schreibfehler konnte es nicht sein, da die Monatsnamen alle ausgeschrieben waren. Die gefälschte Eintragung mußte also zwischen dem 14. und dem 16. Dezember erfolgt sein. Bei der verwirrenden Fülle von Daten ist es hier wohl notwendig, sich ein anderes Datum in die Erinnerung zurückzurufen, um die Bedeutung der offensichtlichen Fälschung zu erkennen. Am 14. Dezember eben dieses Jahres traf Kaspar Hauser im Ansbacher Hofgarten seinen Mörder, und er starb drei Tage später, am 17. Dezember 1833.

Auf Grund dieses Sachverhalts gab es nur eine Schlußfolgerung. Den Verantwortlichen für Kaspar Hausers Tod war erst im letzten Augenblick eingefallen, daß es Schwierigkeiten geben könnte, wenn die Polizei ihre Nachforschungen weiter ausdehnen würde. So tüchtig war die Polizei dann allerdings nicht, aber das konnten die Drahtzieher in Karlsruhe nicht wissen. Sie fürchteten, es könnte herauskommen, daß ein in Karlsruhe fast zur gleichen Zeit wie der Prinz geborenes Kind im Geburtsregister zwar als lebend geführt wurde, aber schon seit seiner frühesten Kinderzeit von niemandem mehr gesehen worden war, eben der Sohn Ernst der Familie Blochmann.

Sie hatten guten Grund für ihre Befürchtungen. Es war gerade ein vergleichbarer Fall bekannt geworden: ein junger

Mann wurde einberufen, den es gar nicht gab: er war schon als Säugling gestorben. Ein solcher Fall war 1833 in den Zeitungen ausführlich kommentiert worden, weil er im Zusammenhang mit der Kaspar-Hauser-Geschichte stand. Eine Frau Königsheim, «Bettfrau» in großherzoglichen Diensten, glaubte in einem Bild des Nürnberger Findlings Ähnlichkeiten mit ihrem Sohn zu entdecken, den sie in Pflege gegeben hatte. Kaspar Hauser wurde mit dieser «Bettfrau» konfrontiert, ohne positives Resultat. Es stellte sich heraus, daß das Kind gestorben war, obgleich es auf den Subscriptionslisten des Militärs noch geführt wurde.

Durch diesen «Fall Königsheim» beunruhigt, hatten sich, so scheint es, die für den Mord Verantwortlichen zu einer Fälschung genötigt gesehen. Es mußte schnell gehen, die Zeit drängte. Die Todesursache für Ernst Blochmann – «Brand im Unterleib» – fand sich in der Eintragung darüber, und man schrieb sie einfach ab. Eine unverfängliche Grabstätte fand sich ebenfalls: Nr. 10 teilt das Grab mit einem etwas später gestorbenen Säugling, wie es auf diesem Friedhof der Einfachheit halber üblich war. Nur eines hatten die Fälscher vergessen, nämlich den Sterbevermerk auch im alten Taufregister in Karlsruhe nachzutragen.

Daß hundert Jahre später jemand die Fälschungen entdecken würde, daß dieser Jemand dann gar noch das bayerische Kriegsarchiv nach einem Soldaten Blochmann durchforschte, hatten diejenigen nicht voraussehen können, die das erfundene Leben des Ernst Blochmann mit Dokumenten hatten absichern wollen.

Es bleibt kein Grund für einen Zweifel: Ernst Blochmann, der Nicht-Soldat, das Arbeiterkind, hat nur 21 Tage gelebt. Die Ursache für seinen Tod war auch nicht «Brand im Unterleib», wohl auch nicht die «Gichter», sondern sehr wahrscheinlich Mord.

Die Gräfin Hochberg und ihr Stiefsohn Ludwig, denen als

einzigen am Tod des Erbprinzen gelegen sein konnte, wie schon Feuerbach darlegte, müssen ihre Tat sorgfältig geplant haben. Warum sie das Neugeborene nicht einfach vergifteten, scheint immer noch ein Rätsel. Denn als vier Jahre später ein zweiter Erbprinz geboren wurde, schreckten die beiden Thronspekulanten offenbar nicht vor einem Mord zurück, auch wenn ihnen dieser Mord nie bewiesen werden konnte. Indizien dafür sind die Gesundheit und das lange Leben der drei Prinzessinnen, die Gesundheit des zweiten Prinzen und sein plötzlicher Tod im Alter von einem Jahr. Dazu kommt, daß der Vater der beiden Prinzen fest an einen Giftmord glaubte, genauer gesagt, an drei Giftmorde. Er, der länger schon an einem Magenleiden kränkelte und nur ein Jahr nach seinem zweiten Sohn sterben sollte, im Alter von 34 Jahren, sagte immer wieder und vor den verschiedensten Zeugen bei Hofe: «Man hat mich vergiftet und meine beiden Söhne!» Sein Kammerdiener nahm sich das Leben, er erschoß sich unter mysteriösen Begleitumständen. Es gab ein Gerücht, Großherzog Karl habe ihn selber erschossen, nachdem er, wie er fest glaubte, nur knapp einem Giftmord entgangen war.

Aber der erstgeborene Prinz wurde nicht vergiftet. Vielleicht sind die Gräfin Hochberg und Markgraf Ludwig zu Beginn ihrer Intrige vor einem Mord an einem Familienmitglied noch zurückgeschreckt und haben einen Kindertausch vorgezogen, bei dem der Erbprinz am Leben bleiben konnte. Diese Lösung hätte einen Vorteil gehabt. Wenn der Betrug entdeckt worden wäre, hätte man notfalls den totgeglaubten Prinzen wieder auftauchen lassen können.

Die ersten Schritte für die Durchführung dieses Planes waren leicht und ungefährlich. Während der Schwangerschaft der Großherzogin konnte man sich in Ruhe im Kreis der vielen Bediensteten, Angestellten oder anderen vom Hof abhängigen Personen nach werdenden Müttern umsehen, die aus Armut oder wegen ihrer Abhängigkeit vom Hofe oder auch aus Charakterschwäche einer Bestechung nicht abgeneigt schienen. Als dann eine Frau Blochmann, deren Mann noch dazu in einem der Gräfin Hochberg unterstehenden «Gewerbehaus», also einer Art Fabrik, arbeitete, einige Tage vor der erwarteten Niederkunft der Großherzogin einen Sohn in die Welt setzte, wurden die Verhandlungen ernstlich in die Wege geleitet. Es ist wahrscheinlich, daß man ihnen keinen reinen Wein einschenkte, was die Person des anderen Kindes betraf. Es war nicht schwer, eine Hofdame zu erfinden, der ein Malheur passiert sei, das vertuscht werden müsse, und Namen brauchten gar nicht genannt zu werden.

Da die Gräfin oder der Markgraf in der Rolle des Unterhändlers nur schwer vorstellbar sind, ist anzunehmen, daß ein Mittelsmann engagiert wurde, der aus Ehrgeiz oder aus Geldmangel bereit war, ungewöhnliche Dinge zu tun.

Hennenhofer, der am badischen Hof als Günstling Ludwigs bekannt war, wird dieser Mittelsmann gewesen sein. Die steile Karriere des ehemaligen Buchhandlungsgehilfen begann ziemlich genau mit der Geburt des ersten Prinzen.

Bis hierhin war alles noch einfach gewesen. Als nun wirklich ein Prinz und keine Prinzessin geboren wurde, kamen die Verhandlungen mit den Eltern Blochmann in das kritische Stadium. Man nahm sich zwei Wochen Zeit, hätte also bei auftauchenden Schwierigkeiten wie einem plötzlichen Widerstand der Eltern Blochmann notfalls den Plan noch ändern können. Als alles glatt ging, wird Hennenhofer den Kauf perfekt gemacht und das vermutlich kranke Kind zur Gräfin Hochberg gebracht haben.

Nun begann ein Wettlauf mit der Zeit, und das war die erste wirkliche Schwierigkeit. Das Kind mußte schnell sterben, und zwar zu einem ganz bestimmten Zeitpunkt. Man wußte, die Amme pflegte das Kind morgens zu stillen, bevor sie dann über Mittag für ein paar Stunden nach Hause eilte, zu ihrer eigenen Familie. In dieser Zeit mußte der Austausch geschehen und das Kind mußte im Sterben liegen. Denn während einer längeren Krankheit des Prinzen hätte man weder die Amme noch die Mutter von ihm fernhalten können, so daß das untergeschobene fremde Kind entdeckt worden wäre.

Den eigentlichen Austausch muß die Gräfin Hochberg selber vorgenommen haben, denn sie hatte zum Schlafzimmer des Prinzen am ehesten Zugang und konnte auch unter einem Vorwand die Ersatzkinderfrau oder eine andere Bedienstete aus dem Zimmer schicken. Das jeweilige Kind unter einem weiten Gewand oder einem Schleier zu verstecken, war wohl keine unüberwindliche Schwierigkeit. Das Kind mußte jetzt schon durch Krämpfe, Gesichtszuckungen, eine veränderte Gesichtsfarbe so entstellt sein, daß der Tausch nicht auffiel.

Vom Vater des Prinzen weiß man, daß er, geistig und körperlich durch Ausschweifungen schon früh geschwächt, zu stumpf und träge war, einen Betrug zu entdecken; von der Großmutter, daß sie das Kind seit seiner Geburt nicht mehr, von den Ärzten, daß sie es nie vorher gesehen hatten. Außerdem wurde später in Karlsruhe gegen einen dieser Ärzte, den Dr. Schrickel, ein Verdacht laut, er sei als ein enger Vertrauter des Markgrafen Ludwig Mitwisser und Mitschuldiger beim Kindertausch gewesen.

Man muß sich vergegenwärtigen, daß Wickelkinder damals wirklich noch Wickelkinder waren. Säuglinge wurden kunstvoll in einem Steckkissen verschnürt, häufig sogar so, daß die Arme fest mit eingepackt waren. Es sah also nur das winzige Gesicht heraus. Auch war die Tageszeit günstig gewählt. Wenn das Kind im Sterben liegen, wenn also dem Vater, der Großmutter und den höheren Hofbeamten die Schreckensnachricht überbracht werden würde, war es später Nachmittag, Oktobernachmittag, die Dämmerung brach herein. Dann wurden im Schloß die Vorhänge zugezogen und die Kerzen entzündet. Nur mußte das Kind wirklich, mit möglichst entstellenden Symptomen, im Sterben liegen.

Diese Schwierigkeit hatten die Pläneschmieder vermutlich unterschätzt. Vielleicht hatten sie angenommen, das schon kranke Kind werde in den eingeplanten zwei oder drei Stunden von selbst sterben, und sie gerieten in Panik, als das nicht geschah. Das könnte eine Erklärung für die folgenden Ereignisse sein. Es ist aber auch möglich, daß von Anfang an ein Mord eingeplant war.

Diesmal ging es ja nicht um ein Familienmitglied, sondern um ein fremdes Kind, um ein Arme-Leute-Kind, das von seinen Eltern schon abgeschrieben und verkauft worden war. Es bestehen kaum Zweifel, daß dies Kind ermordet wurde. Halten wir uns an die einzige bekannte Tatsache, an das einzige offizielle Dokument, den Obduktionsbefund. Er ist objektiv gesehen unbefriedigend, nicht nur nach heutigen Maßstäben, sondern auch nach den damaligen medizinischen Erkenntnissen und Gepflogenheiten. Der Bericht ist an entscheidender Stelle unvollkommen, da er nur äußere Symptome beschreibt, ohne deren Ursachen, vermutlichen oder wahrscheinlichen, nachzugehen.

Ein Kind kann nicht siebzehn Tage in ärztlich attestierter Gesundheit leben und dann in wenigen Stunden sterben, so plötzlich, daß nicht einmal Zeit bleibt, einen Geistlichen herbeizuholen. Die angegebene Todesursache – Gehirnblutung auf Grund einer schweren Geburt – muß auch für damalige Ärzte unglaubwürdig geklungen haben, hatten doch gerade sie besonders viel Erfahrung mit dem, was wir heute Säuglingssterblichkeit nennen. Sechzig Jahre später befragte der Kaspar-Hauser-Forscher Kolb drei renommierte ärztliche Fachleute um ihre Meinung zu dem Sektionsprotokoll. Auch nach dem Stand der Wissenschaft vor sechzig Jahren, so bekundeten sie einhellig, war das Ergebnis äußerst fragwürdig.

«Der Sektionsbericht in Verbindung mit den früheren amtlichen Bulletins gewährt, wenn nicht absolute Gewißheit, so doch einen sehr hohen Grad von Wahrscheinlichkeit, daß das sezierte Kind ein anderes gewesen sein müsse, als dasjenige, dessen Gesundheit zuvor so oft und so bestimmt konstatiert war.»

Jeder Medizinstudent höheren Semesters sollte wissen, daß sich eine Traumatisierung des Gehirns durch eine schwere Geburt nicht erst nach zwei Wochen zeigt und daß blutunterlaufene Stellen an anderen Körperteilen nicht von einer so lange zurückliegenden Geburt stammen können. Was in den hektischen Stunden vor dem Tod des Kindes Ernst Blochmann wahrscheinlich geschehen ist, hat fachmännisch und erschreckend anschaulich ein Arzt auf Grund des Protokolls beschrieben, Dr. Anselm von Feuerbach, der Enkel des Gerichtspräsidenten:

«Ein Richter oder unbefangener Sachverständiger kann daraus entnehmen, daß das damals sezierte Kind eines gewaltsamen Todes gestorben ist; auch schon älter war. Es wurde wahrscheinlich von einem mit abwärtshängendem Kopfe in den Weichen zusammengepreßt, während ihm ein zweiter mit dem Rand der flachen Hand in das Genick schlug; ähnlich wie man einen Hasen zu genicken pflegt. Vielleicht war dies ein altes Familienrezept. Nach dem Sektionsbefunde war die Haut in den Weichen und im Genick stark mit Blut unterlaufen; um das Gehirn und in den Hinterlappen befand sich ein starker Bluterguß.»

Der Arzt Feuerbach vermutete zwei aktiv Beteiligte, die den Mord durch Handkantenschlag ausführten. Diese beiden waren wohl kaum die Gräfin Hochberg und der weichliche Markgraf Ludwig. Wahrscheinlicher ist, daß Hennenhofer auch hier in Aktion trat, entweder als direkt am Verbrechen Beteiligter oder bei der Beschaffung von Helfershelfern.

Ungeklärt bleibt die fehlerhafte Namensangabe im Sterberegister der Stadt Karlsruhe, wo dem Soldaten Ernst Blochmann der Vorname Kaspar beigegeben wurde. Ein Zufall kann dies kaum gewesen sein. Man hat angenommen, der Fälscher habe sich nicht mehr genau an die Vornamen erinnert und es nicht gewagt, im Taufregister nachzuschlagen. Mir erscheint diese Erklärung möglich, aber nicht ganz hinreichend. Es könnte sich hier auch um eine sozusagen schriftliche Freudsche Fehlleistung handeln. Bei der Eile und Heimlichkeit der Urkundenfälschung hat sich der Vorname dessen eingeschlichen, um den die Gedanken ständig kreisten, um den es letzten Endes ging: Kaspar Hauser. Von einer dritten Möglichkeit wird später noch die Rede sein. Wie es auch immer gewesen sein mag: die armselige Lebensgeschichte des Kindes Ernst Blochmann ist hier zu Ende.

Die erste Station: bei Familie Blochmann

Über die mit dem Kindertausch beginnende Odyssee des badischen Erbprinzen gibt es keine Dokumente, sondern nur Vermutungen, die sich auf spätere Ereignisse gründen, auf kleine Anhaltspunkte, die wie die winzigen Papierstücke bei einer Schnitzeljagd die allgemeine Richtung weisen. Es gab ein Dokument, das vermutlich bis zu einem gewissen Grad hätte helfen können, einzelne Stationen räumlich und zeitlich genauer zu fixieren: die Memoiren Hennenhofers.

Daß er sie geschrieben hat, ist sicher. Man weiß, daß er sie aus Vorsicht kopieren und an verschiedenen Orten deponieren ließ, als Lebensversicherung, oder in dem Bestreben, sich nach seinem Tode auf diese Weise zu rechtfertigen. Es ist jedoch kein Exemplar erhalten. Eine Kopie wurde wahrscheinlich von einem Freund Hennenhofers verbrannt, eine weitere befand sich vermutlich unter den Nachlaßpapieren, die jedoch insgesamt von einer Regierungskommission beschlagnahmt wurden und, wie so viele Papiere, Akten und Polizeiprotokolle im Fall Kaspar Hauser, verschwunden sind.

Jener schon erwähnte Baron von Artin hat in seinem Buch über Kaspar Hauser lange Passagen aus diesen Memoiren wiedergegeben; er behauptet, eine Kopie in Händen gehabt zu haben. Da diese Passagen jedoch eine Reihe von Unstimmigkeiten enthalten, Einzelheiten, die unmöglich stimmen können, ist man heute allgemein der Ansicht, daß es sich hier, wie auch bei der von ihm veröffentlichten Kabinettsorder, um eine Fälschung handelt. Es spricht jedoch auch einiges für Artin. Die Teile, die des Verfassers eigene Meinung wiedergeben, sind klar, in sich schlüssig und mit viel Schwung und Engagement geschrieben. Hinter dem Pseudonym «Baron von Artin» verbirgt sich ein Offizier, der in badischen Diensten stand und ganz schlicht Fischer hieß. Er konnte sein Pro-Hauser-Buch nur in der Schweiz erscheinen lassen, wo es immerhin fünf Auflagen erlebte. Die Tatsache, daß es, wann und wo immer es auftauchte, von den badischen Zensurbehörden beschlagnahmt wurde, stimmt nachdenklich. Das deutet darauf hin, daß es doch wohl viele Einzelheiten enthalten haben muß, die der Regierung unangenehm waren, in denen also vermutlich etwas Wahres steckte. Dieses Buch ist deshalb nicht einfach zu übergehen. Es könnte ja doch sein, daß der Verfasser Gelegenheit hatte, Teile der Hennenhoferschen Memoiren zu lesen, um sie dann aus der Erinnerung, mit dichterischer Freiheit und Überbrückung von Gedächtnis- oder anderen Lücken, selber neu zu schreiben. Das bliebe zwar eine Fälschung, aber manche der von ihm geschilderten Einzelheiten erscheinen mir trotzdem einleuchtend.

Da ist vor allem der Rechtfertigungsversuch des Artinschen Hennenhofers, er habe immer nur den Befehl seines Herrn ausgeführt und sei daher, wie ein Soldat, welcher der Order seines Vorgesetzten folgt, unschuldig. Das klingt, leider auch heute noch, glaubwürdig im Mund eines Menschen, der ein Verbrechen, in das er sich verstrickt weiß, aus seinem Verantwortungsbereich abschieben möchte. Und daß Hennenhofer tatsächlich in die Kaspar-Hauser-Geschichte verwickelt war, geht nicht nur aus seinen eigenen, noch erhaltenen Briefen, sondern auch aus Protokollen der Schweizer Polizei hervor, die einige Freunde Hennenhofers aus einem ursprünglich ganz anderen Grund verhören mußten.

Subjektiv glaubwürdig klingt auch, was Artins Hennenhofer über seine Beteiligung an der Entführung des Prinzen sagt: Er habe das Kind von der Gräfin Hochberg vor dem Schloß in Empfang genommen, sei aber an keiner Gewalttat beteiligt gewesen. Wie viele Verbrecher gäbe er damit ein kleineres Vergehen zu, um Schlimmeres zu leugnen.

Artins Hennenhofer behauptet jedoch, das Kind schon in der Nacht übernommen zu haben, nachdem die Gräfin Hochberg als weiße Dame, «ihr Gesicht zur Hälfte geisterhaft verhüllt und einen weißen Schleier über den Kopf, Hüfte und Schultern gezogen», den Austausch bewerkstelligt habe. Diese Version, so schön sie auch klingt, kann nicht stimmen, wie wir gesehen haben, da der Kindertausch erst morgens, nach dem Weggehen der Amme, geschehen sein kann.

Eine Gouvernante, so heißt es weiter, habe ihm das Kind «zur Erziehung abgenommen», in dem Glauben, es handele sich um das uneheliche Kind eines Hoffräuleins, und «hier» sei «das Kind nahezu vier Jahre» geblieben. Wo dieses «hier» war, wird nicht erklärt.

Wir haben auch heute keine konkreten Hinweise darauf, an

welchem Ort der kleine Prinz seine ersten Lebensjahre verbrachte, sondern nur eine Vermutung, die sich auf zwei Tatsachen stützt. Das knapp drei Wochen alte Kind brauchte dringend eine Amme, und der Familie Blochmann fehlte ein Kind dieses Alters, was Nachbarn und Verwandten hätte auffallen müssen. Was lag also näher, als den Prinzen der Frau Blochmann als Ziehkind zu überlassen? Stimmt man dieser Annahme zu, gibt es kaum Zweifel über die Dauer dieses ersten Lebensabschnittes. Im Jahre 1815 starb Elisabeth Blochmann, erst vierunddreißigjährig, und so konnte das Kind unter ihrer Obhut drei Jahre lang ein normales Leben führen. Das entspricht auch der Überzeugung der Nürnberger Amtsärzte, der Findling müsse drei bis vier Jahre unter Menschen aufgewachsen sein.

Während über die darauffolgende Zeit und die folgenden Aufenthaltsorte viele Spekulationen angestellt wurden, gehen die Hauser-Biographen in ihren rekonstruierenden Berichten über die ersten Jahre des Kindes mit wenigen Worten hinweg. Mir erscheint der Versuch einer Rekonstruktion dieser ersten Zeit indes wichtiger als eine Lokalisierung der weiteren Stationen, die ohnehin nach unseren jetzigen Erkenntnissen lückenhaft bleiben muß.

Jeder weiß, wieviel ein Mensch in seinen drei ersten Jahren lernt; weiß auch, daß es mehr ist, ungeheuer viel mehr, als das, was er später in einem vergleichbaren Lebensabschnitt aufnimmt. Außerdem wissen wir, was Kaspar Hauser schon «konnte», als er in Nürnberg auftauchte. Die Menschen, die ihn da in den ersten Tagen und Wochen beobachteten, wunderten sich vor allem über seine große Reinlichkeit und Ordnungsliebe, über seinen selbstverständlichen Gehorsam, seine Anpassungsfähigkeit und seine gutwillige und eifrige Lernbereitschaft.

Hören wir dazu Feuerbach, der nach einem Besuch auf dem Gefängnisturm seine Beobachtungen niederschrieb:

«Höchst auffallend und ganz unerklärbar bei diesem Menschen war die bis zur Pedanterie getriebene Liebe zur Ordnung und Reinlichkeit. Von den vielen hundert Dingen seines kleinen Haushalts hatte ein jedes seinen bestimmten Platz, wurde gehörig zusammengepackt, sorgfältig auseinandergelegt, symmetrisch geordnet usw. Unreinlichkeit oder was er dafür hielt, war ihm an ihm selbst wie an anderen ein Abscheu. Er bemerkte fast jedes Stäubchen auf unseren Kleidern, und als er auf meiner Halskrause einige Körner Schnupftabak sah, machte er mich darauf mit Unwillen aufmerksam, mir hastig andeutend, daß ich diese garstigen Dinge wegwischen möge.»

Auch den Ärzten, die ihn 1828 untersuchten und mit ihm sprachen, fiel die große Reinlichkeitsliebe des zunächst so verwildert wirkenden Jungen auf. So erwähnt Dr. Preu Kaspars «Gewohnheit, zu der er schon vor seiner Einkerkerung angehalten gewesen sein mußte, seine Exkremente in den neben ihm stehenden Topf zu verrichten, an welchen er täglich erinnert wurde». Aus dem letzten Satz des Arztes spricht seine Überzeugung, daß tägliche, gewohnte Verrichtungen auch über große Lebenseinschnitte hinweg beibehalten werden. Das wird sich in Kaspars Geschichte auch noch in anderem Zusammenhang bewahrheiten. Die ihm so selbstverständliche Reinlichkeit und Ordnung muß das Kind schon in der Familie Blochmann gelernt haben. Für Gehorsam wird auch Vater Blochmann – drei Kinder hatte er schon – in einer Familie, die sich noch ständig vergrößerte, energisch gesorgt haben.

Unterwerfung unter jede Art von Autorität war dem sechzehnjährigen Kaspar offenbar zur zweiten Natur geworden, wie Feuerbach in demselben Artikel feststellte. Daß es bei dieser Unterwerfung nur um die kleinen, alltäglichen Dinge des Lebens ging, fand er besonders bemerkenswert:

«Seine Folgsamkeit gegen alle diejenigen Personen, welche väterliche Autorität über ihn erlangt haben, besonders gegen den Herrn Bürgermeister, Herrn Professor Daumer und gegen den Gefangenenwärter Hiltel, war unbedingt und ohne Schranken. ‹Der Herr Bürgermeister, der Herr Professor hat es gesagt›, war für ihn der letzte, jedes weitere Fragen und Überlegen ausschließende Grund für sein Handeln oder Unterlassen. Als ich ihn fragte, warum er denn glaube, so pünktlichen Gehorsam leisten zu müssen, gab er zur Antwort: ‹Der Mann, bei dem ich immer gewesen, hat mich gelehrt, daß ich das tun müsse, was man mir heißt.›»

Es ist anzunehmen, daß Kaspar den Gehorsam schon viel früher gelernt hat, genauso wie Dr. Preu die Erziehung zur Reinlichkeit schon in der ersten Periode von Kaspars Leben ansiedelt. Kaspar konnte Feuerbach ja auch gar nichts anderes als Erklärung anbieten, denn an die ersten Lebensjahre kann sich kein Mensch erinnern.

Das Kind muß noch mehr und ganz anderes in der Familie Blochmann gelernt haben, auch wenn das von keinem seiner späteren Erzieher erwähnt wird. Da ist Frau Blochmann, die ein fremdes Kind wie ihr eigenes aufziehen muß. Wir wissen nichts über ihren Charakter, über ihr Verhältnis zu diesem Kind. Es wird ihr kaum anders entgegengekommen sein, als es auch später anderen Menschen entgegenkam: zutraulich, freundlich, unbefangen und gutwillig. Daß sich der erwachsene Kaspar so verhielt, wirft auch ein freundliches Licht auf jene unbekannte Elisabeth Blochmann. Ein Kind, das im frühesten Alter schlecht behandelt wird, ungerechte Strafen und Lieblosigkeiten zu erdulden hat, entwickelt sich anders.

Dies ist aus der Tatsache ablesbar, daß in dem Kind Kaspar freundliche Worte, Fürsorge und Zärtlichkeit noch lebendig waren, als seine geistige Entwicklung schon zu stagnieren begonnen hatte, ja sogar noch, als sie im Loch bereits rückläufig war, in der Zeit seiner völligen Isolierung.

Bis zu seiner Freilassung fütterte er täglich seine hölzernen Rosse, schmückte sie mit bunten Bändern und sprach zärtlich mit ihnen.

In der Familie Blochmann wird das Kind auch zu spielen gelernt haben, mit den einfachen Dingen, die es vorfand. Sicher war es dabei, weil jeder viel zu tun hatte, oft sich selbst überlassen. Noch im Gefängnisturm, in der Familie Hiltel, zeigte sich, daß sich Kaspar still versunken stundenlang allein beschäftigen konnte.

Er wird jedoch bei den Blochmanns wie andere Kinder auch munter umhergetobt sein. Denn die Nürnberger Ärzte stellten an beiden Knien des Findlings mehrere kleine, schon sehr alte Narben fest. So lassen sich aus späteren Beobachtungen Rückschlüsse auf die ersten Lebensjahre ziehen.

Zwei Fragen scheinen mir jedoch unbeantwortet. Die erste betrifft den Namen des namenlosen Austauschkindes. Wie nannte es die Frau Blochmann, wenn sie das kleine Kind liebkoste, wenn sie das größer werdende ermahnte oder wenn sie den Dreijährigen zum Essen herbeirief? Man hat stillschweigend angenommen, daß ihm der Name jenes toten Kindes geblieben war: Vermutlich wurde er Ernst genannt – vermutlich, aber nicht mit Sicherheit.

Die Situation ist von keinem Kaspar-Hauser-Forscher auch nur andeutungsweise durchgespielt worden. Es scheint ja auch unwichtig, wie das fremde Kind in der Familie Blochmann gerufen wurde. Nur: die Tatsache, daß der unbekannte Urkundenfälscher 21 Jahre später jenem Ernst Blochmann den zweiten Vornamen «Kaspar» gab, zeigt noch eine andere Möglichkeit auf. Es ist kaum vorstellbar, daß die Ersatzmutter, als ihr der Säugling übergeben wurde, nicht gefragt hat: «Wie heißt er denn?» Die Antwort kann dem Überbringer nicht leicht gefallen sein. Sagte er: «Das Kind ist noch nicht getauft», hätten Blochmanns, die alle ihre zehn Kinder taufen ließen, bestimmt nach dem Pfarrer gerufen – und das hätte zur Entdeckung des Kindertausches führen können. Der echte Ernst Blochmann war ja schon ordnungsgemäß getauft. Für den Überbringer muß deshalb eine andere Antwort ratsam gewesen sein: «Das Kind ist getauft, aber Ihr nennt es besser Ernst wie Euer totes Kind.» Möglich ist aber auch eine andere Antwort des auf diese Frage vielleicht nicht vorbereiteten Überbringers: «Das Kind sollte eigentlich Kaspar heißen, aber Ihr nennt es der Nachbarn wegen besser Ernst.»

Eine solche Antwort würde eine einleuchtendere Erklärung für den Fehler jenes Fälschers bieten. Er trug den Namen Kaspar in das Sterberegister ein, weil er nicht sicher sein konnte, ob das Ersatzkind nicht schon in der Familie Blochmann so gerufen worden war.

Meine zweite Frage bezieht sich auf die Impfnarben, welche die Nürnberger Ärzte bei Kaspar Hauser festgestellt hatten. Ihre Wichtigkeit wurde von Anfang an immer nur insofern betont, als sie bewiesen: Dies war kein gewöhnliches Kind, sondern ein Kind aus «besseren Kreisen». Tagelöhner, Bauern und andere einfache Leute ließen ihre Kinder nämlich nicht impfen, das war zu teuer. Dazu kam wohl häufig auch noch das eingefleischte Mißtrauen gegen alle Neuerungen.

Die Pockenschutzimpfung war zwar schon 1807 in Bayern, jedoch in Baden erst 1815 offiziell eingeführt worden, also erst drei Jahre nach Kaspar Hausers Geburt. Außerdem gab es zu dieser Zeit keine Impfpflicht. Wenn die Impfung gewünscht wurde, dann mußte sie grundsätzlich von einem Arzt vorgenommen werden.

Dies eine Kind des Arbeiters Blochmann wurde geimpft. Wenn man den Vorgang nicht nur als einen Beweis für die vornehme Herkunft wertet, sondern sich ihn realistisch vorzustellen versucht, wird er plötzlich unvorstellbar. Man hat angenommen, die Gräfin Hochberg habe die Impfung angeordnet. Das leuchtet ein. Da ist also eines Tages ein Arzt bei der Familie Blochmann erschienen und hat den Sohn Ernst mit Erfolg – die Narben am rechten Oberarm waren nach sechzehn Jahren noch deutlich zu erkennen – gegen die gefürchteten Pocken geimpft.

Das bedeutete aber weiter: auch der Arzt muß Instruktionen erhalten haben, eine Erklärung, warum eine Gräfin ein bestimmtes Arbeiterkind geimpft haben wollte. Nun hatten Gerüchte in Karlsruhe schon den Dr. Schrickel verdächtigt, Mitverantwortlicher und Mitwisser beim Kindertausch im Schloß gewesen zu sein. Wenn das stimmte, war es für die Gräfin Hochberg nicht schwierig, den Arzt für diese vergleichsweise harmlose Verrichtung zu gewinnen.

Seit den ersten Pockenimpfungen in Deutschland, seit dem Jahre 1800 etwa, war bekannt, daß eine Impfung nur dann dauerhaften Erfolg gewährleistet, wenn sie nach ungefähr zwölf Jahren wiederholt wird. 1828 in Nürnberg hatte man die sehr deutlichen Impfnarben am rechten Oberarm gleich bemerkt, während die viel schwächeren Impfnarben am anderen Oberarm vom untersuchenden Arzt erst später entdeckt und in seinem offiziellen Bericht beschrieben wurden. Die Schlußfolgerung – vornehme Herkunft – ist bekannt. Einen anderen Kommentar dazu gab es bis heute nicht.

Bei dem Versuch, sich Zeiten, Stationen und einzelne Situationen während der Odyssee des Kindes genauer vorzustellen, tauchen neue Fragen auf: Wann und wo ist Kaspar ein zweites Mal geimpft worden? Die Antwort kann nur lauten: während seiner langjährigen Kerkerhaft. Aber welcher Arzt konnte sich dazu bereitfinden? Wenn es derselbe Dr. Schrickel war, mußte er spätestens jetzt wissen, daß er sich der Beihilfe an einem Verbrechen schuldig machte, nämlich der widerrechtlichen Einkerkerung eines Kindes. Noch eine ungelöste Frage: Wenn diese zweite Impfung etwa vier Jahre vor Kaspars Auftauchen in Nürnberg erfolgte, warum erinnerte er sich dann nicht an diesen einschneidenden, ebenso schmerzhaften wie erschreckenden Eingriff? Genügte eine besonders große Dosis Opium?

Die entscheidende Frage aber ist: Warum hatten die für den Kindertausch Verantwortlichen überhaupt alle diese Umstände und gefährlichen Risiken auf sich genommen? Hier gibt es nur eine sinnvolle Antwort, scheint mir: Es war von Anfang an beschlossen, daß der Erbprinz am Leben bleiben, und zwar gesund am Leben bleiben sollte.

Hinfällig sind damit die Überlegungen, die mit Feuerbach anfingen und bis in die neueste Kaspar-Hauser-Literatur lebendig geblieben sind, ob nicht der Kerkermeister aus Mitleid oder aus Gewissensskrupeln das eigentlich zum Tode verurteilte Kind gerettet habe, wie im Märchen der brave Jäger das Schneewittchen oder der gute Hirte den kleinen Ödipus.

Hinfällig ist damit auch die Annahme, man habe das Kind zunächst am Leben gelassen, um vorbereitet zu sein, falls der Kindertausch entdeckt werden würde. Denn zum Zeitpunkt von Kaspars erster Impfung muß den Beteiligten klar gewesen sein, daß alles *gut*-gegangen war, daß niemand ernstlich Verdacht geschöpft hatte.

Es bleibt, davon bin ich überzeugt, nur eine einzige Antwort auf die wohl größte Rätselfrage im Kaspar-Hauser-Rätsel: Warum ließ man ihn am Leben? Das Kind sollte zu Erpressungszwecken am Leben bleiben, als «Pressionsmittel», wie man damals sagte. Erpreßt werden sollte Markgraf Ludwig, er durfte keine legitime Ehe eingehen, keine legitimen Nachkommen haben, die den Söhnen der Gräfin Hochberg gegenüber Vorrang in der Thronfolge gehabt hätten. Zu beweisen ist diese These nicht, aber sie wird durch die Tatsache unterstützt, daß Ludwig zur allgemeinen Verwunderung keine ebenbürtige Ehe einging.

Noch lebt das «Pressionsmittel» jedoch als Ernst oder Kaspar Blochmann in einer intakten Familie, wie wir heute zu sagen pflegen, und kann ein normales Kinderleben genießen, drei Jahre lang. Als sich die tödliche Krankheit der Elisabeth Blochmann ankündigte, die Schwindsucht, hatten die beiden Planer, Graf und Gräfin, wieder genügend Zeit, weiterzuplanen. Nach dem Tod der ersten hatten sie schon eine zweite Ersatzmutter zur Hand, die bereit war, ein fremdes Kind zur Pflege zu übernehmen, bereit, sich mit ihm in die Einsamkeit zurückzuziehen.

Die zweite Station: Schloß Beuggen

Mit dem Heranwachsen des badischen Erbprinzen wurde eine späte Entdeckung des Kindertausches zwar immer unwahrscheinlicher, doch es gab eine andere Bedrohung: die mögliche Geburt eines zweiten Prinzen. Vermutlich war der Mord an einem zweiten männlichen Thronerben eingeplant. Es war deshalb sehr wichtig, daß keine Gerüchte über einen noch lebenden Erbprinzen entstehen konnten. Besondere Vorsichtsmaßnahmen waren geboten, als im Januar 1815, nach dem Tod der Frau Blochmann, für das erst zweieinhalbjährige Kind ein neuer Aufenthaltsort gefunden werden mußte. Der Erbprinz mußte möglichst weit von Karlsruhe entfernt an einem geheimen Ort verborgen gehalten werden, wo er leben konnte, ohne Schaden anzurichten. Er hatte angefangen zu sprechen, und seine Sprechfähigkeit würde von Woche zu Woche wachsen. Das bedeutete, er konnte von nun an Dinge, wie sie Kindern wichtig sind, artikulieren, und er konnte um Hilfe schreien, wenn man ihn mit Gewalt einsperrte.

Jene Kinderfrau, an die sich Kaspar Hauser später bei

den ungarischen Sprachversuchen plötzlich erinnerte, wird jetzt ihr Amt angetreten haben. Es war die gebürtige Französin Anna Dalbonne, eine ehemalige Hofdame am Karlsruher Schloß. Soweit wir wissen, trifft sie keine Schuld; sie betreute guten Glaubens ein Kind aus vornehmer Familie, dessen Herkunft verheimlicht werden sollte. Sie war es, die nach dem ersten Mordversuch an Kaspar in Ungarn von der Polizei verhört wurde und sich durch ihr «hysterisches» Verhalten verdächtig machte. Gerade ihre Hysterie, die sich bis zu einem Anfall von Wahnsinn steigerte, kann als ein Beweis für ihre Schuldlosigkeit gedeutet werden. Erst als sie den Namen Kaspar Hauser, seine Geschichte und von dem Attentat auf ihn hörte, begriff sie, wer das Kind gewesen war, das man ihr anvertraut hatte, und welche Rolle ihr in dem Intrigenspiel zugeteilt worden war.

Der Aufenthaltsort, zu dem Kind und Kinderfrau gebracht wurden, lag im äußersten Süden des damaligen Großherzogtums Baden, nur fünfzehn Kilometer von Basel entfernt, in der Nähe von Laufenburg am Oberrhein. Schon vor Jahren hatte der alte Großherzog seiner morganatischen Gattin, der Gräfin Hochberg, dort ein Schloß zur Nutznießung überlassen, vielleicht als Teil der Morgengabe, die beim Abschluß einer morganatischen Ehe vom Mann vertraglich festgelegt wurde – daher die nur scheinbar fremdländisch klingende Bezeichnung «morganatisch». Es war Schloß Beuggen, eine ehemalige Ordensburg, die damals leerstand. Sie wurde von der Bevölkerung gemieden, da sie zeitweilig als Typhuslazarett gedient hatte. Unter vielen anderen war auch der vorige Schloßpfarrer ein Opfer der Seuche geworden, und man fürchtete sich immer noch vor Ansteckung und Tod.

Der einzige Bewohner auf dem großen Besitztum war der neue Pfarrer. Später gab es Gerüchte, daß auf Schloß Beuggen ein kleiner Prinz gefangengehalten wurde, andere, daß dieser Pfarrer ein Kind mit einer fremdländisch sprechenden Kinderfrau in seinem Pfarrhaus versteckt halte. Wahrscheinlicher ist jedoch, daß Madame Dalbonne und ihr Schützling im Schloßpark ein kleines, recht bequemes Gartenhaus bewohnten. Über seiner Eingangstür befand sich – und befindet sich noch heute – ein großes, steinernes Wappen, das Wappen des früheren Schloßherrn, eines Komturs des Deutschherrenordens. Dieses Wappen, das sich noch an mehreren anderen Stellen des Besitzes befindet, in der Schloßkapelle wie auch im Innern des Schlosses selbst, dieses Wappen muß das Kind viele Male gesehen haben, denn es wurde mit seiner vornehmen Gouvernante nicht in einem düsteren Burgverlies gefangengehalten. Beide hatten eine gewisse Bewegungsfreiheit.

Das Kind betrachtete das Wappen wie man ein geheimnisvolles, unverständliches Bild betrachtet. Wir erinnern uns: Kaspar Hauser war von seinem Lehrer gefragt worden, ob er sich denn nicht an ein Wappen erinnere, das ihm in jenem so überaus genau beschriebenen Traumschloß aufgefallen sei. Er hatte dem Lehrer erklärt, es sei «über der Tür an der Mauer ein Bild zu sehen gewesen, von dem er noch einige Vorstellung habe». Der sechzehnjährige Kaspar kannte Wort und Begriff «Wappen» nicht, auch «Krone» und «Schwerter» waren ihm bedeutungslose Worte. Aber der Schüler setzte sich hin und zeichnete mit schnellen Strichen ein Bild, das Daumer aufbewahrte und später veröffentlichte.

Er war überzeugt, daß sich dies Schloß mit seinem Wappen auffinden lassen müßte, denn die flüchtige Bleistiftskizze wies trotz der Einfachheit der Strichführung einige charakteristische Merkmale auf. Da ist rechts unten ein biologisch nicht identifizierbares Tier zu erkennen, das aufrecht auf seinen Hinterbeinen steht, während seine etwas verkümmerten Vorderbeinchen den Griff eines deutlich schwert-

Wappen in Schloß Beuggen am Oberrhein

Kaspar Hausers Zeichnung des Wappens in seinem Traumschloß

ähnlichen Gebildes berühren, das sich in der Mitte des Bildes mit einem zweiten Schwert kreuzt. Links unten zeichnete Kaspar ein Rechteck mit drei schräg verlaufenden Balken. Über seinem Bild, das übrigens die typische Wappenform aufweist, setzte er als krönenden Abschluß eine mit gutem Willen als Krone erkennbare Form. Alle diese Merkmale stimmen, auch in ihrer Anordnung, mit dem Wappen des Komturs von Beuggen überein. So ist das Wappen das wichtigste Indiz für Schloß Beuggen wie Eisenpflanze und Holzroß für Schloß Pilsach.

Aus Kaspar Hausers amtlich dokumentierter Lebenszeit gibt es Zeichen, die helfen können, die undokumentierte Zeit in Beuggen wenigstens in kleinen Bruchstücken wieder lebendig werden zu lassen.

Die Kinderfrau nahm den Kleinen liebevoll auf den Arm und gebrauchte gelegentlich Worte in einer fremden Sprache, die er nachplapperte und deren Sinn er noch nach Jahren verstand. Manchmal nannte sie ihn zärtlich *moi kochan* (mein Lieber). Besonders häufig hörte er das Wort *motschär*, das einzige, das der Sechzehnjährige in Nürnberg selber aussprach, ohne daß man es ihm vorgesprochen hatte. War es das französische *mon cher*, das Madame Dalbonne manchmal statt des *moi kochan* gebrauchte?

Manchmal sah das Kind ihr auch beim Kochen zu. Sie zerrieb Maiskörner zwischen zwei Mahlsteinen und kochte sie dann in einem Topf. Mais wurde damals in der Gegend um Beuggen mit Vorliebe als ein wichtiges Nahrungsmittel angebaut. Maiskörner waren immer in der Küche zu finden, und das Kind spielte oft mit ihnen. Seine Kinderfrau lehrte es, die Körner zu einer Kette auf eine Schnur zu reihen, wie es dem erwachsenen Kaspar wieder einfiel, als man es ihm in Nürnberg vormachte. Lachend rief er: «Ja, so hab' ich's auch an meinem Pferdchen gehabt – bis er es mir wegnahm.» – «Er», das ist in Kaspars Sprache der «Mann», sein unbekannter Kerkermeister. «Er» hatte dem Kind also die Maiskette weggenommen, mit der es sein Pferdchen zu schmücken pflegte – ein Hinweis, scheint mir, daß die hölzernen Rosse schon in Beuggen sein Spielzeug waren, ein angemessenes Spielzeug für einen etwa dreijährigen Jungen.

Kaspar war in Nürnberg noch mehr eingefallen. Einmal hatten er und seine Kinderfrau einen richtigen Stall besucht: «Ja, und da fällt mir noch etwas ein, da war unten Stroh auf der Erde und Tiere darauf – wohl Schweine; dort mit meiner Kindsfrau einmal...»

Ungeklärt ist eine andere Erinnerung Kaspar Hausers geblieben, die merkwürdige Traumhandlung, die sich in seinem Traumschloß abspielte, während das Kind Kaspar in seinem Traumbett lag. Da war eine Frau «mit einem gelben Hute und weißen dicken Federn darauf» eingetreten, hinter ihr ein Mann «in schwarzen Kleidern, einen länglichen Hut auf dem Kopfe, einen Degen an der Seite und auf der Brust ein Kreuz an einem blauen Bande». Die Gräfin Hochberg könnte die eine der beiden Traumgestalten gewesen sein, die andere Markgraf Ludwig. Die Gräfin kleidete sich gern auffällig. Das bekannteste Porträt von ihr zeigt sie mit einem mützenartigen Hut, der in der Tat mit weißen, dicken Federn geschmückt ist. Der ritterlich gekleidete Herr, mit Degen und Ordensband, könnte jedoch auch Lord Stanhope gewesen sein. Er hatte schließlich lange in Deutschland gelebt und ging an vielen deutschen Fürstenhöfen ein und aus, oft, wie es hieß, mit geheimen Missionen betraut.

Für diese Vermutung spricht jene merkwürdige Zeichnung, die Kaspar in seiner allerersten Nürnberger Zeit angefertigt hat, das Porträt eines unbekannten Mannes. Die Ähnlichkeit mit dem Lord und sein Erschrecken, als Daumer ihm später die Zeichnung zeigte, scheinen mir für eine frühe Rolle Stanhopes in dem Intrigantenstück zu sprechen.

Wichtig ist, daß das Kind im ganzen mindestens vier Jahre

Luise Gräfin von Hochberg – deutlich der Hut mit «dicken weißen Federn darauf», wie ihn Kaspar Hausers Traumgestalt trug

lang ein friedliches Leben ohne große äußere Einschränkungen führen konnte. Es wurde gewissenhaft und vermutlich sogar liebevoll betreut, auch wenn die Bezugspersonen einmal wechselten. Nur so läßt sich die sonst kaum glaubhafte Stabilität, die Widerstandskraft erklären, mit der es die dann folgenden zwölf Jahre überstehen konnte, ohne körperlich und geistig zugrunde zu gehen.

Die friedliche Zeit unter der Aufsicht und Fürsorge der «Kindsfrau» fand ein Ende, vermutlich sehr plötzlich, vielleicht durch den Besuch jenes vornehmen Traumpaares.

Das Leben in der Welt außerhalb des Schlosses war inzwischen weitergegangen. Hennenhofers militärische Karriere hatte verblüffende Fortschritte gemacht: 1813, ein halbes Jahr nach dem Kindertausch, war er zum Feldjägerleutnant befördert worden, 1815 zum Premierleutnant, 1816 zum Stabsrittmeister. Damit war seine Karriere noch keineswegs beendet, obgleich er nie aktiven Militärdienst geleistet hatte.

1815, nur drei Jahre nach der Katastrophe in Rußland, war Napoleon wieder mit großem Pomp in Paris eingezogen. Elba war vergessen. Doch noch im gleichen Jahr wurde seine endgültige Niederlage durch die Schlacht bei Waterloo besiegelt. Auch das Großherzogtum Baden war der neuen Allianz gegen Napoleon beigetreten, und das bedeutete für Stephanie, die *fille de France*, den Verlust ihres mächtigsten Beschützers und eine Schwächung ihrer Stellung am badischen Hof. Ihr Gatte, Großherzog Karl, hatte schon lange jedes Interesse an politischer Einflußnahme verloren. Er nahm zwar noch am Wiener Kongreß teil, doch beherrschender als die große Politik waren für ihn in Wien seine sich steigernden Ängste vor einer schleichenden Vergiftung.

Die Verbannung Napoleons bedeutete auf der anderen Seite für die Gräfin Hochberg und den Markgrafen Ludwig, daß sie bei der Verfolgung ihrer weiteren Machenschaften nicht mehr die Intervention des französischen Gesandten oder gar des Kaisers zu befürchten hatten.

Doch es war kein Ereignis aus der großen Politik, das den Aufenthalt des badischen Erbprinzen und seiner Kinderfrau in Schloß Beuggen beendete. Es war etwas scheinbar Unwichtiges, das nach außen hin überhaupt nichts mit seiner Person zu tun hatte. Dem französischen Präfekten in Colmar wurde eine rätselhafte Flaschenpost übergeben, die, wie zu Protokoll gegeben wurde, ein alter Schiffer am Oberrhein gefunden hatte.

Die Flaschenpost: Adressat und Absender unbekannt

Wer heute eine Flaschenpost ihrem Schicksal – Wind, Wellen und Strömung – überläßt, tut gut daran, seine Mitteilung auf englisch abzufassen, wenn er verstanden werden will. Für das Jahr 1816 wäre auf dem Oberrhein bei einer Flaschenpost Deutsch oder Französisch empfehlenswert gewesen. Wer seine Mitteilung jedoch in lateinischer Sprache auf einen Zettel kritzelte, mußte mit sehr gelehrten Lesern rechnen. Fischer und Schiffsleute, die prädestinierten Empfänger solcher Briefzustellung, konnten gemeinhin kein Latein, falls sie überhaupt lesen konnten. Doch die Flaschenpost, die am 22. September 1816 in Groß-Kembs am Oberrhein auftauchte, wurde gefunden, gelesen und verstanden. Sie erreichte, nach einigen Umwegen, ihr bestmögliches Ziel, den Polizeiminister in Paris.

Dorthin hatte der Präfekt in Colmar, zuständig für das Département du Haut-Rhin, den geheimnisvollen lateinischen Text geschickt, in der Befürchtung, es könnte sich um ein Verbrechen handeln. Der Briefwechsel um den Vorgang wurde in den Département-Archiven der Stadt Colmar bis auf den heutigen Tag getreulich aufbewahrt. Da die Flaschenpost während der Abwesenheit des Präfekten abgegeben worden war, erbat er sich vom Überbringer, einem Monsieur Roussel, Grundeigentümer in Groß-Kembs und ehemaliger Magistrat, einen schriftlichen Bericht über «diese sehr merkwürdige Angelegenheit» (*cette circonstance assez singulière*).

Fünf Tage später antwortete M. Roussel dem Präfekten in aller Ausführlichkeit und Genauigkeit, wie sie einem *ancién magistrat* angemessen erschienen. Hier meine Übersetzung aus dem Französischen:

«Der Zettel, von dem Sie mir die Ehre erweisen, in Ihrem Brief vom 12. dieses Monats zu sprechen, ist eingeschlossen in einer kleinen Apothekerflasche gefunden worden, die gut verkorkt war und die auf dem Rhein schwamm, an unserem [dem französischen] Ufer zwischen Groß-Kembs und der Mühle des Dorfes, am 22. des vergangenen Monats, ungefähr gegen vier Uhr nachmittags, durch Max Keller, genannt der Alte, einem Flußschiffer von hier. Dieser Mann glaubte, daß es sich um ein Rezept [*ordonnance de médecine*] handelte und brachte es nach seiner Rückkehr Herrn Louis Heitz, einem ehemaligen Hauptmann des Regiments von Salm-Salm, der, da er es nicht gut lesen konnte, mir brachte, um den Inhalt zu erfahren. Da ich gerade im Begriff war, nach Colmar aufzubrechen, dachte ich, ich müßte es aufbewahren, um es Ihnen zu übergeben, aber ich traf Sie umgeben von Wählern, so daß ich es nicht konnte. Ich habe Herrn Kohler davon erzählt, dem ich den Zettel zeigte, und als ich den pensionierten Rat Belin besuchte, traf ich den Redakteur der *Ami du bon sens*, dem ich ebenfalls davon erzählte, und der ihn sich von mir erbat; ich habe ihn kurz darauf an ihn geschickt, und dann kam ein junger Mann, der, glaube ich, der Übersetzer ins Deutsche ist, um mir zu sagen, daß er glaube, die Unterschrift sei ‹Hoeres Francioe›; ich sagte ihm, daß ich nicht dieser Meinung sei, aber daß es mir klug erscheine, die Unterschrift nicht zu erwähnen, und daß vor allem die Polizei darüber zu entscheiden habe, und am nächsten Tag bin ich hierher zurückgekommen: ich habe mich informiert über die Lage der Gefängnisse in Lauffenburg, die einen sagten mir, daß es kaum welche am Ufer des Rheins gebe, die anderen sagten mir das Gegenteil. Das ist alles, was ich darüber weiß. Ich hätte die Ehre gehabt, Ihnen früher zu antworten, wenn der Schiffer nicht abwesend gewesen wäre.

Groß-Kembs, den 16. Oktober 1816.»

Mehrerlei ist auffällig an dem mit zittriger Hand geschriebenen Bericht des alten Magistratsherrn. Er zählt mit Namen und Titel die Personen auf, die das *billet* in der Hand gehabt haben – offenbar in dem Bestreben, sich für die verspätete Übermittlung der Flaschenpost und die schon recht ausgedehnte Verbreitung ihres Inhalts zu entschuldigen. Dabei hat er anscheinend den Text für wichtig gehalten, besonders die Unterschrift, denn er hat den Redakteur der Zeitung, die sich «Freund des gesunden Menschenverstandes» nennt, davor gewarnt, sie, wie er ausdrücklich betont, mit zu veröffentlichen. Auch ergibt sich aus seinem Bericht, daß die Unterschrift schwer zu entziffern war: die Herren konnten sich über die einzelnen Buchstaben nicht einigen. Merkwürdig ist ferner, daß es niemand für nötig hielt, den Behälter, das Medizinfläschchen, sicherzustellen – nicht einmal auf der Präfektur scheint man da nachgehakt zu haben.

Erst hundert Jahre später kam der Verdacht auf, die Flaschenpost sei nie wirklich den Rhein heruntergeschwommen, der lateinische Text bewußt lanciert und in Umlauf gesetzt worden. Die Schwachstelle in der langen Namenskette ist ihr Anfangsglied, der «Alte», der einzige nicht ganz respektable, mit Rang und Titel ausgestattete Bürger, an dessen Ehrlichkeit aber niemand in Groß-Kembs zu zweifeln schien. Doch wie leicht war es, ungesehen ein Fläschchen in das seichte Uferwasser zu bugsieren, da, wo der alte Schiffer landen würde.

Der Polizeiminister in Paris nahm die Meldung seines Colmarer Untergebenen ernst. Er antwortete höflich, aber streng, mit der Anordnung, auf dem französischen Rheinufer in den Gefängnissen, bei Einheimischen und Durchreisenden Nachforschungen anzustellen. Sie führten zu nichts. Der lateinische Originalbrief ging später verloren, die Flasche war ohnehin verschwunden, doch eine Nummer der angesehenen Pariser Zeitung *Le Moniteur Universel* blieb erhalten, in der man nach einer kurzen Einleitung über die näheren Umstände des Fundes den lateinischen Text des *billet* mit einer französischen Übersetzung abgedruckt hatte.

Diese Veröffentlichung kann jedoch nicht vom Polizeiminister veranlaßt worden sein, da die Meldung ein falsches Datum, eine andere Version der Unterschrift und einen schwerwiegenden Abschreibfehler enthielt. Sie muß auf anderem Weg dorthin gelangt sein. Die Meldung, welche die Pariser am 5. November 1816 beim Frühstück lesen konnten, lautete:

Cuicumque qui hanc epistolam inveniet:
Sum captivus in carcere, apud Lauffenburg, juxtà Rheni flumen: meum carcer est subterraneum, nec novit locum ille qui nunc folio meo potitus est. Non plus possum scribere, quia sedulò et crudeliter custoditus sum.

S. Hanès Sprancio.

C'est-à-dire,
A quiconque trouvera ce billet:
Je suis détenu dans une prison, près de Lauffenbourg, sur le Rhin. Ma prison est souterraine, et ce lieu est inconnu à celui qui lit maintenant cette feuille. Je n'en peux écrire davantage, parce que je suis surveillé avec soin et cruautè.

S. Hanès Sprancio.

Hier eine deutsche Übersetzung des lateinischen Textes:

Wer auch immer diesen Brief finden wird:
Ich werde in einem Kerker bei Lauffenburg am Rhein gefangengehalten. Mein Kerker ist unterirdisch, und dieser Ort ist demjenigen, der jetzt dieses Blatt besitzt, unbekannt. Ich kann nicht mehr schreiben, da ich sorgfältig und grausam bewacht werde.

S. Hanès Sprancio.

Ein Satz des Textes ist unsinnig, und der *Moniteur* hat ihn daher freier übersetzt. Er heißt dann: «...der Ort ist demjenigen unbekannt, der jetzt dies Blatt liest.» Aber auch so bleibt der Satz unsinnig: natürlich ist dem Leser der Flaschenpost der genaue Ort des Kerkers unbekannt.

In Paris wurde deshalb die offenbar sinnlose Meldung schnell vergessen. Elf Tage später erfuhren deutsche Leser von der oberrheinischen Flaschenpost. Eine Berliner Zeitung hatte die Meldung des *Moniteur* nachgedruckt. Doch die Berliner lasen an Stelle des unverständlichen Satzes etwas anderes: «Mein unterirdischer Kerker ist sogar demjenigen unbekannt, der sich meines Thrones bemächtigt hat.» Der zuständige Redakteur hatte stillschweigend einen Fehler seines Pariser Kollegen verbessert und damit der Meldung erst einen Sinn gegeben. Der Franzose hatte das, wie man früher sagte, lange deutsche s (« ſ ») von *solio* mit einem f (« f ») verwechselt, und aus *solio folio* gemacht – ein verständlicher Abschreibfehler. Merkwürdig scheint, daß der deutsche Redakteur den Leser nicht voller Stolz auf diese wichtige Verbesserung aufmerksam machte. Die Berliner ließ die kurze und noch immer wenig aufschlußreiche Nachricht kalt. Die Sache wurde ad acta gelegt.

Siebzehn Jahre später, 1834, tauchte die Flaschenpost-Geschichte jedoch ein drittes Mal in der Presse auf, diesmal in Hamburg. Eine Reihe von anderen deutschen Blättern druckte den Artikel umgehend nach. In den vergangenen Jahren hatte die Geschichte des Kindes von Europa, seine lange Haft in einem dunklen Kerker, die Gerüchte von fürstlicher Herkunft und geraubtem Thron spannendes Material für die Zeitungsschreiber hergegeben, und knapp ein Jahr zuvor hatte sein blutiger, immer noch nicht aufgeklärter Tod aufs neue die Gemüter erregt.

In Ansbach war man besonders hellhörig. Das Gericht war angewiesen worden, alle Zeitungsartikel zu prüfen, die mit dem ungelösten Fall Kaspar Hauser in Verbindung stehen könnten. Hier wurden die Rechercheure fündig, der Zusammenhang schien ihnen klar. Dem Gericht schien jedoch nichts klar, und wieder wurde der Artikel ad acta gelegt.

Einer allerdings erhob Einspruch, der damalige Regierungspräsident des Rezatkreises, jener Freiherr von Stichaner, der Kaspar Hauser oft in sein Haus eingeladen und dessen Tochter Lilla den jungen Mann ebenfalls nicht vergessen hatte. Er schrieb einen offiziellen Brief an das Gericht in Ansbach und legte den Hamburger Nachdruck bei. Der unterschied sich von den anderen Nachdrucken dadurch, daß ihm ein Leserbrief vorangestellt war, in dem ein Herr Cuno die Zeitung auf den alten *Moniteur*-Artikel aufmerksam gemacht hatte, den er zufällig beim Durchblättern alter Berliner Zeitungen entdeckt hatte. Er schrieb:

... Ich teilte das Originalzeitungsblatt am 25. März 1831, gleich als ich den Artikel darin gefunden, dem damals noch lebenden Staatsrat und Appellationsgerichtspräsidenten von Feuerbach in Ansbach zur weiteren Nachforschung mit, ob dieser Gefangene mit Kaspar Hauser nicht eine und dieselbe Person gewesen sei, blieb aber ohne Antwort.

Seitdem ist bekanntlich jener unglückliche Jüngling ermordet worden, und trotz aller Bemühungen und selbst der ausgesetzten Prämien hat man weder über seine Herkunft noch über seine Meuchelmörder etwas Bestimmtes ermitteln können. Sollte es nicht der Mühe wert sein, annoch jetzt auf den Grund des in dem Zettel liegenden Winks über Kaspar Hausers früheren Aufenthalt weiter nachzuforschen? Vielleicht daß sein eigener Hüter oder sonst jemand, der das Schicksal des Gefangenen kannte und ihm ohne eigene Gefahr zu helfen wünschte, gedachtes Mittel wählte, um die Aufmerksamkeit auf ihn hinzulenken und ihn womöglich durch andere oder von außen her Hilfe und Erlösung zu verschaffen. Ich halte mich fest überzeugt, daß, hat man nur erst Hausers ehemaligen Kerker ermittelt, es dann gewiß auch nicht fehlen wird, seine Herkunft, seine Verfolger und Mörder zu entdecken.

C. S. A. Cuno, Kgl. Oeconomiecommissionsrat.

Das Begleitschreiben des Regierungspräsidenten lautete:

Ansbach, den 24. März 1834.
Das Präsidium der kgl. Regierung des Rezatkreises.
Man sieht sich durch höheren Auftrag veranlaßt, dem k. Kreis und Stadtgericht die Abschrift eines Artikels der «Hamburgischen Abendzeitung» in Bezug auf Kaspar Hauser mitzuteilen um anher Aufschluß zu geben, ob der verstorbene Präsident von Feuerbach die hier angedeutete Spur je verfolgt habe und mit welchem Erfolge, so wie es überhaupt wichtig sein dürfte zu wissen, ob das k. Kreis- und Stadtgericht sich im Besitze der Feuerbachschen Untersuchungsakten befinde, oder wo dieselben hingekommen seien.

v. Stichaner

An das k. Kreis- und Stadtgericht Ansbach,
den gewaltsamen Tod des Kaspar Hauser betreffend.»

Der Beschluß des Gerichts war kurz und deutlich:

«Hinsichtlich des Aufsatzes in der Hamburgischen Abendzeitung vom 19. Februar 1834 No. 6722 bleibt es bei dem früheren Beschluß, wonach dieser Artikel keine Veranlassung zu gerichtlichen Recherchen gibt.»

Wie Stichaner erfuhr, hatte das Ansbacher Gericht in der Tat den Nachlaß Feuerbachs übernommen, darin aber keinen einzigen Hinweis auf die Flaschenpost-Geschichte und nicht einmal jenen Brief des Herrn Cuno gefunden. Doch es war ja nicht das erste Mal, daß Akten über den Fall Kaspar Hauser spurlos verschwanden. Damit schien das Ende der mysteriösen Affäre besiegelt.

Fast hundert Jahre später jedoch, 1926, veröffentlichte der damalige Nürnberger Polizeidirektor den Text der Flaschenpost mit dem Hinweis, daß vor allem die Unterschrift «S. Hanès Sprancio» noch immer ein Rätsel sei. Nach diesem Anreiz für Rätselfreunde und Geheimschriftentzifferer wurde eine Lösung gefunden, und zwar innerhalb von zwei Wochen, von zwei verschiedenen Personen, unabhängig voneinander. Ein junger Lehrer und ein Arzt hatten die einzelnen Buchstaben des Namens herumgeschoben, in der Annahme, es müsse sich um ein Anagramm handeln. Sie kamen beide zu dem gleichen Ergebnis. Die umgestellten Buchstaben ergeben die Worte: «Sein Sohn Caspar».

Diese Lösung war die einzig sinnvolle, mithin also richtig, schloß man. Und sie war sehr wichtig. Gerade weil die Flaschenpost-Meldung auftauchte, als noch niemand etwas von einem Kaspar Hauser, von seiner Haft und von dem ihm geraubten Thron wußte, war sie ein Wahrheitsbeweis für Kaspars Bericht und auch für die Feuerbachsche Prinzen-These. Erst der entschlüsselte Name «Caspar» macht den Beweis möglich.

Doch ist der Beweis wirklich so zwingend, wie es wünschenswert wäre? Der Name «Kaspar» kann auf drei weitere

Arten geschrieben werden (Kasper, Casper, Caspar) – Kaspar Hauser selbst schrieb seinen Namen gelegentlich auch mit «C». Er ist daher verhältnismäßig leicht aus einer Buchstabenfolge herauszulesen. Außerdem braucht man nur einen Buchstaben umzustellen, und die Unterschrift hieße: «Ein Sohn Caspars». Diese Lösung wäre zwar unsinnig, bewiese aber den Kaspar-Hauser-Gegnern gerade deshalb, daß die ganze Flaschenpost-Geschichte nichts mit dem von ihnen schon lange entlarvten Betrüger zu tun habe. Dies letzte Argument fand ich in der Zeitung *Der Türmer* aus dem Jahre 1933 in einem langen Artikel über Jakob Wassermann und seinen Kaspar-Hauser-Roman. Der Verfasser war ein Judenhasser, also haßte er auch Wassermann und deshalb wiederum Kaspar Hauser.

Andere kritische Überlegungen zu Inhalt und Unterschrift des Flaschenpost-Briefes waren schon früher angestellt worden. Da der im Jahre 1816 erst vierjährige Kaspar die Nachricht nicht gut selber verfaßt haben konnte – wer war dann ihr Absender? Warum hatte man sie verfaßt? Warum wird von einer unrechtmäßigen Thronfolge gesprochen, da im Jahre 1816 doch Großherzog Karl noch als legitimer Thronfolger in Baden regierte? Und schließlich die Frage, die auch dem in historischen Jahreszahlen nicht sattelfesten Leser auffallen mußte: Warum gibt der Absender nicht kurz eine genaue Angabe über den Ort und die Person des Gefangenen?

Schon die Berliner Zeitung hatte sich 1816 diese letzte Frage gestellt und in ihrem kurzen Kommentar bemerkt, daß hier Unnötiges zu Papier gebracht und Wesentliches versäumt wurde: «Wer wirklich Zeit gefunden hätte, einige Zeilen zu schreiben und in die Welt zu schicken, würde seinen wahren Namen und den entrissenen Thron genannt, nicht aber gesagt haben: Ich habe nicht Zeit sie zu nennen.» Die Schlußfolgerung aus dieser Erkenntnis wurde aber nicht gezogen. Der Brief war offenbar kein echter Hilferuf. Aber was war dann der Sinn dieser Nachricht?

Einige Leser hatten sich auch darüber gewundert, daß der Text in lateinischer Sprache abgefaßt war. Die Annahme, der Brief müsse deshalb von einem Geistlichen verfaßt worden sein, ist nicht sehr überzeugend. Es hätte sich in dem Fall ja um einen ernst gemeinten Hilferuf handeln müssen, wie auch jener Herr Cuno angenommen hatte, aber diese Annahme ist schon durch den Kommentar der Berliner Zeitung widerlegt. Wieder andere hatten bemerkt, daß der Text ein paar grammatische Fehler enthielt. Neben den inhaltlich bedeutungslosen Fehlern (*carcer* ist ein Maskulinum, und *Rheni flumen* hätte *Rhenum flumen* heißen müssen) machten die klugen Lateiner auch darauf aufmerksam, daß der Absender im Gebrauch der Zeiten nicht sicher gewesen sei, Vergangenheit und Gegenwart verwechselt habe. Das ist richtig und erklärt immerhin den sonst unerklärlichen chronologischen Fehler. *Potitus est* ist als Präsens gemeint und bedeutet dann, «er besitzt», der fragliche Satz also: «Der jetzt meinen Thron innehat, kennt nicht den Ort meiner Einkerkerung».

Es gibt im Text des Flaschenpost-Briefes jedoch eine Besonderheit, die bisher noch nie für fragwürdig befunden wurde: Warum ist die eigentliche Nachricht lateinisch, die Unterschrift aber, in der entschlüsselten Form, deutsch verfaßt? Schon der alte Daumer hatte zweifelnd gemeint, die Unterschrift müsse eigentlich Kaspar Hauser lauten – obwohl man zu seiner Zeit noch nicht einmal das im Anagramm enthaltene Caspar entdeckt hatte.

Hier setzen meine Überlegungen ein. Da der Originalbrief der Flaschenpost schon früh verlorengegangen ist, hat man sich bei der Deutung der Unterschrift bisher immer nur an den im *Moniteur* veröffentlichten Text gehalten, offenbar in der Annahme, es handle sich dabei um den ältesten, zuverlässigsten Text. Der in M. Roussels Brief an den Präfekten in Colmar erwähnte Namenszug «Hoeres Francioe» wurde nie ernstlich in Betracht gezogen; M. Roussel selber hatte seine Richtigkeit bezweifelt, und die Buchstaben ergaben nicht einmal den Vornamen Caspar. Doch es existiert noch jene im Oktober 1816 in der Préfecture du Haut-Rhin angefertigte Kopie des Originals, ein offizielles Dokument also: angefertigt vom damaligen Archivar der Präfektur, einem M. Dietrich. Er war ein zuverlässiger Kopist, hatte er doch, anders als der Redakteur des *Moniteur*, richtig *solio* statt *folio* gelesen und dementsprechend «Thron» statt des sinnlosen «Blatt» übersetzt. Doch da er selber Zweifel an der Richtigkeit der schwer lesbaren Signatur, wie er sie entziffert hatte, hegte, hat es bisher offenbar niemand für nötig befunden, seine Abschrift unter die Lupe zu nehmen.

Die einzelnen Buchstaben sind nicht schwer zu entziffern, wenn man sie mit denen der besonders deutlich abgeschriebenen Buchstaben des lateinischen Textes vergleicht. Seine Version der Unterschrift lautet: HARES SPRAUIA oder HARES SPRANIA – der Archivar schreibt das N und das U immer völlig gleich. Der merkwürdige Akzent über dem E erscheint bei ihm gar nicht – das war offenbar eine Nachlässigkeit des *Moniteur*, der auch schon im lateinischen Text zwei solcher Akzente willkürlich verstreut hatte.

Ich nehme nun an, daß der Kopist – er war sich bei der Entzifferung selber nicht ganz sicher – ein *i* statt eines *c* gelesen hat. Mit dieser meiner einzigen Korrektur sieht die Unterschrift nun gar nicht mehr geheimnisvoll aus. Sie lautet: HARES SPRAUCA. Auf den ersten Blick erkennt man, daß in dem zweiten Wort der Vorname Caspar steckt und das übrigbleibende U zusammen mit dem ersten Wort den Nachnamen Hauser ergibt.

Die Bedeutung des vollständigen Namens CASPAR HAUSER auf dem Flaschenpost-Zettel liegt auf der Hand.

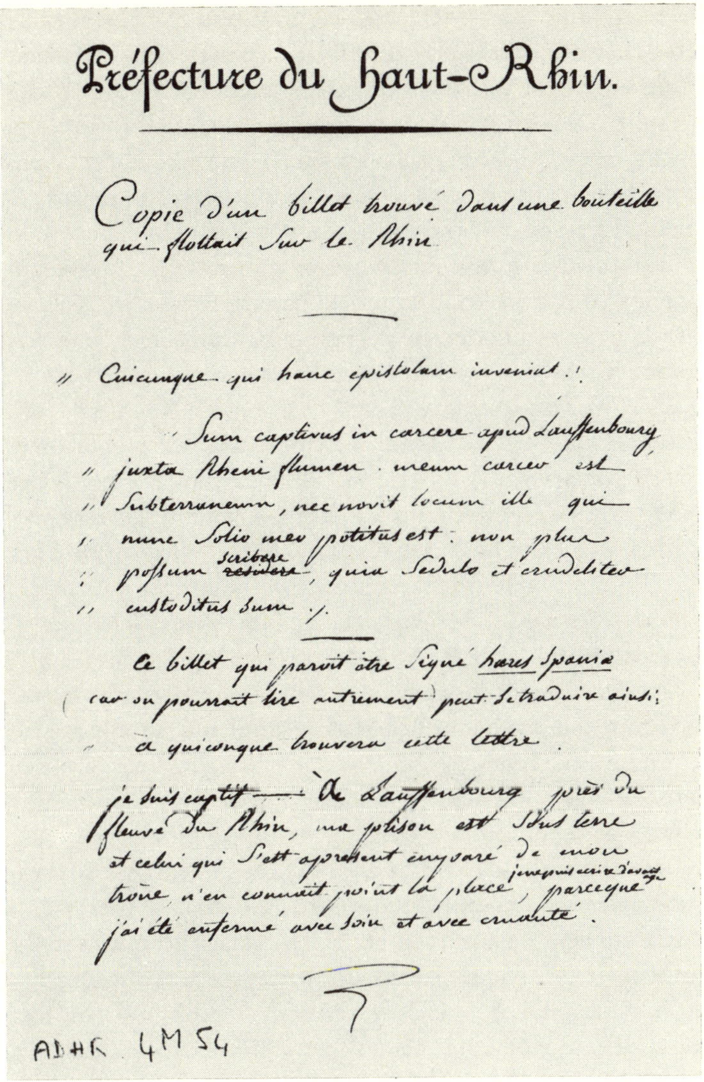

Préfecture du Haut-Rhin.

Copie d'un billet trouvé dans une bouteille qui flottait sur le Rhin

« Quicunque qui hanc epistolam inveniat !

« Sum captivus in carcere apud Lauffenbourg
« juxta Rheni flumen. meum carcer est
« subterraneum, nec novit locum ille qui
« nunc solio meo potitus est. non plus
« possum scribere, quia sedulo et crudeliter
« custoditus sum ./.

Ce billet qui paroît être signé hares Spania
(car on pourrait lire autrement) peut se traduire ainsi:

« A quiconque trouvera cette lettre.

je suis captif — à Lauffenbourg près du fleuve du Rhin, ma prison est sous terre et celui qui s'est à présent emparé de mon trône, n'en connait point la place, je ne puis écrire davantage, parceque j'ai été enfermé avec soin et avec cruauté.

ADHR 4M 54

Die früheste erhaltene Abschrift des Flaschenpost-Zettels mit der französischen Übersetzung, beides hergestellt in der Präfektur des Oberrheins zu Colmar

Dieser Name kann nicht zufällig mit dem des Nürnberger Findelkindes identisch sein. Der sechzehnjährige Kaspar Hauser konnte nicht wissen, daß ihm jemand, als er vier Jahre alt war, diesen Namen gegeben hatte, noch wußte er etwas von seinem Anspruch auf einen Thron. Der Flaschenpost-Text wurde erst nach Kaspar Hausers Tod der allgemeinen Vergessenheit entrissen und mit seinem Schicksal in Zusammenhang gebracht. Und warum sollte er ausgerechnet das Wappen zeichnen, dessen Heimat Schloß Beuggen in der Tat «apud Lauffenburg», bei Laufenburg liegt, aber erst hundert Jahre später dort entdeckt wurde?

Der Zusammenhang der Flaschenpost-Nachricht mit Kaspar Hausers Schicksal ist noch unerklärt geblieben. Diese Nachricht lautet in ihrer korrigierten Form: In der Nähe von Laufenburg am Rhein wird jemand gefangengehalten, der Anrecht auf einen Thron hat. Der jetzige Inhaber des Thrones weiß nichts von diesem Verbrechen und dem Ort des Kerkers, aber hier ist der Name des Gefangenen: CASPAR HAUSER.

Da der von der Mutter des Kindes gewünschte Vorname Gaspard nur am badischen Hof bekannt war, mußte es sich um eine verschlüsselte Nachricht von einem Eingeweihten handeln. Der Nachname Hauser mußte von den Ränkeschmieden bei ihren Planspielen erfunden worden sein. Kurz: es handelte sich um eine Drohung, eine Art Erpressung. Wie wir schon hörten, hatte vom Anfang dieser Pläneschmiederei an nur einer unter Druck gesetzt werden müssen: Markgraf Ludwig. Es war zweifellos ein Teil der Abmachungen, ihr wichtigster Teil vermutlich, daß er keine legale Ehe eingehen, keine legitimen Nachkommen haben durfte.

Der Artikel des auch in Karlsruhe geschätzten und viel gelesenen *Moniteur* mußte für den Markgrafen eine Drohung bedeuten: Wenn du dich nicht an unsere Abmachung hältst, kann ich genausogut eine für jedermann verständliche Nachricht über das am badischen Erbprinzen begangene Verbrechen in einer Zeitung erscheinen lassen. Der Absender der Nachricht war die Gräfin Hochberg, unterstützt von ihrem nicht uneigennützigen Helfer Hennenhofer, der auch später noch, auf eigene Rechnung, Erpresserbriefe an den schon regierenden Großherzog Ludwig schrieb.

Ludwig, der seine Thronbesteigung 1816 in große Nähe gerückt sah, mußte befürchten, nicht nur den erstrebten Thron zu verlieren. Es stand mehr auf dem Spiel. Mit einer erneuten Verbannung nach Schloß Salem konnte das Verbrechen des Kindertausches und Prinzenraubes nicht gesühnt werden.

Die Drohung wirkte: Ludwig ging keine legale Ehe ein. Aber es war für ihn lebensnotwendig, daß das Versteck des Prinzen und damit das Verbrechen nicht entdeckt wurde. Er bestand auf einem Ortswechsel, und das bedeutete, Kind und Kinderfrau mußten im Spätherbst 1816, auf höhere Anordnung hin, ganz plötzlich das schon vertraute Schloß Beuggen verlassen.

Der lange Weg nach Pilsach

Die weiteren Stationen auf dem Weg nach Schloß Pilsach sind unbekannt. Es gibt nur Vermutungen, sehr vage Vermutungen, die sich, wie so manches in der Geschichte Kaspar Hausers, auf Gerüchte stützen. Eine der wahrscheinlichsten auf dieser Wegstrecke ist das Dorf Hochsal, nicht weit von Laufenburg. Der Schloßpfarrer von Beuggen stammte daher und kannte seinen dortigen Amtsbruder Dietz gut. Da die Notwendigkeit eines hastigen Aufbruchs von Beuggen dem Markgrafen Ludwig kaum Zeit für wohlüberlegte Vorausplanungen gelassen haben kann, ist anzunehmen, daß das Kind erst einmal für eine kurze Zeit in der Nähe untergebracht wurde, bei einem vertrauenswürdigen Menschen, etwa einem Pfarrer.

Unter den Gerüchten, die schon damals in der Gegend kursierten, gab es zum Beispiel eine verworrene Geschichte um eine Bauersfrau, der ein schreckliches Geheimnis keine Ruhe ließ und die ihre Schuldgefühle schließlich einem Pfarrer anvertraute. Der Pfarrer soll dann eines Tages, in offenbar weinseliger Stimmung, bei einer Hochzeitsfeier, die Geschichte weitererzählt haben: es ging um zwei als Säuglinge vertauschte Kinder. Andere wußten von einem geheimen Verlies im Keller des Hochsaler Pfarrhauses, in dem ein kleines Kind versteckt gewesen sei. Es gibt mehrere zeitgenössische Zeichnungen von dem Versteck, an deren Rand gekritzelt ist: «... Der Kaspar geht hier um und wird der Oberkeller nicht benutzt...» und es gibt außerdem zwei Fotografien vom Anfang unseres Jahrhunderts. Eine zeigt eine geräumige Küche – «die Küche des Pfarrhauses» –, einen großen Wandschrank – «der geheime Zugang zum Verlies im Zwischenkeller» –, die zweite eine leiterartige Kellertreppe – «der geheime Zugang». Aber Fotografien sind kein Beweis, wenn sie nur einen Küchenschrank und eine Kellertreppe zeigen.

Das Kind hieß hier also schon Kaspar, jedenfalls in den Gerüchten. In der Flaschenpost wurde sein voller Name genannt. Mehrmals tauchen Pfarrer in den Gerüchten auf. Wenn zu diesem Zeitpunkt wirklich ein Pfarrer in das Geheimnis eingeweiht worden war, hätte es nahegelegen, das Kind jetzt taufen zu lassen. Aber die Taufbücher in Beuggen wie auch in Hochsal enthalten keinen Taufeintrag Kaspar Hauser; den Verantwortlichen war die Pockenimpfung wichtiger gewesen als das zusätzliche Risiko einer Taufe.

Als ein anderer möglicher Aufenthaltsort Kaspar Hausers wird das leerstehende und verfallende Schloß Triesdorf bei Ansbach genannt. Es gibt noch mehr mutmaßliche Stationen; wichtiger jedoch erscheinen mir die Überlegungen, die sich aus der Situation in Schloß Beuggen ergeben.

Da ist eine Erzieherin, die mit ihrem Zögling fast zwei Jahre, vom Tod der Frau Blochmann bis zur Veröffentlichung der Flaschenpost, in der Abgeschiedenheit eines alten, leerstehenden Schlosses ein stilles Leben lebt, nicht in einem Gefängnis; es ist ein freundliches Zusammensein in einer angenehmen Umgebung. Daraus wird sich im Laufe der Zeit zwischen dem Kind und seiner Ersatzmutter Vertrautheit und Zuneigung entwickelt haben.

Es ist wahrscheinlich, daß die Trennung zwischen Kinderfrau und Kind schon für den plötzlichen Aufbruch aus Schloß Beuggen angeordnet war. Denn die kommende Reise ließ viele Schwierigkeiten erwarten; die genaue Route war ungewiß, gewiß nur ihr Endziel: ein zeitlich unbegrenzter Aufenthalt in einem sicheren, geheimen Kerker. Für die Reise zu einem solchen Ziel war ein Begleiter mit einem normal entwickelten Gewissen ein Hindernis und ein allzu großes Risiko. Frau Dalbonne konnte dieser Mensch nicht sein. Der Major Hennenhofer indes paßt in die Rolle des Reiseleiters und Gefangenenwärters: Hennenhofer, der waghalsige Kurier, der Pfadfinder, nur um seine Karriere besorgt, nicht von Skrupeln geplagt.

Außerdem hatte sich der Major am badischen Hof schon in der gewaltsamen Entführung eines hilflosen Menschen qualifiziert. Ein angesehener Hofbeamter hatte seit längerem mit einem hübschen Bürgermädchen zusammen gelebt, «in traulicher Gemeinschaft, die zwar nicht durch den Spruch des Priesters, aber bald durch die Geburt einer Tochter gesegnet wurde». Aus «politischen Gründen» wurde es notwendig, die Liebenden zu trennen, wobei das Politische der Angelegenheit darin bestand, daß der Großherzog der Liebschaft mit einem Hoffräulein überdrüssig geworden war und die abgelegte Geliebte zum Dank für ihre

Dienste mit eben jenem Hofbeamten verheiraten wollte. Da sich Hofmann und Bürgermädchen verzweifelt gegen eine Trennung wehrten, wurde eine Entführung des Mädchens beschlossen.

«Ein vormaliger Handlungslehrling, namens Hennenhofer... fand nicht das geringste Bedenken, sich der Freveltat, die man von ihm verlangte, zu unterziehen. Unter falschen Vorspiegelungen... wußte er die unglückliche Geliebte in den nahen Hartwald zu locken, dort fand sich ein Wagen mit Postpferden, sie wurde mit Gewalt hineinschoben, der Verräter setzte sich neben sie, und nun ging es ohne Aufenthalt fort, Tag und Nacht... Kein Angstschrei, keine Wehklage, kein verzweiflungsvolles Anrufen half der Unglücklichen; ihr Begleiter wies sich überall den Behörden durch wohlbeglaubigte Papiere als vollkommen berechtigt aus, eine Verirrte auch wider ihren Willen in den Schoß ihrer Familie zurückzuführen... Hennenhofer kehrte stolz und freudig zurück und wurde belobt und belohnt.»

Diese Schilderung des damaligen preußischen Gesandten Varnhagen von Ense ließe sich mit wenigen kleinen Änderungen in die Entführungsgeschichte Kaspar Hausers umschreiben. Auch sie war ein politisch gewichtiger Auftrag, in der Durchführung jedoch wesentlich einfacher, handelte es sich diesmal nur um ein vierjähriges Kind.

Weniger anschaulich, aber besonders überzeugend liest sich eine Charakteristik Hennenhofers, deren Verfasser einen immer noch bekannten Namen als Historiker trägt und zudem ein Gegner Kaspar Hausers war: Heinrich von Treitschke. Seine *Deutsche Geschichte im 19. Jahrhundert* (1879) enthält folgenden Passus über Großherzog Ludwig von Baden:

«Im Hause führte der Großherzog das Leben eines wüsten Junggesellen; ein guter Kopf, aber ohne Sinn für edle Bildung, hatte er sich früh geschmacklosen Ausschweifungen ergeben. Als allbereiter Helfer stand ihm bei seinen kleinen Abenteuern wie bei den politischen Verhandlungen der Major Hennenhofer zur Seite, der Überall und Nirgends der Salons, der sich durch zynischen Witz und einschmeichelnde Gewandtheit vom Feldjäger zum militärischen Diplomaten aufgeschwungen hatte, ein mit allen Hunden gehetzter Mensch, dem es nicht darauf ankam, in amtlichen Aktenstücken Zitate aus Tristram Shandy anzubringen, mit jedermann bekannt, in alle Geheimnisse eingeweiht, trotz seiner abschreckenden Häßlichkeit als Vermittler und Zwischenträger immer willkommen. Durch die Schuld dieses neuen Hofes wurde die ehrbare Stadt Karl-Friedrichs auf lange Zeit hinaus neben München die sittenloseste der deutschen Residenzen.»

Dieser Mann sollte nun an die Stelle der Madame Dalbonne treten. Was die Trennung für Kind und Kinderfrau bedeutete, läßt sich vermuten. Für den kleinen Jungen kann der Abschied von ihr nur Entsetzen über die gewaltsame Trennung und Furcht vor dem fremden Mann, der da plötzlich aufgetaucht war, bedeutet haben. Ich stelle mir vor, daß es Madame Dalbonne war, die dem weinenden Kind sein Lieblingsspielzeug in die schon anfahrende Kutsche hineinreichte: die zwei weißen Rosse und den Hund. Sie wurden das einzige Bindeglied zwischen Kaspars behüteter Kinderzeit und der jahrelangen einsamen Kerkerhaft – ein in seiner Bedeutung kaum zu überschätzendes Bindeglied.

Die Überlegungen, die sich an die Länge der Reisestrecke anknüpfen lassen, sind ebenfalls wichtig. Die Entfernung zwischen Beuggen und Pilsach beträgt auf unseren heutigen Straßen etwa 450 Kilometer. Mit den nötigen Um- und vielleicht auch Irrwegen muß die wirkliche Wegstrecke damals sicher eher 500 Kilometer, wenn nicht sogar wesentlich mehr betragen haben. Belebte Fahrstraßen, größere Herbergen, bekannte Poststationen mußten, wenn es irgend ging, gemieden werden.

Wie lange eine solche Reise mit der Kutsche dauerte, ist schwer abzuschätzen. Sie hing von vielerlei Unwägbarkeiten ab: von der Häufigkeit des Pferdewechsels, von den Pferden selber, von den Fähigkeiten des Kutschers, von der Beschaffenheit des Weges und vom Wetter. Wenn es geschneit hatte und die Straßen eisglatt waren, ging es, anders als heute, ganz besonders schnell voran: man konnte den Schlitten benutzen. Und es kam schließlich auch darauf an, wie viele Stunden man fähig oder gewillt war, in der rüttelnden Kutsche oder im eiskalten, offenen Schlitten auszuhalten.

Das «Sächsische Postkursbuch» aus dem Jahre 1706 gibt für eine Fahrt mit der regulären Postkutsche von Leipzig nach Berlin, 20 Stunden an.

Die Reise von Beuggen nach Pilsach wird wohl mindestens zehn Tage, wenn nicht länger, gedauert haben. Das Kind wurde, in der beginnenden Winterkälte, frühmorgens in eine dunkle Kutsche gesteckt, deren Fenstervorhänge fest zugezogen waren. Abends wurde das jämmerliche Bündel wieder herausgeholt, in Hast, in Dunkelheit irgendwo versteckt, irgendwann wieder hervorgeholt, verpackt, weiterbefördert und wieder bei Nacht und Nebel heimlich versteckt. Da gab es keine langvertraute Stimme mehr, keine tröstenden Worte, nur das erschreckend häßliche Gesicht des fremden Mannes, seinen barschen Befehl, nicht zu weinen, nicht zu schreien, nicht wegzulaufen, sondern dazubleiben, wo man es hinsteckte. «Nicht davonlaufen, dableiben», das waren die einzigen Worte, die Kaspar aus seiner frühesten Zeit unter Menschen herüberrettete in die Zeit seiner menschen- und sprachlosen Kerkerhaft. Kaspar schrieb diese Worte als Sechzehnjähriger auf, so gut er es konnte: «Net, vo lauf, da da beim», das sagte er zu seinen Rossen, zwölf Jahre lang, jeden Tag.

Als die Reisenden in Pilsach ankamen, war es Nacht. Wir erinnern uns, ein alter Dorfbewohner hatte vom Schloßgefängnis erzählt: «Die Gefangenen wurden nachts gebracht und bei Nacht wieder fortgeschafft.» Das Kind schlief; sehr wahrscheinlich hatte man seinem Schlaf mit einer kräftigen Dosis Opium nachgeholfen, wie sein Kerkermeister das auch später immer wieder tat. Das Kind schlief, so daß es von der Ankunft nichts bemerkte, nichts von dem düsteren Gebäudeklotz, nichts von den kahlen Winterbäumen und dem moderigen Wassergraben darum, nichts davon, wie man es über die kleine Brücke ins Schloß trug, in den geheimen Vorraum des Kerkers, nichts von dem winzigen Durchlaß mit der dicken Tür, durch die der Träger seine Last nur wie einen Sack vor sich her schieben konnte, nichts von dem Strohlager, auf das man es legte, neben den Wasserkrug und das Stück Brot.

Als das Kind zu sich kam, fand es sich in einem engen, niedrigen Raum, der weder wirklich hell noch dunkel war, weder warm noch kalt. Es gab kein Fenster in die Außenwelt, nur ein kleines Loch, unendlich weit weg am Ende der dicken Mauern, kaum zu sehen, da es dahinter auch nicht hell war. Das Kind rief und weinte, aber es kam niemand. Von nun an gab es keine Menschen mehr in seiner Dämmerwelt.

Die Zeit ohne Zeit

Bevor die Seelen der Griechen in das Totenreich, den Hades, eingelassen wurden, mußten sie, wie Hesiod berichtet, am Grenzfluß zur Unterwelt haltmachen und einen Schluck des Wassers trinken. Erst in diesem Augenblick vergaßen sie, wer sie oben auf der Welt gewesen waren, was sie getan, gedacht und gefühlt hatten – und waren nun bereit für das

Schattenreich, aus dem es keine Rückkehr gab. Der Fluß hieß Lethe. Später wurde er personifiziert: Lethe wurde zur Tochter von Eris, der Göttin der Zwietracht. So sollte wohl die Tochter gnädig vernichten, was die Mutter gesät hatte.

Wann dem Kind die Gnade des Vergessens zuteil wurde, wird allein sein Gefängniswärter gewußt haben. Der Schock, das Opium, die lange, völlige Isolierung von Außenwelt und Menschen bewirkten, daß nach und nach alle Erinnerungen versanken. Allmählich verschwanden für Kaspar in seinem Verlies die Bilder aus seinem Vor-Leben; sie trösteten ihn nicht und sie quälten ihn nicht, die Welt existierte nicht mehr.

Es gab nur einen Ort: das Loch, und nur eine Zeit: das Wachsein. Wenn das Kind müde war, schlief es ein, und irgendwann wurde es wieder wach. Es gab keine Sonne und keinen Mond, also auch keinen Tag und keine Nacht, keinen Sommer und keinen Winter. Ort und Zeit waren ihm eins; und das bedeutete: es gab keinen Ort und keine Zeit. Das Kind wuchs und war eines Tages kein Kind mehr, aber auch davon wußte es nichts. «So kleine Menschen!» hatte Kaspar voller Verwunderung gestammelt, als er zum erstenmal, in Nürnberg, ein Kind erblickte. «So kleine Menschen!» Und er war noch lange fest davon überzeugt, daß er niemals so klein, niemals ein Kind gewesen sei.

Als er schon schreiben gelernt hatte, brachte er trotz seiner beschränkten Ausdrucksmöglichkeiten erstaunlich genau und anschaulich zu Papier, was er in seinem Kerker getan hatte und wie ihm zumute gewesen war. Es ist die Beschreibung eines dumpfen Zustandes, der seltsamerweise mit Wohlbefinden und Zufriedenheit gepaart war: «Ich bin imer vergnügt gewesen und zu frieden» – Gefühle, die offenbar in einer Grundstimmung der Sicherheit, der Kontinuität und der Geborgenheit ihren Ursprung hatten. «Ich hatte nie das Gefühl, eingesperrt zu sein», sagte er später rückblikkend, und in all seinen jammervollen Klagen während der ersten Nürnberger Zeit wünschte er sich immer wieder «ham» in seinen Kerker, zu seinen Rossen.

Neben dem Wasserkrug und dem Brot hatte das Kind bei seinem ersten Erwachen seine Tiere wiedergefunden, die beiden hölzernen Pferde und den Hund. Wenn es wach wurde, fütterte es sie liebevoll mit Brot und Wasser, schmückte sie mit bunten Bändern und redete zu ihnen. Und da es von Anfang an immer das gleiche Spiel mit ihnen gespielt hatte, unermüdlich, waren die Worte lebendig geblieben, die es zuletzt am häufigsten gehört hatte. «Net volauf, dabeim», sagte es zärtlich und besorgt zu Roß und Hund und rettete mit diesen armseligen Worten und den damit verbundenen Gefühlen sich selbst, seine Seele, die wider alle Wahrscheinlichkeit nicht an dem ihr zugefügten Verbrechen zugrunde ging.

Die zeitlose Zeit dieses zufrieden-dumpfen Daseins wird durch Kaspar Hausers eigene Worte, in der ältesten Fassung seiner Selbstbiographie am ehesten vorstellbar, auch wenn sie schwerer zu verstehen ist als die stilistisch so viel gewandteren und wegen ihrer besseren Orthographie leichter zu lesenden späteren Fassungen. Kaspars erste Aufzeichnungen stammen vom November 1828, kaum ein halbes Jahr nach seinem Auftauchen in Nürnberg.

«Diese Geschichte von Kaspar Hauser will ich selber schreiben!» beginnt der Schüler Kaspar sein Opus voller Stolz:

«Ich will ein Gleichniß angeben von ein Tag wie ich es imer gemacht und gethan habe, wie ich mein Tag gehalten habe.

Wen ich auf wachte: da war Wasser und Brod neben mir. Da ist mein erstes gewesen: daß ich das Wasser getruncken habe, dann ein wenig Brod gessen: bis ich satt war, dann habe den Pferden, und den Hund, ein Brod und Wasser geben: dan habe ich es ganz aus getruncken. Jetz fang ich zu spillen an, da habe ich die Bänder runder gethan: da habe ich sehr lange gebraucht, bis ich ein Pferd gebutz habe, wen eins Butz gewesen ist, da habe ich wieder ein wenig Brod gessen; und da habe ich noch ein wenig Wasser gehabt, dieses habe ich aus truncken, dan habe ich daß zweyte Butz, da hat es auch ein so lang Zeit Dauert: als wie mit den ersten, dan hat mich wieder gehungert, dann habe ich ein wenig Brod gessen, und ein Wasser hätte ich auch gerne truncken: aber da habe ich schon keines mehr gehabt, daß ich meinen Durst bestählen [von Kaspar korrigiert in ‹bestiehlen›] hätte könen. Da habe ich den Krug gewiß zehn mal in die Hände genohmen, und habe Trincken wollen, da war niemals kein Wasser darin gefunden, weil ich gemeint daß Wasser komt selbst. Da habe ich noch eine Zeit lang, den Hund Butz, wen mir der Durst gar zu arg gewesen ist, da habe ich iemer ain geschlaffen, weil ich vor durst nicht mehr spiellen konte, da her kan ich es mir vorstehlen, daß ich sehr lange, geschlaffen haben muß, wen ich auf wachte, ist im(m)er das Wasser da gewesen, und das Brod. Aber das Brod habe ich auch immer alles gessen von schlaffen auf daß andere, Brod habe ich imer gnug gehabt aber daß Wasser nicht, weil der Krug nicht groß war, da ist nicht genug Wasser hinein gegangen, vielleicht hat mir der Mann nicht mehr, Wasser geben könen: weil ich kein größern Krug erhalten konte, und wie lange ich gespielt habe dieses kan ich nicht beschreiben weil ich nicht wußte was eine Stunde, oder ein Tag ist, oder ein Woche; Ich bin imer vergnügt gewesen, und zu frieden, weil mir niemals was weh gethan habe; und so habe ich es die ganze; Lebenszeit gemacht, bis der Man gekomen ist, und hat mir das Mahlen gelehrt, ich wußte aber nicht was ich geschrieben habe.»

«...und so habe ich es die ganze Lebenszeit gemacht», hatte Kaspar geschrieben, als er schon wußte, was Zeit war.

Derweil führte die Karriere Hennenhofers steil weiter nach oben. Nach dem Stabsrittmeister kam 1817 der «Inspektionsadjudant», 1818 der «Flügeladjudant», 1827 erhielt er den Adelsbrief, und 1828, im Jahr von Kaspar Hausers Freilassung, wurde er, nunmehr Major von Hennenhofer, «Direktor der diplomatischen Sektion im Ministerium der auswärtigen Angelegenheiten». Bemerkenswert an seiner Karriere ist auch, daß sie ungebrochen weiter nach oben geführt hatte, als 1818, nach dem Tod von Kaspar Hausers Vater Karl, ein neuer Großherzog in Baden die Regierung übernommen hatte: Großherzog Ludwig. Diese Nachfolge war legitim, denn der zweite Erbprinz war ein Jahr vorher im Säuglingsalter gestorben, im gleichen Monat wie der andere kinderlose Onkel Karls, der vor Ludwig ein Anrecht auf den badischen Thron gehabt hätte. Im Jahre 1820 war auch die Gräfin Hochberg gestorben, an der Trunksucht, wie es hieß, entmündigt von ihren Söhnen, von denen der älteste, Leopold, erst zehn Jahre später den ersehnten Thron besteigen konnte. Da lebte Kaspar Hauser schon zwei Jahre unter den Menschen.

Kaspar im Kerker: Das Vergehen der Zeit zeigte sich nur an seinem Körper, der langsam größer wurde und sich veränderte, aber auch davon merkte der Gefangene nichts. Nur einer sah diese Veränderungen: der Mann. Er erschien ja jede Nacht heimlich mit Wasser und Brot und leerte den im Boden eingelassenen Topf. Vor allem aber kam er in regelmäßigen Abständen, um dem Gefangenen Haare und Nägel zu schneiden, ihn zu waschen und ihm ein frisches Hemd anzuziehen. Für diese Verrichtungen hatte er vorher dem Trinkwasser Opium zugefügt, so daß der Gefangene nichts von der Prozedur bemerkte.

In solchen Nächten muß der Mann die Veränderungen am Körper seines betäubten Gefangenen mit wachsender Beunruhigung gesehen, muß sich gefragt haben, wie es weiter gehen sollte mit einem Jungen, der in die Pubertät kam, der eines Tages ein Mann werden würde, ein Mann mit dem Verstand eines kleinen Kindes.

Von Kaspars Kerkermeister wissen wir kaum mehr als den Namen: Franz Richter. Kaspar hat sich später seine Gedanken über ihn gemacht: «Mann nit bös, mir nit bös tan!» hatte er anfangs in Nürnberg immer wieder beteuert. Und noch kurz vor seinem Tod bat er die Königin von Bayern, seinen Kerkermeister nicht zu bestrafen.

Wenn man genau hinsieht, finden sich in Kaspars Schilderungen eines Tagesablaufs im Verlies Worte, die eine Art von Entschuldigung für seinen Wärter bedeuten, wenn sie auch so unbeholfen ausgedrückt ist, daß man sie kaum versteht. Ich übersetze: «...Weil der Krug nicht so groß war, ging nicht genug Wasser hinein; vielleicht hat mir der Mann nicht mehr Wasser geben können, weil ich keinen größeren Krug erhalten konnte.» So versucht Kaspar zu entschuldigen, daß er nicht immer genügend Trinkwasser vorfand.

Überhaupt muß der Mann später, als Kaspar schon begriffen hatte, was ihm durch seine lange Kerkerhaft angetan worden war, in seinen Gedanken eine viel größere Rolle gespielt haben, als es den Anschein hat. Er versuchte sich in ihn hineinzuversetzen, seine Gefühle zu verstehen. So sagte Kaspar einmal nachdenklich zu seinem Lehrer Daumer: «Der Mann muß doch immer auf meinen Tod gewartet haben, was mir wehe tut, wenn ich mir's vorstelle.»

Er sagte das ganz ohne Groll, und ich glaube, er hatte recht mit seinem «Mann nit bös». Dafür sprechen die Zeugnisse von zwei alten Pilsacher Dorfbewohnern, aufgezeichnet in den zwanziger Jahren unseres Jahrhunderts. Der Förster «stand bei den Leuten in hohem Ansehen; man mußte sich an ihn wenden, wenn man aus dem Herrschaftswalde Holz oder Streu haben wollte. Mein Vater sagte oft: Richter hätte sich für die Herrschaft zwicken lassen.»

Die Beschreibung des anderen alten Pilsachers nimmt ebenfalls für den Schloßverwalter ein: Er «war ein leutseliger und heiterer Mann und ein eifriger Jäger. Er war mittelgroß, schlank, hatte graue Augen, keine auffallende Stimme. Er sprach den ortsüblichen Dialekt.»

Dieser freundliche, heitere Mann muß mit seinem kindlichen Gefangenen Mitleid gehabt haben. Andererseits war er seinem Herrn treu ergeben und befolgte dessen Befehle, selbst wenn sie ihm weh taten: bis zum «Zwicken».

Die Schwierigkeiten, für seinen Schutzbefohlenen zu sorgen, werden viel größer gewesen sein, als seine Auftraggeber sich vorstellen konnten. Großherzog Ludwig wird sich wohl Gedanken gemacht haben, wie es mit dem Gefangenen weitergehen sollte, ob, wann und wie man ihn freilassen könnte. Aber wahrscheinlich war es Franz Richter, der nach seinen nächtlich heimlichen Besuchen im Verlies das erste Alarmsignal gab. Er wird seine Beobachtungen und Bedenken seinem Vorgesetzten, dem Schloßherrn, mitgeteilt haben, und der leitete sie an seinen Auftraggeber weiter. Es mußte etwas geschehen.

Vorbereitungen zum Aufbruch

Es waren jetzt fast zwölf Jahre vergangen, seit das Kind nach Pilsach gebracht worden war. In dieser Zeit wurde das Schloß nur vorübergehend bewohnt. Der damalige Lehensträger, Baron Grießenbeck, kam einmal jährlich, und zwar im August, auf seinen Besitz, um mit seinem Verwalter, der im Jägerhaus gleich neben dem Schloß wohnte, die Abrechnungen aus Ernte und Holzertrag durchzugehen, Abrechnungen, die übrigens das gleiche Wasserzeichen aufweisen wie Kaspar Hausers Begleitbrief an den Rittmeister von Wessenig in Nürnberg. Auch im Sommer 1828 war der

Baron in Pilsach. Das ist belegt durch eine Urkunde mit Siegel und Unterschrift des Freiherrn, datiert den 11. August 1828 – eine Urkunde, die sich im Besitz der jetzigen Schloßherren befindet.

Auffällig ist jedoch, daß Baron Grießenbeck im Jahre 1828 gegen seine Gewohnheit zweimal in Pilsach war, nämlich auch zu Ostern. Beleg dafür ist ein Urlaubsgesuch Grießenbecks, der als Major in bayerischen Staatsdiensten stand. Sein Antrag auf Urlaub befindet sich im Staatsarchiv in München. Erinnern wir uns: Kaspar Hauser tauchte Pfingsten 1828 in Nürnberg auf. Es liegt also nahe, hier eine direkte Verbindungslinie zwischen den beiden Daten zu ziehen, zu vermuten, daß Ostern die Freilassung des Gefangenen vorbereitet wurde. Da mußte eine ganze Reihe von Einzelheiten besprochen werden. Der Gefangene sollte Schreibunterricht erhalten, so daß er den Namen «Kaspar Hauser» sicher zu Papier bringen konnte. Und er sollte lernen, ein paar Wörter nachzusprechen, damit er den schwierigen Satz «Ich möchte ein Reiter werden, wie mein Vater einer war» einigermaßen verständlich artikulieren konnte. Die nötige Zahl der Sprech- und Schreibstunden konnte nicht im voraus festgelegt werden, war es doch ganz ungewiß, ob der Schüler schnell oder langsam lernen würde. Warum man sich überhaupt solche Mühe gab, ist kaum verständlich. Der Wunsch des Überbringers, Reiter werden zu wollen wie sein Vater, wird ausdrücklich im Auftauchbrief erwähnt, der Name «Kaspar» im sogenannten Mägdeleinzettel. Man hätte also nur noch den Nachnamen einzusetzen brauchen, und die schwierigen Unterrichtsstunden wären überflüssig gewesen, ganz abgesehen davon, daß sie für den Lehrer ein zusätzliches Risiko bedeuteten, das Risiko, später einmal zufällig vom Schüler wiedererkannt zu werden. Denn der Schloßverwalter hatte gelegentlich geschäftlich in Nürnberg zu tun. Die einzig mögliche Erklärung scheint mir: Man wollte nicht, daß der Freigelassene als völliger Idiot abgestempelt und dementsprechend behandelt würde. Man wollte kein Aufsehen erregen, sondern ihm die Chance geben, wenigstens als Stallbursche irgendwo unterzukommen.

Aber es war noch mehr vorzubereiten und zu beraten: Reisekleidung, Reiseweg und Reiseziel: der Unschlittplatz in Nürnberg. Die zahlreichen merkwürdigen Gegenstände, die dem Gefangenen in die Rocktaschen gesteckt werden sollten, muß der Schloßherr schon mitgebracht haben, ebenso wie den Begleitbrief. Daß der kunstvoll gedichtete Text der Phantasie des Jägers oder des Schloßherrn entsprungen sei, ist nicht anzunehmen. Der Baron wird seine Instruktionen und die notwendigen Gegenstände von seinem Auftraggeber erhalten haben.

Wer dieser Auftraggeber war, wo und wie die Fäden zum badischen Hof liefen, ist bis heute nicht bekannt. Eine Schwester von Baron Grießenbecks Gattin, einer Freiin von Du Prel, diente als Hofdame bei der Königin Karoline von Bayern, der Schwester von Kaspar Hausers Vater; sie war also seine leibliche Tante.

Der Baron konnte kein persönliches Interesse an der langjährigen Einkerkerung eines Kindes in seinem Schloß haben: er hatte viele Kinder und war nicht sehr begütert. Seine Beförderungsgesuche – er war Offizier der bayerischen Armee – waren wiederholt abschlägig beschieden worden.

Auffällig ist nun, daß er unmittelbar nach dem Auftauchen Kaspar Hausers befördert wurde. Als Generalmajor trat er in den Ruhestand. Grießenbeck war zweifellos ein ehrenwerter Mann. So ist zu vermuten, daß er, als Offizier, «nur» auf höhere Anordnung handelte.

Das würde bedeuten, daß Ludwig I., König von Bayern, Sohn der Königin Karoline, seine Hand im Spiel hatte, als es galt, eine Unterkunft für den entführten badischen Erbprinzen zu finden, für seinen Vetter also. Über ein mögliches

Interesse des bayerischen Hofes in dieser Angelegenheit kann es nur Vermutungen geben. Der König müßte es, aus persönlichen oder politischen Motiven, für richtig gehalten haben, dem badischen Hof einen geheimen Aufenthaltsort für den Prinzen anzubieten. Auf diese Weise hätte König Ludwig ein Druckmittel gegenüber dem badischen Hof in der Hand gehabt, ein Druckmittel, das sich vielleicht eines Tages als nützlich erweisen konnte.

Gemäß dem Vertrag von 1813 sollte Bayern nämlich die badische Pfalz erhalten, wenn der Mannesstamm der Zähringer erloschen sei. Dieser Fall trat ein mit dem Tod des Großherzogs Ludwig. Da jedoch der Versuch Bayerns, Baden zur Herausgabe der Pfalz zu zwingen, fehlschlug, lassen sich keine Beweise für eine Beteiligung Bayerns an dem Geschehen um Kaspar Hauser beibringen. Daß man den Gefangenen unauffällig loswerden wollte, nachdem die Pläne über den Erwerb der Pfalz gescheitert waren, wäre jedoch einleuchtend, der Befehl an Baron Grießenbeck, die Freilassung vorzubereiten, sinnvoll.

Ein Vorwurf, und er ist nicht klein, muß jedoch dem Baron gemacht werden. Selbst wenn er anfangs vielleicht nicht einmal wußte, wen er da so lange beherbergen sollte – er wußte von der unmenschlichen Einkerkerung eines Kindes und hat immer geschwiegen, auch als man in seiner nächsten Umgebung, in Neumarkt, nach einem geheimen Verlies suchte. Und er kannte den Namen «Kaspar Hauser», der mit den angeordneten Schreibübungen, wie selbstverständlich, feststand.

Kaspar betonte in seiner Autobiographie ausdrücklich, daß er nicht wußte, was er da zu schreiben, oder, wie er es nannte, zu «mahlen» lernte. Er war offenbar während seiner Gefangenschaft nie mit «Kaspar» oder «Hauser» angeredet worden, denn er zeigte sich völlig gleichgültig, als man ihm auf dem Nürnberger Polizeirevier den Namen laut vorlas. Sein Lehrer und Kerkermeister hatte ihn nur mit «Du» angeredet. Deswegen nannte Kaspar ihn in seiner allerersten Nürnberger Zeit «der Du», in völliger, aber verständlicher Verkennung der Wortbedeutung.

Der Nachname Hauser wurde also gleichzeitig mit dem Auftauchbrief übermittelt. Einige Hauser-Biographen glauben in diesem Namen die gleiche bösartige Ironie zu spüren, die ein Stilmerkmal des Begleitschreibens bildet. Sie interpretieren ihn, als Gegenstück zum «Unbehausten», als den passenden Namen für einen Menschen, den man nie aus dem Haus gelassen hat. Mir erscheint diese Erklärung etwas weit hergeholt. Im bekanntesten deutschen etymologischen Wörterbuch, dem «Wasserzieher», findet sich in dem Band über Eigennamen (Hans und Grete, 1964) auch der Name «Hauser». Die Information ist kurz und klar: «Hauser» oder auch «Hausel» ist im Bayerischen die Kurz- oder Koseform des Vornamens «Balthasar».

Das Kind hat demnach gleich zwei der Heiligen Drei Könige als Paten bekommen: Kaspar und Balthasar. Ein Zufall? Ich mag in der wichtigen Frage der Namensgebung nicht an Zufälle glauben. Der Vorname stand fest; «Gaspard» wollte die Mutter ihren erstgeborenen Sohn nennen. Der Nachname ergab sich für die damaligen Pläneschmieder aus der naheliegenden Assoziation mit den Weisen aus dem Morgenland, deren Anfangsbuchstaben «C + M + B» noch heute in katholischen Gegenden alljährlich zum Dreikönigstag über die Haustüren geschrieben werden, zum Schutze des Hauses und seiner Bewohner.

Zurück zu dem Gefangenen, der einen Namen, der noch nicht zu seinem eigenen geworden ist, malen lernen muß. Dazu die Beschreibung der merkwürdigen Schulstunden im Kerker mit Kaspar Hausers eigenen Worten:

«Wenn ich erwachte, war's einmal so hell, als das anderemal; ich habe niemals eine Tageshelle gesehen, als in der ich jetzt lebe. Als das erstemal der Mann zu mir hereinkam, stellte er einen ganz niedrigen Stuhl vor mich hin, legte ein Stück Papier, und einen Bleistift darauf, dann nahm er meine Hand, gab mir den Bleistift in die Hand, drückte mir die Finger zusammen und schrieb mir etwas vor. Das that er recht oft, bis ich's nachmachen konnte. Dieses zeigte er mir sieben bis achtmal; es gefiel mir sehr wohl, weil es schwarz und weiß aussah; er ließ meine Hand frei, ließ mich allein schreiben, ich schrieb fort, und machte es gerade wie er's mir vorgezeigt hatte, und wiederholte dieses öfter. Wenn der Mann meine Hand losließ, machte ich mir gar nichts daraus und schrieb fort, mir kam kein Gedanke, warum meine Hand alle Festigkeit verlor. In dieser Zeit kann der Mann hinter mir gewesen seyn und mir zugesehen haben, ob ich es nachmachen kann oder nicht; ich hörte ihn nicht kommen, auch nicht fortgehen. Ich schrieb eine Zeitlang so fort, und bemerkte gleich, daß meine Buchstaben den vorgezeichneten nicht ähnlich sind; ich ließ aber nicht eher nach, bis ich die Ähnlichkeit erreichte. Dann wollte ich wieder trinken, weil ich vor dem Eifer meinen Durst gar nicht so bemerkte; aß ein wenig Brod, nahm die Pferde und putzte sie wieder so, wie ich oben erzählt habe. Aber ich konnte sie nicht mehr so leicht putzen, als zuerst, weil mich der Stuhl hinderte, der vor mir über meinen Beinen stand; und machte mir viel mehr Anstrengung, weil die Pferde neben dem Stuhl standen, und ich hatte nicht so viel Verstand, daß ich den Stuhl weggethan oder die Pferde auf den Stuhl gestellt hatte. Da hatte ich viel mehr Durst bekommen, und hatte kein Wasser mehr, sodann schlief ich ein. Als ich erwachte, stand der Stuhl noch über meinen Füßen; mein erstes ist immer gewesen, nach dem Wasser zu langen; darauf aß ich ein Brod, schrieb sodann eine Zeitlang, nahm die Pferde und den Hund, als ich fertig war, trank ich mein weniges Wasser aus, aß ein wenig Brod. Dieses wiederholte ich...

Wie der Mann mir das Schreiben zeigte, sagte er kein Wort zu mir, sondern nahm meine Hand und schrieb mir vor; als er mich bei der Hand nahm, kam mir's nicht in Gedanken mich umzusehen um den Mann zu erkennen; ich hatte ja nicht gewußt, daß es eine solche Gestalt giebt, wie ich bin. Der Mann kam zum zweitenmal, brachte ein Büchlein mit, legte es vor mich aufgeschlagen auf den Stuhl, nahm meine Hand und fieng zu sprechen an, er deutete auf die Pferde hin, und sagte leiß: Roß etliche mal nacheinander; als ich dieses hörte, horchte ich lange, ich hörte immer das nämliche; dann kam mir's in Gedanken, ich solle es auch so machen, ich sagte auch die nämlichen Worte, nahm ein Bändchen mit der linken Hand und sagte nochmal Roß, weil ich mit der rechten Hand nicht hinlangen konnte, die mir der Mann hielt dann sagte er etlichemal: ‹dieses merken› und legte meine Hand auf's Büchlein hin, und zugleich auf die Pferde und fuhr mit hin und wieder. Welches mir sehr wohl gefiel, er sagte dabei: dieses nachsagen, dann bekommst du solche schöne Roß vom Vater. Diese Worte sagte er mir etlichemal vor, ich sagte es nicht nach und horchte sehr lange, und da ich immer dieselben Worte hörte, fieng ich's wieder zum Nachsprechen an; er sagte es vielleicht noch sieben oder achtmal vor, dann konnte ich's ein wenig deutlicher nachsprechen, wie ich es deutlicher nachsprechen konnte, deutete er nochmal auf die Pferde hin, fuhr wieder so hin und wieder, und sagte: ‹dieses merken›, ‹den Roß vorsagen, dann darfst du auch so fahren›, dieses gefiel mir am allerbesten ... Ich werde noch etlichemal erwacht seyn, vielleicht noch vier oder fünfmal, bis mich der Mann forttrug.»

Die lange und umständliche Beschreibung zeigt, wie mühsam dies ganze Geschäft war, mit wieviel Geduld und Eifer sich der Schüler ihm hingab und was ihm bei seiner Schilderung an Einzelheiten wichtig war. Auch die Geduld des Lehrers wird deutlich, der dem Jungen immer wieder die gleichen Worte mit leiser Stimme vorsprach.

Am erstaunlichsten bei Kaspars so ausführlicher Beschreibung ist, daß er kein einziges Wort darüber verliert, welche Gefühle das erste Erscheinen des Mannes in ihm auslöste, ob er Entsetzen oder Freude, Schrecken oder Erleichterung spürte. Seinem Lehrer Daumer fiel das auch auf, denn er notierte, was sein Schüler ihm mündlich über sein verändertes Verhalten nach den ersten Schreibübungen erzählte:

«Im September 1828 äußerte er, es komme ihm sehr sonderbar vor, wenn er zurückdenke, daß er in seinem Kerker nichts gedacht, noch gewünscht habe, da er doch jetzt so viele Gedanken und Wünsche habe. Er sei in einem immer gleichen Zustande gewesen, in den er sich jetzt schwer zurückdenken könne. In diesem Zustande wäre er auch ohne Zweifel bis ans Ende seines Lebens geblieben, wenn keine Erregung stattgefunden hätte. Aber schon nachdem der Unbekannte bei ihm erschienen war, ging eine große und wesentliche Veränderung in seinem Innern vor. Er blieb nicht nur bei dem stehen, was ihn der Mann lehrte und andeutete, sondern fing an, Betrachtungen und Vergleichungen der ihm nächsten äußeren Gegenstände aus freiem Triebe anzustellen.

Er erzählte mir von dem Übertritt zu diesem neuen, obwohl noch höchst beschränkten Geistesleben folgendes Merkwürdige. Das erste, was er in Betrachtung gezogen, sei, so viel er sich erinnere, seine Hand. Es sei ihm aufgefallen, daß ‹Löcher› darin seien, was er zuvor niemals bemerkt hatte, womit er nämlich die Schweißlöcher [Poren] meinte. Dies zeigt zugleich, mit welcher Schärfe er in seinem finsteren Loche sah...

Aufsitzend in seinem Gefängnis fühlte Hauser, daß ihn etwas hinderte, sich auch nur etwas stark gegen die Knie vorzubeugen; er vermochte sich nicht einmal ganz auf die Seite zu legen, nur die Lage auf dem Rücken und ein kleines Rutschen auf die linke Seite hin war ihm möglich. Als er von Professor Hermann (1828) auf dem Boden sitzend an der Hosenschnalle niedergehalten wurde, sagte er, so sei es gewesen. Näheres wußte er nicht anzugeben, denn was ihn hielt, hat er nie untersucht. Als der Unbekannte bei ihm gewesen war, fiel ihm beim Spiele eines seiner Pferdchen auf die Seite, so daß er, um es wieder zu erlangen, sich vorwärts bemühen mußte; da fühlte er zum erstenmale jene Hemmung nicht mehr. Wahrscheinlich hatte der Unbekannte, um ihm das Schreiben zu erleichtern, die Fessel gelöst und nachher nicht wieder befestigt. Er suchte nun vorwärts zu rutschen, um sein Pferdchen zu fassen, was ihm auch gelang, wobei er mit den Füßen auf den kalten Boden kam. Weiter zu rutschen oder aufzustehen hat er nicht versucht. Auch hat er über das Verschwinden der Hemmung keine Untersuchung angestellt, was alles nicht ohne psychologische Merkwürdigkeit ist. Hauser meinte jedoch – und wohl nicht mit Unrecht –, wenn man ihn nach dem oben beschriebenen Geisteserwachen noch lange in seinem Loche gelassen hätte, so würde er in seinen Betrachtungen und Bestrebungen immer weiter gegangen sein und endlich wohl auch aufzustehen versucht haben.»

Auffällig bei Kaspar Hausers eigener Beschreibung ist, daß er nie auf den Gedanken kam, sich umzudrehen, um zu sehen, was hinter ihm war. Ob der Kerkermeister ihn mit einer leisen Handbewegung davon zurückhielt? Er wollte verständlicherweise nicht, daß sein Gefangener sich seine Gesichtszüge einprägte.

Dies weiter zu verhindern, war jedoch viel schwieriger, als beide schließlich zum langen und mühseligen Marsch nach Nürnberg aufbrachen. Doch auch hier wußte es Franz Richter so einzurichten, daß sein Begleiter nie sein Gesicht sah.

So blickten sich beide, Wärter und Gewarteter, nie in die Augen – eine erschreckend unpersönliche Beziehung, scheint es, zwischen zwei Menschen, die zwölf Jahre lang so eng verbunden waren, wenn auch gegen ihren Willen. Und doch muß jeder für den anderen starke, anhaltende Gefühle gehabt haben: der Kerkermeister ständige Angst vor unerwarteten Schwierigkeiten, hin- und hergerissen zwischen Angst und Mitleid, Schuldgefühlen und Versuchen der Selbstrechtfertigung, vielleicht auch Reue. Der Gefangene, dessen Gefühle ja erst am Ende der zwölf Jahre beginnen konnten: Vertrauen, Verstehenwollen, Verzeihenwollen bis hin zum Mitleid, trotz aller späteren Vorwürfe und Schuldzumessungen.

Die letzte Wegstrecke

In der vierten oder fünften Nacht nach dem letzten Unterricht schlief der Häftling – wieder einmal – besonders fest und fand sich beim Erwachen frisch eingekleidet. Der Mann erschien leise und unbemerkt von hinten und streifte dem Überraschten etwas Fremdes, Festes über die Füße: die Reisestiefel. Die mühselige Wanderung auf dem endlos langen Weg nach dem so nahen Nürnberg konnte beginnen. Sie dauerte vermutlich nur ein bis zwei Tage und Nächte, doch die Qualen der beiden Wanderer waren noch größer als vorhersehbar.

Der Schloßjäger und Kerkermeister tat alles ihm mögliche, um seinem Begleiter Erleichterung zu verschaffen. Er legte ihm «etwas Weiches» unter den Kopf, wenn er vor Schmerzen und Erschöpfung niederfiel, er tröstete ihn mit dem Zauberwort «Roß» und sagte mitleidig, als ein kräftiger Regenguß beide durchnäßt hatte: «Haben's dich angeschüttet!» Und der Gefangene wiederholte die Worte, so wie er es gelernt hatte, trotz all seinem Jammer und Elend, so daß er sie später in Nürnberg noch wiederholen konnte. Der Mann zeigte so viel Geduld, so viel Mitgefühl, daß die Enge dieser nur scheinbar unpersönlichen Beziehung noch heute fühlbar ist, wenn man Kaspar Hausers Beschreibung liest:

«In der Nacht, in welcher der Mann kam, schlief ich recht gut, wie ich erwachte, war ich schon angezogen, bis auf die Stiefel, die zog er mir an, setzte mir einen Hut auf, hob mich in die Höhe und lehnte mich an die Wand, nahm meine beiden Arme und legte sie um den Hals. Als er mich aus dem Gefängniß trug, mußte er sich bücken, und es gieng einen kleinen Berg hinauf, vielleicht war's eine Treppe; dann gieng es ein Stück weit eben fort, ich fühlte schon große Schmerzen und fieng an zu weinen; jetzt kam ein großer Berg, als ich ein Stück weit hinauf kam, sagte der Mann, du mußt gleich zu weinen aufhören, sonst bekommst du keine Roß. Ich gehorchte ihm, er trug mich noch ein Stück weit, ich schlief ein. Wie ich erwachte, lag ich auf der Erde mit dem Angesicht, dem Boden zugewendet. Ich bewegte mich mit dem Kopf, vielleicht sah der Mann, daß ich erwacht war, er hob mich auf, nahm mich unter den beiden Armen, und lehrte mir das Gehen. Und wie ich zu gehen anfangen sollte, schob er mit seinen Füßen die meinigen fort, um mir begreiflich zu machen, wie ich's machen sollte. Ich werde etliche Schritte weit gegangen seyn, da fieng ich zu weinen an, ich fühlte schon sehr viele Schmerzen an den Füßen, der Mann sagte, ‹du mußt gleich aufhören zu weinen, sonst bekommst du keine Roß›. Ich sagte: ‹Roß›, womit ich wollte, daß ich bald heim zu meinen Rossen käme, der Mann sagte mir, du mußt das Gehen recht lernen und merken, du mußt auch ein solcher Reiter werden, wie dein Vater ist... Jetzt fieng er an mir vorzusprechen:

‹I möcht a söchuana Reiter wären, wie mei Vater gwän is.› Diese Worte wiederholte er sehr oft: bis ich dieselben recht deutlich nachsprechen konnte.

Ich fieng an zu weinen, weil mir die Füße und der Kopf, besonders aber die Augen schrecklich wehe thaten, ich sagte ‹Roß›, womit ich andeuten wollte, man sollte mich heim zu meinen Rossen führen. Der Mann verstand, was ich damit sagen wollte, und sagte: ‹bald bekommst du schöne Roß vom Vater.› Ich fieng an zu weinen, er legte mich nieder aufs Gesicht, ich weinte noch immer fort; er sagte: du mußt gleich zu weinen aufhören, sonst bekommst du keine schöne Roß, und legte mir etwas weiches unter das Gesicht, und ich hörte zu weinen auf und schlief ein. Da ich wieder erwacht bin, hob er mich auf, schleppte mich fort, und mußte mir noch immer meine Füße mit den seinigen fort schieben, ich konnte nicht die Füße allein bewegen...

Vielleicht sind wir sechs bis acht Schritte weit gegangen, fieng es zu regnen an, ich wurde ganz naß, fieng mich sehr stark zu frieren an; ich weinte; weil ich immer mehr Schmerzen fühlte; er legte mich auf die Erde hin in nassen Kleidern, es fror mich sehr, ich konnte nicht einschlafen, weinte eine Zeitlang fort, dann legte er mir wieder etwas weiches unter das Gesicht, und ich schlief unter den größten Schmerzen ein. Wie ich wieder erwacht bin, waren die größten Schmerzen vorüber, er hob mich auf, schleppte mich fort, ich hatte schon so viele Begriffe vom Gehen daß ich die Füße selber aufgehoben und bewegt habe. Dann sagte der Mann, ich solle nur das Gehen merken, ‹dann bekommst du recht schöne Roß von deinem Vater›, und sagte auch jene Worte: ‹du mußt recht auf den Boden sehen›, worauf er mir zugleich immer den Kopf gegen den Boden neigte, und sagte, ‹wenn du dieses recht gut machst, so bekommst du die Roß›. Ich sah ohnedies niemals in die Höhe, weil mir die Augen schrecklich wehe thaten, er hätte es mir gar nicht zu sagen brauchen, aber desto mehr sah ich auf den Boden...

Dann wurde es auf einmal Nacht, ich weiß es mich nicht zu erinnern, daß er mich niederlegte, aber wie es wieder hell gewesen ist, lag ich auf der Erde, ich sagte: ‹Roß ham›, damit wollte ich sagen, warum thun mir die Augen und der Kopf so wehe, und bekomme so lange meine Roß nicht. Er hob mich in die Höhe und reichte mir Wasser dar, ich trank recht viel und dieses hat mich ganz erquickt; ich hätte schon eher Durst gehabt, aber ich konnte kein Wasser verlangen, weil ich nicht wußte, daß mir der Mann Wasser geben könne. Wie ich das Wasser getrunken hatte, waren meine Schmerzen viel leichter. Dann schleppte er mich wieder fort, ich konnte auch etwas schneller gehen, so daß nach meiner Meinung es nicht mehr so langsam gieng als anfangs, aber dem Mann muß es doch noch zu langsam gegangen seyn, weil er dennoch immer mit seinen Füßen nachschob...

Ich glaube, er ließ mich ein wenig freier gehen, um zu probieren, ob ich auch allein gehen könne; aber ich glaube, daß ich hingefallen seyn würde, weil ich die Füße nicht mehr vorwärts bringen konnte, und auf beiden Seiten empfand ich einen plötzlichen Schmerzen, der wahrscheinlich daher rührte, daß mich der Mann geschwind ergriff, als ich hinfallen wollte... Er führte mich fort eine Zeitlang, ich fühlte immer mehr Schmerzen, und es wurde auf einmal Nacht, und ich fühlte mich ganz unbewußt... Jetzt hob er mich auf, führte mich fort, ich konnte viel leichter gehen, ich hatte es nicht mehr so nöthig auf dem Mann seinen Armen zu liegen. Der Mann lobte mich, ‹weil du so gehen gelernt hast, so bekommst du recht bald schöne Roß›. Ich konnte ununterbrochen ohngefähr 40 bis 50 Schritte weit gehen, welches mir vorher nicht möglich war...

Er legte mich noch etlichemal nieder, um mich ausruhen zu lassen, bis er mir die Kleider wechselte. Er setzte mich auf die Erde hin, ohne daß ich es verlangt hatte, zog mir meine Kleider aus, legte mir andere an, in denen ich in die Stadt Nürnberg kam. Während er mir die Kleider auszog und diese anzog, war er hinter mir, er langte nur vor... Hierauf reichte er mir Wasser, welches mich so sehr erquickte, welches ich nicht beschreiben kann; er hob mich ganz in die Höhe und führte mich fort und sagte mir immer dieselben Worte vor, bis ich sie recht deutlich nachsprechen konnte. Dann probierte er auch, ob ich noch nicht allein gehen kann, er ließ mich frei und allein und hielt mich nur hinten am Jäckchen... Er tröstete mich immer wieder und legte mich gleich nieder, und ich schlief sogleich ein...

Da ich wieder erwacht bin, reichte er mir wieder Wasser dar, ich trank, welches sehr gut war, nachdem hob er mich auf, führte mich fort, worauf er immer dieselben Worte vorsprach und zugleich auch den Brief in die Hand gab, und wenn ein Bu kommt, so mußt du es so machen. Von dieser Zeit an, da er mir die Kleider gewechselt hatte, legte er mich gewiß noch zehnmal auf die Erde hin, um mich ausruhen zu lassen, wobei er immer diejenigen Worte vorsprach, um ja keines zu vergessen. Als mich der Mann stehen ließ und mir den Brief in die Hand gab, sagte er diejenigen Worte noch mal vor, worauf er mich verlassen hatte.»

Kein Wort, kein noch so kurzer Kommentar zum größten Einschnitt in Kaspars Leben. Er stand auf dem Unschlittplatz in Nürnberg, ohne zu wissen, wo er stand. Er hielt den Kopf gesenkt, aber er sah nicht das Pflaster zu seinen Füßen. Er wußte nur, daß er die Schmerzen in seinen Füßen und in seinem Kopf, das wirre Getöse in seinen Ohren, das grelle Licht in seinen tränenden Augen kaum noch ertragen konnte. Er war allein in einer fremden Welt.

Später, als er schon so vieles gelernt hatte, sagte er einmal, ohne Zorn, fast gleichmütig zurück- und vorausblickend: «Mir liegt an meinem Leben nichts; ich habe ja früher auch nicht gelebt und habe es lange gar nicht gewußt, daß ich lebe.»

Nachrufe: statt eines Nachworts

Charles Dickens, im gleichen Jahr wie Kaspar Hauser geboren, liebte es, auf den letzten Seiten seiner personenreichen Romane dem Leser kurz Bericht zu erstatten, was aus den Nebenpersonen wurde, nachdem er seinen Helden und dessen engste Mit- und Gegenspieler dem erwarteten und wohlverdienten Ende entgegengeführt hatte. Da erfahren wir, daß die durch und durch böse Tante des Helden ihre letzten Jahre im Irrenhaus verbringen muß, während der gute alte Schulfreund doch schließlich noch seine Sophie heiraten kann.

Nach solchen Informationen kann der Leser das Buch zufrieden aus der Hand legen, weil er nun wirklich über alles Bescheid weiß, beruhigt in der Gewißheit, daß auf die «Guten», auch wenn sie nur am Rande des Geschehens mitwirken durften, ihr eigenes Glück wartet, und daß die «Bösen», auch wenn sie nur kleine Neben-Bösewichter waren, böse enden.

Auf die Gefahr hin, daß der Leser dies Buch nicht ganz so befriedigt aus der Hand legen kann, soll hier in ähnlicher Weise kurz berichtet werden, was nach Kaspar Hausers Tod aus den in sein Schicksal verwobenen Personen wurde – in alphabetischer Reihenfolge.

Beauharnais, Stephanie, später Großherzogin von Baden, Kaspar Hausers Mutter, wurde 71 Jahre alt. Führte ein zurückgezogenes Klosterleben, ohne jeden politischen oder gesellschaftlichen Einfluß; hatte deshalb viel Zeit, über sich und ihr Leben nachzudenken. War «immer klug», wie es hieß, aber wohl nicht mutig genug, ihrem Verstand und ihren Gefühlen zu folgen. Starb 1860 in Nizza; Heimreise ins Erbbegräbnis zu Pforzheim per Kriegsschiff und inzwischen erfundener Eisenbahn.

Biberbach, Klara, Ehefrau von Kaspar Hausers zweitem Pflegevater in Nürnberg und kleinbürgerliche Frau Potiphar. Starb kurz nach der Ermordung ihres Pflegesohns, indem sie sich in einem Anfall von Raserei aus dem Fenster ihres Hauses stürzte.

Blochmann, Christoph, Vater des Austauschkindes Ernst B., zwei Ehefrauen, zehn Kinder, wurde redliche 69 Jahre alt. Nie von jemandem nach dem Ergehen seines Sohnes Ernst befragt, starb er 1847 in bescheidenem und unauffälligem Wohlstand als Pensionär des großherzoglichen Hofes in Karlsruhe.

Daumer, Georg Friedrich, blieb ein langes Leben lang seinem Schüler und Pflegesohn treu und veröffentlichte mehrere Bücher über ihn. Wollte eigentlich eine neue Religion stiften, gründete dann aber – statt dessen – 1840 den ersten deutschen Tierschutzverein.

Hennenhofer, Johann Heinrich David von, wurde 57 Jahre alt. Er wurde nie gerichtlich zur Verantwortung gezogen, trotz zahlreicher ihn in der Kaspar-Hauser-Geschichte belastender Briefe, nicht nur an Großherzog Ludwig. Es waren gut getarnte Erpresserbriefe – mal ging es um 300 Florinen, mal um über 1000 Gulden –, unter Androhung von Veröffentlichung unangenehmen Materials oder unter Berufung auf seine treuen Dienste in schwierigsten Situationen. 1831 als Major zwangspensioniert, schließlich ein Schlaganfall, «gelähmt an der Mörderhand» (so Baron Artin, befriedigt). Dem alten Mann riefen die Kinder auf der Straße «Mörder! Mörder!» nach, sein Grabstein wurde noch lange mit den gleichen Wörtern beschmiert, bis ihn der Magistrat deshalb ganz entfernen ließ. Hennenhofer, Helfershelfer und strategischer Planer in Sachen Kaspar Hauser, hat den Todesstoß nicht mit eigener Hand ausgeführt.

HILTEL, Andreas, Gefangenenwärter in dem für Polizeihäftlinge bestimmten Turm auf der Nürnberger Burg. War schon 51 Jahre alt, als der unbekannte Vagabund Kaspar Hauser bei ihm eingeliefert wurde. Da nicht zu den Honoratioren der Stadt gehörend, ist nicht viel über sein Leben bekannt. Hatte acht Kinder und blieb in mehreren Kreuzverhören nach Kaspar Hausers Tod unerschütterlich bei seiner ersten Aussage, sein Schützling sei weder Vagabund noch Betrüger, sondern Opfer eines Verbrechens gewesen. Ein Ölgemälde aus dem Jahre 1834 zeigt ihn in einer sauberen Kleinbürgerwohnung, lesend, ein feines, kluges, freundliches Gesicht. Neben ihm Frau Hiltel, sehr stark schielend, nicht minder freundlich. Auf dem Tisch Weinflasche, Glas und Schnupftabaksdose.

LEOPOLD VON BADEN, Großherzog, ältester Sohn der Gräfin Hochberg, erster Thronfolger aus der morganatischen Ehe Karl-Friedrichs, regierte von 1830 bis 1852. Verheiratet mit Sophie von Schweden, zunächst glücklich, dann plötzliche Entfremdung der beiden Gatten, beginnend am 17. Dezember 1833, dem Tag des Mordes in Ansbach, so bezeugt durch das offizielle Hofdiarium, eine Art Veranstaltungskalender. Hartnäckigen Gerüchten am Hofe zufolge gestand Sophie an diesem Tag ihrem Mann, mit Hilfe Hennenhofers die Ermordung von Kaspar Hauser als einer Gefahr für ihren Thron geplant zu haben. Die Entfremdung zwischen den Gatten führte Leopold in die Trunksucht, Sophie in die Arme anderer Männer. Um sich vom Mineralwasser zu erholen, das die Ärzte ihm verschrieben hatten, betrank sich der Großherzog in den fürstlichen Stallungen mit seinen Pferdeknechten. Er starb in Verzweiflung, mit dem Bild Kaspar Hausers in den Händen – so bezeugt von Lady Hamilton, der jüngsten Tochter Karls und Stephanies.

LUDWIG VON BADEN, ältester Sohn des Großherzogs Leopold, wurde geisteskrank. Lady Hamilton schrieb, bei einer Begegnung mit ihr «sei er vor ihr auf die Knie gesunken, habe sie umfaßt und unter heftiger Gemütsbewegung gesagt, man solle die Geschichte von Kaspar Hauser ihm aus dem Kopf nehmen, dann werde er gesund».

MEYER, Johann Georg, Oberlehrer, nach Erhalt jener ominösen 500 Gulden von Lord Stanhope nicht mehr aktenkundig geworden. Hatte einen treuen Sohn Julius, der, obwohl zur Zeit von Kaspar Hausers Tod noch gar nicht geboren, in die Fußstapfen seines Vaters trat und 1872 Hämisches über dessen Pflegesohn veröffentlichte, wobei er Aufzeichnungen und Briefe seines Vaters fälschte, um dessen Bild von Kaspar Hauser in noch schwärzeren Farben zu malen. Fälschte aber so offensichtlich und schlecht, daß er, wenn auch erst fast hundert Jahre später, von H. Pies der Fälschungen überführt werden konnte.

MÜLLER, Johann Jakob Friedrich, führte, wie sich erst später herausstellte, im Auftrag Hennenhofers den Mord im Ansbacher Hofgarten aus. Nicht der übelste der Übeltäter, wenn auch ein gedungener Killer. Nur an Geld interessiert, da ständig in Geldnot. Vorbestraft wegen Unterschlagungen; nach dem Mord noch weitere Unterschlagungen (14700 Gulden aus der Staatskasse, 1834). Urteil: Freispruch. Auch ihm riefen die Kinder auf der Straße «Mörder!» und «Kaspar Hauser!» nach. Wie Hennenhofer ging er gegen die öffentlich erhobenen Anschuldigungen nie gerichtlich vor.

PRINZEN VON BADEN sind nicht ausgestorben. Der letzte Erbgroßherzog, Max von Baden, war gleichzeitig der letzte deutsche Reichskanzler der Kaiserzeit. Versprach 1913 seinem Vetter, dem russischen Großfürsten Nikolaus Michailowitsch, wenn er den großherzoglichen Thron besteige, werde er als erste Amtshandlung die Gebeine Kaspar Hausers in dem Pforzheimer Erbbegräbnis des Hauses Baden beisetzen lassen. Er bestieg den Thron aber nicht, sondern verlor ihn am 9. November 1918 zusammen mit dem Kanzleramt. Der heutige Prinz von Baden heißt Maximilian, ihm gehört Schloß Salem am Bodensee.

PRINZESSINNEN VON BADEN, die Töchter aus der Ehe Karls und Stephanies; alle drei waren sehr standesgemäß verheiratet und von guter Gesundheit. Luise (1811–54), verheiratet mit König Gustav von Schweden; Josephine (1813–1900), verheiratet mit Karl Anton, Fürst von Hohenzollern-Sigmaringen; Marie (1817–88), verheiratet mit Wilhelm, Herzog von Hamilton, Marquis von Douglas und Clychester. Lady Hamilton, bis an ihr Lebensende überzeugt, eine Schwester Kaspar Hausers zu sein, bat 1875 den Freiherrn von Tucher um die Fotografie eines Porträts seines ehemaligen Pflegesohnes und erhielt es auch postwendend, ebenso postwendend sagte sie Tucher ihren Dank «für die Fotografie, welche von so großem Werte für mich sein wird».

RICHTER, Franz, Förster und Kaspar Hausers Kerkermeister in Schloß Pilsach. Starb 1870, 82 Jahre alt. Bewahrte die treue Ergebenheit gegenüber seinem Schloßherrn, dem Baron Grießenbeck, bis über dessen Tod hinaus. Kaspar Hausers Namen erwähnte er nie. War 50 Jahre Förster auf Schloß Pilsach, als ihn die Tochter des Barons wegen angeblicher Unterschlagungen entließ, ohne Pension, obwohl auch sein Vater dem Haus lange als Förster gedient hatte.

STANHOPE, Philip Henry, Fourth Earl of, wurde nach Kaspar Hausers Tod noch einmal aktenkundig, als er der Polizei einen anonymen Brief vorlegte, an ihn gerichtet. In kunstvoll falschem Deutsch wurde da die These vertreten, der Nürnberger Findling sei ein illegitimer Sohn Napoleons gewesen. Vermutlich ein Machwerk des Lords selber, der noch ein letztes Mal jeden Verdacht vom Hause Baden ablenken wollte. Höhepunkt seiner Verleumdungskampagne gegen den einst so geliebten Adoptivsohn: «Materialien zur Geschichte Kaspar Hausers» (Heidelberg 1835). J. Wassermann läßt in seinem Roman den Lord aus Reue Selbstmord begehen: Man fand ihn «im Turmzimmer des Schlosses an einer Seidenschnur hängend als Leiche». Die Wirklichkeit: Er starb hochbetagt auf Schloß Chevening friedlich im Kreis seiner Familie. Einzige Strafe: Der vierte Earl fand in der langen Spalte über diverse Mitglieder der Familie Stanhope keine Aufnahme in die renommierte Encyclopaedia Britannica (1962).

WAGNER, Richard, wurde nach jener Begegnung zwischen zwei gleichaltrigen jungen Männern, von denen er der unbekannte war, weltberühmt. An die Begegnung erinnerte sich der Komponist später nur vage: «... lernte die Geschichte von Caspar Hauser, der damals großes Aufsehen machte und welchen, wenn meine Erinnerung mich nicht täuscht, man mir persönlich zeigte, mit großem Interesse kennen.»

XY UNBEKANNT oder der Prinz N.N., wie Feuerbach den namenlosen badischen Thronfolger nannte, ist auch heute noch namenlos und ziemlich unbekannt. Wenn noch bekannt, dann nur wegen seiner «dunklen Herkunft» und seines «geheimnisumwitterten Todes». Unsere Lexika bemühen sich kaum, ihr Vokabular zu variieren. Anerkannt ist sein Name nur in der Verhaltensforschung («Kaspar-Hauser-Versuche») und in der Psychologie («Kaspar-Hauser-Komplex»). Sonst ist ihm kein Platz geblieben in unserer Welt.

Kaspar Hausers Bild in der Literatur

Nachrufe im weitesten Sinne sind auch die Zeugnisse aus einer ganz anderen Welt, der Welt der Dichtung. Nur in dieser Welt lebt Kaspar Hauser unangefochten und ungeschmäht weiter. Er bewegt sich, er spricht, er weint, er klagt in verschiedenen Sprachen, in verschiedenen Ausdrucksformen: im Gedicht, auf der Bühne, im Roman. Lyriker, Dramatiker, Epiker, selbst Filmemacher und Liedermacher bedienten sich seines Namens, um ihr Bild vom Menschen, vom Schicksal, von der Welt zu zeichnen. Ihnen allen ist eines gemeinsam: Sie wissen offenbar nur wenig über Kaspar Hausers Leben und seinen Charakter, und vieles, was sie schreiben, ist, objektiv gesehen, falsch. Fakten und Jahreszahlen interessieren nicht. Was sie anzieht ist die Gestalt, in der sie sich selber wiederzufinden glauben, mit der sie sich identifizieren. Am deutlichsten sichtbar ist das bei Kurt Tucholsky, der als eines seiner Pseudonyme den Namen «Kaspar Hauser» wählte. Kaspar ist ein Wahlverwandter geworden. Er steht für den Menschen, der sich einsam und isoliert findet in einer Welt, die den Andersartigen ablehnt und ihn allein läßt, ihn verstößt oder es ihm überläßt, selber wegzugehen. Alexander Mitscherlich prägte den Begriff «Kaspar-Hauser-Komplex», um den Menschen in unserer Zeit zu beschreiben, seine unverarbeiteten Gefühle von Verlassenheit und Verlorenheit in einer allzu betriebsamen, allzu kommunikationsfreudigen Gesellschaft.

Lyrik:

ARP, Hans: «Kaspar ist tot» («weh unser guter kaspar ist tot...»), in der Zeitschrift *Dada*, 1919.

DEHMEL, Richard: Übersetzung des Gedichtes «Gaspard chante» von Paul Verlaine.

GEORGE, Stefan: «Kaspar Hauser singt («Sanften blickes ein stiller waiser...»), 1905, dichterische Übertragung desselben Gedichtes von Paul Verlaine.

KLABUND (Alfred Henschke): «Der arme Kaspar» («Ich geh – wohin? Ich kam – woher?...»), 1922.

RILKE, Rainer Maria: «Der Knabe» («Ich möchte einer werden so wie die, die durch die Nacht mit wilden Pferden fahren...»), 1907.

SCHAUMANN, Ruth: «Ansbacher Nänie», 1962.

TRAKL, Georg: «Kaspar Hausers Lied» («Er wahrlich liebte die Sonne, die purpurn den Hügel hinabstieg...»), 1913.

VERLAINE, Paul: «Gaspard chante» («Je suis venu, calme orphelin...»), 1873.

Episches:

GUTZKOW, Karl: *Die Söhne Pestalozzis*, 1870.

MANN, Klaus: *Vor dem Leben. Acht Kaspar-Hauser-Legenden*, 1925.

PÜLTZ, Wilhelm: *der alte garten*, 1963.

WASSERMANN, Jakob: *Caspar Hauser oder Die Trägheit des Herzens*, 1908 (als dtv Taschenbuch mit einem Nachwort von Golo Mann, 1983).

Drama

AMANN, Jürg: *Ach, diese Wege sind sehr dunkel. Ein Kaspar-Hauser-Stück*, 1985.

AUBRY, Octave: *L'Orphelin de l'Europe*, 1929.

EBERMAYER, Erich: *Kaspar Hauser. Dramatische Legende in zehn Bildern*, 1926.

FORTE, Dieter: *Kaspar Hausers Tod*, 1979.

HANDKE, Peter: *Kaspar*, 1967.

SERREAU, Geneviève: *Kaspar Hauser* (1971 Uraufführung in Frankreich, in Deutschland 1985 in Essen).

Film:

Der rätselhafte Findling von Nürnberg, 1916.

Kaspar Hauser, 1925.

Jeder für sich und Gott gegen alle, von Werner Herzog, 1974 (vgl. auch Anmerkung in der Bibliographie, rororo-Filmlexikon).

Lied:

MEY, Reinhard: «Kaspar» («Sie sagten, er käme von Nürnberg her...»), o.J.

Anonymes Bänkellied: «Das ungelöste Rätsel von Nürnberg» («Könntet Leute, ihr doch sagen, Wer dieses Kind, wer Kaspar Hauser war!...»), 1834.

Sachbücher zum Thema Kaspar Hauser

Im Jahre 1927 wurde eine Kaspar-Hauser-Bibliographie veröffentlicht. Sie zählte über tausend Titel. Die Zahl dürfte sich bis heute mindestens verdoppelt haben. Dazu kommen noch die Aktenbände in den Archiven von Ansbach, Nürnberg und München. Auch ihre Zahl ist stattlich, allein in München sind es 42 Bände. Diese Bibliographie kann nur eine kleine Auswahl bringen. Die folgende Liste enthält in erster Linie die Bücher, die mir bei meiner Arbeit geholfen haben. Da, wo es mir richtig schien, habe ich das Buch kurz charakterisiert für Leser, die sich genauer informieren möchten.

BAPST, Edmond: *La conquête du trône de Bade*, Paris 1930. Der Titel «Die Eroberung des Throns von Baden» kennzeichnet schon die Tendenz. Besonders aufschlußreich war für meine Arbeit das Kapitel XIV: «Le grand-duc-héréditaire de Bade est transformé en Gaspard Hauser» (Der Erbgroßherzog von Baden wird in Kaspar Hauser verwandelt).

Conradt, Marcus: *Fünfeinhalb Jahre unter Menschen. Armer Kaspar Hauser*, Stuttgart 1983. Eine informative und gut lesbare Darstellung, reizvoll durch die Einbeziehung der Gegenwart und des Jargons junger Leute als Kontrast zu den eingestreuten alten Dokumenten. Eine empfehlenswerte Einführung für Hauser-Neulinge, junge wie alte.

Daumer, G. Fr.: *Mitteilungen über Kaspar Hauser*, 1832. Ein ungekürzter Nachdruck der Nürnberger Erstausgabe liegt jetzt vor in der Neuausgabe des Rudolf Geering Verlages, Dornach 1983, herausgegeben und eingeleitet von P. Tradowski.

Ferrari, Oreste: *Il misterio di Kaspar Hauser*, Verona 1933.

Feuerbach, Anselm Ritter von: *Beispiel eines Verbrechens am Seelenleben des Menschen*, Ansbach 1832. Ungekürzter Nachdruck in den «Materialien zur Sprachlosigkeit des Kaspar Hauser» (s. u.).

Flake, Otto: *Kaspar Hauser. Ein Tatsachenbericht*, Mannheim o. J.

Heyer, Karl: *Kaspar Hauser und das Schicksal Mitteleuropas im 19. Jahrhundert*, Stuttgart 1983. Das Buch wendet sich an Leser, die auf dem Boden der Anthroposophie stehen und gewillt sind, ein weit gestecktes Thema aus dieser Sicht zu erkunden. Für Nicht-Anthroposophen schwer zu lesen.

Hoechstaetter, Sophie: *Das Kind von Europa*, Nürnberg 1925.

Hofer, Klara: *Das Schicksal einer Seele. Die Geschichte vom Kaspar Hauser. Unter Berücksichtigung der neuesten Feststellungen*, Nürnberg 1925. Die damalige Besitzerin des Schlosses Pilsach beschreibt, sehr persönlich, aber immer noch lesenswert, ihre Entdeckung des Verlieses.

Hörisch, Jochen (Hg.): *Ich möchte ein solcher werden wie … – Materialien zur Sprachlosigkeit des Kaspar Hauser*, Frankfurt a. M. 1979. Eine empfehlenswerte Lektüre für den Leser, der sich nach Dokumenten ein eigenes Bild machen möchte. Ein ausführliches Nachwort des Herausgebers behandelt den

Aspekt der «Sprachlosigkeit», das Erlernen der Sprache und ihre Bedeutung für den bis dahin «Sprachlosen».

KLEE, Fritz: *Neue Beiträge zur Kaspar-Hauser-Forschung*, Nürnberg 1929. Neben Hermann Pies der bedeutendste Hauser-Forscher. Ohne ihn und seine Recherchen läge die Geschichte des Kindertauschs noch im dunkeln.

KRAMER, Kurt: *Kaspar Hauser. Kein Rätsel unserer Zeit. Historischer Report über ein Schicksal zwischen den Mahlsteinen der Politik*, Ansbach 1978. Der Verfasser löst das Rätsel auf seine Weise. Er nimmt eine vierwöchige Kerkerhaft Kaspars an und erklärt dessen Gedächtnisverlust durch eine intensive hypnotische Behandlung. Eine zunächst verlockende These, der man aber am Ende – auch auf Grund der medizinischen Befunde – doch nicht folgen kann.

LAKIES, H. und LAKIES-WILD, G.: *Das Phänomen – Entwicklungspsychologisch bedeutsame Fakten des Kaspar-Hauser-Mysteriums*, Ansbach 1978. Eine notwendige Ergänzung zur übrigen Kaspar-Hauser-Literatur. Auf der Basis der Entwicklungs- und Lernpsychologie wird hier zum erstenmal nachgewiesen, daß Kaspars Entwicklungsstufen denen eines normalen Kindes genau entsprechen. Ein fundierter Versuch, die Betrüger-Theorie wissenschaftlich zu widerlegen – sehr gelungen und überzeugend, gerade in den vielen Details.

MALSON/ITARD/MANNONIE (Hg.): *Die wilden Kinder*, Frankfurt a. M. 1972. Empfehlenswert für die Leser, die ganz allgemein an den *homines feri*, deutsch oft fälschlich Wolfskinder genannt, interessiert sind. Der Fall Kaspar Hauser wird im 3. Kapitel (S. 73f) abgehandelt.

MAYER, Johannes / TRADOWSKY, Peter: *Kaspar Hauser. Das Kind von Europa*, Stuttgart 1984. Ein in jeder Beziehung kostbares Buch mit vielen bisher unveröffentlichten Dokumenten und Bildern, sehr gut in der Reproduktion (vieles farbig), dazu ein ebenso langer Textteil (mit Bezugnahme auf den Bildteil). Die Verfasser sind Anthroposophen, was dem Nicht-Anthroposophen nur gelegentlich auffällt. Die vorgetragene Deutung eines Mysteriums ist jedoch für Andersdenkende kaum nachvollziehbar. Für mich trotzdem neben den Piesschen Dokumentationen die wichtigste Quelle für meine Arbeit.

MERKER, Joh. Fr. K.: *Kaspar Hauser, nicht unwahrscheinlich ein Betrüger*, Berlin 1830. Nachdruck in den *Materialien zur Sprachlosigkeit* (s. o.)

MISTLER, Jean: *Gaspard Hauser, un drame de la personnalité*, Paris 1971. Der Verfasser äußerte Zweifel an der Richtigkeit der Flaschenpost-Unterschrift im *Moniteur* und brachte mich auf den Gedanken, selber Nachforschungen in den Colmarer Archiven anzustellen, auch weil das Buch in Frankreich vergriffen und es nie deutsch erschienen ist, ich es also nicht lesen konnte.

PAGNOL, Marcel: *Die eiserne Maske. Der Sonnenkönig und das Geheimnis des großen Unbekannten*, München und Wien 1966. Kaspar Hauser wird hier zwar nicht erwähnt, aber seine Geschichte wurde schon früh mit der Geschichte des Mannes mit der eisernen Maske in Verbindung gebracht, so von Lord Stanhope, von jener Berliner Zeitung im Zusammenhang mit der Flaschenpost und in mehreren Veröffentlichungen zu Kaspar Hausers Zeit. In seiner Darstellung des historischen Falles gelangt der bekannte französische Schriftsteller zu der Überzeugung, der namenlose Gefangene mit der eisernen Maske sei ein in der Thronfolge vorrangig berechtigter Bruder des Sonnenkönigs Ludwig XIV. gewesen.

PIES, Hermann: *Kaspar Hauser. Eine Dokumentation*, Ansbach 1966. Die erste und wichtigste Quelle für jeden, der sich an Hand von Dokumenten (mit verbindenden Texten und einem Vorwort des Verfassers) ausführlich informieren will. Das gleiche gilt für die anderen Veröffentlichungen des Verfassers, die aber alle im Buchhandel vergriffen sind.

PIES, Hermann: *Die amtlichen Aktenstücke über Kaspar Hausers Verwundung und Tod*, Bonn 1928. Wichtig vor allem für jene, die am medizinischen Aspekt des Falles interessiert sind.

rororo Filmlexikon: Ausführliche Besprechung des Werner-Herzog-Films «Jeder für sich und Gott gegen alle» in Bd. 1 (S. 323f). Nicht die Prinzentheorie spielt in diesem Film eine Rolle, sondern der Außenseiter der Gesellschaft, der dem Zuschauer im Verlauf des Geschehens immer verständlicher und sympathischer wird. Da der Film über lange Strecken «sprachlos» bleibt und dann allein durch das Bild seine Wirkung erzielt, wirkte er auf mich wahrer und lebendiger als die Hauser-Dramen und -Romane, die sich ja der Sprache bedienen müssen.

Preu/Osterhausen/Albert/Heidenreich: *Kaspar Hauser. Arztberichte.* Ungekürzte Neuausgabe der von Pies herausgegebenen Berichte, eingeleitet von P. Tradowsky, Dornach 1985.

Schmidt von Lübeck (Georg Philipp): *Über Caspar Hauser*, Altona 1831. Nachdruck in den *Materialien zur Sprachlosigkeit* (s. o.). Eine frühe, objektive Darstellung des Falles Kaspar Hauser, durch Dokumente belegt, überzeugend in der Beweisführung, zum Beispiel bei dem Versuch einer Ortsbestimmung des damals noch unbekannten Kerkers.

Scholz, Hans: *Kaspar Hauser. Protokoll einer modernen Sage*, Hamburg 1964, München 1985. Wie der Untertitel schon sagt: Ziel des Verfassers war es, das Legendenhafte und die Sagenelemente der Geschichte in den Vordergrund zu rücken und dadurch viele Einzelheiten als freie Erfindung abzutun. Die Sympathie für seinen «Helden», den er nicht als Betrüger, sondern als Opfer sieht, ist jedoch immer spürbar. Ein an historischen Details reichhaltiges, flott geschriebenes, aber gerade durch die Reichhaltigkeit der Daten und die zahlreichen Abschweifungen nicht leicht zu lesendes Buch.

Stratz, Rudolph: *Kaspar Hauser. Wer er nicht war – wer er vielleicht war*, Berlin 1925. Resümee: Er war kein Betrüger, aber auch kein Prinz, sondern ein armer, hilfloser Mensch, der von den Mächtigen für ihre Zwecke ausgenutzt wurde.

Tradowsky, Peter: *Kaspar Hauser oder das Ringen um den Geist.*

Ein Beitrag zum Verständnis des 19. und 20. Jahrhunderts, 1980. Auf anthroposophischer Basis.

TRÜLTZSCH, G.: *Was ist mit Kaspar Hauser?* Ansbach 1929. Eine kleine Broschüre, noch erhältlich im Ansbacher Museum, die trotz ihrer Kürze nicht unnötig simplifiziert und dem Touristen einen schnellen Überblick verschafft.

WAGELER, Ludwig: *Die Enträtselung der oberrheinischen Flaschenpost von 1816. Ein kritischer Beitrag zur Kaspar-Hauser-Frage*, Nürnberg 1926. Zusammenfassender Bericht des damaligen Nürnberger Polizeidirektors.

WASSERMANN, Jakob: *Mein Weg als Deutscher und Jude*, Berlin 1921. Über die Entstehung seines Kaspar-Hauser-Romans berichtet der Verfasser auf S. 75f. Wichtig wegen der dort angedeuteten Schwierigkeiten, die man Wassermann beim und auch noch nach Erscheinen seines Romans machte.

WIESER, Edwin: *Das Geheimnis um Kaspar Hauser. War er ein Sohn Napoleons? Ein Menschenschicksal, das immer wieder die Welt erregte*, 1958.

WIESINGER/LÜTKEHAUS/ARTIN: *Kaspar Hauser. Seine mysteriöse Ermordung. Sein hartnäckiges Weiterleben*, Freiburg 1983. Das Buch enthält im Hauptteil die sonst schwer zu beschaffende Schrift des Barons von Artin (Zürich 1905) und in einem ausführlichen und bebilderten Anhang notwendige Erläuterungen für den modernen Leser. Dazu eine Zitatensammlung aus 150 Jahren Kaspar-Hauser-Literatur und ein Nachwort: «Kaspar Hauser oder ‹die Natur› in ‹der Gesellschaft›». Ein Kaspar-Hauser-Buch, erfreulich zu lesen, witzig aufgemacht und nützlich obendrein.

ZEITTAFEL

1806	Hochzeit des Erbprinzen Karl von Baden (1786–1818) mit Stephanie Beauharnais (1789–1860), Kaspar Hausers Eltern.
1812	29. September: Geburt des Erbprinzen Kaspar Hauser. 16. Oktober: Sein Tod wird offiziell bekanntgegeben, der mit einem sterbenden Kind vertauschte Prinz bei Familie Blochmann untergebracht.
1815	18. Januar: Tod der Pflegemutter Blochmann. Kaspar Hauser wird mit einer Kinderfrau nach Schloß Beuggen am Oberrhein gebracht.
1816	23. Oktober: Auffinden der Flaschenpost in der Nähe von Colmar am Oberrhein. Kind und Kinderfrau müssen Schloß Beuggen verlassen. Abreise nach Schloß Pilsach.
1816–1828	Kaspar Hausers Gefangenschaft in Schloß Pilsach bei Neumarkt (Oberpfalz).
1818	Nach Großherzog Karls Tod besteigt sein Onkel Ludwig den badischen Thron.
1820	Tod der Gräfin Hochberg, der (morganatischen) Gattin des Großherzogs Karl Friedrich.
1828	26. Mai: Kaspar Hauser taucht auf dem Unschlittplatz in Nürnberg auf. Zunächst im Gefängnisturm untergebracht, ab Juli bei Professor Daumer.

1829	17. Oktober: erster Mordanschlag auf Kaspar Hauser.
1830	30. Januar: Übersiedlung in das Haus des Kaufmanns Biberbach.
	15. Juli: Kaspar Hauser kommt in das Haus seines Vormunds, des Freiherrn von Tucher.
1831	28. Mai: Lord Stanhope erscheint in Nürnberg.
	4.–13. Juli: Ungarnreise Kaspar Hausers.
	29. November: Kaspar Hauser verläßt Tuchers Haus, dem Lord Stanhope wird die Erziehung offiziell übertragen.
	10. Dezember: Kaspar Hausers Übersiedlung zu Lehrer Meyer nach Ansbach.
1833	20. Mai: Kaspar Hausers Konfirmation. Am 29. September wird er einundzwanzig Jahre alt.
	14. Dezember: das Attentat im Hofgarten.
	17. Dezember: Kaspar Hauser stirbt.

Ich danke allen, die dazu beigetragen haben,
daß dies Buch das werden konnte,
was es geworden ist:
Frau Brigitte und Herrn Hermann Kurzendörfer,
den jetzigen Besitzern von Schloß Pilsach,
Herrn Ludwig Endner in Darmstadt,
den Kunstsammlungen zu Weimar,
der Direction des Services d'Archives in Colmar,
dem Stadtarchiv in Ansbach,
dem Germanischen Nationalmuseum in Nürnberg,
der Stadtbibliothek in Nürnberg
und den beiden Autoren des
Kaspar Hauser-Buches aus dem Urachhaus,
Herrn Johannes Mayer und Herrn Peter Tradowsky,
deren Dokumentationsband ich viel verdanke.

Quellennachweis der Abbildungen

Stadtarchiv Ansbach: 13, 16, 58, 59, 85, 198, 199, 251, 307
Stadtbibliothek Nürnberg: 53, 221
Martin-von-Wagner-Museum, Würzburg: (Umschlagphoto), 136
Estate Office, Chevening: 155
Verlag Urachhaus, Stuttgart: 245, 246, 247, 250, 254
Rowohlt-Archiv: 310
Archiv Départementale du Haut-Rhin, Colmar: 323